A retórica de Rousseau

FUNDAÇÃO EDITORA DA UNESP

Presidente do Conselho Curador
Mário Sérgio Vasconcelos

Diretor-Presidente
Jézio Hernani Bomfim Gutierre

Superintendente Administrativo e Financeiro
William de Souza Agostinho

Conselho Editorial Acadêmico
Danilo Rothberg
João Luís Cardoso Tápias Ceccantini
Luiz Fernando Ayerbe
Marcelo Takeshi Yamashita
Maria Cristina Pereira Lima
Milton Terumitsu Sogabe
Newton La Scala Júnior
Pedro Angelo Pagni
Renata Junqueira de Souza
Rosa Maria Feiteiro Cavalari

Editores-Adjuntos
Anderson Nobara
Leandro Rodrigues

BENTO PRADO JR.

A retórica de Rousseau

e outros ensaios

Organização e apresentação

Franklin de Mattos

© 2018 Editora Unesp

Direitos de publicação reservados à:
Fundação Editora da Unesp (FEU)
Praça da Sé, 108
01001-900 – São Paulo – SP
Tel.: (0xx11) 3242-7171
Fax: (0xx11) 3242-7172
www.editoraunesp.com.br
www.livrariaunesp.com.br
feu@editora.unesp.br

Dados Internacionais de Catalogação na Publicação (CIP) de acordo com ISBD
Elaborado por Vagner Rodolfo da Silva – CRB-8/9410

P896r
Prado Jr., Bento
    A retórica de Rousseau e outros ensaios / Bento Prado Jr.; organizado por Franklin de Mattos. – São Paulo: Editora Unesp, 2018.

    ISBN: 978-85-393-0723-4

    1. Filosofia francesa. 2. Retórica. 3. Linguagem. 4. Rousseau, Jean-Jacques. I. Mattos, Franklin de. II. Título.

2018-374   CDD 194
                                                                         CDU 1(44)

Editora afiliada:

Sumário

Apresentação – A força da linguagem e a linguagem da força . 9
  Franklin de Mattos

Sobre esta edição . 29

A retórica de Rousseau: o discurso político e as belas-letras

Introdução: leitura de Rousseau . 33
  As metamorfoses da obra . 33
  A existência . 41
  A linguagem . 54
  A excentricidade da obra ou a impossível teoria . 64
  Em direção ao centro retórico . 70

Primeira parte – A força da voz e a violência das coisas

I   O perigo intrínseco . 103
  A linguagem impura . 103
  A vontade e o desejo . 107
  A voz sufocada . 112
  A energia da voz . 117

Sumário

II A força da linguagem . *123*
A diferença na linguagem . *123*
O conceito de força . *132*

III A linguagem indireta ou o paradigma musical . *143*
A imitação . *143*
A interpretação . *153*

IV Retórica e verdade . *165*

Segunda parte – As belas-letras – da imitação romanesca e teatral

V Uma espécie de romance: Rousseau, crítico da ideia de gênero . *181*
O retorno da retórica . *181*
A queda no romanesco e a retomada crítica . *184*
O tornar-se-gênero do romance ou as dificuldades do historicismo . *192*
O peso do século: escrita, instituição e gênero . *198*

VI Imaginar o real . *207*
Imitação e universalidade . *207*
Para quem escrevemos? . *212*
Os limites do moralismo ou o engajamento do sonho . *217*
A imaginação rente às coisas . *229*
A ambiguidade necessária da ficção . *245*

VII Gênese e estrutura dos espetáculos . *251*
A crítica moral do teatro . *251*
A crítica metafísica do teatro . *275*
A posição da cena: uma crítica política do teatro . *288*

Ensaios sobre Rousseau

Filosofia, música e botânica: de Rousseau a Lévi-Strauss . *303*
O discurso do século e a crítica de Rousseau . *315*
Os limites da *Aufklärung* . *325*

A retórica de Rousseau

Jean-Jacques Rousseau entre as flores e as palavras . *333*
Não dizer a verdade equivale a mentir? . *349*
Leitura e interrogação: uma aula de 1966 . *361*
A filosofia das Luzes e as metamorfoses do espírito libertino . *379*
Rousseau: filosofia política e revolução . *399*

Bibliografia . *411*
Sobre o autor . *421*
Índice onomástico . *435*

Apresentação
A força da linguagem e a linguagem da força

Franklin de Mattos

Bento Prado Jr. partilhou sua vida intelectual entre duas vocações: a filosofia e a literatura. Dentre seus escritos, pertencem ao primeiro domínio *Erro, ilusão e loucura* (Editora 34, 2004) e *Presença e campo transcendental: consciência e negatividade na filosofia de Bergson* (Edusp, 1989), este último vertido para o francês em 2002, tendo se tornado referência internacional para os estudiosos do tema. Quanto aos domínios da literatura, deles fazem parte os poemas, inéditos em sua maioria (para quem o ignora, Bento Prado era poeta mais que bissexto e grande leitor de poesia), e também os ensaios sobre Carlos Drummond de Andrade, João Guimarães Rosa, o crítico Roberto Schwarz etc., reunidos na coletânea *Alguns ensaios* (Max Limonad, 1985; Paz e Terra, 2000).

Obviamente Bento Prado considerava solidárias ambas as vocações e, se fosse preciso prová-lo, bastaria lembrar, por exemplo, que o subtítulo de *Alguns ensaios é filosofia, literatura, psicanálise*, pois o volume reúne igualmente seus textos sobre fundamentação da psicologia e sobre filosofia e senso comum, em que discute com Oswaldo Porchat Pereira. Além disso, conforme lembrou certa vez, entre 1968 e 1977, quase todos os seus trabalhos foram consagrados a Rousseau, examinando justamente a questão da continuidade entre filosofia e literatura na obra do autor de *O contrato social* e de *A nova Heloísa*. Dessa dedicação quase exclusiva, durante mais de uma década, resultaram ensaios e artigos – que a modéstia de Bento Prado

Apresentação

bem poderia chamar de "fugitivos" –, publicados em revistas ou jornais brasileiros, e um trabalho maior e inédito, *A retórica de Rousseau: o discurso político e as belas-letras*, escrito originalmente em francês, entre 1970 e 1974, quando ele ocupou o posto de "chargé de recherches" no Centre National de la Recherche Scientifique (CNRS), em Paris.

Certa vez, com sua irrepreensível elegância, Bento Prado Jr. declarou que as teses de Luiz Roberto Salinas Fortes[1] o haviam feito "desistir de completar [seu] livro sobre Rousseau, com a parte prevista sobre retórica e política, por encontrá-la exposta com mais competência nas páginas já escritas por Salinas".[2] Apesar disso, não há dúvida de que considerava aquilo que escrevera uma obra de certo modo acabada, pois em entrevistas ou conversas informais volta e meia prometia publicar o trabalho, coisa que ia protelando, sempre mergulhado em projetos mais recentes. Vez por outra, ao sabor das circunstâncias, recortava um trecho do livro, improvisava um parágrafo de abertura e dava ao fragmento um ar de ensaio acabado. Quem já ouvira falar da preciosa fonte, mal podia esperar para conhecê-la por inteiro. E foi assim que *A retórica de Rousseau*, que tanto valoriza o *Ensaio sobre a origem das línguas*, conheceu a mesma sorte reservada a este clássico de Rousseau: permaneceu, durante aproximadamente trinta anos, entre os guardados de seu autor, vindo a público somente após a morte dele. Creio não exagerar se disser que o livro que o leitor tem, afinal, em mãos representa uma espécie de síntese das duas vocações acima. Num ensaio brilhante, Paulo Eduardo Arantes afirmou que não é fácil explicar de que modo Bento Prado passou de Bergson para Rousseau.[3] Ora, a meu ver, não há muito que entender, pois a chegada a Jean-Jacques era algo, por assim dizer, natural em sua trajetória. Mas, poderá perguntar o leitor, por que Rousseau então, e não Montesquieu, Diderot ou mesmo Sartre? Adiante voltarei ao tema.

---

1 *Rousseau: da teoria à prática*. São Paulo: Ática, 1976 e *O paradoxo do espetáculo: política e poética em Rousseau*. São Paulo: Discurso Editorial, 1997.

2 Bento Prado Jr., "Luiz Roberto Salinas Fortes (1937-1987)", *Discurso*, São Paulo, n.17, 1988, p.8.

3 Arantes, "A musa do departamento", in: *Um departamento francês de ultramar*, 1994, p.205.

"O trabalho trata da teoria da linguagem, da teoria do romance e da teoria do teatro em Rousseau",[4] declarou ele em outra parte sobre o livro que afinal decidiu não concluir. A abrangência da discussão sugere desde logo aquilo que está em jogo na obra: a questão da unidade do pensamento de J.-J. Rousseau, que tanto ocupou seus grandes intérpretes no século passado.

Bento Prado Jr. sempre fazia questão de deixar às claras o lugar de onde falava ou escrevia e, certamente por isso, começa pelas "metamorfoses" da obra de Rousseau, por uma história de suas leituras, situando nela seu próprio discurso. Conforme lembra, os primeiros leitores do filósofo, fossem refratários ou favoráveis a ele, recalcaram sistematicamente seus escritos. Os adversários o assimilaram à "loucura" ou à "literatura", mergulhando-o, por assim dizer, no espaço do "sem sentido". Os demais, sob as aparências da apologia e do reconhecimento, tornaram a verdade de seu pensamento algo exterior à própria obra: é o caso de Kant (e de Cassirer), para quem Rousseau descobriu o mundo da liberdade, cujo conceito será fornecido por sua própria *Crítica*, e ainda de Hegel e Engels, que lhe atribuem uma "dialética da história" a qual, pela mediação da desigualdade, conduz da igualdade inconsciente à igualdade refletida, ou seja, à cidade legal.

Felizmente, algumas mudanças ocorridas na filosofia do pós-guerra levaram os historiadores a recortar o passado de modo um pouco diferente. Inspirando-se em Émile Bréhier, Bento Prado enumera as condições que levaram os estudiosos a reapreciar, dentre outras, a obra de Rousseau: o paradigma da "dialética da separação", que renuncia ao ideal tradicional de unidade e unificação em benefício da preservação das contradições que dilaceram a experiência; essa não é uma dialética do Saber, mas começa em seu *limite*, considerando menos o "sujeito" do que uma trama de relações em que os demais termos são o outro e Deus (o que privilegia o "vivido", não o conhecido); o desaparecimento das fronteiras entre filosofia e literatura, que se tornam espaços imbricados internamente. Existiria algo mais adequado a essas condições do que o perfil de Jean-Jacques? Não se

---

4 Prado Jr., "Regras de um método filosófico", entrevista concedida a Ricardo Musse para o "Caderno Mais!", *Folha de S.Paulo*, 25 jun. 2000.

Apresentação

diz que seu tema preferido, desde o *Discurso sobre as ciências e as artes*, é o da fratura entre o ser e o parecer? Para ele, à inocência original não sucede justamente a história como progresso da mentira e da violência? Além de filósofo, também não foi romancista, dramaturgo, teórico do teatro e autor dos *Devaneios* e das *Confissões*?

Os primeiros resultados dessa nova postura surgiram com as leituras existencialistas, para as quais deve-se ler no texto de Rousseau "não somente uma teoria, mas a expressão de certo ritmo existencial, o destino excepcional de uma consciência singular".[5] É o que fizeram, cada um a seu modo, Pierre Burgelin,[6] para quem "o sentimento da existência" em Rousseau é tanto a descoberta da ordem universal da natureza quanto de uma subjetividade singular, e Jean Starobinski,[7] que sustenta que os temas da transparência e do obstáculo revelam ao mesmo tempo a verdade do discurso de Rousseau e a verdade da existência de Jean-Jacques.

Com a voga do estruturalismo vem à tona outro Rousseau, que nos transporta agora para o limiar da modernidade, o filósofo cuja reflexão sobre a linguagem e sobre as relações entre natureza e cultura é uma espécie de esboço de crítica da metafísica, ou seja, da filosofia da representação e da consciência.

Para Claude Lévi-Strauss os escritos de Rousseau denunciam a ideia de razão fundada na oposição entre o sensível e o inteligível, inaugurando assim o procedimento que levará à crítica etnológica do projeto universalista da metafísica. Tal "descentramento" percorre três níveis solidários, que conduzem o *si* do centro à periferia: a crítica psicológica do *cogito* cartesiano, a denúncia do etnocentrismo, a recusa do humanismo. Rousseau realiza a primeira operação ao substituir, como Malebranche, o *cogito* pelo sentimento da existência, e ao transformar, como Condillac, a consciência de si numa experiência e conhecimento confusos. Tal deslocamento, por sua vez, é confirmado pela perspectiva etnológica de Rousseau, para quem toda humanidade é local e a universalidade só se encontra no sistema das

---

5 Prado Jr., *A retórica de Rousseau: o discurso político e as belas-letras*, p.50 desta edição.

6 Burgelin, *La Philosophie de l'existence de J.-J. Rousseau*.

7 Starobinski, *Jean-Jacques Rousseau, la transparence et l'obstacle*.

diferenças. Essa dupla redução nos leva, assim, a um descentramento da própria humanidade, que deixa então de ser o sujeito global da história.

Ainda segundo Lévi-Strauss, esta série de reduções só é possível porque Rousseau possui uma concepção de linguagem que resgata uma camada esquecida e primitiva, a linguagem da metáfora, que é origem do seu estrato racional. A lógica inscrita no sensível, revelada pela linguística, pode ainda ser desentranhada por intermédio da música e da botânica, que Rousseau tanto apreciava.

Da gramatologia, de Jacques Derrida, também sustenta que ler Rousseau é pensar o problema do "fim da metafísica", mas empresta ao termo um significado diferente de Lévi-Strauss. Enquanto a metafísica, para este, constitui um sistema de preconceitos que funcionam como obstáculo à instituição do saber científico, Derrida sustenta, como Heidegger, que o destino dela não pode ser decidido no território da cientificidade, pois a própria ideia de ciência não é exterior à era da metafísica. Para o autor de *Ser e tempo*, em resumo, a essência da metafísica, de Aristóteles a Hegel, reside na decisão de identificar o verdadeiro com o presente enquanto presente. A esse privilégio do ente, Derrida acrescenta o da "palavra viva": a metafísica é igualmente "limitação ao *logos*", não apenas esquecimento do ser, mas também da escrita, que ela concebe como o exterior da linguagem, a sombra do *logos* no mundo empírico. Ao tomar a escrita como objeto de reflexão, Rousseau embaralha essas nítidas oposições. Assim, na dialética entre o originário e o suplemento que toma seu lugar, seu discurso afirma a plenitude da palavra e da presença, mas ao mesmo tempo sustenta que a palavra pode ser o lugar da ausência, e a escrita pode garantir o retorno da presença. Numa palavra, para Derrida, Rousseau conduz a metafísica a seu limite e, no esforço de recalcar a escrita, leva a pensar seu caráter originário.

Entretanto, todas essas leituras paradigmáticas deixam intacta a questão da aparente "excentricidade" dos escritos de Rousseau. Ao contrário das diferentes interpretações de Leibniz, por exemplo, que são complementares e apoiadas, segundo afirmou Michel Serres, nas entradas múltiplas de sua obra, as leituras divergentes de Rousseau parecem revelar afinal uma "ausência de centro", que justifica e ao mesmo tempo anula todas. Sabe-

Apresentação

mos, porém, que o compromisso entre ordem e *mathesis* tem uma *história* na história da filosofia, e sabemos ainda que o modelo matemático não é o guia exclusivo do discurso filosófico. A fim de chegar ao paradigma de Rousseau, Bento Prado Jr. dialoga intensamente com seus maiores leitores e intérpretes (além dos já citados, seria preciso acrescentar Henri Gouhier, Michel Foucault, Louis Althusser, Maurice Blanchot, Alain Grosrichard etc.), mas é notório que se inspira especialmente em Jean Starobinski e Claude Lévi-Strauss.[8]

Starobinski procurou a continuidade entre a filosofia e a literatura de Rousseau de um ponto de vista "psicanalítico-existencial", tomando sua obra, segundo seus próprios termos, como se fosse "uma ação imaginária", e fazendo do comportamento de Jean-Jacques "uma ficção vivida". Conforme certa vez resumiu Bento Prado,

> o que o livro [de Starobinski] visa é a repetição de alguns temas-chave, que exibem a verdade tanto dos escritos como da vida de Jean-Jacques [...]. Por sob os conceitos construídos pelo filósofo, no "pantanoso labirinto" da narrativa autobiográfica, nas narrativas de ficção, redescobrimos a permanência obsessiva (quase hipnótica) de algumas imagens que mostram tanto a *forma* de uma obra como o *estilo* de uma existência.[9]

A respeito de *A transparência e o obstáculo*, Bento Prado Jr. escreveu ainda que "nenhum texto sobre Rousseau [...] pode aspirar à comparação com esse livro precocemente clássico e persistentemente contemporâneo".[10] É com ele certamente que Bento Prado aprendeu a respeitar a "unidade da obra" de Rousseau, passando com todo desembaraço do exame das proposições metafísicas do *Emílio* à análise das sutilezas psicológicas dos *Devaneios de um caminhante solitário*. Mas, adverte ele, não se deve identificar

---

8 É o que ele mesmo afirmou em outra entrevista. Cf. Nobre; Rego, *Conversas com filósofos brasileiros*.

9 Prado Jr., "Starobinski penetra no silêncio de Rousseau", *Folha de S.Paulo*, Caderno "Letras", 11 jan. 1992 (escrito por ocasião do lançamento da edição brasileira de *A transparência e o obstáculo*).

10 Ibid.

A retórica de Rousseau

"convergência temática" e "coerência teórica", ou seja, a "unidade da obra" e a "unidade do pensamento". A fim de resgatar esta última, Bento Prado se põe a extrair todas as consequências de uma ideia de Lévi-Strauss, para quem Rousseau promove na filosofia uma "revolução", ao anunciar sua morte enquanto metafísica.

E, assim, é como se Bento Prado nos convidasse a regressar à cena original da metafísica a fim de melhor apreciar aquilo que ela recalca. A meu ver, tudo se passa como se a questão pudesse ser assim formulada: será que os Filósofos e Rousseau não voltam a encenar, em pleno século XVIII, o drama inaugural da filosofia, no qual duelaram Platão e o sofista? Quando Isócrates, em seu famoso *Elogio de Helena*, declara "que mais vale obter sobre assuntos úteis uma opinião razoável do que conhecimentos exatos sobre inutilidades", não se reconhece aqui a mesma crítica de Rousseau "a essas crianças que chamamos de filósofos", que se detêm na discussão de problemas metafísicos insolúveis e deixam de lado o essencial, isto é, a moral e a política? Será que o sofista vencido, enredado há séculos nas malhas da metafísica, não volta à cena na figura de Jean-Jacques? A crítica de Rousseau ao saber ilustrado não implicaria, assim, a "volta a outro estilo de pensamento", recalcado no princípio da história da filosofia? Vale a pena ler com toda a atenção esta longa e decisiva passagem do livro de Bento Prado Jr.:

> A crítica da Filosofia tem a mesma inspiração em Rousseau e Isócrates: o filósofo é o arrazoador, vítima de uma louca *hybris* que pretende conter, na frágil rede de seu discurso, a totalidade do real. Ao filósofo, tanto Isócrates quanto Rousseau opõem a finitude do Saber humano e a impossibilidade de decidir com certeza entre as hipóteses rivais, de descobrir, entre todos os sistemas do mundo, qual o verdadeiro. A uma vã preocupação teórica, para sempre condenada à insolubilidade, os dois críticos da Filosofia opõem a preocupação mais séria da moral e da política; preocupação com problemas que são passíveis de solução no plano de uma *ortodoxia*, de uma opinião reta e razoável, que não precisa procurar, numa *episteme* qualquer, a sua verdade. É, de fato, uma espécie de fé ou de boa-fé que ocupa o lugar deixado vago por uma ciência doravante impossível: e, com essa boa-fé, é a retórica que adquire a dignidade de discurso *verdadeiro*, mesmo que não aspire a uma verdade absoluta. Essa verdade

Apresentação

da qual é capaz – e que lhe confere sua dignidade – já não é, evidentemente, a verdade eterna de uma Razão intuitiva, mas uma verdade local e efêmera que é, no entanto, a única com a qual a decisão prática pode contar, e só ela pode responder à urgência da vida moral e política. Trata-se de uma concepção mais humilde da verdade, mas é justamente essa humildade que está à altura das graves decisões que torna possíveis. É, no fundo, a ideia do *kairós* que comanda essa concepção do discurso e da verdade – o *kairós* é esse instante efêmero que eclode no tempo urgente e rápido em que as cidades justas podem se precipitar na corrupção e na injustiça.[11]

De uma parte, a ciência como *hybris*, como aspiração à totalidade, de outra, a finitude do saber; aqui, "uma vã preocupação teórica", marca da metafísica, lá, o primado, por assim dizer, da razão prática, própria da moral e da política; no território da Filosofia, a aspiração pela verdade eterna e absoluta, no campo oposto, uma verdade local e situada, comandada pela ideia de "instante efêmero". E enfim: de um lado, a certeza da *episteme*, de outro, a boa-fé da retórica, que readquire o estatuto de discurso *verdadeiro* que lhe fora arrebatado pela metafísica.

Por enquanto, é hora de sublinhar "o fio condutor" da leitura de Bento Prado, para quem o modelo da Retórica é aquilo que unifica a obra de Rousseau como um todo. Enquanto no discurso da Filosofia o progresso do conhecimento e o brilho do universal supostamente apagam as personalidades daquele que fala e daquele que escuta, para Rousseau cada obra se ordena tendo em vista um auditório específico, preservando as identidades do ouvinte e do retor. Não há qualquer incompatibilidade entre as teses da *Carta a d'Alembert sobre os espetáculos* e *A nova Heloísa*, mas apenas diversidade de públicos. "É porque ignora esse compromisso *ético* com o auditório particular, é porque o dissolve no fundo de um pretenso auditório universal, que o filósofo é necessariamente *perverso*."[12] Herdeiro dos sofistas, Rousseau formula até mesmo aquilo que Bento Prado chama uma *tipologia dos auditórios*. Às vezes, eles são distinguidos de forma nuança-

---

11 Prado Jr., *A retórica de Rousseau*, p.82.
12 Ibid., p.86.

da – é o que ocorre quando Rousseau atenta para as diferenças existentes entre os povos (os genebrinos, os parisienses, os poloneses, os corsos) ou quando, no segundo prefácio de *A nova Heloísa*, divide os leitores em "mundanos" e "solitários". Outras vezes, a distinção é de ordem geral, traçada sobre o fundo da oposição entre os tempos antigos, em que predomina a eloquência, e a época moderna, marcada pelo sermão. Na Antiguidade, a persuasão fazia as vezes de força pública e prevalecia a força da linguagem; nos dias de hoje, a força pública substitui a persuasão e em toda parte impõe-se, com os canhões e o dinheiro, a linguagem da força. Os limites da história são, assim, indissociáveis dos limites da língua: entre um polo e outro desfilam as múltiplas maneiras de articular linguagem e poder, cada qual gerando um grau particular de poder de linguagem, que define por sua vez um auditório específico.

A fim de mostrar o lugar central da retórica no pensamento de Rousseau, é preciso examinar o estatuto que ele atribui à linguagem e a originalidade de sua teoria na época das Luzes. É ainda a Lévi-Strauss que os intérpretes devem o conselho de enfatizar o *Ensaio sobre a origem das línguas*, escrito póstumo e inacabado de Rousseau, até recentemente tido como secundário pelos comentadores. Mais uma vez, Bento Prado leva às últimas consequências a sugestão do autor de "J.-J. Rousseau fundador das ciências do homem", tornando o *Ensaio* o eixo em torno do qual gira a obra de Rousseau, o centro que lhe confere a tão discutida e prometida unidade.

A linguística de Rousseau opõe-se primeiramente ao otimismo da concepção clássica de linguagem, cujas vertentes racionalista ou empirista consideram que a língua é o espelho da razão, o instrumento cristalino onde veem se depositar as verdades do entendimento. É bem verdade que, às vezes, o peso das palavras pode atrapalhar o espírito, ameaçando detê-lo, mas tal eventualidade não torna a linguagem "impura" em si mesma, pois ela sempre pode apagar-se em benefício da evidência do pensamento. Tal otimismo linguístico prolonga-se além da Gramática e da Lógica:

> na própria ideia de uma "Filosofia das Luzes" [*ressalta Bento Prado*], no engajamento dos "Filósofos", esse otimismo torna-se *político*. A Gramática e a Política dos Filósofos amparam-se mutuamente: a livre circulação das palavras, este

Apresentação

sopro muito leve da verdade, pode neutralizar a violência das coisas, instaurar o universo da liberdade.[13]

Cada qual a seu modo, alguns respeitáveis intérpretes – dentre os quais Starobinski, Foucault e Derrida – afirmam que, contrariamente ao otimismo da chamada "linguística cartesiana", Rousseau professa uma espécie de "niilismo" em relação à linguagem, denunciando-a energicamente tanto nos escritos sistemáticos quanto nas obras autobiográficas. O leitor do *Discurso sobre a desigualdade* há de se lembrar da célebre passagem em que a propriedade privada surge de uma astúcia de linguagem e há de se lembrar também que, no *Ensaio*, o progresso da língua é paralelo à degradação moral e política da humanidade. É bem verdade que a abertura das *Confissões* nos transporta para outra atmosfera, pois Rousseau anuncia uma obra de linguagem absolutamente transparente, capaz de devassar a alma de Jean--Jacques como o próprio olhar de Deus. Mas o otimismo não perdura e o livro termina com a fria acolhida que lhe reservam madame Egmont e o pequeno auditório referido ao final, como se, "longe de ser o maravilhoso espelho da Razão, o lugar da verdade, a linguagem [fosse] sempre o lugar do mal-entendido e do engodo, um biombo interposto entre os homens"; ou como se "o ouvinte crédulo que nunca percebe a duplicidade essencial do discurso dos Filósofos, recua[sse] no entanto e se fecha[sse] diante desta manifestação única de total sinceridade".[14]

Porém, por mais sedutora e bem fundamentada que seja tal leitura, Bento Prado Jr. não toma esse rumo. Inspirando-se em Hölderlin, ilustre leitor de Rousseau, sustenta que o autor do *Ensaio sobre a origem das línguas* atribui à linguagem "a dupla determinação" que a torna ao mesmo tempo eloquência e sermão, gramática e música, ou ainda "o mais perigoso dos bens e o mais inocente dos jogos". A originalidade de Rousseau consiste, portanto, em superar a oposição externa entre a linguagem e a violência, descobrindo a existência de um laço *interno* entre uma coisa e outra. É o que ficará claro se nos demorarmos nos conceitos fundamentais de sua teoria

---

13 Ibid., p.105.
14 Ibid., p.111.

da linguagem, as três faces de uma só e mesma questão: força, imitação e interpretação.

O termo "força" possui vários sentidos no vocabulário de Rousseau, minuciosamente examinados por Bento Prado: tem implicações físicas, metafísicas ou morais, chegando a ser usado como estratégia de defesa nos escritos autobiográficos. Para nós, a força importa como propriedade da linguagem, à qual Rousseau contrapõe, nos *Diálogos*, outra qualidade, o "fausto". O critério para distinguir uma coisa da outra não é a capacidade de representação, mas a ação de um tipo de causalidade que escapa ao poder da reflexão. Um signo tem força quando é capaz, por assim dizer, de mexer com a alma do leitor: quando exerce sobre ela um "trabalho" que a modifica (é o aspecto "mecânico" da metáfora) ou quando a "fertiliza" e faz "frutificar", atualizando potencialidades de que fora privada (a metáfora ganha agora um viés "biológico"). Em contrapartida, um discurso é faustoso quando seus signos podem indicar o mundo, mas deixam intacta a alma, provocando apenas uma admiração fria e estéril.

Porém, tanto nos *Diálogos* quanto em outros lugares, a língua é apenas um tema entre muitos outros. A fim de apreciar a articulação sistemática do conceito de força com uma teoria da linguagem fundada nas ideias de imitação e interpretação, será preciso que nos voltemos finalmente para o *Ensaio sobre a origem das línguas*.

Não é por acaso que o subtítulo do *Ensaio* é *Em que se fala da melodia e da imitação musical*: ao entrelaçar os temas da língua e da música, Rousseau descreve uma gênese única e constrói uma só estrutura. Como assinala Bento Prado Jr., a música se acha no coração do *Ensaio*, ao mesmo tempo no ponto de partida da gênese ideal e num dos polos da reflexão sistemática, e é isto que dá originalidade à teoria de Rousseau, especialmente em relação a Condillac, com quem ele discute desde o *Discurso sobre a desigualdade*. No plano da origem, Rousseau postula uma identidade entre fala e canto, o que explica o nascimento da linguagem mediante nossas paixões, e não nossas necessidades, acentuando a descontinuidade entre o gesto e a fala, a irredutibilidade do sentido à pura indicação. No plano da reflexão sistemática, ele concede privilégio à melodia, em detrimento da harmonia e, desse modo, tanto a gênese quanto a estrutura da linguagem são ordenadas a um

Apresentação

telos que não a Gramática, vista como dimensão "harmônica" da linguagem. "Em sua ubiquidade, ao longo do *Ensaio*" – diz Bento Prado – "a música se apresenta como o *paradigma* segundo o qual a história e a essência da linguagem são pensadas."[15]

Deste modo, o conceito de imitação musical fornece a Rousseau uma concepção da linguagem como imitação. A perda da força, a degeneração do canto e da fala são produtos do enfraquecimento dessa imitação. Força e poder imitativo são coisas inseparáveis: a língua só terá força se for capaz de uma imitação espontânea. Ao assumir *regras*, ela se torna incapaz de imitar e se debilita. Mas o que é exatamente a imitação musical, segundo Rousseau?

Para defini-la ele a contrapõe primeiramente à representação pictórica. Ao passo que a tradição do *ut pictura poesis* acentuava a continuidade e a homogeneidade entre a pintura e a poesia (e, portanto, a música), o *Ensaio* – de certo modo antecipando o *Laocoonte*, de Lessing[16] – insiste na diferença qualitativa entre o animado e o inanimado, entre a espontaneidade do movimento e a inércia da matéria "morta". Além disso, o som se diferencia da cor por sua relação com o tempo: as cores duram, os sons se esvaem tão logo vêm ao ser. Em consequência, a cor existe em si mesma, não sendo modificada pela relação com as demais, enquanto o som depende de suas relações mútuas, sendo aquilo que é apenas no interior de um sistema definido. Essa distinção entre o ser da *coisa* e o ser da *relação* conduz Rousseau a afirmar que a pintura representa a natureza e nela se fecha e, em contrapartida, a música descortina o universo da cultura e da humanidade.

Tal definição da linguagem musical explica o conceito rousseauniano de imitação. Em certo sentido, a música *representa*, a exemplo da pintura, pois ela também é capaz de evocar o mundo ausente por meio dos "quadros" que compõe. Entretanto, essa função é sempre transgredida em benefício daquilo que Bento Prado chama de "irrepresentável", que funda a imi-

---

15 Ibid., p.145.

16 Não custa lembrar que Lessing escreve: "Observarei ainda que, sob o nome de pintura, compreendo as artes plásticas em geral, do mesmo modo que, por vezes, proponho-me a examinar, sob o nome de poesia, as demais artes em que a imitação se desenvolve no tempo", in: *Laocoon ou Des frontières de la peinture et de la poésie*.

tação propriamente dita. O pintor se limita ao visível e não tem acesso ao invisível, mas o músico é capaz de dar voz até ao silêncio. É o que diz Rousseau numa passagem de vibração proustiana, que não resisto em citar com Bento Prado Jr.:

> Uma das grandes vantagens do músico é poder pintar as coisas que não se poderia ouvir, ao passo que é impossível ao pintor representar aquelas que não se poderia ver, e o maior prodígio de uma arte que age apenas pelo movimento é o de poder formar até mesmo a imagem do repouso. O sono, a calma da noite, a solidão e o próprio silêncio figuram nas representações musicais. Sabe-se que o ruído pode produzir o efeito do silêncio e o silêncio o efeito do ruído, como quando adormecemos diante de uma leitura uniforme e monótona, e acordamos no instante em que ela termina. [17]

Mas o que explica esse poder de tudo imitar, de ignorar a separação entre a audição e a visão, essa espécie de "panurgia",[18] que, com sinal negativo, outrora Platão atribuíra à poesia trágica? A resposta de Rousseau é simples: para ele, a arte do músico consiste em substituir a imagem física e insensível do objeto pela dos movimentos que sua presença provoca na alma do contemplador. Eis toda a originalidade da ideia de imitação nos escritos de Rousseau: a música vai buscar sua força incomparável no afastamento de que é capaz em relação à simples representação, ou seja, na natureza indireta de sua linguagem imitativa. É essa obliquidade que fornece a unidade dos dois movimentos aparentemente contraditórios da linguagem, que deve ultrapassar e exceder a natureza a fim de alcançá-la, conforme já mostrara Jacques Derrida. Ao atribuir à linguagem uma natureza essencialmente imitativa, Rousseau afirma uma noção não figurativa da imitação, não por acaso ao contrário do que sustentava Platão. Para o *Ensaio*, diz Bento Prado, é no coração do homem, e não diante de seu olhar, que se anima o espetáculo da natureza. E arremata:

---

17 Apud Prado Jr., *A retórica de Rousseau*, p.149.

18 A expressão é de Goldschmidt em "Le problème de la tragédie d'après Platon", in: *Questions platoniciennes*.

Apresentação

A linguagem é imitativa apenas quando é indireta, quando afeta a alma, a disposição do coração, sem necessariamente representar as coisas que são apenas a ocasião destas afecções. A *força* da linguagem não reside no poder de fornecer imagens das coisas, mas no poder de pôr a alma em movimento, de colocá-la numa disposição que torne visível a ordem da natureza. A linguagem *imita* a natureza quando *colabora* com a ordem, quando restitui, no interior da humanidade, a ordem que seu nascimento tinha contribuído para apagar.[19]

A mesma obliquidade identificada na relação entre as palavras e as coisas reaparece na mediação que a linguagem estabelece entre as almas. Ao negar a função representativa da linguagem, Rousseau contesta igualmente seu poder de *comunicação*, deixando em primeiro plano a ideia de *interpretação*. Assim como a linguagem só alcança a natureza renunciando a uma figuração direta, só rejeitando a comunicação igualmente direta ela estabelece uma comunicação entre os homens. Com efeito, a vontade de comunicação é da ordem da necessidade, não da paixão, supõe a *clareza*, não a *energia*. Ora, se a linguagem é forte apenas quando recusa a representar, é imitativa somente quando não busca a comunicação acima de tudo, exigindo do receptor um esforço de interpretação. E interpretar significa aqui abrir para si um espaço de recepção à manifestação da força, uma disposição que está aquém de toda gramaticalidade. Segundo Bento Prado Jr., é ainda o paradigma musical que permite compreender esta nova figura do sentido.

A Gramática está para o sentido como a harmonia está para a melodia: a interpretação é uma interpretação "musical", tem sempre um parentesco com a prática do "intérprete" que atravessa os signos musicais, expostos na espacialidade da página estéril em que estão inscritos, que recupera a melodia que havia desaparecido na areia dessa praia deserta. Não é impertinente lembrar, aqui, o nome de Nietzsche e sua teoria da interpretação, a tese essencial segundo a qual "não há fatos, só interpretações"; esta perspectiva não é indiferente ao privilégio filosófico que também Nietzsche atribui à música. Em Rousseau, a interpretação e a eloquência, a força da linguagem, são os dois termos que

---

19 Prado Jr., *A retórica de Rousseau*, p.153.

fazem mútuo eco em profundidade e atravessam a superfície monótona e horizontal da escrita e da gramática. Em duas palavras: o sentido é a força.[20]

O sentido é a força: esta afirmação nos lança no coração de uma teoria retórica da linguagem, que desmonta o modelo lógico-gramatical e o substitui pelo paradigma da música. Resta explicar melhor por que é retórica essa concepção, insistir em sua originalidade no Século das Luzes e mostrar a razão de sua centralidade no pensamento de Rousseau.

Embora afirme que a linguagem é um espelho da razão universal, a linguística clássica, sobretudo em sua vertente empirista, certamente não ignora o "gênio" retórico da língua, face pela qual ela se volta para as singularidades de uma humanidade local e histórica. Porém, para ela este não passa do *outro* lado da linguagem, seu avesso, sua face sombria e sujeita à fantasia de cada povo. Rousseau inverte a questão e transtorna tanto a gênese quanto a estrutura da linguagem. Sua gênese: substitui uma "teleologia", que coloca a verdade da linguagem no futuro da razão não encarnada, por uma "genealogia", que parte de "um passado feliz", em que "dizer e cantar eram [...] a mesma coisa". Ou seja: o que explica a linguagem não é a razão, aquisição tardia da humanidade, mas as paixões – antes de "geômetras", fomos "poetas", diz o *Ensaio*. Sua estrutura: a maneira como a sociedade se articula é fundamental para compreender não apenas o destino, mas igualmente a essência da linguagem. Ou seja: a organização social, o regime da intersubjetividade, o lugar do poder na sociedade não são fatores externos ou causas ocasionais na constituição da linguagem. Por isso, Bento Prado escreve: "À *utopia* da gramática – quer dizer, a uma concepção da linguagem que ignora todo *lugar*, geográfico ou histórico, norte e sul, antiguidade e modernidade, em sua vontade de universalidade – a linguística de Rousseau opõe uma *topologia* que procura sobretudo as diferenças de lugar, no espaço e no tempo, mas também no interior de uma mesma sociedade".[21] Convém reafirmar este ponto: não que a linguagem seja para Rousseau um fenômeno derivado da sociedade.

---

20 Ibid., p.163.
21 Ibid., p.169-70.

Apresentação

É mais que isso, é a primeira instituição social, e as demais não passam de formas de linguagem.

Ao insistir assim sobre a trama da história, Rousseau faz da Gramática o avesso da linguagem e torna a Retórica seu lado luminoso. O uso retórico da linguagem, em que as funções cognitiva e comunicativa se sujeitam à imitativa, já não é apenas um entre outros, mas aquele em que transparece a própria essência da linguagem. Segundo Bento Prado, o *Ensaio* não hesita em definir "o bom uso da língua" como "a ação indireta de uma alma sobre outra".

Mas não é tudo. Este sistema de inversões é tão poderoso que acaba promovendo uma transformação no próprio sentido da ideia de verdade. Certa vez, numa carta, Rousseau escreveu: "Sabeis que a verdade, seja qual for, muda de forma segundo a época e os lugares, e que se pode dizer em Paris o que, em dias mais felizes, não se poderia dizer em Genebra".[22] Em outra parte, emendou: "a verdade particular e individual nem sempre é um bem, ela é algumas vezes um mal, muito frequentemente uma coisa indiferente".[23] Ao analisar textos como esses, Bento Prado Jr. mostra que Rousseau não sucumbe à tentação do ceticismo. Primeiramente, distingue a verdade geral, que "é sempre um bem", mas não é da ordem do conteúdo, é apenas o "olho da razão", a luz que ensina o homem a escolher e se conduzir; em seguida, as verdades particulares, que interessam às humanidades locais e são bens, males ou coisas indiferentes. De um plano a outro, aquilo que muda não é propriamente a verdade e sim – agora nas palavras de Bento Prado – "a oportunidade de sua manifestação". O dever de dizer ou calar uma verdade varia de lugar para lugar e, às vezes, de um momento para o outro no mesmo lugar. E o critério que permite separar o que pode ser dito e o que deve ser calado é a justiça, "que precede e funda o amor da verdade". Ao contrário do logocentrismo das Luzes, Rousseau não acredita que o amor da verdade seja um princípio espontâneo da natureza humana, mas algo derivado, a "emanação" de uma verdade mais profunda. Quem comanda esta outra vontade é a justiça, e a verdade só terá valor subordinada a

22 Ibid., p.293.
23 Ibid., p.84.

essa instância. Desse modo, não só a linguagem, mas a própria verdade está sujeita, para Rousseau, "à trama da intersubjetividade", ou seja, à retórica.

Em seguida, Bento Prado Jr. identifica na obra de Rousseau as principais ramificações do mesmo procedimento. Na famosa *Carta a d'Alembert sobre os espetáculos* (1758), que consuma sua ruptura com os filósofos, ele explica as razões pelas quais é contrário à introdução do teatro em Genebra, proposta pelos enciclopedistas. Ora, tradicionalmente, impuseram-se duas leituras desse livro ainda hoje inquietante.

A primeira é "teológico-moral" e considera o texto de Rousseau como uma retomada da crítica *moral* do teatro feita pela tradição dos escritores devotos. Para Bento Prado, essa interpretação deixa escapar o essencial, pois considera que a ruptura entre Rousseau e os Filósofos é "uma negação abstrata e externa" e não uma crítica que "atravessa o campo conceitual aberto pela Filosofia das Luzes para poder organizá-lo de nova maneira".[24] A fim de contestar essa leitura, ele aponta as convergências entre Rousseau e Diderot a respeito do teatro, demorando-se, aliás, nos consensos de ordem moral e mostrando que, no século XVIII, *de um ponto de vista estritamente moral*, era possível ser a favor ou contra o teatro.

A outra interpretação, em moda em fins dos anos 1960, encara o livro de Rousseau como a retomada da crítica metafísica do teatro, uma espécie de avatar da tensão entre "presença e re-presentação". A *Carta* se vê assimilada agora à posteridade de Platão, não mais à de Bossuet. Bento Prado contesta esse modelo examinando a *Gramatologia* de Derrida, que estuda a desqualificação metafísica do teatro, supostamente empreendida por Rousseau, tomando como pano de fundo outro tema tipicamente platônico: a crítica metafísica da escrita. Aliás, poderia tê-lo contestado em *A transparência e o obstáculo*, onde Starobinski, em quatro ou cinco belas páginas consagradas ao tema da festa em Rousseau, identifica a antítese teatro/festa, na *Carta a d'Alembert*, à oposição entre "um mundo de opacidade e um mundo de transparência". Não pretendo retomar aqui toda a argumentação de Bento

---

24 Prado Jr., "Gênese e estrutura dos espetáculos", *Estudo*, Cebrap, São Paulo, n.14, 1975, p.7. A citação pertence ao parágráfo de abertura do ensaio, trecho que não figura no texto deste livro.

Apresentação

Prado contra Derrida e seu modelo de interpretação. Basta lembrar o mais simples e contundente, que também desarticula o esquema de Starobinski. A leitura metafísica da *Carta* desconsidera que Rousseau critica o teatro tendo no horizonte aquilo que se pode chamar "o contraponto crítico do teatro antigo", o elogio da tragédia grega, forma de espetáculo teatral que ainda mal se distingue das tradições sagradas e cívicas e, por isso, é capaz de *juntar* os cidadãos (e não *separá-los*, como faz com os franceses o teatro clássico).

Desse modo, assim como no *Discurso sobre as ciências e as artes* Rousseau não critica a natureza do saber, mas uma figura histórica do conhecimento, na *Carta a d'Alembert* não se refere à "essência do teatro", mas à sua "gênese e estrutura". A *Carta* deve ser lida, assim, como um exame da *função social e política* dos espetáculos, cuja originalidade só aparece no interior da antropologia, da filosofia da história e especialmente da teoria da linguagem de Rousseau. Para retomar os termos acima, pode-se dizer que a *Carta* recusa uma "gramática do espetáculo", fundada na razão e na natureza humana, e nos apresenta sua "topologia", voltada para a pluralidade da história. Mais uma vez, portanto, Rousseau denuncia o procedimento metodológico dos filósofos ilustrados, cujo etnocentrismo pretende resolver a questão do teatro sem passar pelo "inventário das diferenças" que as formas teatrais assumem ao longo da história. Tal inventário mostra, porém, que a *posição* da cena no interior de cada cidade jamais é a mesma, que ela varia segundo o caráter, os costumes e o temperamento de cada povo — de acordo com o tempo e o espaço.

Não custa insistir, mais uma vez, que Rousseau não opõe ao etnocentrismo das Luzes os tradicionais argumentos do ceticismo, pois, se a posição da cena varia, sua *função* é sempre a mesma: espelhar justamente o caráter, o temperamento e os costumes do povo para o qual é feita. O que há de novo aqui, conforme Bento Prado, "está no uso que ele faz dessa proposição, como critério para uma genealogia dos *valores*: ela prepara uma *hierarquia* dos espetáculos fundada num diagnóstico da qualidade do público".[25] Cada

---

25 Prado Jr., *A retórica de Rousseau*, p.294.

cena teatral possui, assim, seu auditório e a recusa do teatro clássico francês implica a desqualificação do público para o qual ele é feito.

O mesmo combate reaparece mais tarde no "Segundo prefácio" do romance *A nova Heloísa*, no qual Rousseau rejeita as ideias clássicas de gênero,[26] imitação e leitor universais, e as substitui por uma visão etnológica baseada na "multiplicidade das humanidades locais". A imitação romanesca não deve dissolver o contingente no universal, mas sim "musicalizar" o quadro da natureza humana, visando-o de modo oblíquo, por meio de uma história particular. Em outra parte[27], tentei mostrar que, por uma via própria, Diderot chega a resultados parecidos. Para ele, o inglês Samuel Richardson, modelo de romancista moderno, recusa a pura contingência da história sem dissolvê-la na universalidade, chegando a esta por meio daquela, de modo, por assim dizer, dialético. A crítica de Rousseau cabe, assim, a autores como Prévost, tradutor de Richardson na França, e que, para repulsa de Diderot, adaptou-o ao decoro do gosto clássico francês, apagando justamente boa parte das marcas de sua humanidade local. Esta é sem dúvida outra das tantas convergências entre Rousseau e Diderot, para as quais Bento Prado chama a atenção principalmente no plano do teatro.

De todo modo, o autor de *A nova Heloísa* se orienta pela teoria do *Ensaio sobre a origem das línguas*. Contrariando vários exegetas contemporâneos, a originalidade de Bento Prado Jr. está em apostar na existência de uma continuidade entre a "teoria" da linguagem formulada pelo filósofo e o "uso" que o escritor pretendia dela fazer. Com efeito, a teoria não se limita a denunciar a linguagem, mas afirma, como se viu, que ela é "o mais perigoso dos bens e o mais inocente dos jogos". A linguagem tem duas faces — uma positiva, outra negativa —, que permitem a hierarquização da qualidade dos discursos e escritos. Alguns "representam" e têm como modelo a gramática, ao passo que outros "imitam", tomando a música como paradigma. Os primeiros se distinguem pelo "fausto", provocando "uma admiração fria e estéril", os outros têm "força", "elevam a alma e incendeiam o coração".

---

26 Obviamente, no sentido essencialista do termo, não histórico.

27 Mattos, *A cadeia secreta*.

Apresentação

É a estes que se pretende filiar a linguagem "pura e inocente" dos escritos autobiográficos de Jean-Jacques.

Bento Prado mostra, portanto, que a continuidade entre filosofia e literatura, em Rousseau, é mais profunda do que em qualquer de seus pares da Ilustração. Não ignoramos que a história de *Candide* ou a tragédia *Zaïre*, filosoficamente falando, são obras profundamente voltairianas. Sabemos ainda que o neoespinosismo de Diderot jamais transpareceu tão bem quanto no romance *Jacques, o fatalista* e que as *Cartas persas* e *Do espírito das leis* são livros de um só e mesmo autor, ora romancista, ora jurista. Mas o caso de Rousseau é bem diferente, pois em seus escritos o prolongamento entre filosofia e literatura não apenas existe como é sustentado por uma teoria da linguagem, que a explica e fundamenta. Razão de sobra para que Bento Prado, durante tantos anos, se demorasse em sua obra, e não em outra qualquer.

Como se viu, Lévi-Strauss afirma que Rousseau destruiu a metafísica do *cogito* porque soube colocar-lhe problemas concretos, que ela ignorava e aos quais não podia sobreviver: a linguística, a música, a botânica. Eu ousaria dizer que a esses paradigmas da aliança entre o sensível e o inteligível, Bento Prado acrescenta outro, que os engloba: a "costura", feita por Jean-Jacques, entre filosofia e literatura, que não por acaso, aliás, o platonismo rompera ao fundar a metafísica. Pode-se dizer, assim, que a obra de Rousseau como um todo é uma crítica "em ato" da própria metafísica, a encarnação exemplar daquela "costura", cuja unidade foi exemplarmente desentranhada pelo inconfundível e insubstituível estilo de Bento Prado Jr.

São Paulo, 12 de janeiro de 2008

Sobre esta edição

Este volume reúne os textos escritos por Bento Prado Jr. sobre Jean-Jacques Rousseau.

A primeira parte inclui um livro, escrito originalmente em francês em princípios dos anos 1970, quando o autor ocupou o posto de "chargé de recherches" no Centre National de la Recherche Scientifique (CNRS), em Paris, e tem como título *A retórica de Rousseau: o discurso político e as belas-letras*. A segunda parte, intitulada pelo organizador *Ensaios sobre Rousseau*, é constituída por ensaios publicados em várias revistas brasileiras, entre 1968 e 1996. Deixou-se de lado aqueles que foram recortados do livro, repetindo seu texto com pequenas variações, e ainda alguns artigos de circunstância, aparecidos em jornais diversos.

As referências aos textos de Rousseau remetem o leitor à edição das *Oeuvres complètes de Jean-Jacques Rousseau* (indicadas por *O.C.*), publicada sob a direção de Bernard Gagnebin e Marcel Raymond (Paris: Gallimard, Collection "Bibliothèque de la Pléiade", 5 volumes). Quando Bento Prado Jr. escreveu o livro e parte dos ensaios, o volume V ainda não havia sido publicado e, por esse motivo, ele utiliza outras edições do *Ensaio sobre a origem das línguas* e da *Carta a d'Alembert sobre os espetáculos*, conforme constatará o leitor ao consultar a bibliografia.

Sempre que o texto citado, de Rousseau ou não, possui versão para o português, indica-se também a página da edição brasileira. Contudo,

Sobre esta edição

todas as traduções das citações foram revistas e, quando necessário, modificadas.

O texto original em francês de *A retórica de Rousseau* foi traduzido por Cristina Prado. As traduções dos textos de Rousseau, feitas especialmente para este volume, são de José Oscar de Almeida Marques. A preparação do texto foi feita por Ana Lima e Thomaz Kawauche, que também se encarregou da revisão técnica. Para a localização de originais e referências bibliográficas, contou-se com o auxílio de Raquel Prado, Lúcia Prado, Bento Prado Neto, Roberto Schwarz, Otília e Paulo Arantes, Helena Hirata, Ruy Fausto, Mateus Araújo Silva e Fred Melo Paiva.

A retórica de Rousseau:
o discurso político e as belas-letras

Introdução: leitura de Rousseau[1]

A questão, resolvida com tanta desenvoltura em nosso século, será melhor discutida em um outro quando o ódio em que se mantém o público deixar de ser fomentado; e quando, em gerações melhores, esta tiver sido avaliada, os juízos do público formarão preconceitos contrários: será uma vergonha ter sido louvado por ela, e uma glória ter sido por ela odiado.

J.-J. Rousseau[2]

As metamorfoses da obra

O problema da leitura de Rousseau, das condições que a tornam possível e dos obstáculos que a ela se opõem, é assim colocado no próprio interior de sua obra. O texto em epígrafe indica o *futuro* como o único lugar no qual ele poderia finalmente ser compreendido, como o único ponto de vista para o qual a obra poderia enfim oferecer sua verdade em transparência; ele denuncia também a má vontade, o ódio como a potência que impede aos contemporâneos todo acesso ao seu pensamento e que consegue impor uma imagem inteiramente deformada de sua própria existência. Poderíamos

---

1 Com o título "Lecture de Rousseau", publicado na revista *Discurso*, n.3, São Paulo, 1972, p.9-66. (N. O.)

2 *O.C.* I, *Rousseau juge de Jean-Jacques*, Troisième Dialogue, p.970.

Introdução: leitura de Rousseau

aqui enxergar o vestígio de uma teoria da dependência do entendimento em relação à vontade, assim como da "viabilidade histórica das ideias", dos laços complexos e indiretos que as atam ao Século: uma ética e uma política, poder-se-ia dizer, assim como uma sociologia da leitura. Esse texto poderia servir de pretexto para a formulação de toda uma série de questões liminares: como Rousseau quer ser lido por nós que pertencemos a outro século, qual é o perfil desse leitor tardio que ele espera do fundo de uma paciência infinita? Como nos situar, a nós mesmos, em relação à sua obra e em que lugar situá-la para lê-la melhor? E, já que se trata de *escrever* sobre ele — empreitada que poderia perfeitamente parecer-lhe destituída de seriedade e de fundamento —, o que acrescentar, nesse discurso segundo e secundário, àquilo que é dito pelos próprios textos? Caberia situá-lo — pensamos aqui naqueles que, hoje, respondem a seu apelo, tentando reativar seu pensamento ou prolongá-lo num outro elemento — na pré-história das ciências do homem, imerso num horizonte cultural que ainda não as tornava possíveis, ou, ao contrário, no exato momento em que se instituem pela própria obra de seu discurso ou, finalmente, no crepúsculo da metafísica, que ele ainda habita, mas ajuda, sem saber, a conduzir ao seu ocaso? Ele marca o fim de uma época ou o começo de outra? Estas são questões que ninguém estranharia na introdução de um estudo sobre Rousseau: mas são questões que devem agora ser postergadas para, talvez mais tarde, colocá-las corretamente.

Conservemos, por enquanto, apenas essa referência a um *leitor futuro*, a ideia de que a obra, como o torrão de açúcar de Bergson, deve atravessar um certo tempo, deve esperar uma nova geração para tornar-se legível. Martial Gueroult diz, no preâmbulo de seu *Descartes selon l'ordre des raisons*, que as diferentes gerações esclarecem, decerto, cada uma à sua maneira, as obras clássicas, mas logo acrescenta que "esses jogos de luz deixam o monumento intacto".[3] Cada jogo de luz pode valorizar este ou aquele perfil às custas dos outros, mas não poderia nunca mudar o granulado da pedra nem a articulação de seus volumes.

É, no entanto, essa indiferença do monumento às múltiplas luzes que podem ser lançadas sobre ele que parece ser questionada pelo texto de

---

3 Gueroult, *Descartes selon l'ordre des raisons*, t.I, p.9.

Rousseau; os jogos de luz não deixam intacto o monumento: ou eles o mostram em toda sua verdade, ou o escondem – luz tornada ofuscante – em sua totalidade: pedra e forma. O jogo histórico das gerações e das luzes lançadas sobre a obra parece nos mergulhar numa historicidade radical que torna problemática a ideia de uma leitura objetiva tal como a propõe M. Gueroult. Apelando, do seio de seu século, para um leitor futuro, seus preconceitos e sua ótica particular, Rousseau parece antecipar, de seu lado, o desenho de um *círculo hermenêutico*. Essa historicidade não significa necessariamente relativismo, mas faz da inserção do leitor e do texto em seus horizontes históricos a condição da compreensão. É antes a diferença entre *explicação* e *interpretação* que parece ser excluída por essa historicidade: a diferença que separa o comentário, que duplica o texto, da crítica que o transgride em direção a algo que o ultrapassa, diferença que define, segundo Jacques Derrida, a grade da "leitura clássica". E, se é mesmo do interior da obra de Rousseau que começa a se desenhar a curva do círculo hermenêutico, a história recente de sua leitura parece fechá-la e confirmar assim a inseparabilidade entre explicação e interpretação. Não seria, de fato, verdade que assistimos, nas últimas décadas, a um verdadeiro renascimento de Rousseau, e tal renascimento não estaria ligado às últimas aventuras do pensamento filosófico, o existencialismo e o estruturalismo? Nessa comunicação entre o passado e o presente, a noção de ilusão retrospectiva é relativizada e perde seu sentido pejorativo: é o que vemos, por exemplo, num texto onde J. Derrida fala da interpretação de Rousseau e do século XVIII proposta por Lévi-Strauss:

> Mesmo se tivéssemos o direito de falar em ilusão retrospectiva, esta não seria um acidente ou um resíduo teórico: deveríamos levar em conta sua necessidade e seus efeitos positivos. E essa própria representação genealógica de si já é representação de uma representação de si: aquilo que o "século XVIII francês", por exemplo e se é que tal coisa existe, já construía como sua própria origem e presença.[4]

---

4 Derrida, "Nature, Culture, Écriture (de Lévi-Strauss à Rousseau)", in: *Cahiers pour l'Analyse*, Paris, n.4, 1966, p.III-IV.

Introdução: leitura de Rousseau

Um de nossos objetivos é mostrar que a distinção entre explicação e interpretação continua válida e que o leitor futuro, para o qual Rousseau acena, não é um elemento de um círculo hermenêutico, mas a testemunha da própria estrutura de seu discurso, única prova de sua inocência, e única chance de salvação de seus escritos. Mas é inegável que a inspiração filosófica contemporânea, em suas formas mais diferentes, permitiu uma redescoberta de Rousseau e é preciso, então, começar por verificar o peso dos "efeitos positivos" dessa ilusão retrospectiva que só é ilusória na aparência.

Rousseau beneficiou-se, de fato, das últimas metamorfoses da filosofia francesa e, a cada mutação — existencialismo, estruturalismo —, assistimos a um tipo de metamorfose de sua própria obra. Basta abrir, por exemplo, um livro como *Transformation de la philosophie française*[5] — onde, no entanto, nunca se trata da interpretação de Rousseau e onde ele é citado apenas uma vez e de maneira extrínseca — para ver a que ponto era fatal uma reativação de seu pensamento e como, na escolha dos temas da nova filosofia, o esquema de uma nova leitura de Rousseau estava inscrita como em filigrana. Bréhier liga, de fato, o estilo da nova filosofia a uma maneira de compreender e esclarecer a tradição filosófica. Vejamos de perto um parágrafo significativo:

Há alguns anos, um conhecido psicanalista veio me ver e me perguntar o que eu poderia dizer-lhe sobre as relações da cura psicanalítica com os métodos pelos quais Plotino, ultrapassando a consciência imediata e pessoal, chegava, por aprofundamento interior, a voltar ao plano em que a pessoa se enraíza. Por volta da mesma época e em relação às mesmas questões, homens que não eram teólogos liam com ardor os Padres da Igreja e especialmente Santo Agostinho, para nele achar o segredo dessa subjetividade que, de tanto se aprofundar, encontra, no mais profundo de si mesma, Deus que é o seu princípio. Enfim, vi a atenção dos melhores espíritos dentre os jovens dirigir-se para um filósofo que eu havia outrora estudado muito, Hegel: nele encontravam, sobretudo, um princípio de vida espiritual, um movimento do qual os fatos diretamente constatados eram apenas momentos.[6]

---

5 Bréhier, *Transformation de la philosophie française*.
6 Ibid., p.79.

A *retórica de Rousseau*

O historiador que, como de costume, se debruça sobre um pensamento passado, vê-se aqui surpreendido e tomado pelo movimento do pensamento presente; em seu discurso misturam-se a experiência imediata do tempo vivido e o esforço de objetivação e de reflexão. O que esse texto leva a pensar é, justamente, o laço secreto que liga esse pensamento emergente a um novo recorte da tradição: ao escolher seus novos problemas, a filosofia escolhe, também, seus ilustres predecessores. Uma lei geral de toda leitura do passado? De qualquer maneira, Bréhier mostra como esse novo estilo filosófico recorta, à sua maneira, a continuidade da tradição, traça sua própria genealogia e constitui sua *"bella scuola"* — o que não deixa de introduzir um mínimo de inquietação no domínio aparentemente calmo da história da filosofia. Esse parágrafo descreve o movimento pelo qual pesquisas e encaminhamentos diferentes, empreitadas que procuram seu rumo na solidão e na ignorância recíproca, acabam por se responder de lugares diferentes da cultura e da ciência e por produzir, sem querer e como em sua esteira, um mesmo colégio dos Sábios que se reúne para além da dispersão temporal. Hegel, ou um certo Hegel,[7] os Padres da Igreja, os gnósticos saem do esquecimento, entram em concílio e tornam-se pontos de referência. Toda uma tradição "negra" ou "negativa", dualista ou pluralista — em todo caso muito distante do monismo da Razão e da positividade da ciência — se reconstitui e dá ao pensamento não apenas referências, mas também o solo sobre o qual ele pode se apoiar para retomar o seu voo. Adivinhamos que nem tudo é tranquilizador, para Bréhier, no relato que faz dessa metamorfose e poderíamos, talvez, falar de algo como uma surpresa e uma inquietação diante da transformação da qual ele se faz a testemunha, se não o historiador: ele chega mesmo a apresentá-la como um esquecimento da vocação essencial do Ocidente e da Filosofia.

Mas por que deveria esse novo jogo de luzes iluminar também Rousseau ao lado de Hegel e de Santo Agostinho? A "dialética da separação": tal é o título do último capítulo do livro, do capítulo onde Bréhier tenta unificar, dar o fio condutor de todos os temas inventariados ao longo de seu texto, na impossibilidade de reconstituí-los sistematicamente. Ao falar de uma

---

7 Por exemplo, o Hegel de Kojève.

Introdução: leitura de Rousseau

dialética da separação, Bréhier quer dizer que a nova filosofia renuncia ao ideal de ultrapassar as contradições que dilaceram a experiência. Se a filosofia pôde, anteriormente, ser definida pelo esforço da unidade ou como vontade de unificação, vêmo-la agora definida como a exploração das distâncias insuperáveis, das lacunas e dos limites do Saber. Essa ideia da filosofia, entretanto, que também nasce de uma leitura de Hegel, poderia ser expressa pela afirmação de que as feridas do espírito jamais se curam sem deixar cicatrizes. Uma dialética da separação é menos uma dialética que se cumpre ultrapassando as contradições do que uma dialética que insiste no caráter irreparável destas, que não volta os olhos para o futuro e para uma reconciliação possível, mas para o passado e para uma unidade definitivamente perdida. Bem reconhecemos hoje, nesta temática da separação e da fratura, uma temática rousseauniana por excelência. Chegou-se a ver na experiência do divórcio entre o ser e o parecer a mola mestra de toda reflexão em Rousseau e a matriz que se reproduz em todos os momentos de seu pensamento. A cada etapa da obra podemos, de fato, constatar o trabalho de uma dialética da separação e da ruptura: na teoria psicológica que ele propõe, na gênese das faculdades da alma a partir da unidade originária da sensação onde cada progresso é, ao mesmo tempo, declínio; em sua teoria da sociedade e da História que se constitui como uma descrição da progressão da mentira e da violência a partir da transparência e da unidade da festa e da sociedade nascente; e, enfim, nessa espécie de fenomenologia da existência que ele propõe, que vai buscar o seu segredo no movimento que a arranca da unidade da Ordem e da Natureza, que a opõe a si mesma e que inscreve em sua intimidade uma fissura inapagável. Não há dúvida de que o tema da dialética da separação foi feito para suscitar uma releitura global de Rousseau.

Ainda seria necessário acrescentar que essa dialética da separação não atua essencialmente no plano do conhecimento e que não se trata de uma dialética do Saber. É justamente no limite do saber, ali onde ele não pode mais atuar, que começa essa dialética: com a descoberta da subjetividade ou, mais precisamente, da intersubjetividade. "Um princípio de vida espiritual" diz Bréhier, definindo o valor que se começa a reconhecer em Hegel, e não um princípio de vida intelectual. Não se trata, então, de uma dialética que coloca em movimento termos como *sujeito* e *objeto* ou *conceito* e *experiência*: ao contrário, o "sujeito" é tomado e relativizado por uma trama de relações cujos outros termos são outrem e *Deus*: *a relação* com o mundo – mais vaga, mas anterior à relação com o objeto – é ela mesma precedida e determinada pela matriz originária da intersubjetividade. Prioridade, então, do vivido em relação ao conhecido, e privilégio filosófico da dialética da consciência. Aí também reconhecemos uma afinidade essencial com o pensamento de Rousseau na definição do domínio específico da historicidade humana como deslizamento para fora da *physis* e como instauração de um domínio autônomo que faz do homem uma espécie de efeito dos sistemas aos quais ele pertence. Rousseau pretende, certamente, ser antes observador que moralista: "Eu sou o botânico que descreve a planta. Cabe ao médico determinar seu uso".[8]

Mas o estilo dessa "botânica" do homem é definido em sua oposição à botânica *tout court*: o homem, ao contrário dos outros seres naturais, é produzido pelo sistema das relações que o articula aos outros. O conhecimento da natureza e o conhecimento do homem obedecem a *razões* diferentes, cada uma das quais percorre o caminho inverso ao da outra. Num caso, o indivíduo é transparente e conduz o olhar em direção ao conhecimento da espécie; no outro, os indivíduos modelam-se em suas relações recíprocas, separados de seus corpos e de sua espécie:

> O conhecimento da natureza das plantas pode muito bem ser auxiliado, por exemplo, pelo conhecimento do terreno que as produz, dos sucos que as nutrem e de suas virtudes específicas, mas jamais se conhecerá bem sua mecânica e seus princípios motores se não se examinar isso nelas próprias, se não se considerar toda sua estrutura interior, as fibras, as válvulas, os condutos, a casca, a medula, as folhas, as flores, os frutos, as raízes e, em suma, todas as partes que entram em sua composição. Nas investigações morais, ao contrário, eu começaria por examinar o pouco que conhecemos do espírito humano tomado em si mesmo e considerado como indivíduo; daí tiraria hesitantemente

---

8 *O.C.* I, "Mon Portrait", in: *Fragments autobiographiques*, p.1120.

Introdução: leitura de Rousseau

alguns conhecimentos obscuros e incertos; mas abandonando logo esse tenebroso labirinto, apressar-me-ia a examinar o homem por suas relações, e é daí que tiraria uma multidão de verdades luminosas que logo fariam desaparecer a incerteza dos meus primeiros argumentos, e que seriam ainda mais iluminadas pela comparação.[9]

É então, de fato, no plano da intersubjetividade — esse domínio aberto pelo olhar e pela "opinião" — que a humanidade se constitui e é aí que seu destino é decidido, como queda para fora da Ordem ou como esperança de reconciliação: é a transparência ou a opacidade dessa rede que permite ou impede o homem de achar seu lugar na Natureza.

Bréhier insiste também, finalmente, na redefinição das relações entre o discurso filosófico e a literatura como um dos traços dominantes da nova filosofia. Há um apagamento da fronteira que separa a filosofia da literatura; elas já não são regiões distintas, distribuídas como exterioridade, mas espaços imbricados internamente. Não se trata simplesmente do fato de que, mais do que antes, um mesmo nome assina um tratado e um romance ou uma peça de teatro: é o próprio estatuto dessas duas linguagens que é redefinido e redistribuído. Como diria mais tarde Merleau-Ponty, a literatura não é simplesmente uma forma regional de linguagem, ela é solicitada pelo próprio Ser[10] e seu destino está ligado ao da verdade. Essa nova cumplicidade entre filosofia e literatura também era própria para lançar nova luz sobre a obra de Rousseau. Esse novo jogo de luzes permite, de fato, agrupar de uma nova maneira os próprios escritos de Rousseau e incluir *A nova Heloísa*, por exemplo, entre os textos "filosóficos": uma nova interpretação torna-se possível na medida em que é a própria realidade da obra que parece ter-se movido.

Enfim, se evocamos sumariamente alguns dos traços através dos quais Bréhier desenha o perfil da nova filosofia — tal como ela se apresentava no fim dos anos 1940 —, foi para indicar outros tantos sinais de uma nova

---

9 *O.C.* II, "Idée de la méthode dans la composition d'un livre", in: *Mélanges de littérature et de morale*, p.1244-5.

10 Merleau-Ponty, *Le Visible et l'invisible*, p.305 [ed. bras.: *O visível e o invisível*, p.229].

maneira de ler Rousseau. Tal como Hegel ou Santo Agostinho, Rousseau começava a aparecer como um desses pensadores clássicos nos quais o pensamento contemporâneo gosta de se reconhecer. A leitura de Rousseau tornava-se solidária das aventuras do pensamento vivo.

A existência

Quando examinamos o "estado atual" da questão J.-J. Rousseau, percebemos, de fato, que a imagem tradicional que possuíamos não saiu intacta dessa metamorfose. Não nos vemos apenas diante de outro Rousseau — ele já não é o rapsodo do sentimento, o literato brilhante que esconde no esplendor de seu estilo as contradições de um pensamento sem autêntica profundidade —, mas diante de um Rousseau — ele é agora o pensador um tanto profético que antecipa os grandes temas da modernidade: existência e discurso, sociabilidade e linguagem, natureza e cultura — que ocupa um lugar estratégico dentro do pensamento do século XVIII e até na história do Ocidente.[11] Ele é lido menos com a curiosidade historiográfica que quer reconstruir o Outro, para conhecê-lo em sua alteridade e em seu distanciamento, do que com a inquietação daquele que se questiona a respeito de si mesmo através da leitura de um Outro. A obra já não é julgada por um olhar que a transcende e a domina sobrevoando-a: nós a questionamos do próprio lugar em que ela fala, pois parece que fala daqui mesmo; se o nome de Rousseau indica uma virada estratégica da história do Ocidente, é porque essa virada ainda não está concluída, é porque ela define um "aujour-d'hui" que ainda não passou e ainda serve de horizonte.

É certo que a obra de Rousseau não esperou, enterrada no limbo da história, para ser finalmente lida e compreendida nessas últimas décadas. Seria necessário lembrar os nomes de Kant, de Hegel e de Engels? Em todos esses casos, certamente a importância filosófica de Rousseau é reconhecida e o sentido de sua obra fixado teoricamente. Assim, não devemos esquecer dois séculos de erudição e de esforço interpretativo, de historiografia filosófica

---

11 Cusinier, "L'état actuel de la question: J.-J. Rousseau", in: *Informations littéraires*, 1964.

Introdução: leitura de Rousseau

e literária. Mas também não podemos deixar de pensar num tipo de *recalque* ao qual a obra teria sido submetida por muito tempo: recalque esboçado em sua "marginalização" feita por seus contemporâneos — parece-nos fora de questão, hoje, colocar em dúvida a realidade do "complô" —, mas perpetuada nas gerações seguintes. Que a obra seja recalcada no âmbito da loucura ou da "literatura", não deixa de ser verdade que, como no caso das ideias de *totemismo* e *histeria* de que fala Lévi-Strauss,[12] certa ideologia exclui uma alternativa do pensamento para o mundo exterior do sem sentido. A obstinação e a longevidade da polêmica contra Rousseau parecem vir prová--lo; segundo cremos, é o que sugere Maurice Blanchot num ensaio muito interessante, ao qual deveremos voltar mais tarde:

> Eu não sei — diz Blanchot — se Rousseau, durante sua vida, foi persegui-do como pensava. Mas, já que manifestamente não deixou de sê-lo após sua morte, atraindo as paixões hostis e, até nestes últimos anos, o ódio, a fúria deformadora e a injúria de homens aparentemente razoáveis, há que se pensar que havia alguma verdade nesta conjuração de hostilidade da qual ele se sentiu, inexplicavelmente, a vítima. Os excessos dos inimigos de Rousseau justificam Rousseau. Maurras, ao julgá-lo, entrega-se à mesma impura alteração que nele reprova. Quanto àqueles que só o querem bem e se sentem, de imediato, seus companheiros, vemos, pelo exemplo de Jean Guéhenno, o quanto lhes é difícil fazer-lhe justiça. Parece que há nele algo misteriosamente falseado, que enfurece os que não o apreciam, e que incomoda os que não lhe querem mal, sem que consigam ter certeza desse defeito, e justamente porque não conseguem ter essa certeza.[13]

Se o ódio, de um lado, e o mal-estar, de outro, têm a mesma origem, essa origem só pode ser um recalque que precede a alternativa entre o *sim* e o *não*, a polêmica e a apologia. Pois o recalque pode ser feito, de fato, sob as aparências da apologia e do reconhecimento. Nas interpretações

---

12 Cf. a primeira página de Lévi-Strauss, *Le Totémisme aujourd'hui* [ed. bras.: *Totemismo hoje*].

13 Blanchot, *Le Livre à venir*, p.53.

de Kant (retomadas e prolongadas por Ernst Cassirer) e de Engels, por exemplo, Rousseau só é salvo ao preço de ser assimilado por sistemas que lhe são estranhos: poderíamos dizer que as leituras kantiana e dialética de Rousseau transportam o texto para um domínio onde ele perde sua especificidade e onde é essencialmente deformado.[14] De um lado, ele é aquele que descobriu o mundo da liberdade, cujo conceito será fornecido pela Crítica: a verdade de seu pensamento é, em certo sentido, exterior à sua obra; ela só pode brilhar nesta reflexão posterior que lhe confere um lugar no sistema da Crítica da Razão. De outro, teórico da História, que descobre a lei ternária que, pela mediação da desigualdade e da violência, conduz da inocência original e da igualdade inconsciente à igualdade refletida e à cidade legal, Rousseau torna-se o precursor não somente de Hegel e da Dialética, mas também da teoria da Revolução: o materialismo dialético será a exposição clara e científica do que era apenas antecipado confusa e abstratamente na obra de Rousseau. Ao mostrar como cada uma dessas "sínteses" encerra o sentido da obra em apenas uma de suas linhas de força, Jean Starobinski nota como fazem desaparecer sua estranheza e originalidade;[15] a obra já não é esse discurso solitário encerrado em sua diferença, mas sim um momento essencial *aufgehoben*, conservado como ultrapassado, em todo caso *passado*, do devir da Razão ou da construção da ciência. Não é apenas a tensão interna da obra que desaparece – esse *aut aut* que faz do *Emílio* e do *Contrato social* alternativas diferentes num mesmo pensamento –, mas também a feroz recusa, essencial em Rousseau, de ser assimilado pela Filosofia ou pelo Saber.

Foi preciso, então, um novo olhar para devolver a Rousseau seu lugar insólito na história da filosofia e reconhecer o caráter filosófico de um discurso que se mantém paradoxalmente fora da filosofia. Uma nova ideia do Saber, mais flexível, e uma nova concepção das relações entre filosofia e literatura eram necessárias para que a obra de Rousseau pudesse aparecer

---

14 Starobinski, *Jean-Jacques Rousseau, la transparence et l'obstacle*, p.36-49 [ed. bras.: *Jean-Jacques Rousseau: a transparência e o obstáculo*, p.34-44].

15 Ibid.

Introdução: leitura de Rousseau

em toda sua diversidade. Foi a ideia de *existência* a primeira a permitir uma nova leitura, na medida em que permitiu reconsiderar a geografia da obra. A tradição, de fato, separava os textos teóricos dos textos literários – a história da filosofia estava contida no *Emílio*, nos *Discursos* e no *Contrato social* e deixava *A nova Heloísa* para o historiador da literatura: ela separava, também, os livros "sérios" dos livros "delirantes" – que uso, de fato, fazer de um livro como os *Diálogos*? De que modo também seria possível que livros como as *Confissões*, na contingência de sua matéria, viessem a interessar o historiador da filosofia? Através da ideia de existência começava-se a ver o que hoje está estabelecido: "que é necessário ouvi-los [esses escritos autobiográficos] para ouvir em sua verdade os escritos teóricos, os romances, as peças dos dez anos durante os quais Rousseau pertence à República das Letras".[16]

Já no pequeno *Tableau de la philosophie française*, Jean Wahl indicava os caminhos de uma leitura alternativa de Rousseau. Certamente ele o apresenta como o precursor de Kant; insistindo na espontaneidade do juízo e na atividade do conhecimento implicadas na "posição de existência" da palavra "é", Rousseau ultrapassa o empirismo na direção da análise do entendimento na *Crítica da razão pura*, do mesmo modo que antecede a *Crítica da razão prática* pela afirmação da autonomia e da liberdade como fundamento da moralidade. Mas, ao lado da imagem do Rousseau que antecipa a *Crítica*, Jean Wahl começa a esboçar outra imagem:

> E, mais ainda, nenhum filósofo está mais perto do puro sentimento da existência do que Rousseau. Ele nos descreve esses momentos em que sentimos com prazer nossa existência sem nos darmos o trabalho de pensar. Como é cheia de variedade a filosofia francesa! Ela se fundara no pensamento de Descartes: ei-la que se funda num estado como que estranho ao pensamento. Penso, logo existo, dizia Descartes. Mas, nesses estados que nos descreve Rousseau, eu sou porque mal penso, poder-se-ia dizer: porque não penso.[17]

---

16 Salomon-Bayet, *Jean-Jacques Rousseau ou L'Unité impossible*, p.16.
17 Wahl, *Tableau de la philosophie française*, p.66.

O "sentimento" de que se fala aqui não é obra de uma subjetividade encerrada na ilusão, como a alma cartesiana encerrada na paixão, mas a manifestação de uma experiência que possui um alcance ontológico e abre a alma para a verdade: e é por isso que podemos falar de uma espécie de "mística existencial". Reconhecemos aqui o leitor de Malebranche, e a descrição do "sentimento da existência" deve ser compreendida em continuidade com a re-interpretação malebranchiana do *cogito*. Já em Malebranche, a consciência de si deixa de ser um conhecimento claro e distinto, para ser um conhecimento obscuro e confuso, um *sentimento*. Mas, em Malebranche, esse sentimento oferece apenas a possibilidade de fazer a separação entre o espírito e o corpo: a função do *cogito* é nos libertar das ilusões que encerram o insensato em sua cegueira ao espírito. Porém, o conhecimento só começa além do sentimento, na *visão em Deus*. Na fórmula de M. Gueroult: "Graças ao *cogito* conseguimos sair do rebanho dos *insensatos*. Graças à revelação de sua impotência, evitamos entrar na cabala dos soberbos".[18] Se houver algo como uma mística existencial em Rousseau, é, ao contrário, porque esse sentimento já abre a subjetividade para aquilo que a ultrapassa; em si mesmo ele é uma espécie de "visão em Deus".

É bem essa a ideia central da interpretação que Pierre Burgelin propõe em *La Philosophie de l'existence de Jean-Jacques Rousseau*. Na expressão *sentimento da existência*, é o segundo termo que é privilegiado: ela não indica a maneira pela qual a existência ou a realidade se reflete no interior da subjetividade, como poderia supor uma leitura "psicologista"; é realmente a própria existência e, com ela, o ser que é desvendado por e nesse sentimento. Visão em Deus? De todo modo, "único modo de adesão ao ser".[19] Pode-se falar de uma experiência direta do ser – e não apenas de um "choque" com a realidade ou de uma experiência bruta –, pois este sentimento que se dá no modo da felicidade o apreende como *valor*; no sentimento da existência, a natureza se mostra como *perfectio* ou como *ordo*.

Assistimos, portanto, a uma inversão total da perspectiva cartesiana: não se trata mais, na descoberta da interioridade da consciência de si, da

---

18 Gueroult, *Malebranche*, t.I, p.35.

19 Burgelin, *La Philosophie de l'existence de Jean-Jacques Rousseau*, p.123.

Introdução: leitura de Rousseau

verdade primeira de uma longa cadeia de razões. Essa verdade é "a mais concreta e a mais rica":[20] ela pode começar o itinerário da filosofia, mas apenas sob a condição de que esse itinerário também venha concluir-se nela. Pois o filósofo nunca a abandona, a bem dizer: esse estranho *cogito* é um ponto de partida, mas também é o solo permanente e o *telos* do pensamento. Decisão absurda do ponto de vista cartesiano, no qual a verdade do *cogito* tem como única função a de fundar no absoluto o conhecimento científico da natureza. Mas, do ponto de vista de Rousseau, é o projeto cartesiano que é desatinado:

> Não conhecemos nenhuma substância no universo, não estamos nem mesmo seguros de ver sua superfície, e queremos sondar o abismo da natureza! Deixemos esse trabalho tão pueril às crianças chamadas filósofos. Após ter percorrido o círculo estreito de sua fútil sabedoria, é preciso terminar onde Descartes começara. *Penso, logo existo*. Eis tudo o que sabemos.[21]

Mas é preciso, principalmente, observar que essa experiência privilegiada apresenta, por assim dizer, duas faces e abre dois caminhos diferentes. De um lado, como vimos, o sentimento da existência é a descoberta da ordem da natureza; de outro, é preciso notar que ele é também a descoberta de uma subjetividade *pessoal*. Se tal sentimento se abre para o universal, ele também se abre para uma subjetividade singular: é Jean-Jacques que alcança a si mesmo através desse *cogito*. A descoberta de si não é dissociável de uma vida particular e das barreiras contra as quais se choca: [...] a fórmula ("Penso, logo existo") não surge em absoluto de alguma dúvida metódica, mas da aflição do homem diante da complexidade, do dilaceramento e da infelicidade da vida.[22]

É assim que, na interpretação de P. Burgelin, o sentimento de existência nos fornece não só o tema central da reflexão de Rousseau, mas também, estreitamente ligados, os dois polos entre os quais ela se move. A ordem,

---

20 Ibid.

21 *O.C.* IV, *Lettres morales*, III, p.1099 [ed. bras.: p.158].

22 Burgelin, op. cit., p.125.

de um lado, e a existência, de outro, eis os dois termos essenciais da reflexão: e, mais ainda, os dois limites que definem o *campo* de sua reflexão. Os problemas que Rousseau escolhe, teóricos ou práticos, sempre remetem ao abismo que separa um termo do outro. O problema filosófico essencial passa a ser o de definir os laços que podem conduzir de um termo ao outro: seja sob a forma da gênese do mal e da separação, seja sob a forma do caminho a seguir para voltar à ordem, para reconduzir a existência ao seu lugar no espaço da ordem:

> O problema de Rousseau, seu problema filosófico, pelo menos, está na relação entre estes dois temas constantemente entrelaçados em sua obra: como unificar a ordem e a existência? Uma me remete à minha modesta posição no todo em que Deus reina e na cidade que a lei rege: a outra me coloca no centro. Uma orienta para uma filosofia da razão, a outra para uma exploração do sentimento. Conciliá-las é a meta: fui feito para ser feliz num mundo ordenado.[23]

O sentimento da existência não resolve, com efeito, esse problema filosófico – ele o suprime enquanto dura. No universo que o sentimento instaura, esses dois polos – o universal e o singular – estão estreitamente ligados: é na experiência direta de si mesmo que a consciência singular obtém a ideia de ordem universal e de Deus, que é o seu princípio:

> De que se goza em tal situação? De nada exterior a si, nada senão de si mesmo e de sua própria existência; e enquanto perdura esse estado, o homem basta-se a si próprio como Deus.[24]

Pode parecer paradoxal que essa restrição da consciência à relação consigo mesma e essa exclusão de tudo o que é exterior possa ter alguma conexão com o universal. Mas é próprio desse êxtase confundir o eu finito com Deus e com o mundo. Poderíamos dizer que o narcisismo da consciência

---

23 Ibid., p.572.
24 *O.C.* I, *Les Rêveries du promeneur solitaire*, Cinquième Promenade, p.1047 [ed. bras.: p.76].

Introdução: leitura de Rousseau

de si é o *lugar* da manifestação da ordem da natureza. De fato, como não aplicar ao Rousseau dos *Devaneios* a descrição de Narciso feita por Gaston Bachelard:

> Mas Narciso na fonte não está somente abandonado à contemplação de si mesmo. Sua própria imagem é o centro de um mundo. Com Narciso, para Narciso, é toda a floresta que se mira, todo o céu que vem tomar consciência de sua grandiosa imagem.[25]

Mas, se essa descoberta individual e solitária da ordem não resolve o problema teórico ou filosófico, ao menos dá o critério que poderá resolvê--lo. Como o *cogito* de Descartes — que não era apenas *uma* verdade, mas também o *critério* de toda verdade —, a descoberta solitária da ordem pode servir de *guia* à reflexão. Ela pode, de fato, guiar a busca do homem natural e protegê-la do perigo de projetar sobre ele os traços do homem; ao me excluir do mundo da mediação e da maldade, ela me permite reconstituir a humanidade que precede a mediação e o mal. Pode-se, assim, ligar efetivamente a experiência pessoal, em sua singularidade, e o trabalho teórico em sua pretensão de universalidade: se Rousseau não fosse o homem da natureza, se não fosse capaz dessa verdadeira conversão à ordem — e tal é, segundo ele, sua *diferença*, o que faz dele um *outro* em relação a todos os outros —, não lhe seria possível reconstruir conceitualmente tanto a imagem da primeira humanidade quanto a gênese do mal que comanda toda a história da humanidade. O olhar purificado pela experiência da ordem é capaz de reconhecer a face original e originária de Glauco "que o tempo, o mar e as tempestades tinham de tal modo desfigurado que ela se assemelhava menos a um deus que a um animal feroz [...]".[26]

Essa espécie de intuição dos valores, que, ultrapassando os obstáculos que encerram a humanidade decaída, torna possível o conhecimento do princípio e da origem, pode também guiar a missão prática e mostrar o caminho da salvação. Porque sua existência pessoal é a de um *outro* e por-

---

25 Bachelard, *L'Eau et les rêves*, p.36 [ed. bras.: *A água e os sonhos*, p.26-7].

26 *O.C.* III, *Discours sur l'origine de l'inégalité*, Préface, p.122 [ed. bras.: p.233].

que torna possível a reminiscência do mundo ideal e o reconhecimento dos valores e a presença de Deus na natureza, ela torna também possível a sabedoria prática: aquela que indica, no seio da situação presente e particular, as vias alternativas da salvação. Aqui, mais uma vez, o universal e o singular estão associados: o universal está presente no ideal de ordem a ser restabelecida e o singular, na situação histórica que é preciso atravessar e vencer para restabelecê-la. A política, a pedagogia e a moral serão outras tantas estratégias comandadas pela sabedoria e outras tantas maneiras de subordinar a anarquia da subjetividade e da existência à calma ordenação da natureza. Para além dos artifícios de um entendimento condenado à sofística, essa visão dos valores torna possível a mediação entre o universal e o singular, entre a essência e a "situação", e arma a consciência em sua tarefa prática e teórica:

> Contra esses demônios, a via da salvação permanece aberta: para reconhecer o verdadeiro Deus conforme a Natureza, é preciso que o homem reencontre sua humanidade e, assim, restaure sua razão. Não a arte de argumentar, mas a pura visão dos valores eternos e das situações concretas, a razão iluminada por esta voz que podemos não ouvir com todo o rumor que a sociedade faz à nossa volta, mas que nunca se cala, traz-nos de volta a essa ordem, nosso fim, sempre a ser criado por nossa sabedoria.[27]

A inspiração platônica e a inspiração "existencial" estão, pois, em tensão, mas não em contradição no interior do pensamento de Rousseau: a articulação que se apresentava como um *fato* no plano da experiência singular do êxtase reproduz-se na regulação conceitual da teoria. Surgiu um trocadilho com o duplo sentido do genitivo da expressão "a filosofia da existência *de* J.-J. Rousseau": a existência é o objeto da reflexão de Rousseau ou a reflexão de Rousseau é a expressão de sua existência? A dialética do singular e do universal, desdobrada pelo pensamento de Rousseau, articula também os dois sentidos do genitivo: expressão de uma existência, esse pensamento

---

27 Burgelin, op. cit., p.575-6.

Introdução: leitura de Rousseau

visa apenas a subordinação da subjetividade à verdade da natureza. Quando Rousseau diz: "[...] precisaria de uma [filosofia] para mim",[28] ele pensa, ao mesmo tempo, nas duas coisas. A filosofia *de* Jean-Jacques é aquela que o submete à ordem exprimindo uma existência exemplar.

Ler Rousseau é, pois, ler em seu texto não somente uma teoria, mas a expressão de certo ritmo existencial, o destino excepcional de uma consciência singular. Tal é, igualmente, o projeto de J. Starobinski em *J.-J. Rousseau, a transparência e o obstáculo*. A repetição de alguns temas-chave revelará a verdade tanto desse discurso quanto dessa existência: tais são os temas da transparência e do obstáculo. Acima dos conceitos construídos, no "labirinto turvo" dos relatos autobiográficos, na ficção, redescobrimos a permanência de algumas imagens que devem revelar a lei da obra assim como a inteligibilidade da vida. Entre a análise temática e a psicanálise existencial, o comentário de J. Starobinski nos fornece uma leitura original de Rousseau.

Mas qual é a força hermenêutica das imagens da transparência e do obstáculo? Como podem as imagens de visibilidade e de véu nos instruir a respeito do pensamento de Rousseau? Primeiramente, o relato autobiográfico das *Confissões*, em linguagem despojada, orienta o leitor na direção de categorias particularmente sobredeterminadas. Tais categorias parecem nascer da rememoração da existência e ser solidárias com um esforço de autocompreensão e autojustificação. Ouçamos um texto do início das *Confissões*:

> Permanecemos ainda em Bossey por alguns meses. Estávamos lá da maneira em que se representa o primeiro homem ainda no paraíso terrestre, mas tendo cessado de gozá-lo: aparentemente era a mesma situação, mas, de fato, uma maneira de ser completamente diferente. O apego, o respeito, a intimidade, a confiança já não ligavam os alunos a seus guias; já não os víamos como deuses que liam em nossos corações: tínhamos menos vergonha de agir mal, e mais medo de sermos acusados; começamos a nos esconder, a nos rebelar, a mentir.

---

28 O.C. I, *Les Rêveries du promeneur solitaire*, Troisième Promenade, p.1016 [ed. bras.: p.45].

Todos os vícios de nossa idade corrompiam nossa inocência e enfeavam nossas brincadeiras. Até o campo perdeu, a nossos olhos, esse atrativo de doçura e simplicidade que toca o coração: ele nos parecia deserto e sombrio, como se estivesse coberto por um véu que nos escondia suas belezas. Deixamos de cultivar nossos pequenos jardins, nossas ervas, nossas flores. Não íamos mais revolver a superfície da terra e gritar de alegria ao descobrir o gérmen do grão que havíamos semeado. Entediamo-nos dessa vida: entediaram-se de nós; meu tio nos levou embora e separamo-nos do Sr. e da Srta. Lambercier fartos uns dos outros e pouco lamentando nossa despedida.[29]

O episódio do pente quebrado, à primeira vista, é apenas um acontecimento da infância de Rousseau, mas esse episódio imediatamente se reveste de um peso simbólico que o ultrapassa e que acaba por qualificar a existência em sua totalidade. Esse acontecimento marca o fim da "serenidade de minha vida infantil" e o começo desse destino particular. A infância é definida como o espaço de um jogo inocente numa natureza transparente, sob o olhar benevolente dos deuses: a criança desliza sobre a aparência, "revolve a superfície da terra", que não esconde nenhum fundo, e a felicidade desse jogo "superficial" é confirmada pelo olhar dos deuses que não escava nenhum segredo além do visível. É essa visibilidade ou essa publicidade total dos olhares que encontra seu fim e sua negação com o episódio do pente quebrado. Nesse instante, a criança descobre, na desgraça, que *existe* o invisível, pois sua inocência escapa ao suposto olhar onisciente dos deuses que deixam, por isso mesmo, de sê-lo. A experiência infantil é o solo e o húmus do pensamento: o tema, bem corriqueiro, da diferença entre o ser e a aparência é alimentado, em Rousseau, pela força dessa experiência para sempre viva. E o esquema da experiência vivida servirá de modelo à reflexão teórica: é esse véu que se introduz entre as almas e que impede também o acesso à natureza, a qual começa a parecer "deserta e sombria [...], coberta por um véu que nos escondia suas belezas"; é esse mesmo véu que será invocado, no plano da teoria, para explicar a passagem da boa natureza para a perversidade da sociedade. J. Starobinski insiste no isomorfismo

---

29 *O.C.* I, *Les Confessions*, I, p.20-1.

Introdução: leitura de Rousseau

entre essa dialética do ser e da aparência, dessa descoberta da injustiça e da violência, da impotência da persuasão da consciência inocente, e a dialética desenvolvida nos *Discursos*:

Ele acaba de descobrir que a íntima certeza da inocência é impotente contra as provas aparentes da culpa: acaba de descobrir que as consciências estão separadas e que é impossível comunicar a evidência mais imediata do que experimentamos em nós mesmos. A partir de então, o paraíso está perdido; pois o paraíso era a transparência recíproca das consciências, a comunicação total e confiante. O próprio mundo muda de aspecto e se obscurece. E os termos dos quais Rousseau se serve para descrever as consequências do incidente do pente quebrado assemelham-se estranhamente às palavras com as quais o primeiro *Discurso* descreve o "cortejo dos vícios" que irrompe a partir do momento em que "não se ousa mais parecer o que se é".[30]

Desde que a inocência se tornou um segredo, toda a existência se torna secreta: para aquele que é acusado injustamente já não resta senão um recurso: esconder-se. Se apenas as aparências têm peso, é preciso criar-se a aparência necessária, sem se mostrar no imediato. Se o olhar do "espectador" se tornou cego para as evidências do coração inocente, a própria natureza torna-se invisível para todo olhar e, ao mundo inteiramente superficial e visível do paraíso, substitui-se um universo das profundezas (onde já não se revolve a terra, mas onde se buscam suas entranhas), onde tudo é velado: esconder-se é, ao mesmo tempo, esconder a natureza, a ordem e Deus:

Não se pode refletir sobre os costumes sem recordar com prazer a imagem da simplicidade dos primeiros tempos. É uma bela orla, enfeitada apenas pelas mãos da natureza, para a qual dirigimos incessantemente os olhos e da qual nos afastamos com um sentimento de pesar. Quando os homens inocentes e virtuosos apreciavam ter os deuses como testemunhas de suas ações, moravam junto com eles nas mesmas cabanas; mas logo que se tornaram perversos,

---

30 Starobinski, *Jean-Jacques Rousseau, la transparence et l'obstacle*, op. cit., p.19 [ed. bras.: p.20].

cansaram-se desses incômodos espectadores e os relegaram ao interior de magníficos templos.[31]

O paralelismo entre os textos é evidente: Rousseau utiliza, para descrever sua descoberta da injustiça na infância, a linguagem dos textos teóricos onde descreve o nascimento da injustiça na história da espécie.

A coincidência das imagens e da linguagem não remete simplesmente a um paralelismo entre as maneiras de descrever o destino pessoal e o destino da humanidade, mas também ao próprio segredo da obra, a esse lugar em que se articulam os dois gêneros de escrita. É um lugar ele mesmo exterior à obra e que precede o projeto de escrever. A leitura deve ultrapassar a obra em direção ao silêncio que a precede e de onde extrai seu sentido mais profundo. Pois a experiência da ruptura é também a experiência que explica o próprio projeto de escrever: para Rousseau, afirma Starobinski, escrever torna-se necessário justamente com a experiência da impossibilidade da comunicação imediata. Se for verdade que um véu esconde as evidências de um coração inocente, é preciso fugir, esconder-se sob a máscara do Autor: a escrita é o meio que, ao suprimir o imediato, torna possível um retorno futuro à imediação. A obra é, então, apenas uma mediação efêmera entre dois silêncios, a solidão provisória de alguém que, tendo perdido o paraíso, ainda aspira voltar a ele. E se Rousseau finalmente é condenado à solidão, se está aprisionado para sempre em sua obra, não é por uma decisão própria, mas pela "obra" do véu e do obstáculo que o complô dos *Messieurs* acaba por lançar entre ele e a humanidade. Trata-se do mesmo esquema, é curioso notá-lo, utilizado por Proust para definir a trajetória de Elstir:

> E sem dúvida nos primeiros tempos tinha ele pensado com prazer, mesmo na solidão, que, por meio de suas obras, se dirigia à distância, dava mais alta ideia de si àqueles que o tinham desconhecido ou magoado. Talvez então vivesse sozinho, não por indiferença, mas por amor aos outros, e, como eu renunciara a Gilberte para reaparecer-lhe um dia sob cores mais amáveis, destinava a sua obra a alguns, como um retorno a eles, em que, sem o rever, o

---

31 *O.C.* III, *Discours sur les sciences et les arts*, p.22 [ed. bras.: p.354].

Introdução: leitura de Rousseau

amariam, o admirariam, falariam a seu respeito; uma renúncia não é sempre total desde o princípio, quando a decidimos com a nossa alma antiga e antes que, em reação, tenha ela agido sobre nós, quer se trate da renúncia de um doente, de um monge, de um artista, de um herói. Mas se ele tinha querido produzir em vista de algumas pessoas, ao produzir vivera para si mesmo, longe da sociedade a que se tornara indiferente; e a prática da solidão lhe dera o amor da mesma, como acontece com toda grande coisa que a princípio tememos, porque a julgávamos incompatível com coisas menores a que nos apegávamos e de que ela menos nos priva do que nos desliga. Antes de a conhecer, toda a nossa preocupação é saber em que medida podemos conciliá-la com certos prazeres que deixam de ser logo que a conhecemos.[32]

É bem este o itinerário de Rousseau, tal como Starobinski o reconstitui, a partir do projeto inicial de escrever para reconquistar a presença imediata sob os olhos benevolentes dos "deuses", até a solidão final e calma dos *Devaneios*; a solidão provisória descobriu o valor absoluto da solidão e se torna, em relação ao outro, absolutamente indiferente, como se estivesse num "planeta estranho".

A linguagem

A voga mais recente do "estruturalismo" tampouco deixou intacta nossa relação com Rousseau: suscitou uma leitura de Rousseau através do eixo da linguagem. Não é mais em torno da ideia de existência que gira a totalidade da obra, mas em torno da ideia dos signos e do discurso. Nessa nova "transformação da filosofia francesa", pode-se reconhecer uma mudança radical na relação com os clássicos: em vez de Hegel e de Santo Agostinho, são os autores do século XVIII que fornecem o paradigma da razão filosófica; na linguagem de M. Serres, é o fim da *interpretação romântica*.[33] Nesse novo ideal de racionalidade, trata-se também de um novo recorte

---

32 Proust, *À l'Ombre des jeunes filles en fleurs*, p.420 [ed. bras.: *À sombra das raparigas em flor*, p.356].

33 Serres, *Hermès ou De la communication*.

da tradição. E, nesse novo elemento, Rousseau não perde o espaço que havia conquistado anteriormente. Ao contrário, não apenas se beneficia novamente da reativação do pensamento do Século das Luzes, mas também continua ocupando, nesse horizonte, um lugar estratégico e essencial. A própria *diferença* que o opõe aos "filósofos" é algo de essencial no século dos filósofos. Como se a verdade das Luzes só pudesse aparecer onde elas encontram a teoria de seus limites.

Ele já não aparece, nessa nova bibliografia, como o pensador da tragédia ou como o fenomenólogo do *mit-sein*, mas sim como o precursor de toda uma nova reflexão sobre a linguagem e sobre as relações entre a natureza e a cultura. Uma espécie de cumplicidade se estabelece entre o pensamento contemporâneo e o pensamento do século XVIII, a ponto de podermos dizer que o primeiro repete o segundo no próprio gesto em que afirma sua originalidade:

> O tema inicial de nosso discurso é a reativação, pela antropologia moderna, de um gesto característico da filosofia do século XVIII; aquele através do qual, para explicar a gênese e o funcionamento do pensamento no indivíduo, forçamo-nos a recorrer a uma primeira origem da cultura. Tal atitude não poderia surpreender enquanto, serenamente apoiada nos dogmas da *Aufklärung* e do positivismo, a etnologia identificasse, explicitamente ou não, o primitivismo à infantilidade. O selvagem e a criança então constituindo, conforme a tradição empirista, duas figuras paralelas dos elementos primeiros e simples do pensamento, o "primitivo", *puer robustus* do mundo teórico, parecia ter de dar uma imagem mais sensível e mais pura dos primeiros tempos. Poderíamos, ao contrário, nos espantar, ao ver tal referência a formas de culturas mais originárias sobreviver ao naufrágio da "mentalidade primitiva" se o próprio C. Lévi-Strauss não tivesse afastado a ambiguidade indicando, além ou diante de Condorcet e da ideologia dos progressos do espírito humano (ou, inversamente, de uma exaltação ingênua do "homem natural"), outro pensamento da origem: o de Rousseau.[34]

---

34 Mosconi, "Sur la théorie du devenir de l'entendement", *Cahiers pour l'Analyse*, Paris, n.4, 1966, p.47.

Introdução: leitura de Rousseau

Portanto, ele está sempre no limite da modernidade e sua obra ajuda a engendrá-la. Mas é a própria ideia de modernidade que mudou e, com ela, a de idade clássica; a modernidade já não é definida como o lugar da descoberta da finitude e da subjetividade, ela é doravante pensada como retorno a uma ideia da razão e da linguagem que fora recalcada pelo século XIX. À psicologia "dramática" da "interpretação romântica", opõe-se uma psicologia associacionista que dissolve a alma na linguagem: o lugar estratégico já não se situa na relação da consciência consigo mesma, com o outro e com Deus, mas nesse lugar em que a linguagem e a sociedade constroem e produzem a consciência em sua mais profunda intimidade. "A língua é uma razão que tem suas razões que o homem desconhece", diz Lévi-Strauss. O século XVIII não é pensado como o momento em que o intelectualismo inicia sua crise, em que a sensação e a imaginação começam a recuperar seu verdadeiro sentido, mas como o momento de um primeiro esboço de crítica da metafísica, entendida como filosofia da representação e da consciência. A ideia de *ordem*, liberta de seu fundamento na interioridade do *cogito*, anteciparia a ideia de *estrutura*, como o lugar em que o *sentido* não precisa da consciência para vir a ser.

Essa nova bibliografia tem certamente pontos comuns, certa perspectiva e certa escolha de textos e de temas, certa linguagem comum, mas não é necessariamente convergente. Se Rousseau é sempre pensado como alguém que nos conduz aos limites da metafísica, é a própria ideia de metafísica que não é unívoca: há tantas concepções de metafísica quantas diferentes leituras de Rousseau. É assim, por exemplo, que encontramos em Claude Lévi-Strauss e em Jacques Derrida duas leituras rivais do pensamento de Rousseau.

O que Lévi-Strauss nos convida a ler em Rousseau é realmente uma revolução no interior da história do pensamento ocidental. Não mais a descoberta da finitude ou da dialética da intersubjetividade, mas essa revolução que denuncia, através de certa ideia da razão, a persistência dos preconceitos da infância ou das ilusões da consciência de si, e que anuncia a morte da filosofia, de todo saber que se funda na oposição entre o sensível e o inteligível. Lévi-Strauss reconhece, nos textos em que Rousseau instaura o processo da filosofia, o mesmo procedimento que comanda a crítica etno-

A retórica de Rousseau

lógica da metafísica: num caso como no outro, o projeto de universalidade da filosofia aparece como ideológico. Quer se trate da Ilustração ou da Dialética, o que se afirma, nessa aparente vontade de universalidade, é antes a particularidade de uma consciência histórica e local: vontade pervertida do homem do mundo ou vontade utópica do homem de esquerda. Nos dois casos, o que se opõe à filosofia é uma racionalidade capaz de iluminar o concreto – na costura do sensível e do inteligível – e que até pode, em "raras e preciosas" condições, vibrar na percepção e repercutir-se no corpo. Nos dois casos, a visão de uma paisagem selvagem fornece o monograma dessa razão suscetível de um uso "estético". De fato, como não aproximar de certos textos dos *Devaneios*, onde o êxtase é o *Stimmung* da descoberta da ordem da natureza, o belo parágrafo dos *Tristes trópicos*:

> Que se produza o milagre, como por vezes sucede; que de uma parte e de outra da fenda secreta surjam lado a lado duas plantas verdes de espécies diferentes, cada uma delas tendo escolhido o solo mais propício; e que no mesmo momento se divisem na rocha duas amonites de involuções desigualmente intrincadas, atestando à sua maneira um intervalo de algumas dezenas de milênios: de súbito o espaço e o tempo se confundem, a diversidade viva do instante justapõe e perpetua as eras. O pensamento e a sensibilidade alcançam uma dimensão nova em que cada gota de suor, cada flexão muscular, cada arquejo tornam-se outros tantos símbolos de uma história da qual meu corpo reproduz o movimento próprio, ao mesmo tempo que meu pensamento abarca sua significação. Sinto-me banhado por uma inteligibilidade mais densa, no seio da qual os séculos e os lugares se respondem e falam linguagens por fim reconciliadas.[35]

Vemos aí uma mesma experiência da continuidade entre inteligência e sensibilidade, uma mesma experiência da supressão do tempo. Mas igualmente uma mesma descoberta dos limites da Filosofia. Trata-se menos da crítica de uma filosofia determinada que da recusa de toda representação

---

35 Lévi-Strauss, *Tristes tropiques* [1955], p.43 [ed. bras.: *Tristes trópicos*, 1996, p.54].

Introdução: leitura de Rousseau

"filosófica" do homem, quer dizer, de toda perspectiva que o visa em sua identidade ou em sua interioridade e que esquece de procurá-lo no movimento pelo qual ele se afasta do Outro. Era preciso que o *cogito* morresse, dissolvido pela análise de uma psicologia associacionista e pela reflexão sobre o Outro, era preciso que ele fosse descentrado de sua pura imanência para que o homem pudesse aparecer à luz do Saber. A arqueologia das ciências humanas recuperaria o gesto inaugural dessas ciências na recusa da partilha fundamental da metafísica cartesiana; gesto tanto de recepção quanto de recusa, que mostra a dependência do homem a uma ordem que o precede. Por esse gesto, "Rousseau não se limitou a prever a etnologia: ele a fundou".[36]

Em sua leitura de Rousseau, Lévi-Strauss percorre os diversos níveis em que se opera esse descentramento fundamental: crítica psicológica do *cogito*, crítica do etnocentrismo, crítica do humanismo. Em todos esses níveis é o mesmo movimento que se reproduz: aquele que conduz o *si* de seu núcleo à sua periferia. Primeiro, substituindo o *cogito* pelo sentimento da existência: leitor de Malebranche, como vimos anteriormente, mas também leitor de Condillac, Rousseau transforma a consciência de si numa experiência e num conhecimento confuso. O Vigário dizia:

> Existo e tenho sentidos pelos quais sou afetado. Eis a primeira verdade que me causa impressão, e com a qual sou forçado a concordar. Tenho eu um sentimento próprio de minha existência, ou a sinto apenas através de minhas sensações? Eis minha primeira dúvida, que, pelo momento, é-me impossível resolver.[37]

Esse texto abre duas possibilidades de interpretação da crítica rousseauniana do *cogito* cartesiano. Se for verdade que "tenho um sentimento próprio de minha existência", o sentimento será, como propõe P. Burgelin,

---

36 Id., "J.-J. Rousseau, fondateur des sciences de l'homme", in: *Jean-Jacques Rousseau*, p.240 [ed. bras.: "J.-J. Rousseau, fundador das ciências do homem", in: *Antropologia estrutural dois*, p.42].

37 *O.C.* IV, *Émile ou De l'Éducation*, IV, p.570-1 [ed. bras.: p.361].

essencialmente diferente da sensação e estabelecerá uma espécie de comunicação direta e interna de si a si: mais ainda, essa interioridade torna-se assim o local do desvendamento do Ser; Rousseau é, então, sobretudo, leitor de Malebranche. Se, ao contrário, o sentimento da existência supõe sempre a sensação, como propõe Lévi-Strauss (tema também presente em *Pensée sauvage*, na crítica da teoria sartriana da temporalidade), ele só é a prova do intelectualismo e do objetivismo de Rousseau: a ilusão da interioridade é apenas o epifenômeno da exterioridade e Rousseau é, sobretudo, leitor de Condillac. A consciência de si teria, pois, uma natureza essencialmente centrípeta: só se estabeleceria pela mediação da sensação. Mais ainda, a identidade constituída pelo sentimento da existência estaria sempre em *sursis*: ela jamais ultrapassaria a chama do instante e não poderia assegurar a continuidade temporal do *eu*. A alma é mais mutável que Proteu ou que um camaleão e podemos dizer: "Nada é tão diferente de mim quanto eu mesmo".[38] Lévi-Strauss insiste no caráter "objetivista" de tal psicologia: não se trata mais de assinalar, na qualidade de moralista, "a inconstância da natureza humana" e de "pintar a passagem", mas, na qualidade de homem de ciência, de dar as razões objetivas dessa inconstância. É Rousseau quem o diz: "[...] eu tinha um objetivo mais novo e mesmo mais importante: o de procurar as causas dessas variações [...]".[39]

Mas, se o centro de gravidade da consciência é assim deslocado pela análise psicológica, esse deslocamento é confirmado pela comparação etnológica. É neste sentido que Lévi-Strauss comenta a fórmula de Rousseau: "Quando se quer estudar os homens, é preciso olhar perto de si; mas para estudar o homem é preciso aprender a lançar a vista ao longe".[40] É o próprio procedimento do conhecimento etnológico que é expresso nessa fórmula que mostra, para além do egocentrismo e da ingenuidade, que toda humanidade é local e que a universalidade só se encontra no sistema das diferenças. Egocentrismo e ingenuidade que não esperam pelo encontro do idêntico para se mostrar à luz do dia e que já se revelam no interior de uma mesma

---

38 *O.C.* I, "Le Persiffleur", in: *Fragments autobiographiques*, p.1108.

39 *O.C.* I, *Les Confessions*, IX, p.408.

40 *O.C.* V, *Essai sur l'origine des langues*, VIII, p.394 [ed. bras.: p.125].

Introdução: leitura de Rousseau

sociedade, no antagonismo dos grupos que a compõem. Saint-Preux define essa atitude: "Ter uma carruagem, um porteiro, um mordomo é ser como todo mundo. Para ser como todo mundo é preciso ser como bem pouca gente".[41] Narcisismo estratégico, pois garante a boa consciência e a identificação consigo mesma de uma humanidade particular: um olhar excêntrico poderia dar a oportunidade de uma visita ao subsolo inquietante dessa consciência e da descoberta do mesmo sob a superfície confortável das oposições.

Essa dupla redução se perfaz num descentramento da humanidade, tomada globalmente, que a mergulha novamente numa promiscuidade com a vida em geral, que a tradição metafísica havia recalcado. Metafísica, egocentrismo e humanismo superpõem-se. Essa solidariedade com a vida aparece na ideia de piedade (*pitié*). A piedade, sublinha Lévi-Strauss, não é somente a forma da identificação com a humanidade em geral: através dela o homem redescobre o alicerce vital de sua existência. É sobre essa faculdade primordial que virão desenhar-se, num jogo de oposições, os predicados que a ciência deve decifrar.[42] O homem começa por identificar-se pela piedade com a totalidade dos seres vivos para distinguir-se, em seguida, no interior desse campo, do não humano.

Esta série de reduções, que termina com a descoberta de uma lógica inscrita no sensível e de um pensamento anônimo que precede o sujeito, está ligada, em Rousseau, a certa concepção da linguagem, de sua natureza e de sua gênese: a análise da linguagem também nos reconduz a uma camada esquecida e primitiva – a linguagem da metáfora – que é a origem da linguagem da razão. Se Rousseau pôde destruir a metafísica do *cogito*, é porque soube colocar-lhe problemas que ela ignorava e aos quais não podia sobreviver. Problemas ou "[...] preocupações, para ele tão imperiosas, embora fossem à primeira vista estranhas ao trabalho do filósofo e do escritor; refiro-me à linguística, à música e à botânica".[43] Rousseau é, para

---

41 *O.C.* II, *Julie ou La Nouvelle Héloïse*, II, 17, p.252 [ed. bras.: p.228].

42 Lévi-Strauss, *Le Totémisme aujourd'hui*, op. cit., p.145 [ed. bras.: p.105].

43 Id., "J.-J. Rousseau, fondateur des sciences de l'homme", op. cit., p.244 [ed. bras.: p.46].

Lévi-Strauss, o nome que indica, na descoberta da espessura da linguagem, o fim da metafísica, do pensamento e da consciência.

Também em J. Derrida,[44] Rousseau – ou o que ele chama *a época de Rousseau* – é pensado à luz da história da metafísica: ler Rousseau é, ao mesmo tempo, pensar o problema do *fim da metafísica*. Mas a continuidade entre as duas leituras é apenas aparente: a palavra *metafísica* não poderia ter o mesmo sentido nos vocabulários de Lévi-Strauss e de Derrida. Para Lévi-Strauss, a metafísica só pode ter o sentido negativo de um sistema de preconceitos que funciona como obstáculo epistemológico à instituição do conhecimento científico. Como a razão galileana teve de destruir a metafísica aristotélica do mundo percebido para tornar possível o conhecimento científico da natureza, a razão estrutural deve destruir a metafísica cartesiana da consciência para tornar possível o conhecimento científico do homem. Para Derrida, ao contrário, o destino da metafísica – ou do que está em jogo *na* e *pela* metafísica – não pode ser decidido no elemento da cientificidade: pois a própria ideia de ciência não é independente ou exterior à "época da metafísica". É em Heidegger que encontramos o modelo dessa concepção da metafísica. Comentando um texto de Hegel,[45] Heidegger diz:

> *O primeiro parágrafo* dá nome ao que está em questão na filosofia: "Ela considera o presente em sua presença e (considera) assim o que nele predomina, de antemão, por ele mesmo", θεωρεῖ τὸ ὂν ᾗ ὂν καὶ τὰ τούτῳ ὑπάρχοντα καθ' αὑτό (Aristóteles, *Metafísica*, Γ, 1, 1003a21). Essa predominância diz respeito ao vir a aparecer na eclosão. A filosofia considera o presente em sua presença. Essa consideração encara o presente. Ela o visa de tal modo que olha o presente apenas enquanto tal. A filosofia olha o presente quanto a seu aspecto. Na visão desse olhar nenhuma profundidade oculta se agita. A θεωρία [*teoria*] é o desencantamento de todo conhecimento. Hegel diz, na linguagem de seu pensamento: a filosofia é "o conhecimento efetivo do que é na verdade". Entrementes, o que é na verdade, o ente verdadeiro, evidenciou-se como o real

---

44 Derrida, *De la Grammatologie*. Paris: Minuit, 1967 [ed. bras.: *Gramatologia*, 1973].

45 Heidegger, "Hegel et son concept d'expérience", in: *Chemins qui ne mènent nulle part*.

Introdução: leitura de Rousseau

cuja efetividade é o Espírito. Ora, a essência do Espírito reside na Consciência de si.[46]

Esse "entrementes" de que fala Heidegger, o *inzwischen* que separa a definição aristotélica da definição hegeliana, define tanto a natureza quanto a história da metafísica. Esse texto nos diz, é verdade, a diferença entre Aristóteles e Hegel: "entrementes" o "verdadeiro ente" mudou de semblante e tornou-se presença junto a si da consciência, *repraesentatio* ou Saber Absoluto; a *repraesentatio* apaga tanto o *eidos* como a *ousia* e se coloca em seu lugar, mesmo se, como diz Heidegger em outra parte, o *eidos* pode ser pensado como a condição primeira do advento do "verdadeiro ente" como representação:

> Em compensação, o fato de que, para Platão, o caráter entitário do ente se determine como εἶδος [*eidos*] (*adma se-spectus*, "visão"), eis a condição longínqua, histórica, soberana no refúgio "de uma secreta mediação", para que o Mundo (*Welt*) possa ter-se tornado imagem (*Bild*).[47]

Mas, para além da diferença indicada, o texto marca a identidade e a permanência: que o verdadeiro ente seja *ousia* ou consciência de si, não deixa de ser verdade que o verdadeiro é pensado como presente: a essência da metafísica, inalterada de Aristóteles até Hegel, reside na decisão de identificar o verdadeiro com o presente enquanto presente, *das Anwesende als das Anwesende*. O tempo e o Ser são assim predeterminados nessa definição da "*Sache der Philosophie*": o tempo é reduzido à dimensão do presente e o ser é reduzido ao ente que se dá "diante dos olhos".

A essa estrutura, Derrida acrescenta outra determinação: esse privilégio do ente e do presente é também o privilégio da "palavra viva". A metafísica não é caracterizada, portanto, apenas como limitação ao ente, mas também como limitação ao *logos*. Se Heidegger falava de um esquecimento do ser, Derrida propõe algo como o esquecimento da escrita: a metafísica é

---

46 Ibid., p.109.
47 Ibid., p.82.

indissociavelmente recalque da diferença entre o ente e o ser, e do espaçamento e do traço que, precedendo a voz, a torna possível. A escrita, para a metafísica, é apenas o *exterior* da linguagem, a sombra do *logos* no mundo do empírico e do inessencial.

Portanto, faz parte da essência da metafísica silenciar o signo escrito. E é porque a metafísica deve, necessariamente, esquecer a escrita que a reflexão de Rousseau é o signo de um limite: seu discurso, porque toma a escrita como objeto, pode ser compreendido como o lugar em que a metafísica atinge o seu próprio limite. Não se trata simplesmente do fato de tomar a escrita — a exterioridade e o além do *logos* — como objeto de reflexão: ao tomar a escrita como objeto e ao defini-la como suplemento da fala, Rousseau é levado a embaralhar as claras oposições que estão no fundamento da metafísica. Na dialética que institui entre o originário eo suplemento que toma seu lugar, Rousseau afirma a plenitude da palavra e da presença, mas, ao mesmo tempo, inverte os termos: a palavra pode ser o lugar da ausência e a escrita pode garantir o retorno da presença. É a própria "lógica" que estrutura o discurso da metafísica que está em perigo nesta inversão:

> Como dizíamos, tendo, de algum modo, reconhecido esse poder que, ao inaugurar a palavra, desloca o sujeito que ela constrói, impede-o de estar presente para seus signos, trabalha sua linguagem com toda uma escrita, no entanto Rousseau se apressa antes em conjurá-la do que em assumir sua necessidade. É por isso que, voltado para a reconstituição da presença, ao mesmo tempo ele valoriza e desqualifica a escrita. Ao mesmo tempo, quer dizer, num movimento dividido, mas coerente. Tentar-se-á não deixar escapar essa estranha unidade. Rousseau condena a escrita como destruição da presença e como enfermidade da palavra. Ele a reabilita na medida em que ela promete a reapropriação daquilo que a palavra se havia deixado desapossar. Mas por que instância, senão por uma escrita já mais visível que ela e já instalada em seu lugar?[48]

---

48 Derrida, *De la Grammatologie*, op. cit., p.204 [ed. bras.: p.174].

Introdução: leitura de Rousseau

Ao fazer passar, desta maneira, a presença na ausência e a ausência na presença, é o sistema da "conceitualidade clássica" que entra em crise: se o projeto de Rousseau ainda pertence à estratégia do recalque da escrita e da diferença, da defesa da identidade e do logocentrismo, seu itinerário o conduz, perigosamente, ao mundo do *fora*. O "sonho" de Rousseau é, de fato, fazer o "suplemento" entrar no originário e disciplinar a escrita no elemento da identidade, mas ele acaba mostrando a enfermidade secreta que assombra a palavra e sugerindo que a plena presença a si pode ser uma ilusão da consciência. O *resultado* da reflexão de Rousseau, que pode não coincidir com o objetivo visado e com a intenção — aqui uma diferença se inscreve entre o querer dizer e o dizer —, é a ideia paradoxal de um "suplemento originário", signo de um pensamento que ainda não era representável no elemento da metafísica. Para J. Derrida, Rousseau é o pensador da metafísica que, no esforço de recalcar a escrita, leva a pensar a radicalidade e o caráter originário da escrita.

A excentricidade da obra ou a impossível teoria

Na introdução de seu *Sistema de Leibniz*, M. Serres ataca o problema do círculo que une a verdade epistemológica à verdade histórica, ao problema da reativação, pelas revoluções da razão científica, das verdades *esquecidas* da história. A tentação de falar de ilusão retrogressiva é de fato grande; o interesse das análises de M. Serres é, justamente, mostrar a positividade dessas recorrências e dessas recuperações históricas. Poderíamos até mesmo ver nesses comentários recorrentes, feitos essencialmente *no futuro*, a explicitação de algo que estava latente no texto comentado:

> Seria tentador descrever um intervalo histórico em que o início leibniziano mimetiza e prevê o fim contemporâneo, desenhando o entremeio como o desenvolvimento lacunar e parcial da construção inicial e a aproximação parcial e lacunar da arquitetura final. E, na mesma medida em que nos aproximamos desta, desenvolvemos aquela. O sistema leibniziano é cada vez mais bem centrado à medida que nos aproximamos da matemática contemporânea (o comentário e suas variações o mostram), porque esta se instaura à maneira

e no estilo daquele, depurando-se progressivamente, regressando a sua fonte formal, suprimindo os privilégios tradicionalmente concedidos a tal ou qual região singular de seu saber técnico.[49]

Não seria tentador dizer o mesmo da história do comentário de Rousseau? Também não é verdade que ele goza de uma situação paradoxal "entre seus contemporâneos, em relação a seus predecessores e aos olhos de seus sucessores"? Também não poderíamos dizer de Rousseau que ele "pertence à sua época e parece, de todos os pontos de vista, a mais fina expressão das teses de sua época", mas que ele "as ultrapassa a todas, e segundo a história, anuncia novos tempos"? Temos de reconhecer, pelo menos, que essa situação paradoxal entre seus contemporâneos e aos olhos da história é um dos *temas* do pensamento de Rousseau. Ele escreve, certamente, no interior de seu século e se dirige a ele; queremos com isso simplesmente assinalar que ele se enreda na trama de uma estrutura histórica singular: esse pertencimento é conscientemente assumido pelo próprio filósofo. Sua teoria da história e os princípios de sua retórica obrigam-no, de fato, a reconhecer sua "situação" no século, e a falar, de um lugar particular, para um auditório igualmente particular. Essa adesão ao seu tempo é tanto mais necessária quanto seu pensamento é animado por uma vocação essencialmente prática: são estes homens, os homens do meu tempo que é necessário tentar reformar e salvar. No entanto, é no mesmo instante em que reconhecemos essa adesão ao presente e à situação histórica que descobrimos que ele nunca lá está como o peixe na água sempre fugindo em direção a um outro tempo e falando "do exterior". Dirigindo-se assim a um "leitor futuro", Rousseau parece esperar o re-centramento de seu discurso por um comentário futuro: "novos tempos" e um pensamento ainda por nascer são como que preparados na intimidade da obra.

Mas o paralelismo com Leibniz é apenas aparente: a positividade da recorrência na história da leitura de Leibniz é garantida por sua inserção na história da ciência e pelo caráter sempre complementar dos comentários. Se

---

49 Serres, *Le Système de Leibniz et ses modèles mathématiques*, t.I, p.81-2.

Introdução: leitura de Rousseau

as diferentes maneiras de centrar o discurso de Leibniz são complementares, sublinha M. Serres, isso se dá porque esse discurso é, em si mesmo, sustentado por uma estrutura "de várias entradas". Em Rousseau, ao contrário, as diferentes leituras jamais conspiram e podem até sugerir algo como uma "excentricidade" essencial da obra. A divergência das leituras poderia remeter, ao contrário do caso de Leibniz, a uma inconsistência radical ou a uma falta de pregnância na estruturação do discurso. A multiplicidade das leituras rivais poderia, de fato, ser o sinal de uma indeterminação na ordem do discurso em si mesmo e, neste caso, a recorrência perde sua positividade e a ideia de ilusão retrogressiva reaparece no seu sentido negativo.

Sempre se falou, de fato, de uma "excentricidade" de Rousseau, a começar dele mesmo. A excentricidade tem, então, um sentido psicológico, que não é o seu único sentido, nem o mais profundo. Palavras como *bizarro* aparecem com frequência em sua pluma quando ele faz seu próprio retrato. O que essa linguagem significa é exatamente uma espécie *de ausência de centro*, um movimento constante entre pontos extremos. Já em 1749, no *Persifleur*, como em todos os escritos autobiográficos posteriores, o tema está presente:

> Quando Boileau disse do homem em geral que ele passava de um extremo ao outro, desenhou meu retrato em duas palavras [...]. Nada é tão diferente de mim quanto eu mesmo, é por isso que seria inútil tentar me definir exceto por essa variedade singular [...] Às vezes sou um duro e feroz misantropo, em outros momentos entro em êxtase em meio aos charmes da sociedade e às delícias do amor [...] Em resumo, um Proteu, um camaleão, uma mulher são seres menos mutáveis do que eu.[50]

Nesse texto cheio de júbilo, reconhecemos a mesma estrutura que, mais tarde, irá animar textos mais patéticos. Marcel Raymond analisou bem esses movimentos como movimentos pendulares em torno de um centro que nunca é alcançado em repouso, em torno do qual a existência não pode se encerrar, se re-centrar para tomar posse de si mesma. Todas essas

---

50 O.C. I, "Le Persiffleur", in: *Fragments autobiographiques*, p.1108.

sucessivas mudanças (poder-se-ia falar de um "terrorismo" do instante que não cessa de quebrar a continuidade do tempo e do *ego*), diz M. Raymond,

> [...] reduzem-se frequentemente a um ritmo pendular. Lemos nas *Confissões*, a respeito do drama do Ermitage: "desde então, minha alma oscilante não fez nada além de passar pela linha de repouso, e suas oscilações, sempre renovadas, nunca lhe permitiram lá permanecer". Durante meses de extravagância, de fato, sua conduta em relação a seus amigos, madame d'Epinay, Grimm, é marcada, antes da ruptura, por uma série de oscilações, ou melhor, de reviravoltas do pró ao contra, indo da amizade mais viva, com todas as revelações e as lágrimas da ternura, ao furor e aos gestos da sensibilidade mais agressiva.[51]

Essa excentricidade é também o traço essencial pelo qual Rousseau aparece para seus próprios contemporâneos, levando-os a oscilar entre as hipóteses extremas da perversidade e da loucura. Ele é o "urso" que escolhe a solidão quando poderia viver em Paris; todas as suas escolhas, enfim, todo o estilo de sua existência cotidiana o designam como alguém que escapa à norma e se expõe às mais pérfidas interpretações.

Mas tal excentricidade pessoal é menos importante que a excentricidade de sua própria obra, da qual podemos dizer que a outra deriva. A "reforma moral", a decisão de tornar-se "outro" e de abandonar o mundo — a primeira ocasião de conflito com os filósofos — não foi motivada pelo pensamento que nasceu da iluminação de Vincennes? Pensamento excêntrico, portanto, pois embaralha as linhas que dividem e estruturam o campo ideológico do seu tempo. Quer devoto, quer filósofo, sempre se tem um *lugar* preciso nesse campo: qualquer discurso é compreensível, com a condição de respeitar essa oposição fundamental. Mas, como? Um filósofo devoto? A reconfortante clareza da oposição fica em perigo e, com ela, todas as evidências corriqueiras. Não se vê mais o centro que separa uma "esquerda" de uma "direita", essa linha demarcatória na qual se opõem e se combatem as únicas opções teóricas aparentemente possíveis. Que projeto mais insensato

---

51 Raymond, *J.-J. Rousseau, la quête de soi et la rêverie*, p.23.

Introdução: leitura de Rousseau

que o da *Nova Heloísa*, estabelecer uma "coexistência pacífica" entre o ateu e o religioso? O ódio de Voltaire encontra aí o seu fundamento: Rousseau lhe parece um *traidor*, aquele que mascara o verdadeiro combate da Razão.

O fato é, pois, que a obra de Rousseau não reproduz, em seu espaço interior, a linha demarcatória que divide o campo ideológico de seu século. Ou, em outras palavras, a própria superfície de seus escritos sugere que o conflito essencial não é aquele que aparece como tal para a consciência de seus contemporâneos.

Como uma espécie de mônada infiel que, em sua intimidade, não reproduz exatamente o mapa do mundo exterior, espelho deformante que concilia o inconciliável, a obra é vista como fundamentalmente contraditória. Esse espelho quebrado não nos restitui a verdade do mundo e, no fulgor ofuscante da imagem, esconde as distorções dessa imagem, ela própria trincada e contraditória. A excentricidade, interiorizada e transformada em lei da obra, faz-se contradição e seu disfarce se torna *sophistiquerie*. O brilho do estilo esconde as contradições (ou mesmo a loucura) do pensamento, como o *trompe-l'oeil* da imagem espelhada esconde a infidelidade do retrato. O erro, a infidelidade é, então, resultado de uma falta de centro: a contradição – movimento pendular que leva do *sim* ao *não*, que passa da afirmação à negação – é o fruto de um descentramento essencial à obra, de uma secreta enfermidade que reproduz, no plano do discurso, a "loucura" de seu autor.

Essa falta de centro, essa gravidade deslocada para o exterior e, portanto, instável, não é apenas a tese dos adversários de Rousseau. A instabilidade do discurso é também descrita, sem a menor intenção polêmica, por exemplo, em dois recentes ensaios "Sur le Contrat Social", de Louis Althusser, e "Gravité de Rousseau", de Alain Grosrichard.[52]

O ponto de partida da análise de Alain Grosrichard é a afirmação de que a lei da obra de Rousseau reside na linha que a separa de seu *exterior*. O próprio coração da obra, sua intimidade mais profunda e soterrada, é abertura para a exterioridade que a nega e é negada por ela. Essa tensão entre o interior e o exterior da obra – esse lugar de ruptura – é a repeti-

---

52 Ambos publicados em *Cahiers pour l'Analyse*, Paris, n.8, 1967 ("L'impensé de Jean--Jacques Rousseau").

ção no plano do discurso de uma experiência muda que a precede: "Não haveria obra se, no início, não houvesse dor, contradições, dilaceramento do sujeito".[53] O que equivale a dizer, em mais de um sentido, que a obra é ainda *excêntrica*: primeiro, porque nasce de algo que não é da ordem da obra e, sobretudo, porque é uma resposta àquilo que é o *outro* da obra: "A obra de Rousseau é, profundamente, uma obra de reação. Ela só nasce, constitui-se, desenvolve-se num sistema, provocando-se a si mesma".[54]

Hoje, já não se vê nessa excentricidade uma prova de má-fé e de perversidade, mas ela pode dar margem à afirmação de uma carência no coração da organização conceitual da obra. Se a obra oscila em torno de um centro que lhe é exterior, talvez seja impossível atribuir-lhe um sentido unívoco: se já não se fala de *sophistiquerie*, pode-se, contudo, falar de uma inconcludência do sentido. Se for possível atribuir vários sentidos à obra, não será por culpa da leitura ou porque as interpretações são complementares, mas por culpa da própria obra que não cessa de girar em torno de si mesma e não pode se fixar num sentido primeiro ou único. L. Althusser, ao examinar o funcionamento lógico desse "objeto filosófico" que é o *Contrato social*, acredita encontrar a lei de sua estrutura num "deslocamento" interno que, ao produzir sucessivamente outros deslocamentos, permite colocar e resolver um problema, mas só sob a condição de esconder a malícia desses deslocamentos. O deslocamento tem sua origem na própria definição do contrato e na natureza "particular" desse contrato: ao contrário de outros, nesse uma das "partes interessadas" não o precede: ao contrário, ela é produzida pelo contrato que supostamente deveria firmar. Não há um sofisma propriamente dito, mas um vazio teórico, o recalque de um hiato e de um desequilíbrio lógico que só poderia ser ultrapassado por outra forma de pensamento. Em seu ensaio, o projeto de Althusser é construir rigorosamente o espaço aberto por esse hiato e dar, portanto, o fundamento da errância do pensamento de Rousseau, assim como das várias "leituras" de que é suscetível:

---

53 Grosrichard, "Gravité de Rousseau", *Cahiers pour l'Analyse*, Paris, n.8, 1967, p.43.
54 Ibid.

Introdução: leitura de Rousseau

[...] tornar inteligível a possibilidade de várias "leituras" do *Contrato social* e as interpretações subsequentes (kantiana, hegeliana etc.). Essas interpretações não aparecerão como simplesmente arbitrárias e tendenciosas, mas como fundadas, em sua possibilidade, no próprio texto de Rousseau: para sermos precisos, na "folga" deixada pelo "espaço" dos deslocamentos teóricos constitutivos da teoria de Rousseau. Tais interpretações poderão, por sua vez, servir de índice e de prova da existência necessária desses Deslocamentos.[55]

Em direção ao centro retórico

É prodigioso o que os antigos fizeram com a eloquência.

J.-J. Rousseau[56]

[...] *enquanto nossa civilização, caracterizada por sua extrema engenhosidade nas técnicas destinadas a agir sobre as coisas, esqueceu completamente a teoria da argumentação, da ação sobre os espíritos por meio do discurso, esta era considerada, pelos gregos, sob o nome de retórica, como a* τέχνη *[techne] por excelência.*

Ch. Perelman e L. Olbrechts-Tyteca[57]

Portanto, a obra de Rousseau não teria centro? O leitor não poderia ter acesso ao ponto geometral de que falava Leibniz, esse local único de onde o espectador seria capaz de ver a unidade secreta do objeto de seu olhar? Toda uma tradição nega a existência desse geometral. E Althusser faz a teoria exaustiva dessa ausência: tal lacuna fornece a lei da obra, cujo movimento é inteiramente guiado pela necessidade de escondê-la. Só se pode rodar em torno de uma cidade que não tem interior. Não se trata, como Hegel dizia acerca da arquitetura "simbólica" dos egípcios (assim como da linguagem abstrata da matemática), de um templo vazio que só abriga a ausência

---

55 Ibid., p.6.

56 *O.C.* IV, *Émile*, IV, p.647; cf. ed. bras. p.441.

57 Perelman & Olbrechts-Tyteca, *Traité de l'argumentation*, t.I, p.11-2 [ed. bras.: *Tratado da argumentação: a nova retórica*, p.9].

de Deus; trata-se antes de um *falso* templo, que se desfaz à medida que o espectador erra ao seu redor. Não estamos muito longe, afinal de contas, da concepção polêmica da obra de Rousseau; essa construção laboriosa ("pensar sempre foi para mim uma ocupação penosa e sem encanto"[58]) não passa, finalmente, de um castelo de cartas; como um sopro imprudente, a leitura atenta, revelando a inanidade das articulações lógicas, a faz soçobrar no vazio teórico, ou na plenitude excessiva da literatura.[59]

Acreditamos que, ao longo da história da leitura de Rousseau, se havia acabado por suprimir o abismo entre teoria e literatura. Ei-lo que ressurge com maior profundidade. Se há uma leitura que unifica a obra, ela só o faz reduzindo-a à expressão de uma existência. Se, ao contrário, a leitura tenta reconstituir a articulação lógica da obra, a oposição entre a teoria e *seu outro* explode no próprio interior da teoria e a rompe de dentro. Expressão ou teoria? Literatura ou conceito? As recentes interpretações libertaram-nos de toda uma série de preconceitos e tornaram possível a leitura de Rousseau: mas, diante do texto assim liberto, encontramos as perplexidades de sempre. O problema da unidade do pensamento de Rousseau permanece intacto.

A unidade da obra não é, com efeito, a mesma coisa que a unidade do pensamento. Se é possível mostrar que a obra é unitária na medida em que exprime uma mesma existência, na medida em que nos livros, teóricos ou não, encontramos os mesmos temas e as mesmas obsessões, não se pode considerar tal convergência temática como prova de coerência teórica. Dá-se vida aos textos, dramatizam-se os conceitos, mas para encontrar sua origem ou seu fundamento, ao menos sua *verdade*, nas *contradições de uma existência*. Vejamos, por exemplo, como J. Starobinski[60] explica a ambiguidade da ideia de *reflexão* no pensamento de Rousseau.

De um lado, a reflexão é a condição e a ocasião da queda, ela abre entre o desejo e seu objeto a distância infinita do trabalho, do tempo, das me-

---

58 *O.C.* I, *Les Rêveries du promeneur solitaire*, Septième Promenade, p.1062; [ed. bras.: p.92].

59 Althusser, "Sur le Contrat Social", *Cahiers pour l'Analyse*, Paris, n.8, 1967, último parágrafo.

60 Starobinski, *L'Oeil vivant*, 1961, p.83-188.

Introdução: leitura de Rousseau

diações e da objetividade. Ela secreta todos os ídolos da mediação – que adquirem um peso autônomo e escondem o fim que deveriam tornar acessível –, como o dinheiro, a propriedade, e a linguagem: "[...] são os laços que encadeiam a cada ato a série de suas consequências".[61] A reflexão está, pois, na origem de tudo o que Rousseau recusa, tanto em suas pulsões mais espontâneas quanto nos conceitos que produz; ela é mesmo o grande perigo que o "filósofo" deve condenar, condenando a Filosofia. Mas como condenar a reflexão sem refletir? A existência "pré-reflexiva" escoa calmamente como um rio; ela é *natural*, e em sua inocência ignora os perigos e os pecados da reflexão. Descobrir os perigos da reflexão através da reflexão é quase ultrapassá-los; mas ainda não é eliminá-los: é ainda expor-se e correr o risco: "Não basta dizer que, ao combater a vida decaída, ele se torna seu prisioneiro: se a suporta com impaciência, como uma fatalidade imerecida, ele sabe também que ela é a única via possível e que, para sair dela, é preciso tê-la atravessado".[62] Expomo-nos aos perigos da reflexão porque já não é possível ser espontâneo ou natural, e o cúmulo da reflexão – a reflexão sobre a reflexão – pode tornar-se o seu contrário. Mas Starobinski mostra muito bem que não se trata de um esquema dialético: o resultado não é necessário e sempre podemos recair na barbárie da reflexão. A negação da negação não é necessariamente uma afirmação e o esquema remete mais a uma ambiguidade do que a uma dialética. No final, verificamos que essas contradições são insuperáveis, que são contradições sempre vivas, pois contradições sobretudo *vividas*.

São efetivamente contradições vividas que servem de fio condutor à bela análise feita por Starobinski: tudo se explica à luz da experiência originária do desejo culpado e do esforço para separar o desejo de sua culpabilidade. A estratégia do desejo comanda tanto a vida quanto a obra:

> Na verdade, tudo se passa como se o mundo fosse estreito demais para a presença simultânea da consciência desejante, do objeto cobiçado e do espec-

---

61 Ibid., p.154.
62 Ibid.

tador severo. Seu enfrentamento provoca um mal-estar intolerável. É preciso que um dos três se dissimule, se transforme ou desapareça.[63]

Mas a *unidade* então é apenas o sonho que essa existência persegue, o projeto sempre irrealizável de tornar-se *um* e de expulsar do mundo e de si todo conflito e toda contradição, o projeto, enfim, de *tornar-se Deus*. E é por isso que Starobinski nega a Rousseau o direito de dizer, no fim da vida, que finalmente atingira a unidade e a calma da consciência apaziguada: "ele ainda está no meio do caminho".[64] Se a unidade da obra é a unidade da existência, ela é sempre futura e impossível, unidade *desejada* no seio de uma existência sempre contraditória:

> Por mais que se convença de que chegou ao fim: tem ele condições de certificar-se disso? O tempo da divisão e do dever reflexivo realmente findou? A reflexão finalmente foi bem-sucedida? Rousseau gostaria de acreditar que sim, mas ele mesmo não tem certeza. Daí os acessos de angústia que o assaltam até na expressão das certezas desejadas: "Ah! dizia-me então, entre apertos no coração que quase me sufocavam, quem me protegerá do desespero?".[65]

De outro lado, como procurar a verdade da obra de Rousseau na unidade de uma teoria? Por que, com efeito, tentar montar o aparato de um "sistema", se o próprio Rousseau declara querer nos libertar desse "assustador aparato de filosofia"? A impossibilidade de tal empreendimento parece então estar provada por declarações explícitas do filósofo. Mais ainda, ela parece sê-lo também pelo próprio estilo de seus escritos, pelo próprio movimento de seu pensamento tal como se objetiva na estrutura de seu discurso. Poderíamos, com efeito, encontrar um "sistema", uma "doutrina" mais ou menos coerente na base de todos os seus escritos, mas essa doutrina não seria, então, nada além do resíduo dogmático de seu pensamento. Não estamos opondo, à maneira de Bergson, a intuição profunda

---

63 Ibid., p.104.
64 Ibid., p.187.
65 Ibid., p.187-8.

à sua expressão linguística e conceitual – expressão que revela a intuição, mas que também a esconde e a deforma –, mas a lógica de um pensamento – tal como ela se encarna na própria estrutura do texto – às teses ou aos dogmas nos quais desemboca. O interesse da análise de Althusser – e é precisamente nisso que ele difere dos comentadores que denunciam a incoerência de Rousseau – está em mostrar a inconsistência da teoria não numa contradição entre teses diferentes, mas nos procedimentos lógicos que lhe permitem engendrar essas teses. Se for verdade que é no próprio movimento da argumentação que se encontra a inconsistência, todas as interpretações rivais de Rousseau são justificadas, mas, ao mesmo tempo, declaradas nulas. O vazio teórico que se insinua nas fissuras da argumentação seria algo como um espelho no qual todas as teorias (kantismo, hegelianismo, existencialismo) poderiam reconhecer sua própria imagem.

Retomemos, contudo, o problema da estrutura do discurso de Rousseau. Uma coisa é certa, e Rousseau é o primeiro a dizê-lo e a nos fornecer as razões: não se pode encontrar, em seus textos, uma *ordem linear de razões*. E isso porque tal ordem corresponde ao modelo mais evidente do discurso científico, ao passo que Rousseau jamais atribui a seu discurso tal estatuto. A ciência, no sentido forte da palavra, como conhecimento que encontrou um *fundamentum absolutum* a partir do qual pode proceder de modo apodítico, não lhe parece estar ao alcance do entendimento finito dos homens. O saber fundado no Absoluto é, para ele, o apanágio do entendimento infinito de Deus: mas ele é, então, da ordem de uma visão instantânea da totalidade do real. O discurso, símbolo da finitude, não pode reproduzir a Ordem da Natureza.

> Fiz ver que a origem de nossos erros quanto a esse ponto vem de que confundimos nossos vãos e enganosos conhecimentos com a soberana inteligência que vê de um só golpe a verdade de todas as coisas. A ciência, tomada de maneira abstrata, merece toda nossa admiração. A louca ciência dos homens só é digna de escárnio e desprezo.[66]

---

66 O.C. II, *Narcisse ou L'Amant de lui-même*, Préface, p.965 [ed. bras.: p.429].

Em Descartes, a veracidade de Deus, uma vez demonstrada sua existência, confere à série das evidências de "minha" ciência (existo, sou uma coisa que pensa, a alma é mais fácil de conhecer que o corpo) um alcance ontológico: a ordem do conhecimento acaba por se encontrar com a ordem do ser. Através da mediação de Deus, o entendimento finito pode reproduzir, na ordem de suas evidências, a Ordem da Natureza. Em Rousseau, a Ordem da Natureza é sempre postulada, mas não pode ser reconstruída metodicamente pelo conhecimento ou, pelo menos, não de modo apodítico. A Ordem não é, evidentemente, um númeno inacessível: ela pode se desvelar em experiências privilegiadas. Nesses momentos, o sentimento da existência parece até abolir o abismo que separa o finito do infinito.

Mas apenas o sentimento pode assim nos aproximar do infinito e o conhecimento nunca pode encontrar o *fundamentum absolutum* que lhe permitiria constituir-se em sistema. O encadeamento do Saber segundo uma ordem linear de razões está excluído como possibilidade no horizonte do pensamento de Rousseau.

Há, é bem verdade, textos onde Rousseau não apenas afirma a unidade de seu pensamento ("Escrevi sobre diversos assuntos, mas sempre segundo os mesmos princípios [...]"),[67] como também indica, além disso, algo como uma "ordem das razões" que fundaria essa unidade para além da discrepância entre as matérias tratadas. É assim que o Francês diz em seus *Diálogos*:

> Eu havia percebido, desde minha primeira leitura, que esses escritos progrediam em uma certa ordem que era preciso encontrar para poder seguir o encadeamento de seu conteúdo. Pensei ter visto que essa ordem era retroativa em relação à de sua publicação, e que o Autor, remontando de princípio em princípio, só havia alcançado os primeiros em seus últimos escritos. Era preciso, então, para avançar por síntese, começar por estes, e foi o que fiz dedicando-me primeiro ao *Emílio*, com o qual ele terminara.[68]

---

67 *O.C.* IV, *Lettre à Christophe de Beaumont*, p.928 [ed. bras.: p.40].

68 *O.C.* I, *Rousseau juge de Jean-Jacques*, Troisième Dialogue, p.933.

Introdução: leitura de Rousseau

Aqui, Rousseau parece opor, como Descartes, uma ordem das razões a uma ordem das matérias. E, de fato, esse texto denuncia a mesma cegueira que M. Gueroult encontra na maior parte dos intérpretes de Descartes, "que veem nele apenas uma sucessão biográfica e não um encadeamento racional e, na verdade, só observam a sequência meramente cronológica das matérias".[69] Mas que ordem é essa que é preciso seguir para apreender a "cadeia" dos conteúdos? Trata-se de uma ordem *sintética*: uma ordem retrogressiva com relação à da publicação ou da enunciação, poder-se-ia dizer, porque a ordem cronológica é a da *análise*, da regressão em direção a princípios cada vez mais universais. É como se Rousseau nos dissesse que só a ordem sintética poderia tornar visível a unidade de seu pensamento. Já estamos, pois, bem longe de Descartes, onde o sistema só é realmente fundado pela análise, ao passo que a síntese é apenas uma forma de exposição de um saber validado e construído pela análise. Mas a verdadeira diferença está em outro lugar; a ordem, em Rousseau, não é *constitutiva* como em Descartes, não fornece a regra da geração das proposições. No fundo, Rousseau diz simplesmente que seu pensamento *também* é suscetível de uma exposição sintética: essa exposição poderia tornar visível sua coerência, mas não conseguiria *fundá-la* nem demonstrar sua verdade. Com efeito, alguns parágrafos antes, o Francês sublinhava nitidamente essa limitação ao falar de um "sistema coeso que poderia não ser verdadeiro, mas não oferecia nada de contraditório". A ordem não é, pois, a garantia da verdade, ela só pode garantir a não contradição. Mas, sobretudo, deparamo-nos, mais uma vez, com uma unidade ideal e futura que não nos revela nada – a não ser negativamente – sobre a estrutura de seu discurso. E, aliás, é menos a atenção à ordem do que uma "boa disposição" que permite dissipar a ilusão das contradições:

> Não tardei a perceber, lendo esses livros, que eu havia sido enganado sobre seu conteúdo, e que o que me havia sido apresentado como pomposas declamações ornadas com uma bela linguagem, mas desarticuladas e cheias de contradições, eram coisas profundamente pensadas e que formavam um sistema

---

69 Gueroult, *Descartes selon l'ordre des raisons*, op. cit., t.I, p.13.

coeso que poderia não ser verdadeiro, mas não oferecia nada de contraditório. Para julgar o verdadeiro objetivo desses livros, não me apliquei a dissecar aqui e acolá algumas frases esparsas e separadas, mas, consultando a mim mesmo durante essas leituras, e ao concluí-las, examinava, como teríeis desejado, em que disposição de alma elas me colocavam e me deixavam, julgando, como vós, que esse era o melhor modo de penetrar a disposição em que se encontrava o Autor ao escrevê-las, e o efeito que se propusera a produzir.[70]

A descoberta da ordem correta da leitura passa, assim, pela boa vontade: a luz que anima o discurso pode encontrar eco em outro coração e fazer com que ele também seja iluminado por dentro: mas ela não pode se impor de fora, no espaço da objetividade, pela coerção da ciência. Seria, então, necessário desistir de achar a ordem que comanda a obra de Rousseau e reconhecer, em seu centro, algo como um vazio teórico? Ou então caberia denunciar, na tese da desordem e da contradição, o efeito de uma leitura que parte de uma ideia estreita da ordem e que a procura onde não se encontra? Já sabemos, com efeito, que a ordem linear e irreversível das razões não é o único modelo de discurso filosófico coerente. O exemplo de Leibniz, tal como foi interpretado por M. Serres, é pertinente aqui: a impossibilidade de reconstituir um sistema segundo o modelo cartesiano não significa necessariamente que esse sistema não seja ordenado:

> Colocar essa questão é ser vítima daquilo que o século XVII entendia massivamente, como querem alguns, pelo termo rigor, ou ensinava, em geral, sob o título de "método". A esse respeito, as lições costumeiras de Descartes e de Espinosa levam o exame a uma confusão que consiste em identificar pensamento coerente (rigoroso, sistemático) e pensamento dedutivo, ao passo que o primeiro contém o último como caso particular.[71]

Mas, assim como a identificação entre ordem e dedução é uma limitação da ideia *moderna* de ordem, poderíamos também sugerir que o modelo

---

70 *O.C.* I, *Rousseau juge de Jean-Jacques*, Troisième Dialogue, p.930.

71 Serres, *Le Système de Leibniz*, op. cit., t.I, p.11.

Introdução: leitura de Rousseau

matemático não é o único a poder dar sentido à ideia de ordem e a servir de guia ao discurso filosófico. O compromisso entre *mathesis* e ordem é, de fato, um compromisso que foi firmado pelo pensamento moderno. Mas, não haveria, em Rousseau, justamente uma recusa da ideia moderna de filosofia e a exigência de uma volta a outro estilo de pensamento? Rousseau poderia perfeitamente dizer que a ordem matemática, dedutiva ou não, é apenas um caso particular da ordem, que também se apresenta como experiência estética e moral. É preciso, sobretudo, insistir na estreita ligação entre a limitação da *mathesis* e o elogio da Antiguidade. Um recente comentador observa:

> Um geômetra preciso poderá ser bastante injusto, por pouco que lhe falte esse amor pela virtude que inclina para o bem, assim como o ótimo teólogo poderá ignorar tudo da fé que anima o Vigário da Sabóia. Rousseau reata aqui com uma tradição antiga, oculta pela fórmula do racionalismo cartesiano: "Basta julgar corretamente para agir corretamente". Se o filósofo dialético do livro VI da *República* define as linhas proporcionais que lhe permitirão alcançar o lugar em que se manifesta a ideia de Bem, ainda é preciso lembrar-se, do *Fedro* à *República, que ele deve ser um dialético apaixonado, propenso, inclinado para o lado do Bem através de Eros que, do amor pelas belas formas ao amor pela ideia do Bem, estimula a coragem, orienta a busca filosófica. Não se trata de ser ignorante, trata-se de saber ser ignorante*: seria absurdo querer sê-lo, mas é possível alcançar essa douta ignorância, que só é assegurada pela coincidência entre verdade e justiça. Sócrates está presente no pensamento de Rousseau, tanto quanto Cristo: ele reúne, na mesma homenagem, "o sábio hebreu e o sábio grego".[72]

A recusa da modernidade e o elogio da Antiguidade bem poderiam ser mais do que um tema entre outros no pensamento de Rousseau. Nesse movimento regressivo, nessa descoberta progressiva de princípios cada vez mais universais, não poderíamos reconhecer um eco longínquo do método de Sócrates ou de Platão, bem mais do que uma repetição dos

---

72 Salomon-Bayet, op. cit., p.56.

procedimentos corriqueiros da Razão Moderna? Já se falou bastante, e com propriedade, do platonismo de Rousseau: os *Diálogos* nos falam do outro mundo, os *Devaneios* definem a filosofia e a sabedoria como preparação para a morte, o *Contrato social* define as condições da Cidade justa etc. Mas, sobretudo, a ideia de Ordem aparece como modelo no sentido platônico: ela é, ao mesmo tempo, o Belo, o Verdadeiro e o Bom que é preciso tentar imitar ou reconstituir no seio deste mundo de trevas e de desordem. Mas esse platonismo, cabe reconhecê-lo, é essencialmente limitado, e a regressão em direção ao princípio não se cumpre, como na dialética, através da certeza da *episteme*: o modelo ou o arquétipo nunca se dá numa *noesis* pura e nunca abandonamos o mundo do misto. É o que se vê, por exemplo, na análise que Patrick Hochart faz das relações entre o modelo e seu simulacro, a respeito do sistema de remissões que se estabelece, nos textos de Rousseau, entre a Sociedade Civil, a Sociedade Universal e as sociedades "patológicas" como as dos bandidos:

Assim, o simulacro é inimigo do modelo, na medida em que é fundamentalmente outro e se constitui apenas em e através de sua ausência. Simulacro e modelo são então incompatíveis em sua presença, como a sociedade civil e a sociedade geral, e o simulacro desfigura, perverte o modelo. E no entanto o simulacro possui um elo de filiação irredutível que o liga ao modelo do qual procede e, nessa medida, ele é aquilo que salvaguarda o modelo; ao destruí-lo, cortaríamos definitivamente toda via de acesso ao modelo, assim como ao destruir a sociedade civil destruiríamos toda [a] sociedade. O simulacro é assim pensado como estando equidistante do modelo e do engodo que, na qualidade de "falso simulacro", ou hipocrisia, teria rompido completamente com o modelo, ao mesmo tempo que parece recobri-lo perfeitamente, e tem sempre algo dos dois ao mesmo tempo. Mas o simulacro não surge inocentemente para substituir o modelo originário que lhe preexistiria e que viria, inexplicavelmente, a se ausentar, ele é aquilo que destrói o modelo, e o mesmo movimento abole o modelo e constitui o simulacro. Assim a luta entre o simulacro e o modelo é originária (*simul*): desde sempre, o primeiro já começou a desfigurar o segundo e o segundo a ser simulado pelo primeiro; nesse sentido, tanto o modelo remete ao simulacro quanto o simulacro ao modelo. É por

Introdução: leitura de Rousseau

isso que os dois termos por referência aos quais o simulacro foi determinado (o modelo e o engodo) são, desde sempre e para todo o sempre, trabalhados por ele e não podem receber uma determinação pura.[73]

Com base nessa análise, poderíamos chegar à conclusão de que não há apenas uma limitação do platonismo em Rousseau, mas já uma *inversão*. De fato, se o poder próprio da dialética, aquele que define o seu estilo específico, é menos o de "dividir um gênero em espécies contrárias para subsumir a coisa procurada sob a espécie adequada"[74] – pois a divisão seria, então, apenas um silogismo impotente – do que o de "selecionar linhagens, distinguir pretendentes, distinguir o puro e o impuro, o autêntico do inautêntico",[75] essa cumplicidade entre o modelo e o simulacro já é a morte da dialética. A ambiguidade do simulacro que esconde o modelo ocupando seu lugar vago, mas que remete, mesmo assim, ao modelo desaparecido e lhe fornece um "suplemento", também está na origem da ambiguidade do juízo acerca do valor das ciências e das artes: pois "elas destroem a virtude, mas deixam o seu simulacro público, que não deixa de ser uma bela coisa".[76] A impossibilidade de assimilar o simulacro ao engodo, apesar da deformação manifesta que isso acarreta para o modelo, é nitidamente afirmada pela definição dada por Rousseau no prefácio de *Narciso*:

> Este simulacro é uma certa complacência dos costumes que supre, às vezes, a sua pureza por certa aparência de ordem que evita a horrível confusão, certa admiração das coisas belas que, apesar de tudo, impede as boas de caírem no esquecimento. É o vício que toma a máscara da virtude, não como a hipocrisia, para enganar e trair, mas para subtrair-se, atrás dessa amável e sagrada efígie, ao horror que inspira a si mesmo quando se vê a descoberto.[77]

---

73 Hochart, "Droit naturel et simulacre", *Cahiers pour l'Analyse*, Paris, n.8, 1967, p.81.
74 Deleuze, *Logique du sens*, p.292-3 [ed. bras.: *Lógica do sentido*, p.259].
75 Ibid., p.293 [ed. bras.: p.260].
76 O.C. II, *Narcisse*, Préface, p.972 [ed. bras.: p.434].
77 Ibid., nota.

Se a potência da dialética consiste de fato, como o diz G. Deleuze, em poder sempre separar as *cópias-ícones* dos *simulacros-fantasmas*, a inspiração platônica de Rousseau e todos os temas que ele herda de Platão são neutralizados e não se pode dizer que seu discurso seja da ordem da dialética.

Mas não se deve pensar tal limitação da dialética de maneira puramente negativa: é preciso se interrogar sobre o tipo de discurso que ela torna possível. Em Aristóteles, por exemplo, a limitação é condição para a liberação da ciência como discurso autônomo, que não precisa mais de um fundamento an-hipotético para assegurar sua própria cientificidade. Em Isócrates, por outro lado, o discurso político não precisa de um fundamento absoluto na *episteme* para ser verdadeiro, justo e útil: é a retórica, então, que adquire sua autonomia e não precisa da visão imediata da Ideia para fundar sua verdade. Em Platão, a retórica, separada da ciência e da dialética, não passava de tagarelice; em Isócrates é a especulação que, separada dos problemas urgentes da Cidade, torna-se puro jogo de palavras. É assim que ele parece dirigir a Platão as seguintes palavras:

> Que busquem a verdade, que formem seus discípulos na prática de nossa vida política, que os treinem para lhes dar a experiência desta vida, com a convicção na alma de que mais vale obter sobre assuntos úteis uma opinião razoável do que conhecimentos exatos sobre inutilidades, de que vale muito mais alcançar um discreto sucesso em um assunto importante do que uma esmagadora superioridade nos medíocres, sem utilidade para a vida humana.[78]

Não estaríamos reconhecendo, nesse processo de acusação do inútil rigor dos filósofos, a crítica dirigida por Rousseau "a essas crianças que chamamos de filósofos", que se demoram na discussão de problemas insolúveis e deixam de lado as questões importantes da moral e da política? Como o indica P. Burgelin a respeito de Rousseau,[79] não se pode falar de um "utilitarismo estreito", mas certamente pode-se falar de uma subordinação

---

78 Isócrates, *L'Éloge d'Hélène*, in: *Discours*. t.I, § 5, p.165-6.
79 Burgelin, op. cit., p.103-12.

Introdução: leitura de Rousseau

da verdade teórica à verdade prática. A crítica da Filosofia tem a mesma inspiração em Rousseau e Isócrates: o filósofo é o arrazoador, vítima de uma louca *hybris* que pretende conter, na frágil rede de seu discurso, a totalidade do real. Ao filósofo, tanto Isócrates quanto Rousseau opõem a finitude do Saber humano e a impossibilidade de decidir com certeza entre as hipóteses rivais, de descobrir, entre todos os sistemas do mundo, qual o verdadeiro. A uma vã preocupação teórica, para sempre condenada à insolubilidade, os dois críticos da Filosofia opõem a preocupação mais séria da moral e da política; preocupação com problemas que são passíveis de solução no plano de uma *ortodoxia*, de uma opinião reta e razoável, que não precisa procurar, numa *episteme* qualquer, a sua verdade. É, de fato, uma espécie de fé ou de boa-fé que ocupa o lugar deixado vago por uma ciência doravante impossível: e, com essa boa-fé, é a retórica que adquire a dignidade de discurso *verdadeiro*, mesmo que não aspire a uma verdade absoluta. Essa verdade da qual é capaz — e que lhe confere sua dignidade — já não é, evidentemente, a verdade eterna de uma Razão intuitiva, mas uma verdade local e efêmera que é, no entanto, a única com a qual a decisão prática pode contar, e só ela pode responder à urgência da vida moral e política. Trata-se de uma concepção mais humilde da verdade, mas é justamente essa humildade que está à altura das graves decisões que torna possíveis. É, no fundo, a ideia do *kairos* que comanda essa concepção do discurso e da verdade — o *kairos* é esse instante efêmero que eclode no tempo urgente e rápido em que as cidades justas podem se precipitar na corrupção e na injustiça. Aliás, para Rousseau, essa urgência está igualmente presente na experiência mais solitária da existência, fora dos muros da cidade, e a moral do solitário também é assombrada por esse tempo que passa e que pode tornar o esforço de reforma moral demasiadamente tardio; a salvação das almas, como a das coletividades, corre perigo com o tempo que passa. É assim que, nos *Devaneios*, a meditação moral se faz na articulação entre a antecipação da morte e a reflexão sobre o *tempo perdido*: "Seria hora, no momento em que é preciso morrer, de aprender como se deveria viver?".[80] E, em Rousseau, essa urgência é ainda maior na

---

80 *O.C.* I, *Les Rêveries du promeneur solitaire*, Troisième Promenade, p.1011 [ed. bras.: p.41].

medida em que a humanidade não pode retroceder, assim como o velho não pode voltar a ser jovem. A sabedoria seria quase sempre retrospectiva: saber o que deveríamos ter feito e que, infelizmente, não fizemos. O retor só toma a palavra para manifestar o início da corrupção, para denunciar o mal que começa a estender seu domínio, ele fala nesse breve tempo que corre entre a emergência de um problema e o momento em que qualquer solução se tornará impossível. Para caracterizar essa concepção da práxis, poderíamos dizer que, para Rousseau, a humanidade se põe apenas os problemas já quase impossíveis de se resolver. O tempo que passa não é o sinal da falta de consistência do mundo sensível, por oposição à calma eterna do mundo das ideias; ele não é o falso por oposição ao verdadeiro, mas o espaço estreito e evanescente onde a verdade pode eclodir, mas onde também pode ser calada e oculta: só há verdades precipitadas. As verdades "eternas" são certamente respeitáveis, mas nunca têm relação direta com aquilo que importa, a salvação individual ou coletiva. Começamos a entender que conhecimentos exatos podem ser menos importantes ou úteis que certas opiniões sensatas. É a relação entre a *doxa* e a *episteme* que foi invertida.

Se essa remissão a Isócrates é estruturalmente correta (pois não se trata, evidentemente, de falar de "influência", a única referência de Rousseau a Isócrates sendo, de nosso conhecimento, puramente extrínseca), ela pode nos auxiliar a encontrar o fio condutor da leitura e, com ele, a chave da ordem que unifica a obra, dando-lhe coerência. A aparência de desordem e a ilusão de contradição, já denunciadas por Rousseau, bem poderiam ser o efeito de uma leitura que ignora a organização retórica da obra, a maneira pela qual ela se ordena para um *auditório particular*. Se o discurso de Rousseau é comandado por tal vocação retórica, seria inútil tentar reconstituir a totalidade de sua obra num espaço ou num tempo homogêneos, sem levar em consideração a geografia variável e heterogênea de seus *públicos*. No discurso dialético, o progresso do conhecimento acaba apagando a personalidade dos interlocutores, que perdem sua identidade diante do brilho da universalidade da ciência e se tornam o meio meramente passivo da *causalidade da ideia*;[81]

---

81 Goldschmidt, *La Religion de Platon*. [ed. bras.: *A religião de Platão*].

Introdução: leitura de Rousseau

no discurso retórico, ao contrário, o ouvinte e o retor conservam sua identidade e seu perfil concreto. Esse discurso não tem a intenção de encarnar e desvendar a *ratio* imutável, mas a de oferecer, no interior de uma situação concreta e de uma humanidade particular, um simulacro da Ordem. Não é a verdade universal que ele quer tornar visível, mas certa verdade útil *hic et nunc* para esta humanidade local. Descobrir a ordem do discurso retórico pressupõe a resposta à seguinte questão: *quem fala e para quem*? Na medida em que o retor situa-se em relação a um auditório particular e leva em consideração sua "psicologia" e seus preconceitos, ele mesmo adquire um perfil particular, e seu rosto não pode ser simplesmente o porta-voz de uma razão universal. Ele deve mesmo, às vezes, ajustar sobre seu rosto uma máscara e esconder algumas verdades, pois "a verdade particular e individual nem sempre é um bem; ela é algumas vezes um mal, muito frequentemente uma coisa indiferente".[82]

É numa certa concepção da verdade que se funda a consistência própria do discurso retórico, no que poderíamos chamar de uma *ética da verdade* ou uma *política do entendimento*. Essa ética da verdade se articula na junção de três noções diferentes: verdade universal, verdade particular e Justiça. Vejamos, por exemplo, uma carta dirigida a D'Alembert.

> [...] Quanto àqueles que encontram ou fingem encontrar uma oposição entre a *Carta sobre os espetáculos* e *A nova Heloísa*, estou certo de que eles não vos impressionam. Sabeis que a verdade, seja qual for, muda de forma segundo a época e os lugares, e que se pode dizer em Paris o que, em dias mais felizes, não se poderia dizer em Genebra.[83]

Esse texto nos interessa não somente na medida em que diz explicitamente que a ilusão da contradição só pode se impor ao leitor que ignora a quem é dirigido o discurso (e na medida em que parece, assim, confirmar explicitamente nossa hipótese), mas sobretudo porque nos orienta em direção ao fundamento do qual a retórica extrai sua verdade própria e sua

---

82 *O.C.* I, *Les Rêveries du promeneur solitaire*, IV, p.1026 [ed. bras.: p.57].

83 *Lettre de Rousseau à d'Alembert* (15/02/1761), in: *Correspondance Générale de J.-J. Rousseau*, t.VI, p.26-7.

legitimidade. O texto não visa, com efeito, dissolver a noção de verdade num relativismo *anárquico* e dizer simplesmente que aquilo que é verdade deste lado dos Pireneus não o é do outro. Não é, propriamente falando, a verdade que muda, mas a oportunidade de sua manifestação: é o dever de dizer e de calar uma verdade que varia de Paris a Genebra ou na própria Genebra, antes ou depois da chegada de Voltaire. Mas qual é a linha divisória que separa as verdades que devemos ou podemos dizer e aquelas que devemos ou podemos legitimamente calar? Ela é traçada por uma espécie de *contrato* que une o retor a seu auditório, e esse contrato, por sua vez, adquire fundamento na oposição entre *veracidade* e *verdade*. É essa oposição que desloca a noção de verdade de seu campo tradicional — o da relação entre o discurso e o objeto do discurso ou entre o entendimento solitário e o mundo dos entes — para situá-la *no interior do campo da intersubjetividade*. É evidente que essa refração da verdade nas malhas da intersubjetividade não atinge a verdade geral, que "é sempre um bem";[84] mas ela não é então da ordem do *conteúdo* ou das teses; ela é apenas o "olho da razão",[85] ou a luz que ensina o homem a escolher e se conduzir. Mas, assim que passamos dessa luz universal aos conteúdos, às verdades particulares, estas serão, em relação às humanidades locais, bens, males, ou simplesmente coisas indiferentes. E o critério que nos permite distinguir entre os diferentes tipos de verdade é a Justiça: a limitação do campo da verdade, a escolha das "boas" verdades é fundada no amor da justiça que precede e funda o amor da verdade, escolha assentada numa relação com o outro no horizonte de uma humanidade particular:

> Dir-se-ia, porém, como conciliar essa frouxidão com o ardente amor pela verdade pelo qual o glorifico [*o homem verdadeiro*]? Seria esse amor então falso, por admitir tantos amálgamas? Não, ele é puro e verdadeiro, mas é apenas uma emanação do amor pela justiça e jamais quer ser falso, embora seja muitas vezes

---

84 *O.C.* I, *Les Rêveries du promeneur solitaire*, Quatrième Promenade, p.1026 [ed. bras.: p.57].

85 Ibid., p.1026 [ed. bras.: p.56].

Introdução: leitura de Rousseau

fabuloso. Justiça e verdade são, em seu pensamento, duas palavras sinônimas que ele toma indiferentemente uma pela outra.[86]

O sábio nunca fala, portanto, de um lugar que não pode ser delimitado – em toda parte e em parte alguma –, ao qual ele teria acesso através de uma ascese intelectual, mas sempre de um lugar particular, em Genebra ou em Paris, ao qual está ligado pela exigência mais fundamental da Justiça. É porque ignora esse compromisso *ético* com o auditório particular, é porque o dissolve no fundo de um pretenso auditório universal, que o filósofo é necessariamente *perverso*. Ignorando o contrato local que constitui a humanidade particular à qual se dirige, ele contribui para dissolvê-lo e seu discurso torna-se necessariamente injusto: a ambição de universalidade da filosofia não faz mais que destruir os laços da sociabilidade real, sem possibilitar nenhuma humanidade universal:

> O gosto pela filosofia afrouxa todos os laços de estima e benevolência que ligam os homens à sociedade, e esse talvez seja o mais perigoso dos males que ela engendra.[87]

Portanto, Rousseau nos previne explicitamente que seu discurso se dirige a auditórios particulares, que seu sentido e sua verdade não podem ser captados sem a consciência da "situação retórica" na qual foi produzido. Porém, mais do que a referência à ideia de auditório particular, pode-se encontrar, em seus textos, uma verdadeira *teoria dos auditórios*, de sua estrutura e de sua história, uma tipologia geral dos auditórios. Tal teoria é indissociável de sua teoria das línguas e de sua teoria da história. Podemos encontrar uma indicação dessa imbricação no último capítulo do *Ensaio sobre a origem das línguas*, que examina a relação entre as línguas e os governos:

> As línguas se formam naturalmente a partir das necessidades dos homens; elas mudam e se alteram segundo as mudanças dessas mesmas necessidades.

---

86 Ibid., p.1031-2 [ed. bras.: p.61].
87 *O.C.* II, *Narcisse*, Préface, p.967 [ed. bras.: p.431].

Nos tempos antigos, quando a persuasão fazia as vezes de força pública, a eloquência era necessária. De que serviria ela hoje, quando a força pública substitui a persuasão? Não se tem necessidade nem de arte nem de alegoria para dizer: *é isto que quero*. Que discursos resta fazer ao povo reunido? Sermões. E que interesse aqueles que os fazem têm em persuadir o povo, dado que não é o povo quem distribui benefícios? Para nós, as línguas populares tornaram-se tão perfeitamente inúteis quanto a eloquência. As sociedades assumiram sua derradeira forma: não se muda mais nada senão com o canhão e o dinheiro, e como não há mais nada a dizer ao povo senão *dai dinheiro*, isso é dito por meio de cartazes nas esquinas ou de soldados nas casas; para isso não se precisa reunir ninguém; pelo contrário, é preciso manter os súditos dispersos: esta é a primeira máxima da política moderna.[88]

Esse texto, que se refere aos limites da eloquência no mundo moderno (e que parece, assim, limitar o alcance da retórica), mostra, na realidade, como a ideia de eloquência é central na concepção que Rousseau tem das línguas em geral e da história das sociedades. Os limites da eloquência, no fundo, são os limites da própria língua, assim como da liberdade e da humanidade. Mas, entre um polo e o outro, os tempos antigos, em que a linguagem era a única força, e "hoje", em que a força é a única linguagem, há todo um *continuum* e uma *história* onde as relações entre linguagem e violência desenham uma série de figuras diferentes. Cada uma dessas configurações é definida pelas relações entre a *linguagem* e o *governo*, entre a linguagem e o poder. É esse modo de articular *um* governo e *uma* língua, esse grau particular de *poder da linguagem* que define um auditório particular. O que há de definitivo nesse texto – que designa mais os limites da História do que seu real desenrolar – é nuançado em outros, que reconhecem a especificidade e a diferença dos genebrinos, dos parisienses, dos poloneses e dos corsos. É assim, por exemplo, que no interessantíssimo prefácio de *A nova Heloísa*, a justificação do romance passa pela oposição entre dois tipos de leitores;

---

88 *O.C.* V, *Essai sur l'origine des langues*, XX, p.428 [ed. bras.: p.177]. (N. O.: No original, Bento cita a reprodução *offset* da edição Belin de 1817, in: *Cahiers pour l'Analyse*, Paris, n.4, 1966.)

Introdução: leitura de Rousseau

para responder às objeções do editor, é preciso passar pela crítica da ideia de que o romance deve ou pode dirigir-se a um público universal:

> R. A razão que vos faria suprimir esta obra me anima a publicá-la.
> N. O quê? A certeza de não ser lido?
> R. Um pouco de paciência e me entendereis.

Em matéria de moral, não há, para mim, nenhuma leitura útil para os mundanos. Primeiramente porque a multidão de novos livros que eles exploram, os quais dizem sucessivamente uma coisa e seu contrário, destrói o efeito de um por meio do outro, e torna nulo o todo. Tampouco os seletos livros que se releem fazem qualquer efeito; se eles apoiam as máximas da sociedade, são supérfluos; se as combatem, são inúteis. Eles encontram seus leitores atados aos vícios da sociedade por amarras que não podem romper. O homem da sociedade que deseja sacudir por um instante sua alma para repô-la na ordem moral, encontrando de todos os lados uma resistência invencível, é sempre forçado a manter ou retomar sua situação inicial. Estou persuadido de que há poucas pessoas bem-nascidas que não tenham feito essa tentativa, ao menos uma vez em sua vida; mas, logo desencorajadas pela futilidade do esforço, não o repetem mais e acostumam-se a considerar a moral dos livros como tagarelice de gente ociosa. Quanto mais nos afastamos dos negócios, das grandes cidades, das sociedades numerosas, mais os obstáculos diminuem; há um ponto a partir do qual esses obstáculos deixam de ser invencíveis, e é então que os livros podem ter alguma utilidade. Quando se vive isolado, e não há a premência de ler para fazer exibição de suas leituras, estas são menos variadas e mais refletidas; e como elas não encontram um contrapeso tão grande do lado de fora, fazem muito mais efeito no lado de dentro. O tédio, esse flagelo da solidão bem como da grande sociedade, força a recorrer aos livros divertidos, único recurso de quem vive só e não conta com outra coisa dentro de si. Romances são muito mais lidos nas províncias que em Paris, mais lidos no campo que nas cidades, e causam ali muito maior impressão; podeis ver porque deve ser assim.[89]

---

89 *O.C.* II, *La Nouvelle Héloïse*, Seconde Préface, p.18-9 [ed. bras.: p.31-2].

A retórica de Rousseau

Poder-se-ia enxergar ironia nesse texto, pois é o que não falta ao longo do prefácio. Mas a seriedade da afirmação e a importância da tese são atestadas por um trecho das *Confissões* em que, lisonjeado pelo sucesso parisiense de seu romance, Rousseau fica, ao mesmo tempo, embaraçado, pois tal êxito parece desmentir não somente sua expectativa, mas também uma tese fundamental de seu pensamento. É novamente a ideia de *simulacro* que lhe permite, então, resolver o problema:

> A amizade, o amor, a virtude, reinam, então, em Paris mais que em outras partes? Certamente não; mas lá ainda reina esse senso refinado que enleva o coração diante da imagem dessas coisas, e que nos faz amar, nos outros, os sentimentos puros, ternos, honestos, que já não temos.[90]

A importância da ideia de auditório particular também é visível nas consequências que desencadeia no âmbito da concepção dos *gêneros literários*. O reconhecimento do caráter *local* de todo discurso destrói a ideia de que os diferentes gêneros correspondam a essências imutáveis e fixas num céu qualquer: os gêneros devem ser compreendidos sobre o *fundo* de uma *historicidade* que libera sua possibilidade ou que os torna inviáveis, expulsando-os para o mundo exterior do sem sentido. É o que podemos perceber ao comparar os textos em que Rousseau fala da eloquência política e do romance. Não se trata propriamente de dois gêneros diferentes: são antes as formas de discursos que são *possíveis* para o cidadão em situações históricas diferentes. A relação estabelecida entre o poder e a linguagem na Cidade antiga liberava a possibilidade da eloquência política, a relação que governa a sociedade moderna abre apenas a estreita e miserável porta do romance. Este é o sentido que se deve dar à frase de Saint-Preux:

> Os romances são, talvez, a última instrução que resta dar a um povo suficientemente corrompido para que qualquer outra lhe seja inútil.[91]

---

90 *O.C.* I, *Les Confessions*, XI, p.545-6.

91 *O.C.* II, *La Nouvelle Héloïse*, II, 21, p.277 [ed. bras.: p.249].

Introdução: leitura de Rousseau

É, de fato, curioso notar que, no prefácio de *A nova Heloísa*, assim como no último capítulo do *Ensaio sobre a origem das línguas*, a eloquência política e o romance são definidos pelo mesmo procedimento, quer dizer, em sua oposição comum aos *sermões*. Nos dois casos, o sermão é definido como discurso impotente, incapaz de tocar seu auditório:

> Existem línguas favoráveis à liberdade; são as línguas sonoras, prosódicas, harmoniosas, cujo discurso distinguimos de muito longe. As nossas são feitas para o zumbido dos divãs. Nossos pregadores se atormentam e suam em bicas nos templos sem que se saiba nada do que disseram. Depois de se esgotarem gritando durante uma hora, deixam o púlpito semimortos. Seguramente não valia a pena tanta fadiga.[92]

São, de fato, nossas línguas que fazem do sermão um discurso inútil, mas a falta de força e persuasão da língua remete à forma de governo e à falta de força da própria alma: mesmo que o pregador fosse ouvido, ele não seria seguido. Pois é próprio do pregador o seu estilo, por assim dizer, *normativo*: ele propõe a virtude como um dever para pessoas incapazes de se submeter a um dever. Mas o que o pregador é incapaz de fazer torna-se possível para o romancista, se ele for um verdadeiro *cidadão*. Já se disse que *A nova Heloísa* era um "sonho de volúpia emendado em instrução moral": mas não há nada de paradoxal nessa passagem do sonho de volúpia à instrução moral, pois, sem satisfazer a volúpia de um público estruturalmente voluptuoso, toda instrução moral não passa de um voto piedoso; é Rousseau quem o diz, ao definir o bom uso possível dos romances:

> É ofício dos pregadores nos gritar: *Sede bons e sábios*, sem se preocupar muito com o sucesso de seus discursos; o cidadão que se preocupa com isso não deve nos gritar tolamente: *sede bons*; mas fazer-nos amar o estado que nos leva a sê-lo.[93]

---

92 *O.C.* V, *Essai sur l'origine des langues*, XX, p.428 [ed. bras.: p.178].
93 *O.C.* II, *La Nouvelle Héloïse*, Seconde Préface, p.20 [ed. bras.: p.33].

A retórica de Rousseau

Último *Ersatz* da eloquência cívica dos antigos, o romance não se opõe ao discurso político, e a literatura não pode ser pensada como o outro da teoria política.

Tais são as considerações que nos conduziram a formular as seguintes hipóteses, cuja demonstração é o objetivo de nosso trabalho:

1) Há em Rousseau uma teoria geral da retórica, das condições concretas (psicológicas, sociais, linguísticas) da persuasão.

2) Essa retórica domina todos os gêneros literários – obras de raciocínio e obras de entretenimento – e os organiza na continuidade de um campo homogêneo.

3) A própria obra de Rousseau é comandada pelos princípios da retórica que ele propõe, e sua aparente excentricidade – falta de unidade ou de coerência – desaparece se a leitura é feita em torno de um eixo retórico. A unidade do pensamento de Rousseau pode ser mostrada no próprio movimento de seus escritos, ou seja, segundo a estratégia da persuasão ou segundo a ordem da argumentação.

Propor essas três hipóteses era o objetivo desta introdução. Antes de pôr um ponto-final em nossas considerações, é preciso, todavia, antecipar ao menos uma objeção que certamente não terá escapado ao leitor. Como, de fato, fazer da retórica o ponto privilegiado da leitura do autor dos *Devaneios*? Como fazer da referência a um auditório particular algo essencial para alguém que principia um livro, cada vez mais reconhecido como central, com as seguintes palavras:

Eis-me aqui, então, sozinho sobre a terra, não tendo outro irmão, próximo, amigo, companhia além de mim mesmo. O mais sociável e o mais afetuoso dos humanos foi proscrito de seu meio por um acordo unânime. Procuraram, nos refinamentos de seu ódio, que tormento poderia ser o mais cruel para minha alma sensível, e romperam violentamente todos os laços que me ligavam a eles. Eu teria amado os homens a despeito deles próprios. Somente deixando de sê-lo puderam furtar-se à minha afeição. Ei-los, pois, estranhos, desconheci-

Introdução: leitura de Rousseau

dos, nulos, enfim, para mim, já que assim o desejaram. Mas eu, separado deles e de tudo, que sou eu? Eis o que me resta procurar.[94]

Onde está a intenção retórica desse discurso que parece isolado de qualquer auditório e que renuncia a toda persuasão possível ao excluir-se da humanidade? De que auditório podemos falar diante de tal voz, de tal modo voltada para si e encerrada na escuta de si mesma que o leitor pode sentir-se um intruso? A resposta óbvia – e que deve ser excluída – seria excluir também esse discurso extremo do interior da obra, enxergando nele algo como um "além da obra", que só começa quando ela abandona a teoria em direção a algo que a ultrapassa. Poderíamos até levar Rousseau ao pé da letra e lembrar o texto em que ele mesmo parece banir da "obra" escritos como a *Carta a Christophe de Beaumont* e as *Cartas escritas da montanha*, por se tratarem de documentos "destinados apenas à defesa pessoal de sua pátria e de sua honra".[95] Mas o evidente interesse filosófico dos *Devaneios* nos proíbe essa facilidade: sua exclusão seria apenas a confissão da limitação da leitura proposta.

Seria, então, necessário voltar atrás e rasurar as proposições avançadas? Parece, com efeito, que um escrito como os *Devaneios* só pode ser julgado por uma interpretação que visa menos à ordem do discurso do que à experiência que o precede e que ele exprime. A retórica de Rousseau seria apenas a expressão não essencial de uma experiência fundamental e só por ela poderia ser explicada. Comentando o primeiro *Discurso*, J. Starobinski faz a seguinte observação: "Essa retórica serve de veículo para um pensamento amargo, obcecado pela ideia da impossibilidade da comunicação humana".[96] Essa perspectiva não somente explicaria os *Devaneios* como ponto final de um itinerário ao mesmo tempo intelectual e existencial, mas também todas as suas etapas anteriores. Pois sempre, como já vimos, Rousseau insiste nos limites da persuasão e na ineficácia que sempre ameaça a retórica. É realmente uma retórica desesperada aquela que chega

---

94 *O.C.* I, *Les Rêveries du promeneur solitaire*, Première Promenade, p.995 [ed. bras.: p.23].

95 *O.C.* I, *Rousseau juge de Jean-Jacques*, Troisième Dialogue, p.933 (cf. nota 3).

96 Starobinski, *Jean-Jacques Rousseau, la transparence et l'obstacle*, op. cit., p.15 [ed. bras.: p.17].

ao seu limite e descobre que só pode persuadir aquele que já lhe concedeu seu assentimento interior. É o desespero que faz a estranheza dos *Diálogos*, onde também podemos ler:

> Eu me explicarei; mas isto será tomar o cuidado mais inútil ou o mais supérfluo; pois tudo que vos direi só poderia ser compreendido por aqueles a quem não é necessário dizê-lo.[97]

A ruptura total que está na origem dos *Devaneios*, e que Rousseau apresenta como o termo último de seu itinerário, já estava inscrita como possibilidade ao longo de todo o passado. Qual é, então, o destino que frequentemente Rousseau descreve sob a forma de um encadeamento necessário? É a frase "Tomei o partido de escrever e me esconder",[98] tão bem comentada por J. Starobinski, que forneceria a chave desse itinerário. No ponto de partida, há a vontade ou o desejo da transparência; mas desde o ponto de partida há a experiência da violência, do obstáculo, da transparência como o paraíso perdido para sempre. A escrita aparece então como o viés que poderia permitir reconquistar esse paraíso: escrever é renunciar à comunicação imediata, mas escrever também é preparar a volta ao imediato. Escrevendo, Jean-Jacques se esconde sob a máscara do Autor, mas espera o momento em que a máscara se tornará supérflua e em que a obra se apagará para dar lugar à comunidade dos corações transparentes. Porém, é o "complô" e sua generalização universal ("por um acordo unânime"[99]) que vêm desbaratar a estratégia do autor e as artimanhas do desejo. Interrompendo assim cruelmente ("romperam violentamente"[100]) o mais profundo projeto de Jean-Jacques, o complô deveria, necessariamente, mudar a sua relação com a escrita: o suplemento não essencial da presença torna-se o único espaço em que ela pode sobreviver e ser preservada em seu próprio simulacro. Com efeito, para alguém que deprecia os livros e a escrita, estranho

---

97 *O.C.* I, *Rousseau juge de Jean-Jacques*, Premier Dialogue, p.668.

98 *O.C.* I, *Les Confessions*, III, p.116.

99 *O.C.* I, *Les Rêveries du promeneur solitaire*, Première Promenade, p.995 [ed. bras.: p.23].

100 Ibid.

Introdução: leitura de Rousseau

o projeto de tentar guardar algumas páginas escritas no espaço sagrado de um Altar. É como se a antecipação da morte — na certeza de que não resta nenhuma testemunha de sua inocência — tivesse dado outra consistência à obra, transformada em única garantia de uma presença que se vê condenada ao nada. O *leitor futuro*, leitor improvável, mas único possível, é doravante a única esperança de fazer um dia renascer a certeza de uma inocência que, de si mesma, tinha apenas uma certeza incerta.

Mas, então, a descoberta patética dos limites da retórica poderia ser compreendida como já sendo o sinal do nascimento da literatura. É, aliás, o que diz Maurice Blanchot: a solidão de Rousseau é apenas o outro lado, o efeito, por assim dizer, existencial da descoberta de uma nova linguagem — fala solitária —, da linguagem da literatura.

> Eu sempre suspeitei que esse profundo e inapreensível vício [*o "vício" que, segundo Blanchot, estaria na origem da dificuldade do comentário de Rousseau*] fosse aquele ao qual devemos a literatura. Rousseau, o homem do começo, da natureza e da verdade, é aquele que só pode cumprir suas relações escrevendo; escrevendo, ele só pode fazê-las desviar da certeza que deposita nelas: nesse desvio, que o faz sofrer, que recusa com força, com desespero, ele ajuda a literatura a tomar consciência de si mesma, livrando-se das antigas convenções, e a constituir, na contestação e nas contradições, uma nova retidão.[101]

Se a linguagem de Rousseau tiver realmente essa natureza, será preciso dizer, com efeito, que ele é o *outro* da teoria, ou, como diria Blanchot, que ele é absolutamente exterior a todo Saber; essa linguagem, Blanchot a descreve como desligada de qualquer referência aos objetos — sua verdade não é a do mundo. Mais ainda, essa linguagem jamais seria dirigida a um interlocutor, ela surgiria de sua própria impossibilidade e só remeteria a um leitor "infinitamente futuro".

> Na medida em que escrever é extrair-se da impossibilidade, em que escrever torna-se possível, escrever assume, então, os caracteres da exigência de

---

101 Blanchot, op. cit., p.53-4.

A *retórica de Rousseau*

ler, e o escritor torna-se a intimidade nascente do leitor ainda infinitamente futuro.[102]

A essas objeções, é preciso contrapor as seguintes considerações: aquilo que se chamou de "desespero" da retórica não corresponde necessariamente ao nascimento da literatura tal como a define Blanchot. De fato, o leitor *infinitamente futuro* de que fala Blanchot é também paradoxalmente *contemporâneo* do texto escrito, é até mesmo *produzido* por esse texto, como o desenvolvimento de uma "exigência de leitura" que lhe é interna. É assim que o texto acima é precedido e explicado pela descrição da gênese do "leitor" como um processo imanente à própria obra:

> Às vezes se diz que todo autor escreve na presença de algum leitor ou então para ser lido. É uma maneira pouco ponderada de falar. O que se deve dizer é que a parte do leitor, ou daquilo que se tornará, uma vez a obra pronta, poder ou possibilidade de ler, já está presente, sob formas mutáveis, na gênese da obra.[103]

Trata-se, com efeito, de uma maneira "pouco ponderada" de falar, quando se trata da literatura, daquilo que se tornaram as Belas-Letras no horizonte da modernidade, através de uma crise que questiona sua essência e seu fundamento e que faz da questão do fundamento das Letras o próprio sentido das Letras:

> O que é a obra? O que é a linguagem dentro da obra? Quando Mallarmé se pergunta: "Existe algo como as Letras?", esta questão é a própria literatura, ela é literatura quando esta se tornou preocupação com sua própria essência. Tal questão não pode ser relegada. O que ocorre pelo fato de termos a literatura? O que é do ser, se dissermos que "algo como as Letras existe?".[104]

---

102 Id., *L'Espace littéraire*. Paris, p.265 [ed. bras.: *O espaço literário*, p.200].

103 Ibid. [ed. bras.: p.199-200].

104 Ibid., p.44 [ed. bras.: p.36].

Introdução: leitura de Rousseau

Trata-se, também e sobretudo, de uma maneira "pouco ponderada" de falar porque nessa metamorfose o leitor e o autor perdem autonomia diante da obra, que se torna algo como uma linguagem absoluta. O que são, com efeito, o leitor ou o autor, quando verificamos que, "doravante, não é Mallarmé quem fala, mas a linguagem se fala, a linguagem como obra e a obra da linguagem"?[105]

Em Rousseau, ao contrário, é realmente Jean-Jacques quem fala, e o leitor futuro é simplesmente uma probabilidade e, se puder algum dia tornar-se real, ele o será dentro de uma geração determinada, num século determinado: o "leitor futuro" de Rousseau não é aquela sombra que a obra, em sua autarcia, projeta para além de si mesma.

Da mesma forma, é preciso reconhecer que não há retórica que não tenha seus próprios limites, que não se produza justamente no limite de suas possibilidades. Se, com efeito, a retórica nasce do reconhecimento da *impossibilidade de vencer ou de convencer*, ela está sempre à mercê da resistência do auditório: ela tenta persuadir esquivando-se da impossibilidade de *convencer*. Poder-se-ia dizer que toda retórica (na medida em que se constitui a partir da resistência de seu auditório e da certeza de que o assentimento não pode ser arrancado) já é uma retórica desesperada. Para tornar mais precisos os termos da questão – e em especial a do lugar dos *Devaneios* –, é necessário voltar às relações entre o retor e seu auditório. Não se trata, de fato, de uma relação simples, e ela não pode ser compreendida por meio da simples referência a um auditório particular.

Qual é a tarefa do retor segundo Rousseau, e que lugar deve ele ocupar em relação a seu auditório? O personagem do retor não pode ser compreendido sem a referência a dois outros personagens essenciais no pensamento de Rousseau, e dos quais, em última instância, não pode ser distinguido: o legislador e o etnólogo. Mas em que aspecto o legislador e o etnólogo podem ser considerados como simétricos? Os dois personagens são essencialmente *estrangeiros*, vêm *de fora* na direção de uma humanidade particular. Só se pode conhecer e instituir o Outro. A importância epistemológica da alteridade e da *diferença* foi particularmente acentuada por Lévi-Strauss

---

105 Ibid., p.42 [ed. bras.: p.35].

em seu ensaio sobre Rousseau. Do mesmo modo, esses elementos também serão essenciais na instituição de um povo:

> Quando Licurgo deu leis à sua pátria, começou por abdicar da realeza. Era costume da maioria das cidades gregas confiar a estrangeiros o estabelecimento das suas. As Repúblicas modernas da Itália imitaram com frequência esse uso: a de Genebra fez o mesmo e saiu-se muito bem. Roma, em sua melhor época, viu renascer em seu seio todos os crimes da tirania e viu-se prestes a perecer, por ter reunido, nas mesmas cabeças, a autoridade legislativa e o poder soberano.[106]

Apenas o estrangeiro, que não partilha dos preconceitos e dos interesses dessa humanidade local, pode aproximar-se da condição extraordinária que é a do legislador. Seu próprio "ofício" é exterior à legislação que ele torna possível: "Não é magistratura, não é soberania. Esse ofício que constitui a república não entra em sua constituição [...]".[107] Este mínimo de exterioridade é a condição do aparecimento da Razão no seio da Cidade – como a exterioridade do *noûs poietikos* era a condição da racionalidade da alma em Aristóteles.

O retor é aquele que, "conhecendo o homem", se dirige aos homens, que fala a uma humanidade particular deste espaço vazio que separa as humanidades particulares. Ele é o homem da natureza justamente porque não habita inteiramente cidade alguma, porque habita o espaço que as separa. Eis o fundamento de sua exemplaridade, daquilo que dá à contingência de seu destino um alcance universal. Ele não pode, portanto, aderir completamente ao seu auditório particular, está separado dele pelo abismo da diferença, sem o qual seu discurso não teria interesse algum: sem essa diferença, o discurso não teria outra função que a de reforçar os preconceitos de um auditório particular, não tendo poder edificante algum.

Mas, se a retórica é assim realmente o discurso do Outro, ela é sempre perseguida pela possibilidade de tornar-se um discurso solitário. Os *Devaneios* não contradizem a ideia de que toda a obra de Rousseau está centrada

---

106 O.C. III, *Du Contrat social*, II, 7, p.382 [ed. bras.: p.64].
107 Ibid. [ed. bras.: p.63].

Introdução: leitura de Rousseau

num projeto retórico; eles realizam uma possibilidade que está inscrita na estrutura *irônica* do discurso retórico. A ironia da dialética é mais pesada que a da retórica: diante do interlocutor que resiste, o dialético deve vencê-lo, pois refutar a tese de Trasímaco é refutar Trasímaco. A ironia da retórica é mais flexível, visto que pode até fingir ignorar seu interlocutor e ocultar que seu próprio silêncio é um *argumento*. Havíamos colocado, em epígrafe desta última parte de nossa introdução, uma frase em que Rousseau faz o elogio da eloquência dos antigos: chegou o momento de completá-la com exemplos que a ilustram e que fazem pensar numa retórica do exemplo e da ilustração.

> Trasíbulo e Tarquínio decapitando as flores de papoula, Alexandre aplican-do seu lacre na boca de seu favorito, Diógenes caminhando diante de Zenão não falavam melhor do que se tivessem feito longos discursos? [108]

Esse texto quer, evidentemente, insistir na eloquência dos signos primeiros, quer mostrar, nessa linguagem imediata, algo de infinitamente mais persuasivo que os discursos mais articulados. Mas também podemos nele enxergar uma espécie de teoria do *exemplo*. Rousseau, abandonando o mundo, recusando a dirigir-se a quem quer que seja, não seria também uma espécie de Diógenes que se recusa a falar e começa a caminhar diante de Zenão? Falar seria jogar o jogo que se quer mostrar como falacioso. Com efeito, ao retor que aparentemente esgotou seu discurso, sempre resta um recurso extraordinário: sua existência, mesmo que se encerre na mais radical solidão, será sempre uma "figura" ou um "exemplo" proposto aos outros:

> Formo um empreendimento que nunca teve exemplo, e cuja execução não terá nenhum imitador. Quero mostrar a meus semelhantes um homem em toda a verdade da natureza; e este homem serei eu.[109]

O que pode, com efeito, ser um exemplo sem imitador? A própria ideia de exemplo é indissociável de algo como uma possível imitação, ela implica

---

108 *O.C.* IV, *Émile*, IV, p.647 [ed. bras.: p.441-2].
109 *O.C.* I, *Les Confessions*, I, p.5.

necessariamente um mínimo de normatividade, e a norma remete sempre ao que deve ser normatizado. Um exemplo sem imitação possível só pode ser compreendido como uma espécie de desafio – quer dizer, uma exortação. É a ironia da retórica que assim lhe permite dirigir-se a seu auditório, propondo-lhe exemplos sob a aparência da recusa.

O itinerário de Rousseau – do qual Starobinski fornece a inteligibilidade existencial – poderia assim ser compreendido *também* através do esquema da teoria da argumentação. Bastaria simplesmente superpor à tríade da experiência vivida – desejo, objeto do desejo e olho normativo – a tríade dada pela estrutura irônica da retórica: o retor, seu auditório particular e o Outro desse auditório, quer dizer, a testemunha do retor: o leitor futuro sempre possível.

Primeira parte
A força da voz e a violência das coisas[*]

---

[*] Com o mesmo título, publicado como apresentação ao *Ensaio sobre a origem das línguas*, trad. Fulvia Moretto. Campinas: Ed. Unicamp, 1998, p.9-105. (N. O.)

I

O perigo intrínseco

Próximo e
Difícil de apanhar é o deus.
Mas onde está o perigo, ali cresce
O que salva, também.

Hölderlin[1]

A linguagem impura

Qual é o estatuto da linguagem segundo Rousseau? Qual é o lugar da teoria da linguagem no sistema de seu pensamento? Por que traço é marcada a originalidade dessa teoria na época das Luzes? Eis aí perguntas que é preciso tentar responder para mostrar o lugar central da retórica na obra de Rousseau.

"A fala distingue os homens dos animais; a linguagem distingue as nações entre si." Nessa frase que abre o *Ensaio sobre a origem das línguas* se entrecruzam dois sistemas diferentes de oposição: um circunscreve o lugar *do Homem* (a diferença que o separa dos outros animais), o outro desdobra o espaço da dispersão *dos homens*. Toda uma lógica propriamente rousseau-

---

1 Tradução de Rubens Rodrigues Torres Filho, in: *Novolume*, p.207.

niana da identidade e da diferença está presente nessa frase e pode guiar a leitura do livro que ela abre. O sentido dessa dupla oposição se esclarece completamente apenas no capítulo VIII do *Ensaio*, na formulação do princípio metodológico que comanda tanto a teoria da linguagem quanto a antropologia de Rousseau: "Quando se quer estudar os homens, é preciso olhar perto de si; mas para estudar o homem é preciso aprender a lançar a vista ao longe; é preciso, inicialmente, observar as diferenças, para descobrir as propriedades".[2] Mas apenas um olhar armado pode descobrir, na primeira frase, um indício da originalidade teórica de Rousseau, do lugar excêntrico que ocupa em seu século. Nada, de fato, nessa primeira página do *Ensaio*, parece anunciar uma heresia em relação seja àquilo que convencionamos chamar de "linguística cartesiana", seja ao "logocentrismo" da metafísica.[3]

E, no entanto, é a própria raiz dessa linguística que é abalada e entra em crise com a reflexão de Rousseau sobre a origem das línguas. O pressuposto mais seguro dessa linguística – o ponto cego que dá segurança a seu desdobramento – é dado pela decisão de ordenar a estrutura das línguas à da Razão: quer o *telos* seja o modelo "empirista" ou o modelo "racionalista" do conhecimento, é, de fato, a gênese e a estrutura do entendimento que servem de guia à análise das línguas. As diferentes versões do racionalismo – "formalista" ou "intuicionista" – dão às palavras *status* diferentes, recuperam *Crátilo* ou o condenam; a língua universal será, dependendo da escolha, possível ou impossível; mas o mesmo otimismo linguístico está sempre presente. Que a língua seja o "verdadeiro espelho da razão", como o quer Leibniz, ou que ela seja para o pensamento o que o corpo é para a alma, como o quer Descartes, as palavras ainda são, essencialmente, instrumentos do conhecimento. Os instrumentos são, muitas vezes, *pesados*, e o peso das palavras – da carne do pensamento – pode também tornar-se um obstáculo: as palavras podem "deter o espírito"; os termos da "linguagem

---

2 *O.C.* V, *Essai sur l'origine des langues*, VIII, p.394 [ed. bras.: p.125].

3 Cf. a respeito da articulação da linguística de Rousseau à linguística "cartesiana", tal como a define Chomski, e à linguística de Saussure, o ensaio de Derrida, "La linguistique de Rousseau", *Revue Internationale de Philosophie*, Bruxelles, n.82, 1967.

ordinária" são, muitas vezes, ocasião para erros, como quando "dizemos que vemos a própria cera". Mas, mesmo pertencendo à natureza do corpo e da imaginação, mesmo fazendo obstáculo à lucidez do entendimento, a linguagem nunca é impura em si e pode sempre apagar-se para dar lugar à evidência do pensamento. O exercício do pensamento permite até domar Babel: "Depois de ter ouvido um discurso, cujo sentido compreendemos muito bem, não poderemos dizer em que língua ele foi pronunciado".[4] A ideia de perfectibilidade das línguas é suficiente para apagar a oposição entre os partidários e os adversários da língua universal – e, mesmo não se acreditando na possibilidade do projeto de Leibniz, a ciência terá sempre algo de uma língua benfeita. Essa bela continuidade, esse otimismo linguístico que faz da linguagem o espelho impassível em que vêm refletir-se, sem conflito, coisas inocentes, prolonga-se além do campo da Gramática e da Lógica: na própria ideia de uma "Filosofia das Luzes", no engajamento dos "Filósofos", esse otimismo torna-se *político*. A Gramática e a Política dos Filósofos amparam-se mutuamente: a livre circulação das palavras, este sopro muito leve da verdade, pode neutralizar a violência das coisas, instaurar o universo da liberdade.

Não é segundo a mesma lei que se articulam, em Rousseau, a linguagem, a verdade e a liberdade. É a relação entre a Filosofia e a Não Filosofia que começa a mudar e poderíamos fazer uma leitura rousseauniana dos textos de Gilles Deleuze sobre o começo em filosofia, sublinhando sua afirmação segundo a qual "há, no mundo, algo que força a pensar".[5] Assim, Henri Gouhier diz a respeito do esforço de sistematização presente na *Profissão de fé*: "Esta filosofia é, então, imposta por uma situação insuportável".[6] A verdade não é mais tão leve e podemos ser *forçados* a filosofar. Essa proposição de H. Gouhier pode até ser generalizada para a totalidade da obra, como o testemunha o ensaio de Alain Grosrichard sobre a *Gravité de Rousseau*:

---

4 Descartes, *Traité de la Lumière* (1664), apud Belaval, *Leibniz critique de Descartes*, p.182.

5 Deleuze, *Différence et répétition*, p.182 [ed. bras.: *Diferença e repetição*, p.231].

6 Gouhier, *Les Méditations métaphysiques de Jean-Jacques Rousseau*, p.87.

O perigo intrínseco

Não haveria obra se, no início, não houve dor, contradições, dilaceramento do sujeito – sintomas não de uma ordem que se desfaz mas como de uma doença que cresce, ativa, viva, proliferando, no campo ordenado da natureza, cujas forças ela utiliza para voltá-la contra si mesma. A obra de Rousseau é, profundamente, uma obra de reação. Ela só nasce, constitui-se, desenvolve-se num sistema, provocando-se a si mesma.[7]

É o próprio ato de escrever que está em questão nessa nova articulação entre a Filosofia e a Não Filosofia, que deve, assim, ser levada em consideração na organização da leitura. A força que provoca a reflexão sobre a linguagem é, de fato, o escândalo de um perigo intrínseco ao uso dos signos. De onde vem o que há de impuro na linguagem, este escândalo de uma falha no próprio coração do diamante? Por que se afasta sempre a linguagem em relação à verdade? Como explicar que, no jogo da linguagem, a vontade de verdade seja condenada a uma crise que acaba por opô-la à boa vontade? Por que a normalização das línguas e da música elimina, necessariamente, sua energia originária? É, de fato, a impossibilidade da inocência e da liberdade nas línguas modernas que é dominada, teoricamente, ao termo da gênese ideal que o *Ensaio* retraça. Não é uma má vontade pré-linguística que está na origem da hermenêutica que recomenda interpretar os discursos à luz da conduta: é a própria língua, em sua estrutura, em sua "forma derradeira", que colabora com a mentira, numa dialética em que não se pode mais distinguir a causa do efeito. Essa hermenêutica não é mais comandada pela norma *lógica* da verdade, mas pela norma de uma verdade *ética*: a crítica da linguagem não é mais a das ilusões da sensibilidade que entravam o exercício do entendimento, mas a de uma sintaxe que torna impossível a transparência entre as almas.

Com a suspeita que Rousseau faz, deste modo, pesar sobre a própria estrutura da linguagem, um vazio se abre entre as palavras e as coisas, entre a Gramática e a Política, um abismo em que soçobram todos os otimismos. Ali onde havia apenas uma bela continuidade, onde a linguagem ordinária

---

7 Grosrichard, "Gravité de Rousseau", *Cahiers pour l'Analyse*, Paris, n.8, 1967, p.43.

estava pronta a atingir a lógica pura, nesse local tornado problemático, vai instalar-se uma outra concepção da linguagem à qual convém o nome antigo de *Retórica*.

A vontade e o desejo

Mal esboçamos o desenho de nossa leitura e eis-nos em pleno paradoxo. Como, de fato, conciliar a imagem do teórico, que descobre um perigo intrínseco no próprio coração da linguagem, com a imagem do escritor que procura a transparência das almas através de uma linguagem que se quer pura e inocente? Essa dificuldade, seja qual for sua abrangência, lembra-nos uma dimensão essencial da reflexão de Rousseau, que acompanha, em movimento livre e intermitente, sua própria atividade de escritor. Ao lado da reflexão sistemática que refaz a dupla gênese das sociedades e das línguas, que reconstitui a história subterrânea da vontade de poder que ela implica, é preciso dar lugar à meditação "na primeira pessoa" do escritor sobre sua própria experiência da linguagem, em que transparece, tal uma *hybris*, o desejo de transparência, o ideal de uma escrita "falante" e de uma fala sempre segura de si. À luz da oposição entre esses dois polos, somos tentados a seguir a tendência da tradição e a ver, para além da linguística de Rousseau, e como uma camada mais profunda, a experiência de um delírio, de uma contradição, de uma armadilha da qual Rousseau seria menos o teórico do que a vítima exemplar.

É preciso, então, seguir as duas vertentes ao mesmo tempo e ver o ponto em que se articulam essa teoria e essa experiência.[8] Quanto à teoria, o esquema já está presente no primeiro *Discurso*; assim, na Prosopopeia de Fabricius, podemos ler:

> Deuses! [...] Que linguagem estranha é essa? Que são esses costumes efeminados? Que significam essas estátuas, esses quadros, esses edifícios?

---

8 Cf., quanto a esta articulação, Derrida, *De la Grammatologie*, [ed. bras.: *Gramatologia*].

O perigo intrínseco

Insensatos, que fizestes? Vós, os mestres das nações, vós vos tornastes os es-cravos dos homens frívolos que vencestes? São os retores que vos governam?[9]

Na veemente apóstrofe do cidadão virtuoso, está contido o procedimen-to geral do primeiro *Discurso* e patente o lugar da linguagem no processo que Rousseau move às ciências e às artes. O escândalo que arranca gritos de Fabricius é o da *força* subjugada pela *fraqueza*, do Vencedor que cai na armadilha irrisória que lhe preparou um Vencido astuto, da virtude que, cega pelo prestígio das palavras, desliza em direção de seu contrário. Apenas a linguagem, seu poder de sedução, é, assim, capaz de inverter o jogo das forças: ela é o próprio lugar da perversão. A vitória de Roma se torna sua decadência porque o "estrangeiro" lhe rouba a palavra e lhe impõe sua lin-guagem. Estamos a poucas páginas da *Genealogia da moral*, em que Nietzsche descreve a astúcia "judaica" que acaba vencendo os Romanos, curvando aqueles que "eram os fortes e nobres, como jamais existiram mais fortes e nobres, e nem foram sonhados sequer".[10]

O livre curso da retórica, sintoma de uma alma frívola, é também o elemento propício à perversão: ligados dialeticamente, causa e efeito ao mesmo tempo, a desagregação das virtudes e a desmesura da retórica com-põem uma só história. Mas, ao contrário de Nietzsche, o diagnóstico dessa decadência não é guiado só pela ótica do Senhor: a própria oposição entre o Senhor e o Escravo só é possível, como o mostra o segundo *Discurso*, sobre o fundo das astúcias de linguagem, pelo efeito de uma pequena frase:

O primeiro que, tendo demarcado um terreno, ousou dizer *isto é meu*, e en-controu gente suficientemente simples para nisso acreditar, foi o verdadeiro fundador da sociedade civil. Quantos crimes, guerras, assassinatos, quantas misérias e horrores não teria poupado ao gênero humano aquele que, arran-cando as cercas ou tapando o fosso, tivesse gritado a seus semelhantes: Evitai

---

9 *O.C.* III, *Discours sur les sciences et les arts*, p.14 [ed. bras.: p.349].
10 Nietzsche, *La Généalogie de la morale* [1900], trad. Henri Aubert, p.68 [ed. bras.: *Genealogia da moral*, p.44].

ouvir esse impostor. Estareis perdidos se esquecerdes que os frutos são de todos e que a Terra não é de ninguém.[11]

Se a continuidade da superfície terrestre é, desta maneira, recortada por muros, se a heterogeneidade do mundo privado se desenha sobre a homogeneidade do espaço público, não é sob o efeito da violência, mas por meio da mentira. O Senhor nascente, na gênese ideal que traça Rousseau, não tem nada da fera loira, do belo predador que está, segundo Nietzsche, na origem do Poder e do Estado. Na origem da sociedade civil, nenhuma força, sem as miragens que a linguagem pode produzir, poderia instituir sua dominação; é preciso atravessar toda a espessura da História, todo o espaço que separa uma origem ideal do presente real, para que a mentira se torne supérflua e para que a linguagem mostre, finalmente, sua verdade. A dominação do mais forte, o império da violência é o último termo da História, momento em que a máscara cai e a astúcia não é mais necessária. As palavras se apagam e revelam sua verdade sempre dissimulada: a pura vontade de poder, o exercício já sempre presente da força contra seu primeiro movimento, o uso da Natureza contra a Ordem que a comanda e, na linguagem, em sua mais profunda intimidade, a vontade de se anular como linguagem. A força bruta não é a verdade de uma humanidade nascente que poderia superar-se, em direção à universalidade, pelo uso racional da linguagem; ela é a verdade, no sentido hegeliano, da linguagem, resultado final que revela e realiza o que era apenas, no início, virtual. Reviravolta total que nos conduz de uma fraqueza, que se impõe pela mediação das palavras, à pureza de uma violência que, para impor-se, não tem mais necessidade de qualquer camuflagem e que substitui a idealidade do discurso pela realidade dos cartazes, dos soldados, do ruído e da fúria das armas de fogo:

> Que discursos resta fazer ao povo reunido? Sermões. E que interesse aqueles que os fazem têm em persuadir o povo, dado que não é o povo quem distribui benefícios? Para nós, as línguas populares tornaram-se tão perfeitamente inúteis quanto a eloquência. As sociedades assumiram sua derradeira

---

11 *O.C.* III, *Discours sur l'origine de l'inégalité*, p.164 [ed. bras.: p.265].

O perigo intrínseco

forma: não se muda mais nada senão com o canhão e o dinheiro, e como não há mais nada a dizer ao povo senão *dai dinheiro*, isso é dito por meio de cartazes nas esquinas ou de soldados nas casas.[12]

A violência não remete mais à pré-humanidade, ao grau zero da História; ao contrário, ela é seu produto mais refinado, Fim da História e Fim do Discurso. No coração de uma Natureza inocente, a Palavra define o lugar do homem e a possibilidade da violência.

Mas o discurso, que descreve a curva necessária pela qual as línguas tendem a tornar-se pura pressão e violência, tem também, por outro lado, a pretensão de ser o lugar da expressão pura e da mais pura liberdade. Ao longo das *Confissões* nada permanece oculto — este discurso proíbe toda suspeita e, por seu caráter excepcional, permite aos homens inspecionar uma alma como apenas o poderia, em princípio, o olhar de Deus:

> Que a trombeta do julgamento final soe quando quiser; virei, com este livro nas mãos, apresentar-me diante do juiz supremo. Direi em voz alta: eis o que fiz, o que pensei, o que fui. Disse o bem e o mal com a mesma franqueza. Nada calei de mal, nada acrescentei de bom, e se me ocorreu empregar algum ornamento indiferente, foi sempre apenas para preencher um vazio ocasionado por minha falta de memória. Supus como verdadeiro aquilo que sabia poder tê-lo sido, nunca aquilo que sabia ser falso. Mostrei-me tal como fui, desprezível e vil quando o fui, bom e generoso, sublime, quando o fui: desvendei meu interior tal como tu mesmo o viste.[13]

Ao contrário do movimento corrente da linguagem que apenas mascara a vontade de poder que a comanda, a palavra de Rousseau é atravessada por um desejo de transparência absoluta. E no entanto é nesta linguagem excepcional que parece confirmar-se, por uma outra via, o niilismo linguístico. Entre a primeira e a última página das *Confissões*, alguma coisa mudou:

---

12 *O.C.* V, *Essai sur l'origine des langues*, XX, p.428 [ed. bras.: p.177].
13 *O.C.* I, *Les Confessions*, I, p.5.

A retórica de Rousseau

abrindo, pela primeira vez na história ("Formo um empreendimento que nunca teve exemplo, e cuja execução não terá nenhum imitador"), a verdade total de uma alma, ele não encontra nenhum olhar compreensivo, nenhum ouvinte que o possa acolher. O último parágrafo do livro já traduz, por assim dizer, o reconhecimento de sua própria impotência:

> Terminei, assim, minha leitura e todo mundo se calou. Madame d'Egmont foi a única que me pareceu comovida; ela estremeceu visivelmente; mas recompôs-se muito rapidamente e guardou silêncio como todos os demais. Esse foi o fruto que tirei desta leitura e de minha declaração.[14]

Apenas um breve frêmito, logo esquecido, marca a recepção desta palavra excepcional, desta voz condenada, assim, a ser sufocada.[15] Através de uma estranha reviravolta, o ouvinte crédulo, que nunca percebe a duplicidade essencial do discurso dos Filósofos, recua no entanto e se fecha diante desta manifestação única de total sinceridade: como se toda linguagem verdadeira e reta fosse inacreditável, como se apenas a mentira e a obliquidade merecessem assentimento. Além da teoria, no espaço da experiência vivida da fala, alguma coisa torna impotentes as palavras e as condena ao equívoco. Longe de ser o maravilhoso espelho da Razão, o lugar da verdade, a linguagem seria sempre o lugar do mal-entendido e do engodo, um biombo interposto entre os homens. Rousseau não parece dizer outra coisa, ao descrever sua carreira literária; não é um "infeliz equívoco" que o convenceu a escrever?

> O que me lembro bem distintamente nessa ocasião é que, ao chegar a Vincennes, eu estava numa agitação que beirava o delírio. Diderot percebeu isso; digo-lhe a causa e leio para ele a Prosopopeia de Fabricius, escrita a lápis sob um carvalho. Ele me exortou a dar livre curso a minhas ideias e concorrer ao prêmio. Eu o fiz e, a partir desse momento, estava perdido. Todo o resto de

---

14 Ibid., XII, p.656.
15 Foucault, "Introduction", in: *Rousseau juge de Jean-Jacques. Dialogues.*

O perigo intrínseco

minha vida e de minhas infelicidades foi o efeito inevitável desse instante de descaminho.[16]

Rousseau é desencaminhado *por* seu discurso, perde-se *no interior* da linguagem. Esta indicação do itinerário biográfico parece dar como que um primeiro esboço das reviravoltas constantes em sua relação com os signos em geral: a passagem constante do elogio da presença muda ao elogio da distância e da separação, do privilégio da palavra viva ao privilégio concedido à escrita. Daí o estatuto ambíguo da escrita como *meio* de alcançar o *imediato*. Nascida de um descaminho, a escrita guardaria sempre uma vocação suicida: as palavras se inscrevem sobre o papel apenas para melhor mostrar, ao apagar-se, o rosto do homem atrás daquele do Autor. É como se o desejo que atravessa a fala de Rousseau, assim como sua teoria da linguagem, as obrigasse a enrolar-se uma sobre a outra, passando sem parar do sim ao não. O nomadismo de um deslocamento, de uma fratura, e até de uma contradição, explodiria de maneira exemplar tanto na reflexão sobre a linguagem como no seu uso: querendo, como o sofista de Platão, *duas coisas ao mesmo tempo*, Rousseau estaria condenado a uma perpétua reconversão do a favor ao contra.

A voz sufocada

Seguindo a inclinação dessa leitura, a linguagem acabaria, em Rousseau, por se reduzir a uma palavra inteiramente vã, a um sopro imponderável, película evanescente entre uma comunicação plena porque muda e o livre curso da violência. O mesmo ritmo comandaria o desvanecimento da linguagem na gênese ideal das línguas e na experiência vivida da expressão. Existe, no entanto, um momento feliz da história do gênero humano, em que, já fora do imediato e da natureza, o homem fala uma linguagem que ainda não é astúcia nem mentira. Nesse intervalo efêmero, o grito se metamorfoseia e ganha em inflexão e articulação, mas ainda está longe da linguagem do homem civilizado, em que a necessidade de clareza e de eficácia

---

16 *O.C.* I, *Les Confessions*, VIII, p.351.

substituiu toda energia expressiva.[17] Do mesmo modo, a experiência vivida da palavra pode, algumas vezes, vibrar de maneira mais forte e restituir, no interior do caos da sociedade, a Ordem da Natureza e metamorfosear, como por mágica, um auditório até então fechado em si mesmo e em seus preconceitos. A voz não é, então, sufocada por uma humanidade hostil; num feliz acordo entre a inspiração e a expiração, o sopro da voz não se quebra contra nenhum obstáculo e a alma desvenda sua verdade, uma verdade até então desconhecida. Tal é, por exemplo, o caso do jantar de Turim, analisado minuciosamente por J. Starobinski.[18]

Mas ainda se trata de um intervalo que não poderia durar, que não se pode instalar na espessura do tempo, como se ele abrigasse em sua própria substância um nada que começa a corroê-lo no próprio instante em que vem ao ser. Mesmo no momento mais feliz da expressão, o verme já está dentro da fruta. Esse tipo de contradição na própria essência da linguagem eclodiria sobretudo, como o quer J. Derrida, na relação, sempre instável, entre fala e escrita:

> Uma fala sem princípio consonântico, quer dizer, segundo Rousseau, uma fala abrigada de qualquer escrita, não seria uma fala: ela se colocaria no limite fictício do grito desarticulado e puramente natural. Inversamente, uma fala que fosse de pura consoante, de pura articulação, tornar-se-ia uma escrita pura, álgebra ou língua morta. A morte da fala é, então, o horizonte e a origem da linguagem. Mas uma origem e um horizonte que não estariam em seus limites exteriores. Como sempre a morte, que não é nem um presente que virá nem um presente que passou, trabalha o dentro da fala como seu traço, sua reserva, sua diferença interior e exterior: como seu suplemento.[19]

Entre a natureza ainda muda e o homem já desnaturado, entre o grito e o cálculo, na simultaneidade entre seu nascimento e sua morte, não haverá

---

17 Starobinski, *Jean-Jacques. Rousseau, la transparence et l'obstacle*, p.375 [ed. bras.: *Jean--Jacques Rousseau: a transparência e o obstáculo*, p.325].

18 Id., *L'oeil vivant*, II: La relation critique, p.82-169.

19 Derrida, *De la Grammatologie*, op. cit., p.443-4 [ed. bras.: p.385].

O perigo intrínseco

lugar para o volume da linguagem e para a energia da fala. Como dar conta de uma linguística que consagra o silêncio? Dentro desta perspectiva, a linguística de Rousseau abre um horizonte proibido ao pensamento clássico apenas por um breve instante: mal aberta a ferida, já começa o trabalho de cicatrização: mal entrevisto um subsolo, até então ignorado, já começa o trabalho de recobrimento ou recalque. A linguística de Rousseau indica a imanência da articulação à fala apenas para afirmar, em seguida, a exterioridade essencial da escrita. Querendo colocar a fala ao abrigo dos perigos da escrita, essa linguística ver-se-ia privada, por sua vez, de toda proteção, não teria mais solo onde se instalar, seria condenada ao espaço exterior da não linguagem. Poder-se-ia, então, falar em contradição ou cegueira a respeito deste discurso que, adivinhando a "lógica do suplemento",[20] não abandona, no entanto, o campo da metafísica, esse campo comandado pela clara divisão que opõe a vida à morte, o mal ao bem, a representação à presença, o significante ao significado, a máscara ao rosto, que protege a imunidade de cada um destes termos da contaminação por seu contrário, que coloca entre parênteses toda possibilidade de uma inquietante promiscuidade.

Acrescentaríamos, por nossa conta, a esta série de oposições, aquela que opõe a linguagem à violência, o *pneuma* ao *soma*, o sopro leve da voz e da alma ao peso do corpo e da matéria. Esta ótica não se limita a dar à linguística de Rousseau um solo em que nunca pode apoiar-se – ela encontra sua contraprova na experiência da expressão na obra literária e autobiográfica. Dentro destas oscilações, esta experiência repetiria, em seu próprio nível, as contradições da teoria: simetria entre uma teoria contraditória e uma experiência ambígua.

Mas não é apenas no distanciamento que separa a voz viva da escrita que se indica a complementaridade entre as infelicidades da fala e as dificuldades da teoria. Ela se mostra, também, na ótica que procura a origem dos mal-entendidos na desmesura de um desejo que, querendo o impossível,

---

20 Ibid., p.444 [ed. bras.: p.385].

A retórica de Rousseau

se fecha no círculo do delírio,[21] e naquela, vizinha, que encontra a razão de todas as ambiguidades num movimento que conduz a linguagem, por um dinamismo extrínseco, a um espaço exterior em que ela não é mais soberana.[22]

É, de fato, o excesso de ambição que, segundo Starobinski, está na origem da decepção de Rousseau; é a utopia de uma comunicação mais que humana que destila a noite da interpretação delirante:

> Por ter querido algo melhor que a comunicação humana convencional, não estaria ele condenado a sofrer a ausência de comunicação? Não se torna ele prisioneiro de uma rede de signos que, em vez de lhe anunciarem o mundo, em vez de lhe revelarem a alma dos outros, o remetem à sua própria angústia ou o trazem de volta a seu passado? Tal parece, de fato, ter sido, para Rousseau, o poder dos signos: em vez de lhe dar acesso ao mundo, foram (como, para Narciso, a superfície do espelho) o instrumento através do qual o eu se torna escravo de seu próprio reflexo.[23]

O perigo ao qual Rousseau se expõe, e que acaba por perdê-lo, seria, então, de ordem pré-linguística, e o mal-entendido não estaria inscrito na rede da linguagem e da sociedade, na trama da intersubjetividade. O muro que acaba por interpor-se entre Rousseau e os outros, que faz dele um exilado sobre o planeta, teria seu fundamento numa relação mal centrada entre Rousseau e Jean-Jacques: a angústia, o relacionamento com o corpo e a infância, um mau uso da doença estão na origem das infelicidades da expressão. O desejo insensato de colar no imediato, a vontade de transparência absoluta o obrigam, diante do menor obstáculo, a passar da euforia à depressão e a mergulhar na noite da interpretação delirante.

Essa leitura percorre os escritos de Rousseau pelos caminhos que desenham as categorias de uma psicanálise ou de uma fenomenologia existencial: pressupõe-se a continuidade entre a expressividade do corpo-

---

21 Starobinski, *Jean-Jacques Rousseau, la transparence et l'obstacle*, op. cit., cap. VI.
22 Ibid., p.199 [ed. bras.: p.173].
23 Ibid., p.200 [ed. bras.: p.174].

-próprio e a estrutura da linguagem, faz-se do mundo percebido o último horizonte de toda significação. No entrelaçamento entre o corpo-próprio e o mundo percebido, o futuro, todo o destino da linguagem já está inscrito. A concepção da linguagem em Rousseau é, deste modo, apenas a expressão segunda de um drama primeiro que já foi representado na intimidade do corpo, lá onde se entrelaçam o desejo e a percepção. Esse drama tem uma face radiosa quando o corpo quase se identifica com a alma da qual ele é, ao mesmo tempo, a prisão e a única janela. Neste caso, nenhum suplemento é necessário, o suporte supre o que ele suporta, a palavra se eclipsa para dar lugar à eloquência dos signos corporais do sentimento:

> Ficar comovido e manifestar a emoção é uma coisa só. Então não é mais necessário alienar o sentimento em uma palavra que o trairá. Tudo permanece no nível do corpo, mas o corpo deixou de ser um obstáculo, não é mais uma opacidade interposta: por seu movimento, seu estremecimento, seu prazer, ele é significado em toda sua extensão.[24]

Mas são as mesmas categorias que indicam, sob a face radiosa, e como seu *outro* necessário, uma face de sombra: Rousseau ignora, na gênese do sentido, a parte da liberdade e da interpretação. E o que ele ignora – no nível pré-reflexivo da experiência vivida –, quer dizer, *a escolha*, o projeto pelo qual a consciência recorta a continuidade do "em si", acaba se virando contra ele, pelo próprio fato de ser reprimido: "No contato com o Mundo, Rousseau interpreta instantaneamente, mas não quer saber que interpretou".[25] A palavra *alienação* toma, aqui, todos seus sentidos: é através de uma liberdade que se ignora e que atribui ao objeto a origem do sentido que ela lhe confere, é desta alienação que se nutre o delírio de Rousseau. Poderíamos falar, aqui, de um retorno do reprimido: o desejo de suprimir toda mediação (toda linguagem, tudo o que faz o trabalho do *inter*) dá lugar a uma retomada da *inter*pretação, mas sob uma forma selvagem. De um lado, o desejo quer a transparência; de outro – são gêmeos –, o medo e

---

24 Ibid., p.167 [ed. bras.: p.146].
25 Ibid., p.188 [ed. bras.: p.163].

a angústia chamam as trevas; seguindo a inclinação do desejo, a voz quer ser pura expressão, mas, seguindo a da angústia, ela se quebra, em sua própria intimidade, contra o silêncio, obstáculo incontornável.

A energia da voz

O que há de comum a todas essas leituras, para além da diversidade das categorias mobilizadas, é a escolha de situar o problema da linguagem, em Rousseau, num campo aberto pela tensão que opõe o desejo à presença que o suprimiria ao satisfazê-lo. Neste horizonte, a linguagem deve, necessariamente, oscilar entre o polo positivo da expressão perfeita e muda da subjetividade e o polo negativo da proliferação dos signos maléficos e indecifráveis; entre o sistema Vigilância-Signos e o universo do olhar e da expressão, para utilizar a linguagem de Michel Foucault.[26] De um lado a expressão imediata, o gozo da presença confirmaria, em sua forma mais pura, a tese central de *As palavras e as coisas*: "A existência da linguagem na idade clássica é, ao mesmo tempo, soberana e discreta".[27]

A discrição da linguagem – o fato de ser apenas o ínfimo distanciamento em relação à presença que torna possível seu *redobramento* dentro de representação – chegaria, em Rousseau, a um apagamento quase total. Seguindo a análise de Foucault, vemos que toda experiência clássica da linguagem gira em torno da função régia do nome; a análise gramatical, neste horizonte, permite, ao mesmo tempo, o estabelecimento das normas de bom uso da linguagem e o estabelecimento dos princípios que governam sua verdade; ela reúne a norma e o fato, o conhecimento e a reforma possível pelo efeito da dominação da representação. Esse nominalismo, com efeito, suspeita dos nomes gerais e implica toda uma polêmica contra o mau uso da linguagem. Mas é sempre generoso em relação às palavras e, de todos os lados, de Malebranche a Hume, de Berkeley a Condillac, mantém-se idêntico a si mesmo: "A grande utopia de uma linguagem perfeitamente transparente,

---

26 Foucault, "Introduction", in *Rousseau juge de Jean-Jacques*, op. cit.

27 Id., *Les Mots et les choses*, p.92 [ed. bras.: *As palavras e as coisas*, p.107].

O perigo intrínseco

em que as coisas, elas mesmas, seriam nomeadas sem interferência".[28] A utopia desta língua perfeita que diria, a partir de noções elementares, simples e primeiras, a verdade de toda experiência, seria o complemento de uma outra utopia, aquela que sonha com uma linguagem tão pouco refletida, tão pouco construída e tão natural, que poderia exprimir a interioridade da consciência tão imediatamente quanto o rosto trai, através de signos naturais, o curso da emoção: "É com essa linguagem, feita de signos imediatos, que Rousseau sonhou no primeiro de seus *Diálogos*".[29]

Mas, por outro lado e desta mesma perspectiva, é preciso explicar a "interferência" catastrófica que impede o livre curso da sinceridade na confissão de Rousseau: resta apenas, então, a possibilidade de explicar essa interferência como o efeito de um deslocamento que arranca a linguagem do domínio de sua realeza, que a desnatura ao desenraizá-la de seu solo natal. A fraqueza da voz, a possibilidade de seu sufocamento não estaria inscrita na própria natureza da linguagem, sempre inocente e discreta. É na intervenção da exterioridade que M. Foucault vê a origem da estrutura dos *Diálogos* e do novo estilo de escrita que implicam, da conversão da linearidade da expressão (as *Confissões*) à verticalidade de uma escrita "harmônica". Se a forma da escrita muda deste modo e se volta contra si mesma, se passamos da continuidade horizontal da sinceridade à estratigrafia vertical em que a inocência se tornou problemática, é porque já abandonamos o campo em que a linguagem é soberana:

> Mas aí, precisamente, no entroncamento das sinceridades, nesta abertura primeira da linguagem, nasce o perigo; sem texto, a fala é propagada, deformada, infinitamente travestida, e maldosamente torcida (como o foi a confissão das crianças abandonadas); escrito, o discurso é reproduzido, alterado, sua paternidade é posta em questão; os livreiros vendem provas ruins; circulam falsas atribuições. A linguagem não é mais soberana em seu espaço.[30]

---

28 Ibid., p.133 [ed. bras.: p.165].
29 Ibid., p.133 [ed. bras.: p.166].
30 Id., "Introduction", in: *Rousseau juge de Jean-Jacques*, op. cit., p.VIII-IX.

A retórica de Rousseau

A angústia de Rousseau, assim, é devida apenas a um perigo essencialmente extrínseco, pois surge apenas no momento da reprodução *material* de sua palavra, no momento em que o discurso pode ser deformado por obra de outrem, como se na intimidade primeira do enunciado estivesse ao abrigo de todo perigo. O acontecimento, a história, a contingência das formações sociais; esse domínio insignificante em que "se desdobram em suas fantasias os hábitos de cada povo",[31] tal seria o elemento do mal-entendido que enclausura Rousseau em sua obra e que a fecha a seus contemporâneos. Que outra origem encontrar para o equívoco no panorama da linguística otimista da idade clássica?

Desejo, presença junto a si, transparência da representação – é, então, o espaçamento destes três pontos, destes três polos sempre idênticos, que define o horizonte no qual se entrecruzam estas diferentes leituras, em que podem amparar-se mutuamente, em detrimento das divergências conceituais. Seja a linguística de Rousseau ordenada a uma fenomenologia do corpo próprio, à análise da representação na *episteme* clássica ou, ainda, ao logocentrismo intrínseco à metafísica, Rousseau é sempre compreensível pelo que o precede ou pelo que o sucede. Estes três polos se respondem: a pulsão e o regime do desejo, a ordem analítica da Gramática, a presença da fala junto a si permitem, por uma secreta cumplicidade, a mesma descrição com linguagens diferentes. Nos três casos, este triângulo primitivo se desdobra, projeta sobre si sua própria sombra, seu perfil invertido: na evidência de uma análise da linguagem que não segue, mesmo que a contragosto, a tendência para a continuidade e a harmonia, é preciso pintar seu antirretrato, reconhecer a espessura do negativo. O malogro, o mau silêncio, aquele que não é acompanhado de qualquer gozo, a necessidade contraditória de um suplemento, inscrevem outros pontos, três outros polos que se projetam sobre os primeiros. Silêncio, violência, mentira, esta negra trindade superposta à primeira, desenham uma estrela de seis pontas em que todas as ambiguidades são possíveis. Nessa estrela fazem eco recíproco a linearidade de uma linguagem melódica e a necessidade de seu desvio harmônico, o

---

31 Id., *Les Mots et les choses*, op. cit., p.116 [ed. bras.: p.142].

O *perigo intrínseco*

desejo da transparência e a necessidade de opacidade, a plenitude da voz e a necessidade de sua alienação num meio de exterioridade. No interior dessa estrela, a teoria e a experiência da linguagem não podem encontrar repouso algum, oscilam entre a utopia e a depressão, passam, incessantemente, da mais pura inocência ao mais grave dos perigos.

A leitura pode, no entanto, seguir um outro caminho e mostrar a *continuidade* entre a teoria e o uso da linguagem nas obras literárias e políticas, a coerência de uma "linguística" que só aparece como contraditória pelo fato de ser pensada segundo uma conceitualidade que não é a que produz ao se produzir. Hölderlin, leitor de Rousseau, nos aproxima, talvez, do coração dessa teoria quando – para além dos dualismos que opõem a linguagem à força, a inocência aos perigos – descobre, na própria essência da linguagem, a dupla determinação que faz dela, ao mesmo tempo, o mais perigoso dos bens e o mais inocente dos jogos. A originalidade de Rousseau não estaria, justamente, em descobrir, antes de muitos outros, este laço interno entre linguagem e violência?

A descoberta de um perigo intrínseco ao exercício da linguagem (e não mais a inconsciência de uma lacuna, o recalque de uma contradição), a articulação não contraditória, explicitamente visada e conceitualmente dominada entre a inocência e o perigo, entre força e linguagem, pode assim fornecer o fio condutor de uma nova leitura de Rousseau. Essa leitura apaga a primazia do triângulo *desejo-representação-presença junto a si* e o subordina ao triângulo em que se entrecruzam as noções de *força, imitação* e *interpretação*. Nossa tarefa é justamente mostrar a pertinência deste sistema de referência na leitura de Rousseau. A ideia de desejo poderia, assim, ser tirada do contexto que lhe foi dado por uma filosofia da consciência e ser recolocada no campo anônimo e pré-subjetivo do *jogo das forças* na Ordem da Natureza. Este deslocamento dá à teoria da linguagem um centro de gravidade que se situa além do universo bidimensional da representação e mostra o papel central que desempenha, em sua economia, a ideia de *interpretação*. São dois os gestos teóricos que definem o horizonte da ideia de interpretação: a escolha da música – linguagem indireta por excelência – como paradigma de toda linguagem e o questionamento da comunicação por uma reflexão sobre as condições da *inter*subjetividade. Mas, com a obliquidade essencial da linguagem, assim reconhecida, é o quadro da *episteme* clássica que sofre implosão: a destruição da concepção lógico-gramatical da linguagem tem, de fato, muitos ecos no campo do pensamento. A ideia de interpretação, assim fundada, repercute imediatamente – passando da perspectiva do receptor à do emissor – na ideia de *imitação*: a imitação, nas línguas como na música, liberta-se do paradigma pictórico, do império do olhar, e corta toda ligação com a ideia de representação.

Nessa passagem da indicação para a interpretação, da pintura para a música, é como se o pensamento de Rousseau já iniciasse a transgressão do horizonte descrito por Gilles Deleuze sob o nome de *Image de la Pensée* e anunciasse o fim do teatro da representação. Rousseau não é Nietzsche, é claro, mas é certo que uma continuidade liga as duas iniciativas críticas. Rousseau é sempre fiel à vocação moral da *Filosofia* e sua crítica da Filosofia é feita em nome da moral. Mas não deixa de ser verdade que, no esforço de justificar a moral e de criticar a filosofia, ele indica a anterioridade da escolha moral à decisão teórica. Com esta crítica, pela primeira vez na história, a vontade de verdade é, deste modo, relativizada: não é mais *por natureza* que o homem quer saber, essa vontade pode ser o objeto de um julgamento e de uma crítica. Com a primeira frase da *Metafísica* de Aristóteles, com a crítica da visão, é o subsolo da verdade que é trazido à luz da reflexão. Rousseau nunca ultrapassa o horizonte da *eudoxia* ou da *ortodoxia*, mas já indica que, sob a vontade de verdade, amiúde desponta uma outra vontade: a vontade de poder.

Longe de nós a ideia de apresentar, através de seus desvios em relação à norma da Razão Clássica, um retrato "modernista" de Rousseau. Ao contrário, no exame da partilha entre o bom e o mau uso da linguagem, na procura da verdadeira energia da fala, no conflito que descreve entre o Discurso e a Barbárie, Rousseau está tão longe da moderna desqualificação da Retórica quanto de sua recente recuperação, seja no âmbito filosófico-político, seja no âmbito literário. E não é certo que os teóricos modernos da retórica não tenham interesse, para seu próprio benefício, em reler Rousseau. Aqui também, talvez, como no âmbito da antropologia, como o mostrou Lévi-Strauss, Rousseau ainda é Mestre.

O perigo intrínseco

Antes de examinar a unidade da organização retórica do discurso político e das Belas-Letras, a continuidade entre o que chamamos hoje de teoria e de literatura,[32] é natural procurar, na teoria da linguagem, o fundamento e a justificação filosófica desta forma particular de organizar os argumentos.

---

32 Cf. a conclusão do ensaio de Althusser, "Sur le Contrat Social", *Cahiers pour l'Analyse*, Paris, n.8, 1967, em que o malogro teórico de Rousseau é descrito como simétrico a seu êxito "literário": "Se não resta mais qualquer Deslocamento [*Décalage*] possível (já que não serviria mais para nada na ordem teórica que viveu apenas destes Deslocamentos, expulsando para [a] frente seus problemas em sua solução até o encontro do problema real, insolúvel), resta, no entanto, um recurso, mas de outra natureza: uma *transferência* da impossível solução teórica para o outro da teoria, a literatura". Daremos, em outro lugar, as razões que nos impedem de concordar com esta oposição e com a descrição da literatura como o *outro* da teoria, pelo menos no universo do pensamento de Rousseau, senão em toda a Idade Clássica.

II
A força da linguagem

Existem mais linguagens do que se imagina.

F. Nietzsche[1]

A diferença na linguagem

"Para os gramáticos, a arte da palavra quase se esgota na arte da escrita, o que se vê ainda mais pelo uso que fazem dos acentos, muitos dos quais fazem alguma distinção ou evitam algum equívoco para os olhos mas não para os ouvidos."[2] Neste texto Rousseau nos sugere que, para ler bem, é preciso prestar ouvidos à voz original, adivinhar as diferenças de acento que a articulam e que se tornaram imperceptíveis no espaço homogêneo da escrita. Na leitura, o olho treinado do Gramático ou do Lógico deve subordinar-se a um ouvido atento à melodia que dá vida aos signos: estar surdo à modulação da voz significa estar cego às modalidades do sentido. Na oposição que o texto faz entre a arte de falar e a arte de escrever, podemos encontrar não apenas as razões da desqualificação da concepção gramatical da linguagem, mas também a indicação do estatuto que Rousseau confere à linguagem. O que é importante notar aqui é que a oposição entre

---

1 Nietzsche, *La Volonté de puissance*, p.46 (I, § 52).
2 *O.C.* II, "Prononciation", in: *Mélanges de littérature et de morale*, p.1252.

A força da linguagem

falar e escrever não se funda mais na oposição entre *presença* e *ausência*: não é a ausência do sujeito falante que desqualifica a escrita, mas a atonia ou a homogeneidade dos signos visuais. Se a essência da linguagem escapa à Gramática, é porque esta desdobra a linguagem num elemento essencialmente homogêneo. A força da linguagem reside, para uma perspectiva oposta à da gramática, na subordinação da diferença de grau à diferença de qualidade, da clareza intelectual à *qualidade moral*.

É esta ideia da *força* da linguagem que podemos aprofundar pela leitura das primeiras páginas dos *Diálogos, Rousseau juiz de Jean-Jacques*: abordada no nível da reflexão livre que acompanha o esforço de autojustificação de Rousseau, esta análise será retomada num nível mais fundamental, na reflexão sistemática pela qual o filósofo dá os princípios de seu pensamento. Este encaminhamento regressivo tem, pelo menos, o interesse de mostrar uma continuidade entre o uso da linguagem pelo escritor e a teoria filosófica, cuja consistência é frequentemente questionada.

O texto que nos interessa está na primeira página dos *Diálogos*:

> *Rousseau* — Que coisas incríveis acabo de descobrir: não me conformo, não me conformarei jamais. Céus! que homem abominável! como ele me fez mal! como vou retalhá-lo! — *Um francês* — Mas notai bem que é o mesmo homem cujas pomposas produções tanto vos encantaram, tanto vos entusiasmaram pelos belos preceitos de virtude que ele aí exibe com tanto fausto. — *Rousseau* — Dizei: tanta força. Sejamos justos mesmo com os perversos. O fausto excita no máximo uma admiração fria e estéril e, com certeza, jamais me encantaria. Escritos que elevam a alma e inflamam o coração merecem outro nome. — *um francês* — Fausto ou força, que importa a palavra se a ideia é sempre a mesma e se esse sublime jargão, disparado pela hipocrisia de uma cabeça exaltada, continua a ser ditado por uma alma de lama? — *Rousseau* — Essa escolha da palavra parece-me menos indiferente que para vós. [...][3]

Estamos diante de uma ficção com intenção demonstrativa, que confere a si mesma esse poder por um sofisticado sistema de desdobramentos. Não

---

3 *O.C.* I, *Rousseau juge de Jean-Jacques*, Premier Dialogue, p.667.

pensamos apenas no desdobramento que faz de Rousseau o juiz de Jean-Jacques, mas também naquele que opõe o "Jean-Jacques, autor de livros" ao "Jean-Jacques responsável pelos crimes". Este sistema de desdobramentos é suscetível de uma interpretação psicológica, mas também pode ser explicado pelas necessidades formais da argumentação. Trata-se, de fato, de montar um aparato que possa demonstrar a inocência de Jean-Jacques, ao mesmo tempo que admite como verdadeira a tese da acusação, em que coloca entre parênteses o âmbito dos *fatos*. Por um lado, de fato, é preciso levar as acusações ao extremo mais hiperbólico:

> Esgotar tudo o que podia ser dito em seu favor [*em favor dos incitadores do complô – nota de Bento Prado Jr.*] foi o único meio de que dispus para descobrir o que eles dizem de fato, e é o que me empenhei em fazer, pondo do lado deles todos os motivos plausíveis e argumentos especiosos que pude encontrar, e acumulando contra mim todas as acusações imagináveis.[4]

Por outro lado, como o movimento da sinceridade não tem mais livre curso, como o empreendimento dos *Diálogos* nasce do malogro das *Confissões* e, portanto, da verdade exposta aos olhos do público, como *não há testemunho possível*, nenhum *fato* pode servir de apoio à demonstração e só resta mostrar a impossibilidade formal da acusação: "Não se deve disputar contra os fatos; mas convinde que me descreveis aqui um personagem bem singular, que só envenena seus amigos, que só faz livros em favor de seus inimigos e que foge dos homens para fazer-lhes mal".[5] Esta série de oposições é, no fundo, apenas a repetição, em níveis diferentes, de uma primeira oposição, de um primeiro desdobramento que está na origem dos *Diálogos* e cuja estrutura comanda: o distanciamento entre a certeza subjetiva de uma inocência e a "verdade objetiva" (a imagem pública de Rousseau) da culpabilidade. É esse distanciamento escandaloso que é preciso aprofundar ao máximo para chegar a suprimi-lo, é a inclinação da acusação que é preciso seguir a fundo para mostrar seu caráter falacioso. Mas como eliminar o

---

4 Ibid., *Du sujet et de la forme de cet écrit*, p.663.
5 Ibid., Premier Dialogue, p.725.

A força da linguagem

distanciamento, como superpor as figuras que desdobramos – e é agora que voltamos ao texto, ao diálogo inicial entre Rousseau e o Francês –, se não podemos apoiar-nos em fato algum, se a suspeita mais radical confere nulidade à sinceridade de Jean-Jacques, se ninguém pode testemunhar em seu favor sem ser também objeto de suspeita? *É apenas na natureza da linguagem, na qualidade da obra de Jean-Jacques, que a justificação da inocência se torna possível.*

Voltemos ao texto: seu centro, o lugar em volta do qual se organiza sua estrutura, é a pequena objeção soprada por Rousseau: "Dizei: tanta força". Por que escrúpulo Rousseau, que aliás aceita as acusações que o Francês faz a Jean-Jacques, recusa a palavra *fausto*? Este acordo não é definido desde a primeira linha dos *Diálogos*? Ao longo deste texto nada parece afastá-lo do Francês em sua indignação diante da abjeção de Jean-Jacques. Mas, ao opor "Dizei: tanta força", corrige, marca um leve distanciamento em relação aos argumentos do Francês, não mais abraça ou não mais adere rigorosamente ao movimento da acusação. O leitor poderia juntar-se ao interlocutor de Rousseau em sua perplexidade diante de tal objeção: Mas, o quê? Que estranho escrúpulo de linguagem diante desta alma de lama! Se aceitamos a imagem do criminoso, com que direito interromper o justo movimento de ira por um sutil *distinguo* vocabular? E, no entanto, Rousseau quer as duas coisas ao mesmo tempo: quer a indignação diante do criminoso, mas também quer ouvir a diferença entre as palavras. A ira não impede a atenção ao murmúrio e às diferenças da linguagem. Rousseau grita: "Céus! que homem abominável!"; em voz baixa ele acrescenta: "Dizei: tanta força". Esta diferença de tom nos conduz ao essencial, ao que escapa ao Francês, ao critério ao mesmo tempo linguístico e moral que começa a esboçar-se no espaço aberto pelo leve distanciamento de Rousseau. Começamos a ver que há mais profundidade nesta pequena diferença, nesta ruga quase imperceptível na superfície da primeira página dos *Diálogos*: a diferença entre Rousseau e o Francês, entre a força e o fausto, entre o grito e o murmúrio.

O próprio lugar do texto, sua natureza liminar, tudo enfim nos convida a levar a sério essa diferença. É, de fato, em volta dela que gira não apenas este parágrafo inicial, mas o livro em sua totalidade. O desenrolar dos *Diálogos* nada mais é que o aprofundamento progressivo desta fissura e a conclusão está, por assim dizer, inscrita na superfície da primeira página. A verdade do livro, aquela que se dá apenas na última página, na reconciliação entre Rousseau e Jean-Jacques, na conversão do Francês e na supressão de todos os desdobramentos, essa verdade tem sua raiz nessa primeira página. A sutileza da estratégia que comanda a estrutura dos *Diálogos* consiste, justamente, no começo, em conceder tudo à acusação ao mesmo tempo que insinua, desde o princípio e na vertente fácil da concessão, a diferença que permitirá reverter do *contra* ao *a favor* o discurso hiperbólico do acusador.

De fato, se há uma diferença entre força e fausto é porque o criminoso não pode ter escrito estes livros – se a hipérbole prende o homem entre os parênteses da suspeita, deixa intacta a obra na evidência de sua força ou na qualidade de sua linguagem. Uma vez salva a obra, quer dizer, uma vez reconhecida a força de sua linguagem, o autor problemático que ela implica é imediatamente salvo: a condenação total de Jean-Jacques permite uma disjunção entre o autor (e sua obra) e o responsável pelos crimes, que acaba por se revelar insustentável sem a hipótese extrema de um plágio absoluto. Essa disjunção, levada a seu extremo, conduz à consciência do absurdo da única hipótese que poderia dar sentido à ideia de um Jean-Jacques criminoso: a hipótese de uma impostura absoluta e do perfeito anonimato do autor verdadeiro. A acusação só cai por terra quando, entre os extremos que quer reunir, descobrimos a incompatibilidade formal, quando descobrimos que seria verdadeira apenas sob a condição de que Jean-Jacques fosse "um monstro que não pertence à natureza, à verossimilhança e à possibilidade, e formado por partes inaliáveis, incompatíveis, que se excluem mutuamente".[6] Sem o distanciamento entre a força e o fausto jamais a contradição seria tão visível no ato da acusação; a acusação, de fato, começa a mostrar suas contradições e o inverossímil de sua tese quando vemos a dificuldade da superposição entre duas imagens:

> Pretendestes que este mesmo personagem era o mesmo homem que, durante quarenta anos, viveu estimado, benquisto por todo mundo, o autor dos únicos escritos deste século que levam à alma de seus leitores a persuasão que os ditou, e nos quais se sente, ao lê-los, que o amor pela virtude e o zelo pela

---

6 Ibid., p.755.

A força da linguagem

verdade perfazem sua inimitável eloquência. Dizeis que estes livros que tanto me comovem o coração são brincadeiras de um celerado que não sentia nada daquilo que dizia com tanto ardor e veemência, e que escondia, sob um ar de probidade, o veneno com o qual queria infectar seus leitores.[7]

E assim, toda a inocência de Jean-Jacques é dada *ab ovo* na verdade quando Rousseau opõe – "Dizei: tanta força", quando ele impõe, com esta diferença, uma concepção da linguagem como *força moral*.

É, de fato, na linguagem, na sua força como única garantia de moralidade, que Rousseau acha o meio de contrapor-se às iniciativas dos "Messieurs". Examinemos mais de perto esta articulação entre as ideias de força e de moralidade tal como ela se apresenta na abertura dos *Diálogos*, sob a condição de retomá-la, a seguir, num nível mais sistemático.

Notemos, antes de tudo, que a diferença entre as duas formas de linguagem é determinada menos pela clareza da representação do que pela ação de um tipo de causalidade que escapa ao poder da reflexão. É nesses efeitos que se manifesta a diferença da linguagem: é na alma do leitor, nas afecções que sofre ou que se torna capaz de sofrer, na disposição que nela produz, que se manifesta a primeira oposição. É, de fato, no movimento da alma do leitor que se mostra a força: como a força física, a força dos signos é medida pelo "trabalho" de que é capaz, pela mudança que é capaz de produzir. Existe aí uma metáfora mecânica, mas que não é a única a intervir no texto. Podemos também encontrar, nele, uma metáfora, por assim dizer, "biológica": se a alma se transforma, quando é comovida pela força da linguagem, é porque é levada a atualizar potencialidades de que foi privada, porque foi "fertilizada" e pode "frutificar". A linguagem faustosa produz apenas uma admiração fria e estéril, deixa a alma intacta, seus signos podem indicar-nos o mundo mas não podem jamais mudar a alma. O que a diferença marca é, deste modo, uma diferença que não passa pela relação vertical e direta do signo com o significado, mas pelo relacionamento oblíquo e moral da intersubjetividade.

---

7 Ibid.

É, de fato, a natureza moral desta oposição que Émile Bréhier discute na análise que propõe das primeiras linhas dos *Diálogos*. Nessa análise, é o paralelismo entre Rousseau e Malebranche que está em questão: nos dois casos a antropologia nos oferece a ideia de uma "natureza humana normal", em que a razão conduz espontaneamente à moral: "Se exerço minha razão, se a cultivo, se uso bem as faculdades imediatas que Deus me dá, aprenderei a conhecê-lo por mim mesmo, a amá-lo, a amar suas obras, a querer o bem que ele quer, e a cumprir, por ele, todos meus deveres sobre a terra".[8] Nos dois casos, também, no entanto, essa continuidade entre razão e moralidade desaparece no interior da humanidade "patológica" desviada da Ordem pelos efeitos da História. A razão se torna impotente e não pode mais, por suas próprias forças, abrir caminho e levar à moralidade, devendo ser suprida por uma outra instância, um sentimento real que vem substituir o conhecimento. Nos dois filósofos estaria presente a mesma estrutura:

> Mesma insuficiência do conhecimento puro, mesmo paralelismo entre o sentimento que nos prende a nós mesmos e aquele que nos liga ao Bem universal; e quando Rousseau escreve na *Nova Heloísa*: "Ele nos deu a razão para conhecer o que é bom, a consciência para amá-lo e a liberdade para escolhê-lo. *É nestes dons sublimes que consiste a graça divina*", parece, de fato, fazer eco à "*délectation prévenante*" de que falava Malebranche.[9]

É a partir dessa ideia de "*délectation prévenante*" que E. Bréhier chega a uma interpretação de nosso texto. A frase em questão é aquela que se segue imediatamente à distinção entre fausto e força. Rousseau diz:

> Mas aquele capaz de contemplar a sangue-frio a virtude em toda sua beleza, aquele que sabe descrevê-la com os seus encantos mais tocantes sem ficar comovido por ela, sem se sentir tomado de nenhum amor por ela; um ser como esse, se puder existir, é um perverso incorrigível, um cadáver moral.[10]

---

8 *O.C.* IV, *Émile*, IV, p.625 [ed. bras.: p.419], apud Bréhier, "Les lectures malebranchistes de Rousseau", in: *Études de philosophie moderne*, p.90.

9 Bréhier, op. cit., p.90-1.

10 *O.C.* I, *Rousseau juge de Jean-Jacques*, Premier Dialogue, p.668.

A força da linguagem

É neste texto que se fundamenta Bréhier para dizer que: "Existem, de fato, seres entre os quais o conhecimento do bem persiste mas a consciência é sufocada".[11] Toda a análise repousa, enfim, no pressuposto de que o texto põe em questão o problema do conhecimento racional tornado ineficaz pela perda de laços que o sentimento garante com o Bem numa experiência concreta e vivida.

Não há dúvida de que o texto invoca *também* a diferença entre o sentimento do Bem e sua representação puramente intelectual, mas o *telos* que o anima está em outro lugar. Para começar, notemos que, na passagem do texto a seu comentário, nós passamos também do hipotético ao categórico: à condição "se puder existir", substitui-se a afirmação "existem". Neste texto, como em outros desta natureza, parece que Rousseau toma uma direção exatamente inversa à que lhe atribui Bréhier. É assim que, por exemplo, na *Profissão de fé* (texto também comentado por Bréhier), Rousseau parece admitir a existência de tais "perversos incorrigíveis", embora limite seu provável número: "Mas qualquer que seja o número dos perversos sobre a terra, existem poucas dessas almas cadavéricas, tornadas insensíveis, exceto em seu interesse, a tudo o que é justo e bom".[12] Depois de formulada esta hipótese de uma elite muito restrita e secreta, de irremediáveis perversos, no parágrafo seguinte Rousseau acaba por suprimir a hipótese, ao afirmar categoricamente o contrário:

> Tem-se, por fim, mesmo a contragosto, piedade dos infortunados; sofre-se ao testemunhar sua infelicidade. Até os mais perversos não conseguiriam perder totalmente essa inclinação: muitas vezes ela os coloca em contradição consigo mesmos. O ladrão que rouba os passantes não deixa de cobrir a nudez do pobre, e o mais feroz assassino ampara um homem que cai desmaiado.[13]

Na verdade, nos dois textos, embora com intenções diferentes, o procedimento de Rousseau é formalmente o mesmo. Ele percorre três momentos

---

11 Bréhier, op. cit., p.91.
12 *O.C.* IV, *Émile*, IV, p.596 [ed. bras.: p.388].
13 Ibid., p.597 [ed. bras.: p.389].

lógicos: 1. formulação da hipótese do "cadáver moral", 2. limitação da probabilidade de emergência deste gênero de monstruosidade (se existe, é raro) e 3. reconhecimento da inverossimilhança desta hipótese que acaba por ser recusada.

No texto dos *Diálogos*, de fato, é menos a oposição entre conhecimento e sentimento do bem do que a oposição entre duas formas de linguagem, entre duas formas de expressão relativas ao Bem, que está em jogo. O que se critica é a ideia contraditória de uma linguagem capaz de exprimir a experiência completa do Bem ("que sabe descrevê-la com os seus encantos mais tocantes") sem ter sido beneficiada por essa experiência. A tese essencial é a impossibilidade, para uma "alma de lama", de falar uma linguagem "forte", essa linguagem que pode elevar a alma e reanimar, nos corações, os melhores sentimentos. A alma sem virtude é capaz apenas de uma linguagem quantitativamente diferente, mera elevação de grau que pode provocar uma admiração fria e estéril mas que é incapaz de *encantar*. Aquele que é capaz de pintar os encantos e a beleza do Bem é necessariamente virtuoso — eis o nervo da argumentação de Rousseau — e a diferença da linguagem é, imediatamente, uma diferença moral. E, se Rousseau abre os *Diálogos* com esse texto, é com a esperança de, ao dar uma "lição de leitura", ao mostrar que há mais linguagens do que se imagina, colocar seus acusadores em contradição consigo mesmos, como lhes acontece frequentemente,[14] por uma tendência natural, que a corrupção nunca consegue suprimir completamente, mesmo na mais extrema perversidade. Esta possibilidade, sempre aberta, Rousseau a levanta, aliás, nas *Confissões*, ao comentar o sucesso da *Nova Heloísa* em Paris:

> É singular que este livro tenha tido mais sucesso na França que no resto da Europa, embora os franceses, homens e mulheres, nele não sejam muito bem tratados. Bem ao contrário de minha expectativa, seu menor sucesso foi na Suíça, e o maior, em Paris. Reinam então a amizade, o amor, a virtude mais em Paris que em outro lugar? Certamente não; mas ali reina ainda esse senso sofisticado que transporta o coração diante da imagem dessas coisas e que nos

---

14 Ibid., p.567 [ed. bras.: p.357].

faz amar, nos outros, os sentimentos puros, ternos, honestos que não temos mais. A corrupção, doravante, é em toda parte a mesma: não existem mais nem costumes, nem virtudes na Europa; mas se existe ainda algum amor por eles, é em Paris que devemos procurá-lo.[15]

O conceito de força

A ideia de força tem, então, uma dupla face, pois marca, ao mesmo tempo, uma diferença no nível da linguagem e uma diferença no nível da moral. Mas, em maior profundidade, ela faz a passagem de uma diferença à outra e mostra o laço interno que as unifica. Ora, o que nos interessa sobretudo é esta continuidade e esta identidade que já indicamos sem todavia defini-las de maneira sistemática. Como, de fato, pode constituir-se esta estranha estilística que permite passar da qualidade da linguagem para a qualidade da alma? O exame do mito do mundo ideal, assim como de alguns parágrafos da *Profissão de fé*, pode ajudar a responder [a] esta pergunta.

A presença do mito nos *Diálogos* mostra, de fato, que este texto repete, em seu movimento e em sua lógica, a estrutura dos grandes textos teóricos, a mesma dialética entre a hipótese e o real, entre a origem e a história; é ele, de fato, que permite "num só movimento de pensamento, fundar a inexistência e justificar a existência".[16] A "idealidade" deste mundo, nós sabemos, não tem nada da substancialidade do mundo das ideias de Platão: antes é, como é sempre o caso em Rousseau, um modelo hipotético que permite, pelo próprio distanciamento do real que cria, opor a norma ao fato e a natureza à história. Este mundo *outro* não é um outro *mundo* — ele é o mesmo mundo comum no qual vivemos, mas purificado de todos os sedimentos que a história e uma má sociabilidade depositaram em sua superfície. Deste ponto de vista, o habitante do mundo ideal não tem, epistemologicamente, nenhuma originalidade na galeria dos seres "míticos" que abundam na obra de Rousseau. Como o homem natural do *Discurso sobre*

---

15 *O.C.* I, *Les Confessions*, XI, p.545-6.
16 Foucault, "Introduction", in: *Rousseau juge de Jean-Jacques*, op. cit., p.XV.

a desigualdade, ele é um "fantasma saído da imaginação construtiva"; mas, como ele, esse fantasma se torna *crítico*, pois ele também é uma "hipótese para explicar a evolução da espécie humana; é, para Rousseau, uma maneira de se compreender e de interpretar sua vida".[17]

Mas este mito, se assim repete o movimento constante da reflexão de Rousseau, tem aqui, para nós, o interesse de fazê-lo a respeito da articulação entre a vida moral e sua expressão linguística. A função do mito é a de tornar possível a justificação da inocência de Jean-Jacques; mas, para fazê-lo, deve fundar idealmente a diferença moral e linguística, dar um primeiro horizonte sistemático para a ideia de força. O mito, em seu desenrolar, mostra, de fato, como as diferentes figuras das paixões ou da vida moral devem, necessariamente, exprimir-se através de linguagens diferentes. O mito explica a razão.

O mito é exposto em dois tempos diferentes: 1. a exposição dos princípios de uma "dinâmica" moral e 2. a exposição dos estilos de linguagem determinados pelas diferentes fórmulas dinâmicas. Examinemos primeiro os princípios que comandam o movimento das paixões. Nesse mundo, semelhante ao nosso, mas diferente também, pois mostra mais claramente a ordem que o organiza, pois dá um "espetáculo" mais "sensível", as paixões seguem um caminho diferente do que conhecemos:

> Como aqui [*em nosso mundo*], as paixões são, nele, o móvel de toda ação, mas são ali mais vivas, mais ardentes, ou talvez apenas mais simples e mais puras; e por isso mesmo assumem um caráter totalmente diferente. Todos os primeiros movimentos da natureza são bons e corretos. Eles tendem o mais diretamente possível à nossa conservação e nossa felicidade, mas tão logo lhes falte força para prosseguir em sua direção original através de tanta resistência, eles se deixam defletir por mil obstáculos que, desviando-os do verdadeiro fim, fazem-nos tomar caminhos oblíquos em que o homem esquece sua destinação original. O erro de julgamento, a força dos preconceitos, ajudam muito a nos fazer tomar esse desvio, mas esse efeito provém principalmente da fraqueza

---

17 Groethuysen, *J.-J. Rousseau*, p.16-7.

A força da linguagem

de alma que, seguindo frouxamente o impulso da natureza, é desviada pelo choque com um obstáculo do mesmo modo que uma bola toma a trajetória do ângulo de reflexão, ao passo que aquele que segue mais vigorosamente seu rumo não se desvia, mas, como uma bala de canhão, vence pela força o obstáculo, ou se amortece e tomba ao ir de encontro a ele.[18]

Esse texto esboça um quadro dinâmico das paixões: descreve três formas diferentes de composição entre a força das paixões e os obstáculos que encontra. A força pode vencer seu obstáculo e seguir o caminho esboçado por seu primeiro movimento, mas pode também ser insuficiente e, então, ou é detida, ou é desviada pelo obstáculo. Há uma metáfora "balística" no fundamento desse quadro (como observa Jean Starobinski) e que define os movimentos da alma pelas ideias de força e de direção. Numa nota sobre o texto, R. Osmont[19] dá uma interpretação mais foronômica do que dinâmica desse quadro, ao afirmar que o que decide o destino das paixões é menos sua *força* que sua *direção*. Apoia-se, para afirmá-lo, numa variante em que Rousseau diz:

> Todos os habitantes do mundo ideal têm almas fortes, ou melhor, almas sadias, cuja força, sem ultrapassar talvez a das almas comuns, produz, entretanto, muito mais efeito, porque ela age integralmente ao longo da mesma linha, nada perdendo em direções oblíquas e sempre atingindo, inteira, o mesmo ponto.[20]

Mas, como "todos os primeiros movimentos da natureza são bons e corretos", podemos dizer que a própria distinção entre força e direção é secundária e derivada: é por uma falta de força que a paixão, "seguindo frouxamente o impulso da natureza", deixa-se infletir pelo obstáculo. A paixão que não pode quebrar o obstáculo guarda, como a que o destrói, toda a sua força, enquanto a paixão que se deixa desviar perde, ao mesmo tempo, sua força e sua direção.

---

18 *O.C.* I, *Rousseau juge de Jean-Jacques*, Premier Dialogue, p.668-9.

19 Ibid., p.668, nota 3.

20 Ibid., p.669, variante c.

A retórica de Rousseau

A força não se traduz, então, apenas pelo movimento; também brilha intacta no repouso. Logo, a verdadeira oposição não é aquela que opõe a obliquidade à retidão do movimento: a divisão essencial é aquela que opõe o *movimento forçado ou violento* ao movimento ou repouso *natural*. A "balística" de Rousseau remete, assim, menos a uma teoria do "*élan*", como aquela de Bergson (que, no entanto, também utiliza metáforas "balísticas"), do que a uma teoria como a do movimento local em Aristóteles. Na distinção entre o natural e o forçado, entre a linha reta da natureza e a linha oblíqua da perversidade, esboça-se a distinção essencial que opõe *força* a *violência*, distinção que tem prolongamentos tanto no âmbito da teoria moral como na teoria da linguagem.

Essa divisão entre força e violência, entre a espontaneidade da paixão e a violência das coisas, é estabelecida apenas para fundamentar – na segunda etapa do mito – uma outra divisão no nível da linguagem. O campo em que as forças se diferenciam é evocado, aqui, apenas como fundo sobre o qual se pode compreender o distanciamento que separa duas formas de linguagem, a diferença entre *força* e *fausto*:

> Seres tão singularmente constituídos devem, necessariamente, exprimir-se de maneira diferente da dos homens ordinários. É impossível que, com almas tão diferentemente modificadas, não tragam na expressão de seus sentimentos e de suas ideias a marca dessas modificações. Se essa marca escapa àqueles que não têm nenhuma ideia dessa maneira de ser, ela não pode escapar àqueles que a conhecem e que são afetados, eles próprios, por ela. É um signo característico pelo qual os iniciados se reconhecem entre si, e o que confere um alto valor a esse signo, tão pouco conhecido e menos ainda empregado, é que ele não pode ser simulado, que só age no nível de sua fonte, e que, quando não parte do coração daqueles que o imitam, não chega tampouco aos corações feitos para distingui-lo; mas assim que os alcança, não é possível enganar-se: ele é verdadeiro tão logo é sentido.[21]

Ao estabelecer o paralelismo necessário entre "constituição" e forma de expressão, este texto mostra como a linguagem se diversifica, em sua

---

21 Ibid., p.672.

A força da linguagem

realidade própria, repetindo as diferentes formas da dinâmica das paixões, como é em seu próprio coração que se instala a diferença de qualidade. O perigo que a ameaça, a falha no coração do diamante está inscrito na própria natureza da linguagem, que não pode jamais ser considerada como um meio homogêneo e neutro. Compreendemos assim que a reprodução da palavra, no ambiente exterior da escrita, ou seu deslocamento fora do "espaço" da soberania da linguagem, não é a única nem a primeira forma de perigo que ameaça sua plenitude. Na aurora de sua vida, desde o grau zero da palavra, pelo fato de exprimir um jogo de forças em que o sistema dos obstáculos está sempre presente, a linguagem já está em perigo. Mas é pela mesma razão que se explica a força da linguagem: e é este o assunto essencial do texto que acabamos de citar. O que caracteriza, de fato, a linguagem dos iniciados é, por assim dizer, o automatismo espiritual que desencadeia: a verdade dessa linguagem é *index sui* e se impõe de forma necessária às almas bem formadas. Mas por que essa linguagem quase mítica, por que a expressão "iniciado"? Não podemos esquecer a vocação *dialética* do mito, que é introduzido, no texto, pela seguinte observação: "Eu me explicarei; mas isto será tomar o cuidado mais inútil ou o mais supérfluo; pois tudo que vos direi só poderia ser compreendido por aqueles a quem não é necessário dizê-lo".[22] Trata-se então, para Rousseau, na exposição do mito, de fazer um esforço de *tradução*. Uma linha separa, de fato, duas formas diferentes de linguagem; Rousseau e o Francês são separados por essa mesma linha. O mito tem, assim, a mesma função que lhe atribui a dialética de Platão; ele também é uma maneira indireta e sensível de fazer o interlocutor *ultrapassar a linha*, de convertê-lo a um outro mundo – embora não se trate mais do mundo das ideias, mas do mundo da linguagem enérgica.

O mito do mundo ideal não é, na descrição que oferece da linguagem privilegiada dos "iniciados", a manifestação de um sonho ou de uma utopia irrealizável; expõe, ao contrário, princípios, esquemas ideais, sem os quais é impossível compreender o movimento real da linguagem, as diferenças que a atravessam e que definem sua estrutura. Esta exposição dos princípios da força da linguagem é, no entanto, por sua natureza "didática"

---

22 Ibid., p.668.

ou mitológica, incompleta do ponto de vista puramente conceitual. Só pode esclarecer-se totalmente sobre o fundo da exposição dos primeiros princípios da Filosofia de Rousseau, em que a ideia de força é fundamentada conceitualmente.

É na *Profissão de fé* que podemos encontrar o fundamento primeiro do conceito de força, a raiz que permite unificar os diversos sentidos que esta palavra recebe no vocabulário de Rousseau. É na axiomática do Vigário (nos níveis sucessivos da Psicologia, da Cosmologia e da Teologia, no movimento regressivo, que conduz da análise do eu à ideia de Deus e da Ordem) que esse conceito é construído de maneira sistemática: dá, desta forma, o fundamento do mundo moral e fornece um dos eixos essenciais da teoria da linguagem. Ao seguir este caminho tortuoso que nos conduz dos *Diálogos* à *Profissão de fé*, seguimos, de certa maneira, para a análise da teoria da linguagem, o conselho que dá Michèle Duchet para a leitura do *Ensaio*; seria preciso "ler o *Ensaio* de trás para [a] frente, partindo do capítulo XV, em que Rousseau ataca os filósofos que se esforçam em 'materializar todas as operações da alma, e retirar toda moralidade dos sentimentos humanos'".[23] É, de fato, na *Profissão* que é preciso culminar nossa análise regressiva que partiu da diferença entre força e fausto; é nesta axiomática que se opera, de maneira radical, a crítica da "materialização" das operações da alma.

É a oposição entre as ideias de *atividade* e de *passividade* que serve de instrumento e de fio condutor na montagem deste *"effrayant appareil de philosophie"*, tornado necessário pelo esquecimento da linguagem simples e direta da natureza, pela perda deste "guia mais seguro".[24] A oposição entre atividade e passividade está, de fato, presente ao longo de todo este itinerário, ao mesmo tempo regressivo e progressivo, que nos conduz da alma a Deus, para regressar ao homem e para determinar seu lugar na Ordem da Natureza.

A primeira verdade da metafísica exposta na *Profissão de fé* é dada pela evidência da passividade da sensação: "Eu existo e tenho sentidos pelos

---

23 Duchet & Launay, "Synchronie et diachronie: l'*Essai sur l'origine des langues* et le second *Discours*", *Revue Internationale de Philosophie*, Bruxelles, n.82, 1967, p.441. Referência a *O.C.* V, *Essai sur l'origine des langues*, XV, p.419 [ed. bras.: p.161].

24 *O.C.* IV, *Émile*, IV, p.601 [ed. bras.: p.393].

quais sou afetado".[25] Mas a reflexão sobre essa primeira verdade, que coloca a existência do eu sem lhe determinar completamente a natureza, permite imediatamente, também, determinar a existência de uma coisa exterior ao eu:

> Minhas sensações ocorrem em mim, pois elas me fazem sentir minha existência, mas sua causa me é estranha, já que me afetam mesmo que não as queira e não depende de mim produzi-las, nem aniquilá-las. Concebo, então, claramente que minha sensação, que sou eu, e sua causa ou seu objeto que está fora de mim, não são a mesma coisa.[26]

Em sua aparente pobreza, a primeira verdade permite assim fazer a economia de toda uma dialética, as intermináveis "disputas entre idealistas e materialistas".

O mesmo esquema comanda o procedimento que segue: a inspeção das operações da alma mostra, na *comparação* entre as sensações de que a alma tem o poder, a existência de uma "força ativa" que ignorávamos até então. Na comparação, com o julgamento, a relação entre o eu e o mundo se inverte e a atividade passa do polo objetivo ao polo subjetivo. A divisão que separava, no nível da sensação, o eu das coisas, se reproduz no interior do eu onde passam a opor-se uma faculdade ativa e uma faculdade passiva:

> Qualquer que seja o nome que se dê a esta força de meu espírito que aproxima e compara minhas sensações; quer a chamemos atenção, meditação, reflexão, ou como se queira; é sempre verdadeiro que ela está em mim e não nas coisas, que sou eu apenas que a produz, embora só a produza por ocasião da impressão que os objetos fazem sobre mim. Sem ser livre para sentir ou não sentir, sou-o para examinar em maior ou menor grau o que sinto.[27]

Com esses dois gestos cumpre-se a primeira etapa da construção da axiomática: uma vez bem determinada a natureza do eu, podemos pas-

---

25 Ibid., p.570 [ed. bras.: p.361].
26 Ibid., p.571 [ed. bras.: p.361].
27 Ibid., p.573 [ed. bras.: p.363].

sar ao exame do mundo exterior. E é ainda pela oposição entre atividade e passividade que a reflexão sobre o movimento vai fundar o primeiro "dogma" do Vigário, quer dizer, a tese segundo a qual "uma vontade move o universo e anima a natureza".[28] Essa tese se funda primeiro na análise da própria ideia de matéria e da determinação das qualidades que lhe são "inseparáveis": dessa análise decorre que tanto o movimento quanto o repouso não lhe são essenciais. Por outro lado, estabelecemos a existência de dois tipos diferentes de movimento: os que são *comunicados* e os que são *espontâneos*. Se assim é, o movimento, que atravessa a matéria, deve sempre ser comunicado, e todo movimento indica, necessariamente, uma instância que não é material. Indiferente ao movimento como ao repouso, quer dizer, essencialmente passiva, a matéria só pode estar em movimento através da eficácia de uma força não material:

> As primeiras causas do movimento não estão na matéria; esta recebe o movimento e o transmite, mas não o produz. Quanto mais observo a ação e a reação das forças da natureza ao agir umas sobre as outras, mais verifico que, de efeitos a efeitos, é preciso sempre remontar a alguma vontade enquanto primeira causa, pois supor um progresso das causas levado ao infinito é, simplesmente, nada supor. Em duas palavras, todo movimento que não é produzido por outro só pode provir de um ato espontâneo, voluntário; os corpos inanimados agem apenas por meio do movimento e não há verdadeira ação sem vontade.[29]

O Vigário reconhece que a necessidade que o obriga, diante do fenômeno do movimento, a afirmar a existência de uma força imaterial não é inteiramente transparente ao entendimento. Sabe que o movimento não pode ser explicado de outra forma, sem no entanto poder explicar como se opera esta comunicação entre o espírito e a matéria, como uma vontade pode produzir "uma ação física e corporal".[30] Mas, se este dogma é tão

---

28 Ibid., p.576 [ed. bras.: p.367].
29 Ibid. [ed. bras.: p.366].
30 Ibid. [ed. bras.: p.367].

A força da linguagem

"obscuro", não é menos imposto pela reflexão e não encontra obstáculo, seja no nível da observação, seja no nível da razão pura; o *onus probandi* é então transferido para o campo dos adversários: "Pode-se dizer o mesmo do materialismo?".[31] Mesmo se este dogma implica uma indubitável obscuridade, não implica qualquer inverossimilhança, como a que afeta o dogma do materialismo: como dar conta, sem se perder na conversa fiada da metafísica e das ideias gerais e abstratas, da "harmonia do universo" pela "confluência fortuita dos elementos"?[32] A necessidade da causa imaterial, associada à evidência da ordem dos movimentos, obriga a reconhecer, para além da vontade que as anima, um entendimento que as ordena: "Se a matéria movida me mostra uma vontade, a matéria movida segundo certas leis mostra-me uma inteligência: este é o meu segundo artigo de fé".[33]

No movimento regressivo que nos conduz, assim, da análise desarmada do sujeito, através da análise da matéria e do movimento, à evidência de uma causa primeira em que se associam uma vontade e um entendimento sem limite, podemos finalmente dar nome a esta força ou a este poder primeiro: "Este ser, que quer e que pode, este ser ativo por si mesmo, este ser, enfim, seja quem for, que move o universo e ordena todas as coisas, eu o chamo Deus".[34] Depois de ter, assim, percorrido regressivamente, e pelo jogo constante da oposição entre as noções de atividade e de passividade, até a atividade pura de Deus ("este ser ativo por si mesmo"), o Vigário pode voltar ao homem e definir sua natureza e seu lugar na ordem geral da Natureza. Esse lugar, também, será determinado por uma forma particular de combinação entre atividade e passividade, uma duplicidade que faz sua desgraça, mas que lhe assegura também, na natureza, um lugar privilegiado: "É verdade, portanto, que o homem é o rei da Terra".[35] Com a existência de Deus, com a Ordem da Natureza e a liberdade do homem, a consciência está livre dos preconceitos dos fanáticos, guia-se apenas por si mesma, não

---

31 Ibid., p.577 [ed. bras.: p.367].
32 Ibid., p.578 [ed. bras.: p.368].
33 Ibid. [ed. bras.: p.369].
34 Ibid., p.581 [ed. bras.: p.372].
35 Ibid. [ed. bras.: p.373].

tem mais que temer os sofismas daqueles que querem reduzir o homem ao automatismo da matéria e das sensações.

Em sua análise da *Profissão de fé*, H. Gouhier[36] mostra tudo o que o Vigário deve a Descartes, e como é pelo restabelecimento do dualismo cartesiano que Rousseau pode opor-se seja ao sensualismo de Condillac, seja ao materialismo de Diderot. Rousseau, de fato, retoma duas teses essenciais de Descartes concernentes às naturezas da alma e da matéria. De um lado, Rousseau restabelece a oposição cartesiana entre a passividade da representação e a espontaneidade do julgamento; de outro, afirma, novamente, a inércia da matéria e o divórcio essencial entre o móvel e a causa do movimento.

Mas, ao utilizar, assim, os instrumentos do cartesianismo no seu combate contra os Filósofos, Rousseau abre um universo teórico inteiramente novo: o *telos* que anima suas meditações é radicalmente diferente daquele que comandava as *Meditações* de Descartes. Ao desmaterializar a alma e ao purificar a matéria de qualquer "força oculta", os dois filósofos atravessam o mesmo espaço, mas em direções diferentes. A metafísica, num caso, é apenas o meio de tornar possível o conhecimento racional do mundo físico, de fundar uma física geométrica; no outro, abre o domínio da autonomia do mundo *moral*, dá os fundamentos de uma teoria da *força* do espírito.

Se lembramos, brevemente, alguns passos da *Profissão de fé*, não era com o objetivo de reconstituir a lógica deste "assustador aparato de filosofia", mas, justamente, para situar esse ponto no qual Rousseau faz o cartesianismo deslizar para fora de seu domínio, para um uso original de seus argumentos. Embora sua preocupação essencial seja a de mostrar o "cartesianismo" de Rousseau, H. Gouhier não deixa, aliás, de indicar constantemente este deslizamento. Se o Vigário, na construção de sua axiomática, repete ostensivamente as *matérias* da Metafísica de Descartes, ele o faz segundo uma ordem de razões que é radicalmente diferente. Sob a semelhança das teses e dos argumentos, ouvimos a diferença essencial: no ponto de partida, na construção lógica do *cogito*, a diferença já é clara. Assim, a questão da existência da alma não se coloca e não prepara, como

---

36 Gouhier, op. cit., p.49-83.

A força da linguagem

em Descartes, a questão da natureza da alma: é a questão da natureza (quem sou eu?) que abre o itinerário da *Profissão*. Em sua própria fórmula ("Mas quem sou eu? Que direito tenho de julgar as coisas e o que é que determina meus julgamentos?"[37]), mostra-se uma intenção teórica bem diferente da de Descartes. H. Gouhier aponta precisamente o lugar dessa diferença: "Assim 'Quem sou eu?' significa: 'Que posso eu?'". É, então, uma pergunta sobre minha liberdade, e não sobre minha existência, que provoca a volta sobre mim mesmo "[...] e então surge a afirmação: 'Eu existo', mas inseparável do que se segue, constituindo, com ela, uma só frase [...]".[38]

Nesse deslocamento da conceitualidade cartesiana, é toda a filosofia que muda de base e de sentido: o *cogito* não é mais a condição formal, ou transcendental, de todo conhecimento e desliza em direção a um espaço em que a questão essencial não é mais a do Saber mas a do Poder. Mas este deslocamento também abre, e é nisso que ele nos diz respeito aqui, o horizonte último do deslocamento das categorias da concepção gramatical da linguagem. Se o *cogito* não é mais condição de conhecimento, mas questão sobre a liberdade, o mesmo pode ser dito da teoria rousseauniana da linguagem; com a ideia de *força*, com a divisão entre linguagens qualitativamente diferentes, é o próprio ser da linguagem que se afasta do paradigma da análise da representação, passando a ser decifrado como momento do jogo histórico do Poder. A "linguística" de Rousseau se trama ao redor de uma questão nova: qual é o lugar da liberdade na linguagem? É este deslizamento – passagem do horizonte da Gramática ao da Retórica – que passamos a examinar através da análise da substituição, no *Ensaio*, do paradigma pictórico pelo paradigma musical.

---

37 *O.C.* IV, *Émile*, IV, p.570 [ed. bras.: p.361].
38 Gouhier, op. cit., p.68-9.

III
A linguagem indireta ou o paradigma musical

A imitação

Pudemos, assim, remontar da diferença "quase imperceptível", inscrita na primeira página dos *Diálogos*, até os princípios teóricos da *Profissão de fé*: a cumplicidade essencial entre as ideias de *força, moralidade* e *linguagem* permitiu, assim, encontrar uma passagem através do vazio que parecia separar a experiência vivida da fala e a reflexão sistemática. Mas, em nenhum dos textos que examinamos, a linguagem era tomada como tema central; estava presente apenas de maneira marginal, como um argumento, em particular, da apologia de Jean-Jacques. Será necessário, então, abrir o *Ensaio* para definir o campo propriamente linguístico da ideia de força e sua articulação no interior de uma teoria da *imitação* e da *interpretação*.

É no próprio coração do *Ensaio*, no ponto em que se entrecruzam a genealogia das línguas e a genealogia da Música, que vemos emergir o fio condutor destrinchado no capítulo precedente. No seu capítulo XV, em que é demonstrado *como nossas mais vivas sensações agem muitas vezes através de impressões morais*, Rousseau dá as condições sem as quais nenhum conhecimento dos princípios da Música é possível, segundo o mesmo raciocínio que comandava a construção da axiomática do Vigário. O horizonte da teoria da imitação musical também é aberto pelo jogo da oposição entre atividade e passividade e, como na *Profissão de fé*, trata-se – mas no domínio da linguagem agora –

A linguagem indireta ou o paradigma musical

de demonstrar a impossibilidade de uma causalidade puramente física. O grande preconceito, que proibia aos Filósofos o acesso aos princípios da Ordem da Natureza, era a crença em uma causalidade material eficiente, o grande preconceito, que impede o conhecimento dos "verdadeiros princípios da Música",[1] é a crença numa causalidade física dos sons. A música tem, certamente, um poder "físico", como o prova sua capacidade de curar a picada das tarântulas – mas este poder lhe é concedido pela idealidade do *sentido* que o doente é capaz de captar, e não pela materialidade dos *sons*. Com esta distinção entre o sentido e o som, entre uma causalidade ocasional das impressões sensoriais e uma causalidade eficiente das impressões morais, o caminho é aberto em direção aos fundamentos da Música:

> Que aquele, então, que quiser filosofar sobre a força das sensações comece por afastar, das impressões puramente sensuais, as impressões intelectuais e morais que recebemos por meio dos sentidos, mas das quais estes são apenas as causas ocasionais; que evite o erro de dar aos objetos sensíveis um poder que eles não têm ou que recebem das afecções da alma que eles nos representam.[2]

Mas como pode a teoria da Música ajudar na definição de um campo "propriamente linguístico"? Qual é o lugar da música no quadro da teoria da linguagem? Não é necessário discutir todos os problemas que implica a composição e a estrutura do *Ensaio* para poder dizer que o laço que une a genealogia da música à genealogia das línguas é, essencialmente, *interior*. O *Ensaio* não reúne duas "matérias diferentes", não aproxima dois temas diversos, descreve uma gênese única e constitui uma única estrutura. A música ocupa, de fato, um lugar central na economia do *Ensaio*: ela se encontra, ao mesmo tempo, no ponto de partida da gênese ideal e em um dos polos da reflexão sistemática. E é esta presença, nestes dois polos, que dá a originalidade da teoria da linguagem em Rousseau e que o opõe, particularmente, a Condillac. No nível da origem, na identidade entre fala e canto, no nascimento da linguagem explicado pelas paixões, e não pelas

---

1 Especialmente o "objetivismo" de Rameau.
2 *O.C.* V, *Essai sur l'origine des langues*, XV, p.418 [ed. bras.: p.160-1].

necessidades, é a descontinuidade entre a linguagem dos gestos e a fala que é dada, a irredutibilidade do sentido à pura indicação. No nível da reflexão sistemática, no privilégio concedido à melodia, é tanto a gênese quanto a estrutura da linguagem que são ordenadas a um *telos* que não é o da Gramática, essa dimensão "harmônica" da linguagem. Em sua ubiquidade, ao longo do *Ensaio*, a música se apresenta como o *paradigma* segundo o qual a história e a essência da linguagem são pensadas.

É, assim, o exame da música, como paradigma da linguagem, que nos permitirá esboçar os contornos da "linguística" de Rousseau. A teoria da imitação musical fornece o quadro de referência de uma concepção da linguagem como *imitação*. A perda da *força*, a degenerescência e a alteração do canto como a da fala é, também, o produto do esvanecimento da imitação:

> À medida que a língua se aperfeiçoava, a melodia, ao impor a si mesma novas regras, perdia insensivelmente sua antiga energia, e o cálculo dos intervalos substituiu a sutileza das inflexões. É assim, por exemplo, que se aboliu pouco a pouco a prática do gênero enarmônico. Quando os teatros tomaram uma forma regular, neles só se cantava nos modos prescritos; e, à medida que se multiplicavam as regras da imitação, a língua imitativa se enfraquecia.[3]

Força e imitação são, então, inseparáveis: a língua só tem força se é capaz de uma imitação espontânea. Ao dar-se *regras* de imitação, ela se torna incapaz de imitar e se estiola. A ideia de *imitação* é, então, perfeitamente central na teoria de Rousseau: a compreensão dessa teoria não pode se esquivar da questão da essência da imitação.

A definição da imitação musical é feita segundo o procedimento dualista já familiar, por oposição à representação pictórica. Aqui se trata também de mostrar uma diferença qualitativa lá onde o espírito de sistema da Filosofia conhece apenas continuidade e homogeneidade. O capítulo XVI faz a divisão entre música e pintura segundo o critério que opõe o animado ao inanimado, a espontaneidade do movimento à inércia da matéria "morta":

---

3 Ibid., XIX, p.424 [ed. bras.: p.173].

A linguagem indireta ou o paradigma musical

Todas as riquezas do colorido exibem-se simultaneamente sobre a face da terra. No primeiro golpe de vista tudo já se vê, mas quanto mais olhamos, mais nos sentimos encantados. Basta apenas admirar e contemplar incessantemente. Mas não é assim com o som; a natureza não o analisa e não separa seus harmônicos; ao contrário, ela os esconde sob a aparência do uníssono; ou se algumas vezes os separa no canto modulado do homem e no gorjeio de alguns pássaros, ela os apresenta sucessivamente e um após o outro; ela inspira cantos e não acordes, ela dita melodia e não harmonia. As cores são o ornamento dos seres inanimados; toda matéria é colorida, mas os sons anunciam o movimento, a voz anuncia um ser sensível; somente corpos animados cantam.[4]

É no nível de uma teoria da percepção que Rousseau vai buscar o fundamento dessa diferença. A afirmação da analogia entre os sons e as cores — quer dizer, uma concepção que submete a música ao paradigma da pintura — nasce de uma confusão entre uma verdade de razão e uma verdade de sensação. É verdade que, do ponto de vista da pura objetividade física, nada opõe os diversos campos da sensação e que o som é determinado pelo número de vibrações do corpo sonoro, da mesma forma que a cor é determinada pelo ângulo de refração do raio luminoso. Mas a esta explicação objetivista é preciso opor as evidências da experiência da consciência e da heterogeneidade da sensação, uma espécie de "fenomenologia" da percepção:

Que um homem, com a mão apoiada e o olhar fixo em um mesmo objeto, o creia sucessivamente animado e inanimado: que mudança na impressão, ainda que os sentidos sejam afetados da mesma maneira. A rotundidade, a brancura, a firmeza, o suave calor, a resistência elástica, a periódica dilatação, não lhe dão mais que uma sensação tátil suave, mas insípida, se ele não acredita sentir um coração cheio de vida a palpitar e bater por sob tudo aquilo.[5]

---

4 Ibid., XVI, p.419-20 [ed. bras.: p.163-4].
5 Ibid., XV, p.418 [ed. bras.: p.160]. Notar o tom erótico do texto. Starobinski observa que Rousseau "se delicia em evocar os colos". Cf. id., ibid., p.418, nota 3.

A retórica de Rousseau

Nessa teoria "em primeira pessoa", o som se diferencia da cor na sua relação com o tempo: as cores duram, enquanto os sons se esvaem no mesmo instante que vêm ao ser. O fato de que a cor se espalha na simultaneidade do espaço e o som se desenrola no tempo não é sem consequência para a própria natureza de cada domínio sensorial. A cor existe em si mesma, não é modificada por sua relação com as outras cores: "O amarelo é amarelo, independentemente do vermelho e do azul".[6] Os sons, ao contrário, são o que são apenas em suas relações mútuas e no interior de um sistema definido. O estatuto do *quale* não é o mesmo em cada domínio e sua oposição reproduz, rigorosamente, aquela que distingue o ser moral do ser físico, o ser da *coisa* do ser da *relação*, tais como Rousseau os define na *Ideia de método na composição de um livro*.[7] As linguagens respectivas da pintura e da música as

---

6 Ibid., XVI, p.420-1 [ed. bras.: p.165].

7 A distinção entre o campo da visão e o campo da audição tem, no *Ensaio*, apenas um alcance metodológico e remete mais a uma diferença da experiência e da subjetividade do que a uma diferença ontológica. E, no entanto, num outro texto, na *Idée de la méthode dans la composition d'un livre*, é esta mesma oposição que ganha um fundamento ontológico. Ao dar, nesse texto, as regras da composição de um livro, Rousseau mostra como essas regras devem respeitar a especificidade das matérias tratadas: "Gostaria, portanto, de sempre começar minhas discussões pela ordem de provas mais fraca. Há assuntos em que os argumentos mais convincentes se extraem do objeto enquanto tal; as questões físicas são desse tipo. Assim, o conhecimento da natureza das plantas pode certamente ser auxiliado pelo conhecimento do terreno que as produz, dos sucos que as nutrem e de suas virtudes específicas, mas jamais se conhecerá bem sua mecânica e seus princípios motores se elas próprias não forem examinadas, se não se considerar toda a estrutura interior, as fibras, as válvulas, os condutos, a casca, a medula, as folhas, as flores, os frutos, as raízes, em suma, todas as partes que entram em sua composição. Nas pesquisas morais, ao contrário, eu começaria por examinar o pouco que conhecemos do espírito humano considerado em si mesmo e tomado como indivíduo, daí tiraria, de maneira tateante, alguns conhecimentos obscuros e incertos; mas abandonando logo esse tenebroso labirinto, apressar-me-ia a examinar o homem por suas relações, e é daí que tiraria uma multidão de verdades luminosas que fariam logo desaparecer a incerteza dos meus primeiros argumentos, e que seriam ainda iluminados pela comparação" (*O.C.* II, p.1244-5). O texto em questão não tem outra ambição do que a de expor regras de composição literária: é o esboço de uma "retórica" no sentido mais estrito da palavra. Mas essas regras não são puramente literárias: a escolha do estilo e da ordem dos argumentos não é exterior às matérias tratadas e

A linguagem indireta ou o paradigma musical

ao domínio do saber a que pertencem. A forma literária, a ordem da argumentação são determinadas por uma diferença de ordem *epistemológica*. Se um livro de "Física" deve seguir um caminho diferente do de um livro de "Moral" para persuadir mais facilmente, é porque o conhecimento da Natureza física é comandado por uma *razão* diferente da exigida pelo conhecimento da Natureza moral. Mas, mais profundamente ainda, se o método de *exposição* é assim determinado pela *ratio cognoscendi*, o método do conhecimento é, também, determinado pela natureza do ser conhecido, por uma *ratio essendi*.

Sob a aparência da exposição de alguns preceitos puramente literários, o parágrafo em questão esboça uma teoria da diferença ontológica entre o físico e o moral, entre a natureza e a cultura. Essa diferença se estabelece, num primeiro momento, na forma segundo a qual se ordenam o *dentro* e o *fora* no âmbito do ser físico e no âmbito do ser moral. No caso do ser físico − no exemplo trata-se de uma planta −, uma divisão estrita separa o *dentro*, que é essencial, de um *fora*, que é negligenciável. O conhecimento do *em torno* da planta (o terreno em que ela cria raízes, os sucos de que se alimenta etc.) é sempre útil ao conhecimento de sua natureza, sem nunca ser indispensável à determinação de sua "estrutura". A "estrutura" da planta não deve nada ao mundo que a circunda, suas relações com o ambiente exterior não são nunca essenciais. Ao contrário, no âmbito da moral, a relação entre o *dentro* e o *fora* muda de natureza e torna-se, ela mesma, uma *relação de interioridade*: seu "fora" é, na realidade, seu "dentro". "Os argumentos mais convincentes" não podem, no caso do ser moral, ser buscados "no objeto enquanto tal"; "tomado em si mesmo", o espírito humano fornece apenas um mau ponto de partida para o conhecimento. Ao contrário da "Física", a "Moral" deve demorar-se no "terreno" em que se enraíza o espírito, nos "sucos" que o alimentam. À noção de "estrutura" (que toma, aqui, um sentido puramente mecânico e geométrico, como é o caso em todo o século XVIII; ver, a esse respeito, Foucault, *Les Mots et les choses*. Paris: Gallimard, 1966, p.144-50; ed. bras.: p.181-3), opõe-se, assim, a ideia de uma rede em que o indivíduo é reabsorvido por seu "meio": à clareza visual da estrutura, opõe-se a opacidade *histórica* das constelações da intersubjetividade. Num caso, portanto, o objeto guarda, por assim dizer, sua identidade "coisal", o mesmo rosto que ele oferece à percepção e à consciência pré-analítica: é, de fato, a mesma planta que veem o jardineiro e o homem de ciência, mesmo se o ver (*Voir*) não é acompanhado, nos dois casos, pelo mesmo saber (*Sa-voir*). No outro caso, a passagem para o conhecimento implica uma ruptura de esquemas perceptivos e uma destruição da noção corrente de individualidade: lá onde havia um indivíduo, uma "substância", vemos, no momento da análise científica, apenas um ponto de interseção entre várias linhas ou forças, um núcleo, entre outros, de um feixe de relações.

Esta diferença *ontológica* explica, também, a regra metodológica essencial exposta no *Ensaio*: "Para bem apreciar as ações dos homens, é preciso tomá-las em todas as

A retórica de Rousseau

deslocam em direção aos polos opostos da natureza e da cultura – a pintura representa a natureza e se fecha na natureza; a música abre, ao contrário, o universo da humanidade:

> Muitas vezes a pintura é morta e inanimada; ela pode, é verdade, transportar-vos ao fundo de um deserto, mas os signos vocais, tão logo atingem vossos ouvidos, anunciam um ser semelhante a vós; eles são, por assim dizer, os órgãos da alma, e, se são capazes de representar também a solidão, eles vos dizem que nela não estais só. Os pássaros gorjeiam, mas só o homem canta, e não se pode ouvir nem canto nem acompanhamento instrumental sem dizer imediatamente: um outro ser sensível está aqui.[8]

É esta definição da natureza própria da linguagem musical que permite a determinação do conceito de imitação. Num sentido, que não é o mais profundo, a música é imitativa da mesma forma que a pintura, quer dizer, no sentido em que pode evocar imagens ausentes no mundo da percepção. Mas, se a música tem também, nos "quadros" que compõe, uma função representativa, esta função é sempre transgredida em direção ao que poderíamos chamar de "o irrepresentável". Cingido ao universo do visível, o pintor não tem acesso ao invisível, enquanto o músico, através de sua linguagem indireta, é capaz de dar voz até ao silêncio:

> Uma das grandes vantagens do músico é poder pintar as coisas que não se poderia ouvir, ao passo que é impossível ao pintor representar aquelas que não se poderia ver, e o maior prodígio de uma arte que age apenas pelo movimento é o de poder formar até mesmo a imagem do repouso. O sono, a calma da noite, a solidão e o próprio silêncio figuram nas representações musicais. Sabe-se que o ruído pode produzir o efeito do silêncio e o silêncio o efeito do ruído,

---

suas relações..." (*O.C. V, Essai sur l'origine des langues*, XI, p.409; ed. bras.: p.146). Ela dá a essa frase, cujo sentido, de outra maneira, seria apenas banal, uma profundidade que ultrapassa as meras questões de método.

8 *O.C. V, Essai sur l'origine des langues*, XVI, p.421 [ed. bras.: p.165].

como quando adormecemos diante de uma leitura uniforme e monótona, e acordamos no instante em que ela termina.[9]

É assim que o privilégio da música lhe assegura uma universalidade que ignora as artes do espaço: a imitação musical é universal, pois ela subsume a *mimesis* pictórica, sem se proibir de transgredir o visível:

> Mas a música age mais intimamente sobre nós ao excitar por um sentido afecções semelhantes àquelas que se pode excitar por outro, e como a relação só pode ser perceptível se a impressão for forte, a pintura, desprovida dessa força, não pode entregar à música as imitações que esta última extrai dela.[10]

Mas donde vem este poder da música, esta capacidade de ultrapassar, assim, a diferença entre os campos sensoriais, de ignorar a separação entre a audição e a visão, de chegar a um tipo de mimética generalizada? A música retira essa força do afastamento, de que é capaz, em relação à simples representação, de sua independência em relação à passividade do entendimento e da sensação. A essência da imitação musical está na natureza indireta ou oblíqua de sua linguagem:

> Ainda que toda a natureza esteja adormecida, aquele que a contempla não dorme, e a arte do músico consiste em substituir a imagem insensível dos objetos pela dos movimentos que sua presença excita no coração do contemplador. Ele não apenas agitará o mar, animará as chamas de um incêndio, fará correr os riachos, cair a chuva e engrossar as correntes, mas pintará o horror de um deserto amedrontador, escurecerá as paredes de uma prisão subterrânea, acalmará a tempestade, tornará o ar tranquilo e sereno, e espalhará com a orquestra um novo frescor sobre os bosques. *Ele não representará diretamente essas coisas, mas excitará na alma os mesmos sentimentos* que se experimentam ao vê-las.[11]

---

9 Ibid., p.421 [ed. bras.: p.166].

10 Ibid., p.421-2 [ed. bras.: p.166].

11 Ibid., p.422 [ed. bras.: p.166].

É a natureza indireta da imitação que faz a originalidade desta ideia na obra de Rousseau e que lhe confere um aspecto muitas vezes paradoxal. É este caráter paradoxal que sublinha Jacques Derrida, ao descrever a dialética das ideias de natureza e de imitação:

> Em diferentes níveis, a natureza é o solo, o grau inferior: é preciso transpô-lo, excedê-lo, mas também alcançá-lo. É preciso retornar a ele, mas sem anular a diferença. Esta deve ser *quase nula*: a que separa a imitação do que ela imita. É preciso, pela voz, transgredir a natureza animal, selvagem, muda, infante ou gritante; pelo canto transgredir ou modificar a voz. Mas o canto deve imitar os gritos e os lamentos. De onde uma segunda determinação polar da natureza: esta se torna a unidade – como limite ideal – da imitação e do que é imitado, da voz e do canto. Se essa unidade fosse completa, a imitação seria inútil: a unidade da unidade e da diferença seria vivida na imediatez.[12]

É a obliquidade da imitação que fornece a unidade destes dois movimentos contraditórios, na aparência, da linguagem que ultrapassa e excede a natureza, para alcançá-la. Se a imitação deve ultrapassar a natureza para alcançá-la – e aí acreditamos encontrar o "paradoxo" mais profundo da ideia de imitação –, é porque é *apenas pela imitação* que a natureza se mostra e se deixa ver. Invertendo a fórmula de Derrida, poderíamos dizer que a imitação não pode jamais tornar-se inútil pois, sem a obliquidade de seu trabalho, nenhum espetáculo pode acontecer e ser vivenciado no imediato. Ao dizer que o músico "espalhará com a orquestra um novo frescor sobre os bosques", não estaria Rousseau sugerindo que a natureza precisa, de certa maneira, da arte? Se o sopro puramente moral da música parece assim poder agitar as árvores dos bosques, pode-se imaginar que o espetáculo da natureza, este "quadro" que oferece apenas "harmonia e proporções",[13] tenha necessidade da imitação para abrir-se aos olhos dos homens.

---

12 Derrida, *De la Grammatologie*, p.282; [ed. bras.: *Gramatologia*, p.241].
13 *O.C.* IV, *Émile*, IV, p.583 [ed. bras.: p.374].

A linguagem indireta ou o paradigma musical

Essa ideia se torna menos paradoxal se pensamos na crítica da ideia de espetáculo subjacente à teoria da imitação e da linguagem em Rousseau. É significativo, deste ponto de vista, que a perda de energia imitativa da linguagem seja também determinada pelo nascimento do teatro enquanto *gênero* normalizado por um sistema de regras: "Quando os teatros tomaram uma forma regular, neles só se cantava nos modos prescritos; e, à medida que se multiplicavam as regras da imitação, a língua imitativa se enfraquecia".[14] O estabelecimento das normas do espetáculo significa o triunfo do olhar e o nascimento do teatro também é o signo da dominação da representação. Quando Rousseau atribui à linguagem uma natureza essencialmente imitativa, constrói uma noção *não figurativa* da imitação: é no coração do homem, e não diante de seu olhar, que se anima o espetáculo da natureza. É assim que o ato de *mostrar* nunca é simples em Rousseau, mesmo quando parece preceder, em sua mais pura simplicidade, toda forma de discurso. Este é o caso, por exemplo, do Vigário quando aponta com o dedo, do alto da colina, o sublime espetáculo da natureza:

> Estávamos no verão; levantamo-nos ao raiar do dia. Ele levou-me para fora da cidade, para o cimo de uma alta colina sob a qual passava o Pó, cujo curso podíamos ver através das margens férteis por ele banhadas. Ao longe, a imensa cadeia dos Alpes coroava a paisagem. Os raios do sol nascente já varriam as planícies e, projetando sobre os campos com longas sombras as árvores, os outeiros, as casas, enriquecendo com mil efeitos luminosos o mais belo quadro que se pode apresentar ao olho humano. Dir-se-ia que a natureza expunha aos nossos olhos toda sua magnificência para fornecer o texto a nossas conversas. Foi aí que, depois de contemplar silenciosamente por algum tempo esses objetos, o homem de paz me falou assim.[15]

Podemos, de fato, dizer que "a paisagem falou primeiro: a palavra do homem de paz não *demonstrará* nada que já não tenha sido *mostrado* durante

---

14 *O.C.* V, *Essai sur l'origine des langues*, XIX, p.424 [ed. bras.: p.173].
15 *O.C.* IV, *Émile*, IV, p.565 [ed. bras.: p.355].

a contemplação silenciosa que precede seu discurso".[16] Mas no silêncio dessa paisagem, havia mais do que o triângulo que reúne o olho à paisagem pela mediação do sol sensível. O movimento do dedo esconde, na verdade, um movimento mais profundo e de ordem moral pelo qual o espectador atravessa a paisagem sensível em direção à Ordem geral da Natureza, descobre seu lugar na cadeia dos seres, guiado apenas pela luz interior da boa disposição de seu coração, seu único e autêntico sol. É sempre no invisível que se torna possível a visão, é apenas além do representável que se torna possível a representação.

A linguagem é imitativa apenas quando é indireta, quando afeta a alma, a disposição do coração, sem necessariamente representar as coisas que são apenas a ocasião destas afecções. A *força* da linguagem não reside no poder de fornecer imagens das coisas, mas no poder de pôr a alma em movimento, de colocá-la numa disposição que torne visível a ordem da natureza. A linguagem *imita* a natureza quando *colabora* com a ordem, quando restitui, no interior da humanidade, a ordem que seu nascimento tinha contribuído para apagar.

A interpretação

Frequentemente insiste-se, a respeito de Rousseau, no laço que une o *delírio* à *interpretação*. O estilo da interpretação paranoica é certamente visível no comportamento de Jean-Jacques, em suas obsessões, na insistência sobre os temas do complô, na procura sistemática dos signos do cerco. Pode-se, então, dizer que

> Rousseau se recusa a admitir que a significação depende dele e que, em grande parte, seja sua obra. Quer que ela pertença inteiramente à coisa percebida. Não reconhece sua pergunta na resposta que o mundo lhe devolve. Aliena-se da parte de liberdade que existe em cada uma de suas percepções.

---

16 Starobinski, *Jean-Jacques Rousseau, la transparence et l'obstacle*, p.176 [ed. bras.: *Jean--Jacques Rousseau: a transparência e o obstáculo*, p.154].

A linguagem indireta ou o paradigma musical

Tendo feito uma escolha entre os sentidos *possíveis* que lhe anuncia o objeto exterior, atribui essa escolha ao próprio objeto e vê no signo uma intenção peremptória e sem equívoco. Chega a atribuir à coisa uma vontade decisiva, quando a decisão está em seu próprio olhar. *Em contato com o mundo, Rousseau interpreta instantaneamente, mas não quer saber que interpretou.*[17]

Essa verdade psicológica ou existencial, porém, não tem contrapartida no sistema de seu pensamento. Ao contrário, desde o nível mais elementar da percepção, Rousseau faz atuar a liberdade e, com ela, a *interpretação*. Já na sensação – vimos anteriormente –, que jamais é livre de impressões morais, a interpretação está em ação e determina o sentido da experiência do objeto. Se, em seu delírio, Jean-Jacques fica cego à parte da liberdade na constituição do *sentido*, em sua filosofia, Rousseau mostra que nenhum sentido pode colar às sensações sem o exercício do julgamento e, portanto, da liberdade. A constituição da própria ideia de coisa, a superposição dos diversos campos sensoriais que a torna possível, tem como condição a livre interpretação dos dados da passividade, quer dizer, da "comparação". O próprio sentido da palavra *ser*, condição geral de toda significação, só pode nascer da atividade da consciência que dá forma e unidade à dispersão da sensibilidade:

> Perceber é sentir; comparar é julgar; julgar e sentir não são a mesma coisa. Por meio da sensação, os objetos se oferecem a mim separados, isolados, tais como são na natureza; pela comparação, eu os movimento, transporto-os, por assim dizer, coloco-os um sobre o outro para pronunciar-me sobre sua diferença ou sua semelhança e, de maneira geral, sobre todas [as] suas relações. Para mim, a faculdade distintiva do ser ativo ou inteligente é a de poder dar um sentido à palavra *é*. Procuro em vão, no ser puramente sensitivo, essa força inteligente que superpõe e, em seguida, se pronuncia, eu não poderia vê-la em sua natureza. Esse ser passivo sentirá cada objeto separadamente ou, até mesmo, sentirá o objeto total formado pelos dois, mas, não tendo nenhuma força para dobrá-los um sobre o outro, não os comparará jamais, não os julgará.[18]

---

17 Ibid., p.188 [ed. bras.: p.163].

18 *O.C.* IV, *Émile*, IV, p.571-2 [ed. bras.: p.362].

A interpretação, cuja função essencial no campo da percepção acabamos de reconhecer, tem um peso mais importante no campo da decifração dos signos. Na passagem da coisa ao signo, de fato, o espaço da passividade torna-se mais estreito e deixa um campo mais largo, em que a interpretação pode desdobrar-se com uma liberdade bem maior. E esse campo é tanto mais largo quanto a verdade dos signos não é mais dada em suas relações com as coisas significadas. É a mesma obliquidade notada na relação entre o universo da linguagem e o universo real que se reproduz, agora, na mediação que a linguagem estabelece entre as almas: cortando a relação direta da representação, a teoria rousseauniana da linguagem corta, também, a relação direta da *comunicação*. Se a linguagem dá acesso ao "quadro da Natureza" apenas renunciando a figurá-lo diretamente, ela estabelece a comunicação entre as almas apenas renunciando a uma comunicação igualmente *direta*. De um lado, a linguagem *mostra* as coisas apenas ao excitar os sentimentos que *acompanham* a visão do quadro; de outro, ela torna-se comunicativa apenas quando visa a algo de diferente da mera comunicação. A vontade de comunicação está, como a normalização do espetáculo, na origem do enfraquecimento da força imitativa da linguagem. Ela é, de fato, da ordem da necessidade, ela quer mais a *clareza* do que a *energia*; o imperativo que a comanda não é a paixão, o *amai-me*, mas o *ajudai-me*: "Esses dois termos, embora bastante semelhantes, são pronunciados com um tom bem diferente. Nada havia para se fazer sentir, tinha-se tudo para fazer compreender; não se tratava, portanto, de energia, mas de clareza".[19]

Se a linguagem é forte somente quando é imitativa, ela é imitativa somente quando não quer a comunicação antes de qualquer outra coisa, quando exige um esforço de *interpretação*, um esforço em resposta ao pedido *amai-me*. Examinemos primeiro esta ideia de uma linguagem que não é subordinada à vontade de comunicação, para ver, em seguida, em que sentido ela *exige* o trabalho da interpretação.

No prefácio da *Nova Heloísa*, nesse curioso diálogo em que Rousseau se defende, de antemão, das eventuais objeções a seu livro, encontramos uma descrição da linguagem imitativa dos "solitários", essas almas privilegiadas

---

19 *O.C.* V, *Essai sur l'origine des langues*, X, p.408 [ed. bras.: p.142].

que compõem a bela comunidade que o romance descreve, que passa essencialmente pela ausência do projeto de comunicação. Para justificar a linguagem "bizarra" dos personagens do romance, Rousseau diz que sua relação com a linguagem é, qualitativamente, diferente daquela que o "mundo" conhece, e marca, ironicamente, esta diferença como uma falta de *energia*: os solitários têm uma linguagem que não é enérgica porque não visam à persuasão, porque não têm uma relação, por assim dizer, *técnica* com a linguagem. Esta oposição é evidentemente irônica, pois a oposição, tal como ela se apresenta no começo do prefácio, prepara a inversão dos termos e a correção da concepção "mundana" da linguagem enérgica. Para justificar este uso bizarro da linguagem, Rousseau opõe ao editor imaginário:

> Segue-se disso que sua linguagem seja muito enérgica? De modo algum; ela é apenas extraordinária. É apenas em sociedade que se aprende a falar com energia. Primeiro, porque é preciso sempre falar diferentemente e melhor que os outros, e depois, porque, forçados a afirmar a cada momento o que não acreditamos, a exprimir sentimentos que não temos, procuramos dar ao que dizemos um estilo persuasivo que supre a persuasão interior.[20]

Já sabemos que, ao submeter-se a regras de imitação, a linguagem perde sua força imitativa; aqui, vemos que a perda da energia imitativa deriva também da vontade de persuadir que suprime a persuasão "interior".

Entre a persuasão "interior" e a vontade de persuadir, entre a linguagem enérgica e a que se atribui regras de energia, o diálogo entre Rousseau e o editor abre uma dialética que acaba invertendo as posições. Diante da "desordem" da linguagem dos solitários, o editor se pergunta: "Quer dizer que a fraqueza da linguagem prova a força do sentimento?".[21] Em sua resposta, Rousseau concede a seu interlocutor um assentimento ao menos parcial, pois aceita, pelo menos aparentemente, a concepção que funda a força da linguagem numa técnica e numa vontade de comunicação. A fraqueza da linguagem dos solitários parece não deixar dúvidas, mas "algumas vezes, pelo

---

20 O.C. II, *Julie ou La Nouvelle Héloïse*, Seconde Préface, p.14 [ed. bras.: p.28].
21 Ibid., p.15 [ed. bras.: p.28].

menos, mostra a verdade deles [dos sentimentos]".[22] Mas a continuação da argumentação já derruba as concessões aos preconceitos do interlocutor e é nos seguintes termos que Rousseau descreve a *força* da linguagem "literária":

Lede uma carta de amor feita por um autor em seu gabinete, por algum pedante que deseja brilhar. Por menos que tenha a cabeça em chamas, sua carta vai, como se diz, queimar o papel, mas o calor não irá além. Ficareis encantado, talvez até agitado; mas será uma agitação passageira e seca, que vos deixará apenas palavras como recordação.[23]

É bem nesses termos que o *fausto* da linguagem era descrito, em oposição à linguagem *forte*, como uma linguagem capaz de suscitar a admiração, mas incapaz de desencadear as potências da alma. Mas, aqui, a distinção entre *fausto* e *força* é explicada pela oposição entre a vontade de persuadir e uma persuasão puramente interior que ignora qualquer referência a um leitor:

Ao contrário, uma carta que o amor realmente ditou, uma carta de um amante verdadeiramente apaixonado, será frouxa, difusa, cheia de digressões, de desordem, de repetições. Seu coração, cheio de um sentimento que transborda, repete sempre a mesma coisa, e jamais termina de dizê-la, como uma fonte viva que corre sem cessar e nunca se esgota. Nada de brilhante, nada de notável; não se retém nem palavras, nem locuções, nem frases, não se admira nada, nada impressiona. No entanto, a alma se sente enternecida; sente-se comovido sem saber por quê. Se a força do sentimento não nos impressiona, sua verdade nos toca, e é assim que o coração sabe falar ao coração. Mas aqueles que não sentem nada, os que têm apenas o jargão enfeitado das paixões, não conhecem este tipo de belezas e as desprezam.[24]

A música, como vimos anteriormente, representa as coisas apenas indiretamente, agindo sobre os sentimentos que as representações provocam;

---

22 Ibid.
23 Ibid.
24 Ibid.

A linguagem indireta ou o paradigma musical

aqui, igualmente, a linguagem dos solitários só é comunicativa – e até mesmo "contagiosa" – através de uma ação obscura, "insensível", como se toda comunicação só fosse possível involuntária e indiretamente. Aqui também é o paradigma musical que fornece o horizonte explicativo: é, de fato, nos mesmos termos que Saint-Preux descreve suas descobertas musicais em Paris. O elogio da música italiana reproduz rigorosamente o esquema desta comunicação "insensível", que não é guiada por norma alguma de clareza e que constituía a qualidade da linguagem dos solitários:

> Não sei que sensação voluptuosa me tomava insensivelmente. Não era mais uma vã sequência de sons, como em nossos recitais. A cada frase, alguma imagem entrava em meu cérebro, ou algum sentimento em meu coração; o prazer não se detinha no ouvido, mas penetrava até a alma; a execução fluía sem esforço, com uma encantadora facilidade; todos os concertistas pareciam animados do mesmo espírito; o cantor, com pleno domínio de sua voz, tirava dela sem esforço tudo o que o canto e as palavras dele exigiam, e eu experimentava, sobretudo, um grande alívio por não sentir nem aquelas pesadas cadências, nem aqueles penosos esforços vocais, nem aquele constrangimento que, entre nós, é imposto ao músico pelo perpétuo combate entre o canto e o compasso, os quais, não conseguindo jamais pôr-se de acordo, cansam não menos o ouvinte que o executante.[25]

É a palavra "insensivelmente" que dá o eixo dos dois gêneros de textos e que define a linguagem dos solitários como isomorfa à música italiana. *Insensivelmente* significa várias coisas ao mesmo tempo e, em primeiro lugar, o caráter espiritual da experiência no sentido de que, por exemplo, com a música italiana, o prazer "não se limita ao ouvido" e abre acesso a um universo *moral*. Mas *insensivelmente* significa também, e sobretudo, *sem reflexão*. Saint-Preux diz: "Não sei que sensação voluptuosa me tomava insensivelmente"; e, no prefácio da *Nova Heloísa*, Rousseau diz: "sente-se comovido sem saber por quê". Num caso como no outro, há uma comu-

---

25 *O.C.* II, *La Nouvelle Héloïse*, I, 48, p.133 [ed. bras.: p.128-9].

nicação obscura que nenhuma reflexão pode dominar porque escapa à natureza da transmissão de uma informação – o emissor não está voltado para o receptor e o receptor é, por assim dizer, *surpreendido* pelo emissor. A comunicação, essencialmente indireta, à revelia de um como do outro, pelas costas de um emissor que não quer informar nada e de um receptor que não sabe exatamente que mensagem recebe.

Podemos ainda falar de *interpretação*, se nos colocamos no ponto de vista deste feliz ouvinte ou deste leitor que se deixa simplesmente ser invadido por uma linguagem tão potente, mesmo se não lhe é, especificamente, destinada? Nenhum trabalho, parece, é necessário para aceder ao sentido veiculado pelos signos. Mas, justamente, esta cumplicidade sem reflexão é um momento excepcional, marca o polo ideal da experiência da linguagem, em que a interpretação, espontânea, está tão oculta quanto a atividade do entendimento no "juízo natural" de Malebranche. É necessária a hipótese de um gênio maligno para chegar à descoberta, sob a percepção aparentemente direta e simples do pedaço de cera, de todo o trabalho do julgamento e do entendimento; da mesma forma, é necessária a experiência do mal-entendido e da maldade para trazer à luz, em toda experiência da linguagem, o trabalho da interpretação, a responsabilidade do leitor e do ouvinte. É também nos *Diálogos* que podemos achar a exposição dos princípios da interpretação e dos obstáculos que ela deve atravessar: a exposição das condições *éticas* da leitura.

Rousseau escreve os *Diálogos* justamente porque o poder contagioso da linguagem imitativa – a linguagem de Jean-Jacques – encontrou um auditório insensível. Provar a inocência do autor – tal é o objetivo do livro – é também refazer idealmente o trabalho que a obra não pôde fazer, forçar seu movimento; mas para fazê-lo, e como a falha não vem do livro, é preciso educar o leitor, guiar sua leitura, ensinar-lhe a arte da interpretação. Esta educação do leitor é possível apenas se ela lhe impõe uma verdadeira reforma moral, se é capaz de mudar a "disposição" de seu coração: é neste distanciamento entre o entendimento e a "disposição do coração" que o trabalho da interpretação encontra seu lugar. Assim, no julgamento de Jean-Jacques, todo fato e todo texto é posto entre parênteses, nenhum sentido é admitido sem o desvio da interpretação:

A linguagem indireta ou o paradigma musical

O francês – [...] a infâmia só é dolorosa em proporção à honra que um homem tem em seu coração. As almas vis, insensíveis à vergonha, nela estão em seu elemento. O desprezo em nada afeta quem se sente digno dele: é um julgamento ao qual seu próprio coração já o acostumou. – *Rousseau* – A interpretação dessa tranquilidade estoica em meio a ultrajes depende do julgamento já realizado sobre aquele que os suporta. Assim, não é por esse sangue-frio que convém julgar o homem; mas é pelo homem, ao contrário, que é preciso apreciar o sangue-frio.[26]

Neste texto, em que a linguagem ainda não está em questão, já são dados, no entanto, os princípios de leitura que Rousseau acaba por impor ao Francês: já no nível da conduta é verdade que os fatos só desvendam seu sentido a um olhar armado, que uma interpretação é subjacente a todo julgamento.

A lição de leitura que Rousseau dá ao Francês não ignora as regras da ordem analítica: apenas uma leitura "objetiva" torna possível o trabalho da interpretação. Mas a leitura "objetiva" não é necessariamente literal e o leitor não deve – porque a maldade também tem a sua lógica e sua hermenêutica – apoiar-se no sentido literal para encontrar nele, a todo custo, a confirmação de seus preconceitos:

Se nos fixarmos ao texto literal, talvez se encontre efetivamente menos a censurar nos livros mais perigosos do que naqueles dos quais falamos aqui e, em geral, do que naqueles em que o Autor, seguro de si mesmo e dando vazão ao coração, abandona-se a toda sua veemência, sem imaginar os flancos que pode deixar abertos ao perverso que o espreita friamente e que procura, em tudo o que ele oferece de bom e de útil, apenas um lado desprotegido no qual possa afundar o punhal.[27]

Procurar o espírito além da letra, a ordem das razões e do *coração* além da ordem das matérias: eis regras que não têm nada de original. Essas regras eram, aliás, as que Rousseau aplicou a si mesmo, durante seus anos

---

26 *O.C.* I, *Rousseau juge de Jean-Jacques*, Premier Dialogue, p.744.
27 Ibid., p.695.

de aprendizagem, para escapar às armadilhas do dogmatismo: "Ao ler cada autor, obedeci à regra de adotar e seguir todas as suas ideias, sem misturá--las com as minhas nem com as de outro qualquer, e sem nunca discutir com ele".[28]

Mas as regras enunciadas nas *Confissões*, esta "boa vontade" do entendimento, fornecem apenas uma moral provisória da leitura, e as dos *Diálogos* não passam de uma espécie de *garde-fou*: dão as condições necessárias, mas não bastam para a boa leitura. Este x que ultrapassa os limites da leitura "objetiva" constitui a própria essência da leitura como interpretação. As regras nos liberam do perigo do contrassenso sem garantir positivamente a captação do sentido: podemos dominar a harmonia "espacial", lógica e gramatical do texto e do discurso sem captar o sentido mais essencial – o sentido não é inteiramente dado pela estrutura na qual se manifesta. Entre os conselhos de leitura que dá ao Francês, Rousseau diz:

> Lede, porém, todas estas passagens no sentido que apresentam naturalmente ao espírito do leitor, e que tinham no espírito do autor quando este as redigiu; lede-as em seu lugar próprio, junto com o que precede e o que se segue, consultai a disposição de coração em que estas leituras vos colocam: esta é a disposição que vos esclarecerá quanto a seu verdadeiro sentido.[29]

Passamos aqui, no breve tempo de uma frase, da gramática à retórica, da análise à síntese, da representação à força – interpretar não é nada mais, de fato, do que abrir para si um espaço de recepção à manifestação da força, uma "disposição" que está aquém de toda gramaticalidade. Podemos repetir aqui a frase de Gilles Deleuze: "É preciso ser dotado para os signos, abrir-se a seu encontro, abrir-se para sua violência".[30]

É, de fato, o paradigma musical que nos permite compreender esta nova figura do sentido. A Gramática está para o sentido como a harmonia está

---

28 *O.C.* I, *Les Confessions*, VI, p.237.

29 *O.C.* I, *Rousseau juge de Jean-Jacques*, Premier Dialogue, p.695.

30 Deleuze, *Proust et les signes*, p.194 [ed. bras.: *Proust e os signos*, p.100].

A linguagem indireta ou o paradigma musical

para a melodia: a interpretação é uma interpretação "musical", tem sempre um parentesco com a prática do "intérprete" que atravessa os signos musicais, expostos na espacialidade da página estéril em que estão inscritos, que recupera a melodia que havia desaparecido na areia dessa praia deserta. Não é impertinente lembrar, aqui, o nome de Nietzsche[31] e sua teoria da interpretação, a tese essencial segundo a qual "não há fatos, só

---

31 De fato, é preciso fazer um paralelo sistemático entre a teoria da linguagem, da música e da interpretação nas obras de Rousseau e de Nietzsche. Depois da leitura do *Ensaio,* quem não ficaria impressionado, por exemplo, ao ler estas poucas frases do parágrafo 247 de *Para além do bem e do mal?* "Que o estilo alemão tem pouco a ver com o som e os ouvidos é demonstrado pelo fato de que justamente nossos bons músicos escrevem mal. O alemão não lê em voz alta, não lê para os ouvidos, mas apenas com os olhos: ao fazê-lo, põe os ouvidos na gaveta. O homem da Antiguidade, quando lia – acontecia raramente –, lia em voz alta, também para si mesmo; as pessoas admiravam-se quando alguém lia baixo, e secretamente perguntavam-se pelo motivo. Em voz alta: ou seja, com todos os crescendos, inflexões, mudanças de tom e variações de ritmo com que o mundo *público* da Antiguidade se rejubilava. As leis do estilo escrito eram então as mesmas que as do estilo falado; estas dependiam em parte do espantoso desenvolvimento, das refinadas exigências do ouvido e da laringe, e em parte da força, duração e potência dos pulmões antigos. Um período é, na concepção dos antigos, antes de tudo um todo fisiológico, na medida em que é contido numa só respiração. Esses períodos, tal como ocorrem em Demóstenes, em Cícero, duas vezes crescendo e duas vezes baixando, tudo em um só fôlego: eles são deleites para os homens *antigos,* que por sua instrução podiam apreciar a virtude que há nisso, o raro e difícil na elocução de um tal período – *nós* não temos direito ao *grande* período, nós, modernos, nós, de fôlego curto em todo sentido! Pois esses antigos eram todos diletantes na oratória, portanto conhecedores, portanto críticos – e assim compeliam seus oradores a extremos; o mesmo no século passado, em que todos os italianos e italianas sabiam cantar, e o virtuosismo do canto (e com ele também a arte da melodia) alcançou seu apogeu. Na Alemanha, porém..." [ed. bras.: *Além do bem e do mal,* p.156]. Basta trocar a palavra Alemanha pela palavra França, colocar a música italiana no presente e não "no século passado", para reencontrar, nesse parágrafo, a emergência de *todos* os temas do *Ensaio:* a submissão da escrita ao bom critério do ouvido afinado, o julgamento da qualidade do discurso pela potência dos pulmões (essa potência que é o apanágio dos Antigos por oposição à voz fraca do alemão ou do francês moderno), o elogio da retórica antiga, como contraponto da pobre literatura moderna e, até mesmo, o elogio da música italiana.

interpretações";[32] esta perspectiva não é indiferente ao privilégio filosófico que também Nietzsche atribui à música. Em Rousseau, a interpretação e a eloquência, a força da linguagem, são os dois termos que fazem mútuo eco em profundidade e atravessam a superfície monótona e horizontal da escrita e da gramática. Em duas palavras: o sentido é a força.

---

32 Nietzsche, *Fragments posthumes, automne 1885-automne 1887*, p.304-5.

IV
Retórica e verdade

A cada passo de nossa análise, no exame das ideias de *força*, *imitação* e *interpretação*, tivemos de reconhecer o gesto essencial da teoria de Rousseau num desvio em relação ao paradigma lógico-gramatical na análise da linguagem. Trata-se, agora, para concluir este percurso, de justificar o uso que fizemos da palavra *retórica*, de mostrar, ao mesmo tempo, a originalidade desta concepção retórica da linguagem e seu lugar central no pensamento de Rousseau, o laço essencial que a articula à ideia de *verdade*. O deslocamento do centro de gravidade da linguagem é, de fato, solidário a um deslizamento do sentido da ideia de verdade.

Um texto curioso de um filósofo italiano do século XVIII pode servir-nos de ponto de partida, pela relação que estabelece entre as ideias de Gramática e de Retórica:

> Já mostramos, desde o início, que as partes das línguas são de duas classes, retórica e lógica, quer dizer, gramatical. Daí decorre necessariamente que o gênio das línguas, como já sugerimos no fim da segunda parte, é, ele próprio, de duas espécies, isto é, gramatical e retórico. Por falta desta distinção, e de algumas outras, Condillac, tratando da mesma questão, não fez manifestar, em plena luz, sua habitual justeza e sagacidade.[1]

---

1 Rosiello, *Linguistica illuminista*, p.88.

Não é a crítica a Condillac que nos interessa neste texto, mas a simetria que estabelece entre a Gramática e a Retórica como os dois polos ou as duas faces da língua. Não é tanto uma tensão que o texto estabelece entre os dois termos, quanto sua complementaridade: a ligação, sem conflito, entre a face pela qual a língua se volta em direção à universalidade da razão e a face pela qual se volta em direção à singularidade de uma humanidade local e histórica. O "gênio gramatical" remete à estrutura fixa da linguagem e da razão, é o espelho da ordem da natureza e da natureza humana, enquanto o gênio retórico remete à contingência geográfica e histórica das humanidades particulares. Ao passar do domínio do gênio gramatical ao domínio do gênio retórico, passamos do universal ao particular, mas também de um uso cognitivo a um uso prático da linguagem.

É sobretudo na tradição empirista que a linguística do Século das Luzes dá atenção a esta face não gramatical da linguagem: a polêmica nominalista, a vontade de destruir a fascinação pelas ideias abstratas, conduzem à insistência no aspecto não cognitivo da linguagem e nas armadilhas que arma à reflexão. Assim, entre os argumentos de que se utiliza Berkeley, na introdução do *Tratado sobre os princípios do conhecimento humano*, para demolir o mito das ideias abstratas, encontramos uma análise da linguagem como uma forma de *causalidade* e não como uma forma de representação:

> Além disso, a comunicação das ideias expressas pelas palavras não é nem a única nem a principal finalidade da linguagem, como se pensa correntemente. Existem outras finalidades como a de despertar uma paixão, levar à ação ou dela desviar-se, colocar a inteligência numa disposição particular; em muitos casos, a primeira finalidade indicada está inteiramente subordinada a estas e, às vezes, a negligenciamos completamente quando podemos obter as outras sem sua ajuda; o que, ao meu parecer, se produz com muita frequência no uso familiar da linguagem.[2]

Neste uso, a linguagem perde, ao mesmo tempo, sua função de *representação* e de *comunicação*; pode ser definida como retórica, como técnica de ação

---

2 Berkeley, *Traité sur les principes de la connaissance humaine* [1710], in: *Oeuvres Choisies*, t.I, p.197.

sobre o interlocutor: age sobre a alma de outrem, sem passar pela clareza do conceito. Não é em Berkeley, ao contrário, que encontraremos uma crítica da linguagem cotidiana: é na linguagem técnica, "separada" e "abstrata" da filosofia escolar que faz proliferar a ilusão, é aí que os fantasmas da especulação encontram seu elemento privilegiado. Mas tocamos aqui em algo como a base natural da ilusão filosófica. O argumento de Berkeley tem dupla face: ele diz que: a) os adeptos das ideias abstratas ignoram o uso não cognitivo da linguagem e, no entanto, b) é nesse uso que encontra sua raiz sem sabê-lo, o uso "metafísico" e "lógico" da linguagem. Assim, o próprio estilo do dogmatismo é explicado pelo desvio, no campo do pensamento, de um uso da linguagem que é legítimo no nível da existência cotidiana: quando o filósofo diz "Aristóteles o disse", este discurso não visa nem ao autor nem a seus escritos, não comunica nada, age sobre seu interlocutor e visa à submissão de seu julgamento.

O império da Gramática não implica, assim, o esquecimento do *outro lado da linguagem* e o uso retórico da linguagem encontra sempre seu lugar nesse território. Mas esse lugar é sempre o *outro* lado, o avesso, a face de sombra: neste horizonte, tudo o que ultrapassa a Gramática — as unidades menores que a palavra e até a sintaxe como "estrutura superficial" oposta à estrutura "profunda" e lógica da construção —, tudo isto é rejeitado, como diz M. Foucault, na noite exterior do arbitrário, do evento, quer dizer, do uso e da história "em que se desdobram em sua fantasia os hábitos de cada povo".[3]

No *Ensaio*, os "hábitos de cada povo" não remetem mais ao arbitrário de uma fantasia e, ao contrário, o acesso ao universal só é possível através do exame dos desvios e das diferenças dos caminhos de cada língua. É toda a relação entre a gênese e a estrutura da linguagem que é, por este fato, transtornada; é a ideia de *arbitrário* que muda de lugar. O evento, os hábitos de cada povo não são mais o meio indiferente do movimento unívoco pelo qual as línguas se aproximam progressivamente da universalidade da razão. A teleologia que permitia unificar, retrospectivamente, os caprichos da história das línguas é destruída no exato momento em que a dominação da Gramática

---

3 Foucault, *Les Mots et les choses*, p.116 [ed. bras.: *As palavras e as coisas*, p.142].

é posta em questão; a esta teleologia, que coloca a verdade da linguagem no futuro de uma razão que ainda não está encarnada, Rousseau opõe uma genealogia que parte de um passado feliz, em que a Gramática e a Lógica ainda não eram soberanas. A uma história, que descreve a gênese das línguas como o movimento de convergência em direção à universalidade da verdade, opõe-se uma história que descreve essa gênese como uma dispersão, como o despedaçamento de sua verdade primeira.

Houve um momento, segundo Rousseau, em que a linguagem não estava ainda desgarrada no espaço exterior da gramaticalidade:

> Dizer e cantar eram outrora a mesma coisa, diz Estrabão; o que mostra, acrescenta ele, que a poesia é a fonte da eloquência. Seria preciso dizer que ambas tiveram a mesma origem e foram a princípio a mesma coisa. Quanto à maneira pela qual se formaram as primeiras sociedades, seria de espantar que se pusessem em verso as primeiras histórias e se cantassem as primeiras leis? Seria espantoso que os primeiros gramáticos submetessem sua arte à música e fossem simultaneamente mestres de ambas?[4]

Podemos ver neste texto, como em tantos outros, de que maneira a reflexão de Rousseau faz tremer os princípios da linguística clássica em todos os seus níveis.

Primeiro, pelo fato de introduzir, como elemento essencial na determinação da estrutura da linguagem, a forma pela qual "articulam-se" as sociedades. A organização social, o regime da intersubjetividade, o lugar do poder na sociedade não são elementos exteriores ou causas ocasionais na constituição da linguagem. A crítica de Rousseau a Condillac, que faz a linguagem nascer no interior de uma sociabilidade já esboçada, é, deste ponto de vista, rica em consequências.[5] Para Rousseau, se a Gramática se submete à Música ou, ao contrário, se a melodia e a linguagem imitativa são submetidas à coerção de uma normalização "harmônica", não é pelo acaso

---

4 O.C. V, *Essai sur l'origine des langues*, XII, p.411 [ed. bras.: p.148].
5 Trata-se da ideia, contraditória para Rousseau, de algo como uma "sociabilidade afásica" como ponto de partida para a descrição do nascimento da linguagem.

de uma história, de uma série puramente "acontecimental" tão caprichosa, fantasiosa, quanto insignificante. Ao contrário, é a essência e o próprio destino da linguagem, sua força ou sua impotência, que são decididos na trama que a organização da cidade tece. Nesta decisão de decifrar a natureza da linguagem sobre o fundo da rede da intersubjetividade, de ver a estrutura "profunda" do discurso na estrutura da sociedade, e não mais no regime a-histórico da razão, neste momento de heresia, o império da Gramática começa a perder seu ponto de apoio.[6] As condições "externas" da gênese das línguas passam aqui para o interior de sua história, mas também de sua natureza. Isto não quer dizer que Rousseau faça da linguagem uma espécie de epifenômeno de uma estrutura que a precede: isto significaria cair no erro de Condillac, invertendo os termos de seu equívoco. As figuras da linguagem e da sociedade são, rigorosamente, contemporâneas e, se a linguagem pode ser considerada expressão de uma forma de sociabilidade, é também verdade que todas as formas de sociabilidade podem ser descritas como a versão material das diferentes formas da linguagem. A difícil ligação entre o *Ensaio* e o *Discurso sobre a desigualdade* é instrutiva a esse respeito: a reciprocidade entre os dois textos esclarece a reciprocidade que acabamos de apontar. Jean Starobinski descreve esta relação no aspecto que nos interessa:

> Textos complementares, às vezes ligeiramente dissonantes, mas que propõem ao leitor uma mesma história sob uma dupla versão: o *Discurso sobre a desigualdade* insere uma história da linguagem no interior de uma história da sociedade; inversamente, o *Ensaio sobre a origem das línguas* introduz uma história da sociedade no interior de uma história da linguagem.[7]

À *utopia* da gramática – quer dizer, a uma concepção da linguagem que ignora todo *lugar*, geográfico ou histórico, norte e sul, antiguidade e

---

6 Neste sentido, a concepção rousseauniana da *retórica* talvez pudesse ser aproximada da concepção de *gramática* do segundo Wittgenstein. Num caso como no outro, ligam-se as regras da linguagem a uma forma de vida social.

7 Starobinski, *Jean-Jacques Rousseau, la transparence et l'obstacle*, p.356; [ed. bras.: *Jean--Jacques Rousseau: a transparência e o obstáculo*, p.310].

Retórica e verdade

modernidade, em sua vontade de universalidade – a linguística de Rousseau opõe uma *topologia* que procura sobretudo as diferenças de lugar, no espaço e no tempo, mas também no interior de uma mesma sociedade (cf. a teoria sociológica que define os "lugares" da comédia e da tragédia e a significação social de sua linguagem[8]). À lógica que atravessa a linguagem em direção à universalidade do entendimento, Rousseau opõe uma espécie de *estilística* que enquadra a verdade da linguagem no sistema das diferenças locais e históricas, num pluralismo de linguagens *qualitativamente* diferentes.

Mas a consequência mais importante desta submissão da gramática à música é que o uso retórico da linguagem – quer dizer, um uso da linguagem em que a função cognitiva e a função comunicativa são subordinadas à função imitativa – não é mais um uso entre outros, mas aquele em que transparece a própria essência da linguagem. Ao inverter o sistema conceitual da linguística clássica, Rousseau faz da gramática o *avesso* da linguagem e faz do "gênio retórico", retomando a linguagem de Cesarotti, o polo positivo e a face luminosa das línguas. Pelo fato de relativizar, na linguagem, a relação vertical do signo com a coisa significada e a relação horizontal da transmissão da informação, definindo o bom uso da língua como a ação indireta de uma alma sobre outra, através dos movimentos dos sentimentos e das paixões, Rousseau dá uma definição essencialmente *retórica* da linguagem.

Todo este sistema de inversões, no interior da teoria da linguagem, está ligado a uma transformação do sentido da ideia de verdade; na definição da ideia de verdade, também, a relação de adequação entre a linguagem e a realidade está subordinada à trama da intersubjetividade. É este desvio da ideia clássica de verdade que podemos adivinhar num texto dos *Devaneios de um caminhante solitário*, sob uma oposição que, à primeira vista, é de ordem puramente psicológica ou moral. Examinemos, primeiro, essa oposição *moral* para ver, em seguida, o fundamento sobre o qual repousa:

---

8 Cf., p. ex., *O.C.* II, *Julie ou La Nouvelle Héloïse*, II, 17, p.251-2 [ed. bras.: p.228], em que Saint-Preux desenvolve um tipo de sociologia da linguagem e dos gêneros na "imitação teatral".

Conheço essas pessoas que a sociedade denomina verdadeiras. Toda sua veracidade resume-se, nas conversações ociosas, em citar fielmente os lugares, as datas, as pessoas, em não se permitir nenhuma ficção, em não embelezar nenhuma circunstância, em não exagerar nada. Em tudo que não toca seu interesse, elas exibem, em sua narração, a mais inviolável fidelidade. Mas quando se trata de expor algum assunto que lhes diga respeito, de narrar algum fato que as toque de perto, todas as cores são empregadas para apresentar as coisas sob a luz que lhes é mais vantajosa, e se a mentira lhes é útil e elas próprias se abstêm de dizê-la, favorecem-na com destreza e fazem de tal modo que ela seja adotada sem que lhes possa ser imputada. Assim manda a prudência: adeus à veracidade.[9]

É o jogo do amor-próprio que define esta atitude e a forma particular de *mentira* que implica. É, de fato, o amor-próprio que desenha a linha que separa, no mundo da experiência, estes dois domínios: o domínio do "indiferente" e o domínio "sagrado" do interesse privado. É a diferença entre os dois domínios que, ao homem do mundo, permite ser, ao mesmo tempo, escrupulosamente verídico e profundamente mentiroso: de uma mentira que é tanto mais profunda quanto é discreta, quanto coincide com o silêncio.

É este cálculo prudente, no resguardo do interesse, que falta ao homem autenticamente *verdadeiro*:

> O homem que chamo *verdadeiro* faz exatamente o contrário. Em coisas perfeitamente indiferentes, a verdade que o outro tanto respeita quase não lhe importa, e ele não hesitará em divertir seus companheiros com fatos inventados dos quais não resulte nenhum julgamento injusto a favor ou contra quem quer que seja, vivo ou morto. Mas todo discurso que produza para alguém um proveito ou dano, estima ou desprezo, louvor ou censura contra a justiça e a verdade é uma mentira que jamais se aproximará de seu coração, nem de sua boca ou de sua pena. Ele é solidamente *verdadeiro*, mesmo contra seu interesse, ainda que se preocupe muito pouco em sê-lo nas conversações ociosas. Ele é *verdadeiro* porque

---

9 *O.C.* I, *Les Rêveries du promeneur solitaire*, Quatrième Promenade, p.1031 [ed. bras.: p.60].

Retórica e verdade

não procura enganar ninguém, porque é tão fiel à verdade que o acusa quanto a que o honra, e porque jamais faz crer algo para sua vantagem ou para prejudicar seu inimigo. A diferença, portanto, que há entre meu homem verdadeiro e o outro é que o homem da sociedade é rigorosamente fiel a toda verdade que não lhe custa nada, mas não passa disso, e o meu nunca a serve tão fielmente como quando se faz imolar por ela.[10]

Assim, veracidade e mentira mudam de lugar, pois é a fronteira entre o importante e o indiferente que mudou: não é mais o critério do interesse privado que define o mapa da experiência. A mentira é ainda possível, mas transformada numa "ficção" que não tem peso algum, pois é desinteressada. Do mesmo modo, o silêncio — ao contrário da alegre tagarelice que diverte a boa companhia — guarda apenas o interesse geral da *justiça*.

É a ideia de justiça que permite, de fato, a constituição dessa tipologia das mentiras:

> Mas, dirão, como pôr de acordo esse afrouxamento [*da veracidade*] com o ardente amor pela verdade pelo qual o glorifico? Será então falso esse amor, por envolver tanta mistura? Não, ele é puro e verdadeiro, mas não passa de uma emanação do amor da justiça e não quer jamais ser falso ainda que seja muitas vezes fantasioso. Justiça e verdade são em seu espírito duas palavras sinônimas, que ele toma indiferentemente uma pela outra. A verdade santa que seu coração adora não consiste em fatos indiferentes e em nomes inúteis, mas em dar fielmente a cada um aquilo que lhe é devido em coisas que são verdadeiramente suas, em imputações boas ou más, em retribuições de honra ou de censura, de louvor ou de reprovação. [...] mentirá, portanto, algumas vezes, em coisas indiferentes, sem escrúpulo e sem acreditar estar mentindo, mas jamais para prejuízo ou benefício de outro ou de si mesmo. Em tudo que diz respeito às verdades históricas, em tudo que se relaciona à conduta dos homens, à justiça, à sociabilidade, às luzes úteis, ele protegerá do erro tanto ele próprio quanto os outros, na medida em que isso depender dele.[11]

---

10 Ibid., p.1031 [ed. bras.: p.60-1].
11 Ibid., p.1031-2 [ed. bras.: p.61].

A retórica de Rousseau

Mas o uso da ideia de justiça tem repercussões que ultrapassam o campo da moral e da psicologia, em que o amor-próprio é oposto ao amor de si mesmo.

Nesse texto, de fato, é a *vontade de verdade* que é posta em questão: é a primeira frase da *Metafísica* de Aristóteles, este princípio sempre assumido como evidente na história da Metafísica, que se torna problemática. De fato, o amor da verdade não é, aqui, descrito como ponto pacífico, não está inscrito na natureza humana como um princípio espontâneo; é definido como algo derivado, é a *emanação* de uma vontade mais profunda que o precede e o justifica. Nas primeiras linhas da *Metafísica* de Aristóteles, o caráter *natural* da aspiração à verdade encontra sua contraprova numa psicologia que privilegia a visão e que mostra, no prazer puramente sensível do olhar, uma espécie de forma larvar da tendência à *especulação*, ao pensamento puro e desinteressado. É o privilégio da *Theoria*, essa cumplicidade entre o olho e o pensamento, entre o prazer da sensação e o trabalho do conceito, que não estão mais em evidência para Rousseau: ao diminuir o valor da visão, Rousseau mostra também que há uma descontinuidade entre a vontade "natural", ou espontânea, e a vontade de verdade. Ao mostrar o caráter segundo ou derivado da vontade de verdade, ao mostrar que ela só tem sentido sobre o fundo de uma *vontade de justiça* mais arcaica, é como se Rousseau respondesse, de antemão, à questão que a crítica de Nietzsche colocaria, mais tarde, à Filosofia:

> A vontade de verdade, que ainda nos fará correr não poucos riscos, a célebre veracidade que até agora todos os filósofos reverenciaram: que questões essa vontade de verdade já não nos colocou! Estranhas, graves, discutíveis questões! [...] *O que*, em nós, aspira realmente "à verdade"? – De fato, por longo tempo nos detivemos ante a questão da origem dessa vontade – até afinal parar completamente ante uma questão ainda mais fundamental. Nós questionamos o *valor* dessa vontade. Certo, queremos a verdade: mas *por que não, de preferência, a inverdade?*[12]

---

12 Nietzsche, *Par-delà le bien et le mal* [1898], p.23 [ed. bras.: *Além do bem e do mal*, p.9].

Retórica e verdade

É, de fato, a esta questão que Rousseau fornece uma resposta no texto que acabamos de examinar: a vontade de verdade não se justifica por si mesma; a verdade, como acordo entre as palavras e as coisas, só tem valor na medida em que já é comandada pelo *valor* da justiça. Se verdade e justiça são palavras "sinônimas", o polo forte se encontra do lado da justiça e é preciso reconhecer a existência de algo como uma "má verdade" todas as vezes em que a pura veracidade escapa às normas da justiça.

Se a Gramática deve submeter-se à Música, é, também, porque a verdade deve subordinar-se à justiça: nos dois casos, a hierarquia é estabelecida pela primazia da rede da intersubjetividade. É o que aparece nitidamente na definição da verdade no texto dos *Devaneios*: a palavra *verdade* adquire seu peso, quer dizer, sua comunicação com o domínio primordial da justiça, apenas no âmbito das verdades "históricas, em tudo o que se relaciona... *à sociabilidade*". É como se a ideia de verdade não fosse mais pensada segundo o modo da adequação, mas segundo o modo do *contrato* ou da *dívida*; esta passagem da relação do *cogito* solitário, em seu diálogo com o mundo, à relação que constitui a trama da sociabilidade é bem ilustrada por um outro texto dos *Devaneios* em que, através de uma definição original da mentira, transparece, também, a originalidade da definição rousseauniana da verdade:

> Lembro-me de ter lido em um livro de filosofia que mentir é esconder uma verdade que deve ser manifestada. Segue-se, então, dessa definição, que silenciar uma verdade que não se é obrigado a dizer não é mentir; mas se alguém, não se contentando nesse caso em não dizer a verdade, diz o contrário dela, então ele está ou não mentindo? Segundo a definição, não se poderia dizer que ele mente, pois quando se dá moeda falsa a um homem a quem não se deve nada, este é enganado, sem dúvida, mas não roubado.[13]

A ideia de verdade recebe, portanto, um estatuto por assim dizer jurídico e econômico; não pode ser captada pelas metáforas do olho e do espelho; oscila entre a dívida e o roubo, encontra seu solo, como a linguagem, apenas

---

13 *O.C.* I, *Les Rêveries du promeneur solitaire*, Quatrième Promenade, p.1026 [ed. bras.: p.56].

nos laços que se tecem entre as almas na trama oblíqua da intersubjetividade. O bom uso, o uso essencial da linguagem, é de ordem retórica, e não mais lógica ou gramatical, porque a verdade migrou e não se decide mais no jogo de espelho em que se respondem as palavras e as coisas. A verdade tem algo a ver com a *promessa* e Rousseau poderia, talvez, assinar a frase de Nietzsche: "Criar um animal que pode *fazer promessas* – não é esta a tarefa paradoxal que a natureza se impôs, com relação ao homem?".[14]

Podemos agora, depois do percurso que fizemos, voltar ao texto fundamental do último capítulo do *Ensaio* que afloramos no início deste texto. No final da gênese ideal das línguas que retraça, o *Ensaio* acaba descrevendo o lugar da linguagem no mundo moderno, ou melhor, este não lugar no qual a linguagem se apaga pelo efeito conjugado da Gramática e das armas de fogo:

> Esses progressos não são nem fortuitos nem arbitrários, mas decorrem das vicissitudes das coisas. As línguas se formam naturalmente a partir das necessidades dos homens; elas mudam e se alteram segundo as transformações dessas mesmas necessidades. Nos tempos antigos, quando a persuasão fazia as vezes de força pública, a eloquência era necessária. De que serviria ela hoje, quando a força pública substitui a persuasão? Não se tem necessidade nem de arte nem de alegoria para dizer: *é isto que quero*. Que discursos resta fazer ao povo reunido? Sermões. E que interesse aqueles que os fazem têm em persuadir o povo, dado que não é o povo quem distribui benefícios? Para nós, as línguas populares tornaram-se tão perfeitamente inúteis quanto a eloquência. As sociedades assumiram sua derradeira forma: não se muda mais nada senão com o canhão e o dinheiro, e como não há mais nada a dizer ao povo senão *dai dinheiro*, isso é dito por meio de cartazes nas esquinas ou de soldados nas casas; para isso não se precisa reunir ninguém; ao contrário, é preciso manter os súditos dispersos: esta é a primeira máxima da política moderna.[15]

---

14 F. Nietzsche, *La Généalogie de la morale* [1900], p.75 [ed. bras.: *Genealogia da moral*, p.47].

15 *O.C.* V, *Essai sur l'origine des langues*, XX, p.428 [ed. bras.: p.177].

Retórica e verdade

Não é a identidade entre *força* e *linguagem,* nem a concepção retórica da linguagem que ela implica (a afirmação de que seu bom uso é essencialmente *persuasivo*), nem mesmo a leitura da organização da linguagem sobre o fundo da organização social que nos interessa agora neste texto. O que ele nos dá a pensar, agora, é a maneira pela qual inverte a forma corrente de pensar a relação entre a linguagem e a violência.

Ali onde começa a linguagem – tal é a representação corrente –, ali também acaba a violência. Na linguagem, por obra da linguagem, o adversário do discurso, o homem da violência é, por assim dizer, desarmado e conquistado, transportado, contra a vontade, para o universo do "razoável". Quer dizer que jamais se interrompe a comunicação entre o *logos* e seu contrário, que o *logos* ainda "é um grande senhor". Assim Eric Weil descreve o diálogo entre o discurso da Razão e de seu adversário:

> Graças ao discurso do adversário do discurso razoável, graças ao antifilósofo, o segredo da filosofia assim se revelou: o filósofo quer que a violência desapareça do mundo. Reconhece a necessidade, admite o desejo, concorda que o homem permanece animal mesmo sendo razoável: o que importa é eliminar a violência. É legítimo desejar o que reduz a quantidade de violência que entra na vida dos homens; é ilegítimo desejar o que a aumenta.[16]

Não é, certamente, esta boa vontade que é posta em questão pelo texto de Rousseau, mas o dualismo que opõe a violência à linguagem, segundo a mesma fronteira que opõe *physis* ao *logos,* num claro dualismo. Em seu texto, Rousseau mostra como a oposição entre linguagem e violência é um resultado, como ela não remete a nenhuma verdade primeira: essa oposição não é uma verdade teórica, mas um efeito histórico. É, de fato, pela perda da força persuasiva da linguagem, pela fissura que dissociou o *logos* da *energeia,* que a violência pôde vir ao ser e opor-se à linguagem. Não se pode nem mesmo falar de oposição, pois o curso da violência só é possível quando a linguagem não mais existe, quando perdeu sua força. Ao contrário do dualismo corrente, que faz da linguagem o inverso da violência, Rousseau

---

16 Weil, *La Logique de la philosophie,* p.20.

mostra como a violência das coisas, a separação entre o signo ineficaz e a causalidade selvagem da matéria (ou do social tornado pura maquinaria opressiva), só foi possível ao término de um processo que fez desaparecer a linguagem ao roubar-lhe toda sua força. A violência das coisas só é possível depois da supressão da força dos signos, da energia da voz humana.

Deus pode, então, sobreviver à morte da Gramática, mesmo tratando-se apenas de um efêmero *sursis*. Mas este intervalo é bastante largo para dar lugar a toda a obra de Rousseau. Entre uma morte e outra, a Retórica é soberana no domínio da linguagem: já livre da dominação da representação, o discurso pode ainda manter, no mesmo campo, unificados por uma mesma verdade, o Discurso Político e as Belas-Letras. Este Deus não é mais o de Leibniz e a linguagem universal já foi afastada, mas a linguagem ainda não explodiu num pluralismo de verdades diferentes. Um fio ainda une a *Nova Heloísa* ao *Contrato social*, um fio que procuraríamos em vão entre a teoria política e a literatura, entre a escrita (por exemplo) de Marx e a de Mallarmé. É este fio e esta continuidade, a unidade retórica em Rousseau entre o discurso político e as belas-letras, a chave para melhor compreender a obra do genebrino em sua totalidade.

Segunda parte
As belas-letras — da imitação
romanesca e teatral

V

Uma espécie de romance: Rousseau, crítico da ideia de gênero

> *É preciso também se inquietar diante desses recortes ou agrupamentos de que adquirimos a familiaridade. Podemos admitir, tais quais, a distinção dos grandes tipos de discursos, ou as formas ou gêneros que opõem umas às outras a ciência, a literatura, a filosofia, a religião, a história, a ficção etc., e que delas fazem espécies de grandes individualidades históricas?*
>
> M. Foucault[1]

O retorno da retórica

Sabemos que acolhida foi reservada à reconstituição dos princípios da "linguística cartesiana", tal como a empreendeu Noam Chomsky: reordenada a seu passado, a linguística deixa de se pensar como um início absoluto ou como o fruto de uma ruptura radical com uma experiência pré-científica da linguagem, descobre toda a profundidade de uma tradição teórica, muito cedo esquecida, e produz até mesmo, se não uma história minuciosa, pelo

---

1 Foucault, *L'Archéologie du savoir*, p.32-3 [ed. bras.: *A arqueologia do saber*, p.32-3].

menos a teoria dessa tradição.[2] Esse "curioso desvio",[3] pelo qual a ponta extrema da modernidade se reconhece num passado longínquo, parece reproduzir-se no domínio da teoria literária: inspirados nos princípios da "nova crítica", muitos autores redescobrem a "atualidade" da retórica clássica. Tal renovação do interesse pela retórica, ao mesmo tempo histórica e sistemática, certamente não é indiferente para o nosso assunto: sobretudo agora, quando se trata de passar da teoria geral da linguagem para a teoria das Belas-Letras, da retórica geral para a teoria local da imitação romanesca e teatral na obra de Rousseau. Como já era o caso na "linguística" de Rousseau, a análise da teoria das Belas-Letras irá nos indicar o lugar excêntrico de um pensamento que questiona esta representação demasiado clara da história que insiste em fazer da modernidade a repetição exata do classicismo; um pensamento que tampouco se deixa circunscrever – pois veremos que o formalismo da atual teoria literária é apenas em aparência o oposto do historicismo que ela combate – no espaço invertebrado que definem os limites fugidios do "pós-classicismo" e do "pré-romantismo".[4] Fixemos, como ponto de referência, uma amostra de tal tendência da moderna teoria literária:

> Tanto a linguística quanto a ciência da literatura voltaram a ser o que eram no século XVII: essencialmente sincrônicas. Assim, com relação à moderníssima "ciência da literatura", *"Litteraturwissenschaft"*, *"theory of literature"*, seria relativamente fácil demonstrar que boa parte das reflexões que fizeram a originalidade dos formalistas russos, de Spitzer, de Wolfgang Kayser ou de Wellek e Warren, já estavam presentes, tais e quais, no padre Dubos ou Marmontel, por exemplo.[5]

---

2 Cf. a nota 3 de Chomsky, *La Linguistique cartésienne*, em particular: "Em geral o que me interessa, e insisto nisso, é menos a filiação de certas ideias e doutrinas do que seu conteúdo e, por último, sua significação atual".

3 Cf. Derrida, "La linguistique de Rousseau", *Revue Internationale de Philosophie*, Bruxelles, n.82, 1967.

4 Cf. a conclusão de Sgard, "Roman et philosophie au siècle des lumières", in: *Jean-Jacques Rousseau et son temps*, obra coletiva apresentada por Launay.

5 Cf. Kibédi-Varga, *Rhétorique et Littérature*, p.127-8.

A retórica de Rousseau

Já no que concerne à linguística, não é ponto pacífico que ela tenha "voltado a ser" o que era no século XVII: a esse respeito, remetemos o leitor à introdução de Michel Foucault à *Grammaire* de Port-Royal, que nos convida a ler, nesse parentesco repentinamente descoberto, algo diferente de uma aproximação real entre duas teorias e, menos ainda, de uma superposição ou uma repetição.[6] E, principalmente, é lícito duvidar que essa "ciência da literatura", menos fortemente estruturada conceitual e formalmente (que só é "muito moderna" na França e que, além disso, está longe de ser tão homogênea quanto o dizem nas diferentes tradições enumeradas[7]), seja a repetição exata da retórica clássica.

A retórica de Rousseau comporta uma teoria do romance e do teatro que não se limita às suas proscrições segundo a perspectiva do moralista ou do legislador. Na verdade, a originalidade mais profunda dessa teoria consiste precisamente em abalar a evidência da ideia de gênero – como se Rousseau já esboçasse o projeto crítico da "arqueologia", pelo menos no sentido que lhe é dado pela epígrafe. A reconstituição dessa teoria apresenta assim um duplo interesse, histórico e sistemático: não se trata apenas de fornecer uma peça essencial ao grande dossiê que a historiografia contemporânea abriu sobre a literatura e sua teoria no século XVIII: tal análise pode fornecer também um contraponto na discussão atual sobre a "ciência da literatura", pois aqui também a obra de Rousseau guarda sua virulência subversiva.

Nosso primeiro passo consistirá em procurar, tanto no interior de *A nova Heloísa* quanto em suas adjacências, aquilo que Rousseau pensa do ro-

---

6 Cf. a introdução de Foucault à *Grammaire Générale et Raisonnée* de Arnauld e Lancelot, em particular: "Ao estudar a 'linguística cartesiana', Chomsky não aproxima a gramática dos clássicos da linguística de hoje [...]. A gramática cartesiana já não é apenas, para a linguística atual, uma prefiguração estranha e longínqua de seus objetos e de seus procedimentos; ela faz parte de sua história específica: ela se inscreve no arquivo de suas transfigurações".

7 Assim, a tradição da "*Litteraturwissenschaft*", marcada pelo pensamento de Dilthey e sua teoria da "compreensão", está bem longe de ser convergente com um formalismo qualquer. Por outro lado, qual o laço que faz comunicar a obra estilística de Spitzer com a de Wellek, em sua reconstituição da história das teorias literárias?

mance ou de suas diferentes figuras. O que não pode ser feito sem passar pela própria história dessa "espécie" de romance.

A queda no romanesco e a retomada crítica

Obra de espontaneidade e reflexão, *A nova Heloísa* é ao mesmo tempo o fruto de uma crise e a ocasião de uma retomada crítica. O romance nasce de uma espécie de extravio: Rousseau nos descreve sua gênese como um tipo de automatismo desencadeado por um devaneio em si mesmo inocente, mas que acaba cortando o ritmo "sazonal" da alma, fixando-a num êxtase patológico. O devaneio deixa de ser um momento na respiração da alma, o instante de repouso que prepara o retorno da reflexão, e impõe sua lei própria fora do seu quadro natural, torna-se totalitário e suprime qualquer outra forma de normatividade:

> Quando a estação fria começou a prender-me em casa, quis retomar minhas ocupações caseiras; não me foi possível. Por toda parte só via as duas encantadoras amigas, seu amigo, os arredores, a região que habitavam, os objetos que minha imaginação criara ou embelezara para elas. Não era senhor de mim mesmo por um só momento, o delírio não me abandonava mais. Após muitos esforços inúteis para afastar de mim todas essas ficções, fui por fim totalmente seduzido por elas, e ocupava-me apenas em dar-lhes alguma ordem e alguma sequência para fazer delas uma espécie de romance.[8]

Trata-se de um verdadeiro rapto e Rousseau descobre que caiu na armadilha de sua própria liberdade naquele final de 1756: o mundo imaginário tomou corpo; já não é "outro" mundo que consola do mundo imediato; ele o esconde e o torna inacessível.

Contudo, no exato momento em que a fascinação é sentida como coerção, o projeto de obra vem inverter a situação: a escrita é uma estratégia que visa à recuperação com relação ao automatismo. Podemos falar aqui de uma espécie de *erotismo do sábio*: ao se apoiar sobre sua passividade, ao

---

8 *O.C.* I, *Les Confessions*, IX, p.434.

reconhecer a espessura do involuntário, o sábio pode guiá-la tecnicamente e transformar o "sonho de volúpia" em "instrução moral". Como a tirania do corpo pode ser contornada pelo conhecimento de sua dependência em relação ao meio físico, a tirania do sonho pode ser redirecionada para um objetivo útil pela sua configuração no interior de uma *ordem* imaginária. Na impossibilidade de exorcizar os fantasmas que assombram sua imaginação, Rousseau direciona a força ou a ação deles para o domínio da unidade e da universalidade; o *idios kosmos* do desejo pode transmitir sua força ao *koinos kosmos* da Lei:

> Tendo tomado esse partido, dou rédeas largas a meus devaneios e, à força de virá-los e revirá-los em minha cabeça, formo por fim a espécie de plano cujo resultado se conhece. Esse era, seguramente, o melhor partido que se poderia tirar de minhas loucuras: o amor do bem, que nunca saiu de meu coração, dirigiu-as para questões úteis, das quais a moral poderia obter proveito.[9]

Como em Platão, a dialética do amor ultrapassa as limitações do singular, submetendo-o à virtude: o devaneio torna-se decente, os costumes e a honestidade conjugal não são comprometidos pelo fogo da paixão. Mais do que isso — pois não se trata, como em certa tradição, de conciliar o prazer e a virtude —, tal sonho se coloca ao serviço do mais alto interesse público; mesmo que o projeto esteja condenado à ineficácia, ele constrói um plano "de concórdia e de paz pública" para reconciliar os partidos dos Filósofos e dos Cristãos e suprimir toda forma de intolerância:

> Inimigo nato de todo espírito de partido, tinha dito francamente a uns e outros verdades duras que eles não escutaram. Encontrei outro expediente que, em minha simplicidade, pareceu-me admirável: o de amenizar seu ódio recíproco destruindo seus preconceitos, e mostrar a cada partido o mérito e a virtude do outro, dignos da estima pública e do respeito de todos os mortais.[10]

---

9 Ibid., p.435.
10 Ibid., p.436.

Uma espécie de romance: Rousseau, crítico da ideia de gênero

Com frequência, comentou-se a espantosa reviravolta que nos conduz do mundo mais privado e secreto ao domínio da pura universalidade, dos caprichos do desejo à missão mais elevada da política e do espírito. Com menos frequência tentou-se penetrar a lógica e a coerência de tal reviravolta. É a ideia de uma inconsequência — e mais, de uma inconsequência confessa — que é quase sempre propalada e que confere ao discurso de Rousseau a natureza de uma simples e frágil racionalização, que interpreta suas declarações solenes como declamação puramente apologética. Feliz inconsequência, deveríamos acrescentar, pois ela forneceria a forma ideal de expressão a um pensamento que repele o esforço puramente conceitual da exposição sistemática. Pois mesmo quando aceitamos a tese da inconsequência, negando valor teórico aos prefácios de *Narciso* e da *Nova Heloísa*, dá-se sempre como certo que "Rousseau precisava da ficção para chegar à expressão menos inexata de seu pensamento";[11] o que permitiu a alguns tomar *A nova Heloísa* como o principal documento para a reconstituição de seu "sistema". Parece-nos, contudo, necessário inverter os termos do problema e colocar a questão da escolha da forma romanesca antes da questão do universo temático que ela veicula: de uma escolha que seria motivada *conceitualmente*, ainda que a psicologia também possa fornecer a sua própria interpretação. Sem a determinação do funcionamento específico do romance, sobre o fundo de uma teoria geral da linguagem, só poderíamos ver, na sucessão de textos — o *Emílio*, *A nova Heloísa* etc. —, as diferentes tentativas de expressão da mesma verdade prévia, e a geografia da obra, perdendo toda estruturação, deixaria de ser essencial. É possível, com efeito, que a escolha dessa forma não seja apenas o resultado de um capricho extravagante, concessão complacente a um espírito fantasioso, mas que venha inscrever-se como etapa de uma estratégia deliberada. Para além do percurso existencial do autor, em seu traçado contingente, *A nova Heloísa* poderia ser interpretada no quadro da estratégia global da retórica, tal como a definimos na primeira parte.

Se há uma crise que desemboca na redação do romance, não há, no entanto, nessa crise, nenhuma inconsequência no plano da teoria — eis o

---

11 Cf. Coulet, *Le Roman jusqu'à la Révolution*, t.1, p.402.

ponto de vista que queremos propor, através da análise da teoria do romance, tal como ela é exposta no prefácio da *Nova Heloísa,* ou mesmo dentro do romance, em plena continuidade com o prefácio de *Narciso.* Já havíamos notado que essa ficção era ao mesmo tempo obra de espontaneidade e obra de reflexão: é preciso realmente refletir sobre o fato de que esse livro, onde ainda se costuma ver a expressão de uma nova "sentimentalidade" que antecipa o romantismo, fornece *sua própria teoria* com um profundo efeito de "distanciamento", como nas formas mais antirromânticas da literatura contemporânea. Teremos a seguir a oportunidade de examinar mais de perto a "crítica" de Rousseau, particularmente na versão que ela recebe no prefácio dialogado, texto a respeito do qual podemos nos espantar, juntamente com Bernard Guyon, "que os historiadores da literatura, e até mesmo os exegetas de Rousseau, lhe tenham dado tão pouca importância".[12] Fiquemos, por ora, dentro dos limites do romance, com o risco de voltar, mais tarde, à ideia mesma de "limite": a própria ficção produz um discurso sobre o universo imaginário que constrói, inscrevendo-o no quadro crítico da antropologia e da filosofia da história. Essa "espécie de romance" é também um discurso que situa o gênero romanesco na história da liberdade, que o coloca em perspectiva na longa história das formas de linguagem e de "governo". É assim que Saint-Preux, etnólogo quando a ocasião se apresenta, descreve especialmente para Julie os costumes das parisienses e sua relação com a literatura:

> Os romances são, talvez, a última instrução que resta dar a um povo suficientemente corrompido para que qualquer outra lhe seja inútil; desejaria que, nessa situação, a composição desse tipo de livros fosse permitida apenas a pessoas honestas, mas sensíveis, cujo coração se retratasse em seus escritos, a autores que não estivessem acima das fraquezas da humanidade, que não mostrassem de uma só vez a virtude no céu fora do alcance dos homens, mas que os fizessem amá-la retratando-a de início menos austera e, depois, do seio do vício, soubessem conduzi-los imperceptivelmente até ela.[13]

---

12 *O.C.* II, "Introduction" de Guyon, p.LXIV.

13 *O.C.* II, *Julie ou La Nouvelle Héloïse,* II, 21, p.277 [ed. bras.: p.249].

À primeira vista, esse texto desenha o lugar histórico do romance, as condições reais de sua emergência, assim como a justificativa de sua prática; ele parece então fundar o direito da obra da qual faz parte. Veremos mais tarde que as coisas são bem menos simples e que o "realismo" na moral não é a única justificativa do romance, mas não deixa de ser verdade que esse texto assinala o lugar do romance e *o tempo de validade do gênero*. Com efeito, é a combinação entre honestidade e sensibilidade a condição necessária à existência do *romance útil* — e é ainda essa mesma combinação que fornece a *matéria* e o *elemento* de *A nova Heloísa*: é a conversão progressiva à virtude, a partir de uma figura "pouco austera" da sensibilidade que não tem nada de irreparável, é essa "forma ideal" do romance que se encarna na própria estrutura da história de Julie e de Saint-Preux.

Esta reflexão imanente, a maneira que Rousseau escolhe para fazer seu romance espelhar a própria imagem não tem nada de irônico: ao contrário, é no *exterior* do romance que se arma um discurso irônico, como no primeiro prefácio, onde o suposto editor adverte o leitor quanto às insuficiências literárias do texto:

> Todo aquele que pretender ler estas cartas deve armar-se de paciência frente aos erros de linguagem, o estilo enfático e sem elegância, os pensamentos triviais apresentados de maneira empolada; deve dizer a si mesmo, de antemão, que aqueles que as escrevem não são franceses, pedantes, acadêmicos, filósofos; mas provincianos, estrangeiros, solitários, jovens, quase crianças, que, em suas imaginações romanescas, tomam por filosofia os honestos delírios de seus cérebros.[14]

Aqui, de fato, a ironia inverte a posição dos termos que opõe, atribui a uma linguagem enérgica os defeitos da *outra* linguagem e prepara a ideia de uma espécie de "sábio delírio", de um sonho lúcido como aquele de que fala Rousseau na nota do *Emílio* que Derrida escolheu para fechar seu livro sobre a *Gramatologia*: "Dir-se-á que também eu sonho; concordo, mas enquanto outros se guardam de fazê-lo, eu tomo meus sonhos como sonhos, deixando

---

14 Ibid., Préface, p.6 [ed. bras.: p.23-4].

que o leitor descubra se têm alguma utilidade para as pessoas despertas".[15] O texto do prefácio sugere, então, o contrário do que diz, e os delírios dos solitários não são incompatíveis com o exercício do pensamento e da crítica; o romance acomoda em seu próprio corpo o espaço onde se inscreve seu conceito e o fundamento de sua possibilidade: mesmo que "inspirada", essa linguagem não esconde nenhum núcleo de "profunda" opacidade, nenhum "mistério", nenhum resíduo do "ainda não pensado" do qual fazemos, hoje, o destino da literatura.[16] Uma perfeita transparência do romance a si mesmo parece, ao contrário, fazer o leitor correr o risco de deslizar em direção ao mundo comum, tornando o enunciado de ficção indiscernível do enunciado de verdade, como se a verdade das Belas-Letras não se opusesse em nada à verdade do mundo, quer dizer: à sua *prosa*. A imaginação não nos conduz, aqui, para um mundo secreto e misterioso, e o mundo "outro" que ela delineia não é outro senão o mundo real, este mesmo mundo onde o leitor pode circular, depois de fechar o livro, com a condição de olhá-lo com uma alma nova. O próprio *tempo* da história de Julie pode facilmente ser absorvido no tempo real em que vivem os leitores contemporâneos. J.-L. Lecercle observa a respeito:

> Ele se aplicou em dar limites de tempo muito precisos à sua narrativa. A morte de Julie é datada em relação à vida do autor: "Eu passei por lá (por Clarens) justamente no ano do evento funesto". Muitas vezes, são estabelecidos marcos; os personagens contam os anos que correm; ouve-se o eco de eventos contemporâneos e, se o cronista às vezes se confunde um pouco, *o leitor de seu tempo, contanto que não faça pesquisas cronológicas, pode ter o sentimento de estar diante de eventos de um passado recente.*[17]

Essa transparência nos incomoda e coloca, desde o início, o problema da verossimilhança ou, mais precisamente, do sentido desse conceito e de suas metamorfoses ao longo da história do romance. Não seria colocar em

---

15 *O.C.* IV, *Émile ou De l'Éducation*, II, p.351, nota [ed. bras.: p.120].

16 Cf. o ensaio de Blanchot sobre Broch, in: *Le Livre à venir.*

17 Cf. Lecercle, *Rousseau et l'art du roman*, p.159-60 (sublinhado por Prado Jr.).

perigo a verdade específica da linguagem do romance introduzir assim, na própria boca dos personagens, uma reflexão tão sistemática que atravessa toda a profundidade da cultura e produz, com uma "estética", uma ética, uma política e uma teologia? Não seria uma inabilidade "técnica" do autor fazer, em particular, uma moça expor os princípios de uma teoria tão austera, a tal ponto que Julie acaba se confundindo com certo número de teses teológicas e morais? Tudo isso não implicaria uma deplorável confusão entre a perspectiva do narrador e a do personagem? A própria realidade do personagem não acabaria por sofrer com tal usurpação? A escolha da forma epistolar não teria sido feita para esconder essas dificuldades? Mas já se observou como a dupla relação que a carta estabelece com o destinatário imaginário e o leitor real torna mais complicado o problema da verossimilhança. Assim, a prolixidade de Julie agonizante, que só é acentuada pelos parênteses em que se explica:

> Falo demasiado para uma doente, mas não para quem está à beira da morte; em breve não direi mais nada. Quanto aos raciocínios, não os faço mais, mas já os fiz. Sabia, quando tinha saúde, que era preciso morrer. Refleti muitas vezes sobre minha última doença; hoje tiro proveito de minha previdência.[18]

Certamente, são dificuldades inseparáveis da forma epistolar, e aqui não estamos muito longe do efeito cômico que ganha, em *Clarissa*, a resposta de Mrs. Moore a Lovelace, quando este lhe pergunta de que maneira emprega o tempo: — *"Writing continually, Sir"*. Como as intervenções do editor nas notas de rodapé, os esclarecimentos dos personagens dão a ideia de falta de espessura da ficção ou, então, de inabilidade na intenção realista da narrativa.

De fato, Rousseau aqui antecipa pela boca de Julie, tentando evitar de antemão a crítica que os leitores não deixarão de formular, quer os contemporâneos, quer os de outro tempo, mas sempre em nome das "regras do gênero". Um século depois da publicação de *A nova Heloísa*, podemos ler, sob a pena de Taine, um julgamento severo que declara o romance tedioso pelo caráter "arrazoador" de seus personagens:

---

18 O.C. II, *La Nouvelle Héloïse*, VI, 11, p.719 [ed. bras.: p.616].

> É preciso muita força de vontade para ler *A nova Heloísa*; [...] o autor é sempre autor, e comunica seu defeito aos personagens: Julie argumenta e discorre, durante vinte páginas seguidas, sobre o duelo, sobre o amor, sobre o dever, com uma lógica, um talento e as frases que fariam jus a um acadêmico moralista.[19]

Instruídos pela redescoberta contemporânea do romance do século XVIII, poderíamos ficar tentados a enxergar, no juízo de Taine, o efeito de uma compreensível ilusão retrospectiva, de um juízo que toma ingenuamente os cânones do realismo do século XIX como a verdade primeira e última de todo gênero de narrativa: a "dissertação" dentro do romance não é, de fato, uma originalidade de Rousseau, e quase todo o romance do século XVIII é "filosófico"; quem, de fato, seria mais "arrazoador" do que Sade, que só faz conduzir, também aqui, as estruturas do pensamento das Luzes a seu ponto de não retorno? Mas, mesmo entre os contemporâneos de Rousseau, essa crítica está presente e até transparece, com uma ponta de inquietação, no discurso daqueles que se fazem advogados de *A nova Heloísa*; assim, no elogio que D'Alembert faz ao romance, conferindo-lhe o mérito da verossimilhança, ouvimos o eco dos adversários: "Ouço dizer que todas as cartas são do mesmo tom e que é sempre o autor quem fala, e não os personagens; não senti esse defeito; as cartas do amante parecem-me cheias de calor e de força, e as de Julie, de ternura e de razão".[20] Para a crítica oficial, com efeito, se não para o grande público mundano, o julgamento do romance era antes negativo, nos mesmos termos colocados por Taine um século mais tarde; é o caso de Sabatier de Castres, que condena, sem nuances, o romance:

> As cartas de *A nova Heloísa*, consideradas como romance, não têm quase nada em comum com as regras que devemos observar nesse tipo de obra: plano mal ordenado, intriga viciosa, desenvolvimento penoso e demasiado lento, ação

---

19 Taine, *Les Origines de la France contemporaine*, t.II: L'Ancient Régime, p.107-8.
20 D'Alembert, *Oeuvres*, t.IV, p.461.

fraca e desigual, caracteres fora da natureza, personagens dissertadores e, por isso mesmo, tediosos.[21]

O tornar-se-gênero do romance ou as dificuldades do historicismo

É curioso que se multipliquem justamente a propósito de *A nova Heloísa* os apelos às regras que comandam desde sempre a essência da narrativa romanesca, pois parece não haver dúvida de que essa obra tenha sido essencial para o tornar-se-gênero do romance, ou, pelo menos, o que não é muito diferente, para a sua admissão na república das Belas-Letras. Se não é o único livro responsável por essa promoção, não é menos verdade, no que diz respeito à literatura francesa,[22] que "a obra de J.-J. Rousseau, a mais adulada do século, não é estranha às honras do gênero por inteiro".[23] Vemos, assim, o quanto são numerosas as razões que levam ao questionamento da concepção rousseauista do romance: não se trata simplesmente de esclarecer um ponto particular e marginal de sua doutrina, mas talvez também de abrir uma clareira privilegiada no entroncamento entre a teoria e a história do romance. É certo, com efeito, que por trás dos diversos juízos que acabamos de enumerar, na "evidência" das normas que invocam, é uma escolha metafísica que determina o sentido tanto da literatura quanto da história. Mais do que isso, toda uma história subterrânea – que já não é das obras, mas da ideia da literatura em suas relações com a verdade e o poder – se esconde sob a permanência de uma linguagem pouco rigorosa: se, cortados de seus contextos, os juízos de Sabatier de Castres e de Taine podem ser literalmente sobrepostos, também é certo que remetem a horizontes bem diferentes, e que ideias como as de "natureza", "verossimilhança", "autor"

---

21 Castres, *Les Trois siècles de la littérature françoise*, t.III, 1774, p.248.

22 Sobre a gênese do romance no século XVIII inglês, cf. Watt, *The Rise of the Novel* [ed. bras.: *A ascensão do romance*].

23 Cf. May, *Le Dilemme du roman au XVIIIᵉ siècle*, p.3.

e "personagem" não são nunca as mesmas nos dois casos. Concedamos à moda: aquilo que se esconde, no que se refere ao romance, sob esses discursos de vocação normativa, é um profundo corte na teoria e na prática do romance antes e depois da Revolução. Ao ler a teoria rousseauista do romance, para além do ponto particular da doutrina, é o lugar de Rousseau nessa história global que poderá ser determinado – um lugar, como veremos, particularmente crítico.

A ideia desse corte é menos banal do que parece. É ela que marca o limite de todas as tentativas de uma teoria unitária onde, para "salvar a unidade do gênero romanesco", o teórico é obrigado a selecionar na história, segundo problemáticas hierarquias de valor, o importante e o não significativo.[24] De uma maneira ou de outra, acaba-se sempre por dar ao gênero a fixidez de uma essência[25] ou, o que não é muito diferente, por inventariar os progressos das formas da narrativa em direção à perfeição. Essa concepção mostra seus limites de forma particularmente nítida no caso do romance do século XVIII, que se costuma tomar, como observa H. Coulet, como o desenho impreciso daquilo que será o romance realista do século XIX. Até num livro tão crítico quanto *Mímesis*, de Erich Auerbach, onde, contudo, são sobretudo as *diferenças* entre as formas da representação literária da realidade na cultura ocidental que são procuradas, um certo monismo reaparece quando

---

24 Cf. Coulet, op. cit., p.7.

25 Esse "essencialismo" aparece de maneira exemplar na conclusão do ensaio de Sartre sobre Blanchot, em *Situations I*: "Esses momentos são suficientes porém para revelar Blanchot como um escritor de qualidade. Ele é engenhoso e sutil, às vezes profundo, ama as palavras; só lhe falta encontrar seu estilo. Sua incursão no fantástico não foi sem consequências: fez um balanço. Kafka era inimitável; permanecia no horizonte como uma eterna tentação. Por tê-lo imitado sem o saber, Blanchot nos liberta dele, ilumina seus procedimentos. Catalogados, classificados, congelados, inúteis, esses procedimentos não mais causam medo ou vertigem: Kafka seria apenas uma etapa; por meio dele, bem como de Hoffmann, de Poe, de Lewis Carroll e dos surrealistas, o fantástico persegue no progresso contínuo que deve, no limite, confluir com aquilo que ele sempre foi". Sartre, *Situations I*. p.132 [ed. bras.: *Situações I: crítica literária*, p.149].

se trata do romance. Decerto, nessa reconstrução da história do romance, Rousseau guarda um lugar privilegiado e Auerbach concede-lhe um papel de antecipação que é mais sutil do que aquele que lhe dava a historiografia tradicional e que nada tem a ver com uma mutação das formas da sensibilidade. É na ruptura com a ótica "moralista" da literatura esclarecida que se mostraria essa originalidade de Rousseau e a força antecipadora de sua obra: ao contrário de Diderot, Rousseau anunciaria uma forma de *realismo* que não seria o da descrição "ampliada" da cotidianidade, no horizonte das classes de nível médio ou inferior, onde a seriedade da narrativa permanece subordinada à atitude moral e satírica. É a História com H maiúsculo que desponta, segundo Auerbach, nos escritos de Rousseau, como uma voz que experimenta timidamente o canto do realismo do século XIX; o autor de *Mímesis* remete seu leitor a uma observação de Meinecke, o historiador do historicismo: "apesar da insuficiência de seu pensamento histórico [Rousseau podia] contribuir para o despertar de um sentido novo da individualidade pela simples realização de seu próprio indivíduo".[26] Segundo Meinecke e Auerbach, Rousseau abre, à sua revelia, na idiossincrasia de seu caráter e pelo excepcional de sua individualidade, o campo de uma mutação conceitual. A mesma mutação que, sempre segundo Auerbach, torna possível, na literatura, o estilo do realismo, forma correspondente à descoberta reflexiva da *verdade* da História. Rousseau, à sua revelia: pois ele não é, propriamente falando, um realista,

> ele empresta a seus temas, e também à sua vida, um interesse tão fortemente apologético e ético-crítico, os juízos que exprime sobre os acontecimentos são de tal modo determinados por seus princípios de direito natural, que a realidade do mundo social não se torna diretamente o objeto de suas obras.[27]

A razão historiadora encontra, porém, não em *A nova Heloísa,* mas nas *Confissões,* as raízes tanto da consciência histórica quanto do romance como

---

26 Auerbach, *Mimesis,* p.463 [ed. bras.: *Mimesis: a representação da realidade na literatura ocidental,* p.417].

27 Ibid., p.463 [ed. bras.: p.417].

A retórica de Rousseau

gênero triunfante, porque, nesse texto único, Rousseau "tenta representar sua própria existência em sua situação real com relação ao tempo em que viveu", fornecendo, assim, "um importante modelo estilístico para os escritores que possuíam, mais que ele, o senso da realidade dada".[28] Pela primeira vez, eis que a "realidade dada" é efetivamente dada sem equívoco; ela se tornou evidente e familiar na história com a emergência da consciência da historicidade. A ideia de Natureza, essencial tanto para Rousseau quanto para seus contemporâneos, continua, decerto, a dificultar o pensamento realista e histórico, mas, ao "politizar" uma concepção idílica da Natureza, Rousseau prepara o realismo "sério" e a filosofia do historicismo. Em sua obra essencialmente *utópica*, ao dar a imagem de uma vida ideal ao alcance do possível, Rousseau desencadeia, por uma espécie de efeito bumerangue, o contrário da utopia: "Essa imagem ideal se opunha à realidade histórica existente, e tal oposição tornou-se cada vez mais violenta e trágica à medida que se tornava evidente que a realização do ideal abortava".[29] Por um excesso, verdadeira *hybris* de uma utopia cega, revelam-se finalmente, com um brilho até então desconhecido, o real efetivo e sua historicidade, "de uma maneira bem mais concreta e direta do que jamais".[30]

Embora Rousseau seja assim privilegiado dentro do quadro da literatura e do pensamento do século XVIII, não deixa de ser verdade, para Auerbach, que o romance desta época se busca ainda e ainda não achou, com sua linguagem própria, o bom ancoradouro na realidade. Essa falta aparece na comparação com a obra de Stendhal, apresentada como o paradigma do gênero reconciliado com sua essência: aqui, o mundo romanesco mostra em transparência a experiência da história contemporânea, vivida nos grandes acontecimentos que marcam seu movimento de crise e transformação. Retrospectivamente, torna-se assim visível que "Rousseau não conheceu os abalos da história".[31] Seria preciso insistir naquilo que há de problemático em tal asserção? Lembremos simplesmente a observação feita no

---

28 Ibid.
29 Ibid.
30 Ibid.
31 Ibid., p.464.

Emílio: "Aproximamo-nos do estado de crise e do século das revoluções",[32] e reenviemos o leitor, provisoriamente, à análise feita por B. Groethuysen da relação entre Rousseau e a Revolução. Conservemos, por enquanto, a hierarquia que a análise de Auerbach estabelece entre o "realismo moralista" e o "realismo sério" do século XIX:

> Na medida em que o realismo *sério* [*o grifo é nosso*] dos tempos modernos só pode representar o homem comprometido com uma realidade global política, econômica e social em constante evolução – como é o caso hoje em qualquer romance ou filme –, Stendhal é seu fundador.[33]

A dificuldade de tal análise não se mostra apenas na maneira negativa pela qual circunscreve o romance pré-stendhaliano: no texto que acabamos de citar, o *hoje* de que fala Auerbach é definido de modo igualmente problemático. Pois o romance pós-realista também corre o risco de ser o objeto de uma determinação tão negativa quanto o romance do Antigo Regime. É o que nos mostra a análise de Proust, Joyce e Virginia Woolf que fecha o livro de Auerbach: depois da clareza da história no século XIX, enfim transparente em seu movimento global, voltamos, nos tempos da Primeira Guerra Mundial, à confusão e às contradições, num refluxo que não é fácil de dominar teoricamente. Decerto, Auerbach não atribui a essa nova figura do romance a natureza de uma pura queda ou de uma simples regressão; nem por isso é menos verdade que o novo estilo desarranja as categorias do teórico, como se pode ver no parágrafo seguinte, que convém ler *in extenso*, tão expressivo ele é dos obstáculos que se opõem a toda teoria que pretende fundar a unidade do gênero romanesco numa teleologia qualquer:

> Mas tal procedimento [Auerbach fala da dissolução do real "no jogo múltiplo e polivalente dos reflexos de consciência" na nova técnica da narrativa] não é apenas um sintoma de confusão e incerteza, não é apenas o espelho do declínio de nosso mundo. Decerto, muitas coisas militam em favor de tal

---

32 *O.C.* IV, *Émile*, III, p.468 [ed. bras.: p.248].
33 Auerbach, op. cit., p.459 [ed. bras.: p.414].

visão; reina, em todas essas obras, uma espécie de atmosfera de fim de mundo: sobretudo em *Ulysses*, com sua confusão irônica de matizes, inspirada pelo amor e pelo ódio da tradição europeia, com seu notável e doloroso cinismo, seu simbolismo hermético – pois a análise mais minuciosa não iluminará outra coisa além da melhor compreensão do entrecruzamento dos temas, sem nada nos instruir acerca da intenção e do sentido da obra. A maioria dos demais romances que utilizam a técnica dos múltiplos reflexos na consciência também dão ao leitor o sentimento de que não há nenhuma saída; frequentemente detectamos neles algo de desconcertante ou de velado, algo de hostil à realidade que representam; tampouco é raro encontrar aversão contra a vontade prática de viver ou o prazer maligno de representar sob suas formas mais brutais: a aversão à cultura se exprime nessas obras pelos meios estilísticos mais sutis que a cultura criou, e às vezes também se manifesta nelas um gosto fanático e radical de destruição. Quase todas essas obras têm em comum o caráter enigmático, indefinível de seu sentido – precisamente esse simbolismo hermético que encontramos também em outras expressões artísticas da mesma época.[34]

Através desse texto, onde transparece um certo desalento diante das novas formas da arte e da literatura, percebe-se bem quem se espanta: o rosto do humanista. A "seriedade" do realismo moderno, a determinação inequívoca de uma forma unitária que delimita normativamente o campo da verdade romanesca, a universalidade dos valores da cultura ocidental, todos esses termos se articulam para compor uma visão da história cujo *telos* é ao mesmo tempo o reino da razão e a glória do homem. Uma visão da história que está comprometida com a metafísica e que começou justamente a ser abalada pela crítica de Rousseau. Não estamos pensando aqui nas teses mais gerais de sua filosofia da história, mas em sua obra crítica no domínio particular da literatura, em sua reflexão sobre a história do teatro e sobre o destino do romance. O essencial dessa crítica está na recusa em situar as formas literárias no absoluto de uma temporalidade linear ou de um espaço homogêneo, na busca das *diferenças* e no inventário dos estilos de articulação

---

34 Ibid., p.546-7 [ed. bras.: p.496].

Uma espécie de romance: Rousseau, crítico da ideia de gênero

da narrativa ou do espetáculo com o público: aquele que escreve, aquele que lê, o próprio texto, não têm nunca as mesmas posições e o mesmo sentido nas diferentes estruturas que os ligam. Em Rousseau, começa o estudo dos diferentes *estilos de individualização da narrativa*, um estudo que não deixa intacta a ideia clássica de gênero e prefigura certa crítica atual que já não poupa (mas isso também já despontava na descrição do estilo de escrita dos solitários no mundo ideal dos *Diálogos*) a própria ideia de livro:

> Um romance de Stendhal ou um romance de Dostoievski não se individualizam como os da *Comédia humana*: e estes últimos, por sua vez, não se distinguem uns dos outros como *Ulysses* e a *Odisséia*. É que as margens de um livro não são nunca nítidas, nem rigorosamente demarcadas: para além do título, das primeiras linhas e do ponto-final, para além de sua configuração interna e da forma que lhe dá autonomia, ele é tomado por um sistema de remissões a outros livros, outros textos, outras frases: nó em uma rede.[35]

Por que ficar assim repisando ideias tão gerais sobre o romance e sua história? Por certo, ao fazê-lo, mantemos sempre algum contato, embora enviesado, com o que nos interessa; mas tudo isso não estaria nos afastando da obra de Rousseau e de nosso objeto próprio? Isso nos permite, ao menos, economizar toda uma discussão, da qual já estamos fartos, sobre falsos problemas – exorcizamos a tentação de medir *A nova Heloísa* segundo parâmetros que não os seus. Mas isso também nos permite deslocar a questão da *teoria* de Rousseau desse lugar onde se trata apenas do instável equilíbrio entre a produção literária e sua condenação político-moral.

O peso do século: escrita, instituição e gênero

Guardemos a observação de Roger Kempf, que, nas entrelinhas da história do romance clássico, lê a presença contínua de uma "idade da suspeita".[36] Decerto, Kempf fala apenas de uma suspeita diante da inve-

---

35 Foucault, *L'Archéologie du savoir*, op. cit., p.34 [ed. bras.: p.34].
36 Cf. Kempf, *Diderot et le roman, ou, Le Démon de la présence*.

rossimilhança que afeta as convenções literárias da narração: nem por isso é menos verdade que, em seu distanciamento irônico com relação a essas convenções (cuja figura extrema é dada certamente por *Tristram Shandy* de Sterne), o romance clássico nos faz pensar na antiliteratura de nosso século. Mas essa fórmula ressoa melhor no elemento da linguagem de Rousseau: ali, a suspeita não se limita à "verdade" das convenções literárias, nem a um efeito moral exterior à própria substância das Belas-Letras. É num domínio muito mais radical que o da topologia e da hierarquia dos gêneros que essa suspeita desenvolve seu trabalho. É o próprio ato de escrever que é posto em questão ou, mais precisamente, o *ser-escritor,* que esse ato exprime e cristaliza. Tal nuance não é consequência de um escrúpulo fútil, e marca o ponto essencial de uma teoria crítica que o *Discurso sobre as ciências e as artes* mostrava apenas em seu efeito mais superficial.

A questão é formulada muito claramente no prefácio de *Narciso,* onde o conteúdo do primeiro *Discurso* é retomado no plano da polêmica que suscitara entre os leitores. O prefácio tenta demonstrar que a oposição entre o autor do primeiro *Discurso* e o autor das peças de teatro não se traduz em uma contradição no pensamento ou na obra de Rousseau. Os intérpretes mais bem-intencionados são, mesmo assim, unânimes em desacreditar o valor teórico dessa argumentação e até mesmo sua sinceridade. No lugar em que Rousseau recusa a presença da contradição, veem a confissão dela. Em seu comentário do relato que fazem as *Confissões* da gênese de *A nova Heloísa* – do caráter "involuntário" de seu nascimento –, B. Guyon encontra na psicologia da criação argumentos favoráveis à descrição dada por Rousseau e acrescenta:

> Por outro lado, basta refletir sobre a situação em que se encontrava Rousseau para compreender que o projeto deliberado de escrever um romance devia lhe parecer inaceitável. Ele havia pecado outrora; escrevera óperas, peças de teatro: recentemente, sucumbira mesmo à tentação de representá-las, de publicá-las. Desde então, escrevera o *Prefácio de Narciso* e se declarara culpado.[37]

---

37 *O.C.* II, "Introduction" de Guyon, p.XXXIII-IV.

Uma espécie de romance: Rousseau, crítico da ideia de gênero

Mas será que Rousseau se declara realmente culpado no *Prefácio de Narciso*? Releiamos o parágrafo final desse texto, onde o problema é colocado da maneira mais incisiva:

> Aconselho, portanto, aqueles que estão tão empenhados em buscar críticas para me dirigir que procurem estudar melhor meus princípios e observar melhor minha conduta antes de me acusar de contradição e de inconsequência. [...] Enquanto aguardo, escreverei livros, farei versos e música se para tanto tiver o talento, o tempo, a força e a vontade; continuarei a dizer muito francamente todo o mal que penso das letras e daqueles que as cultivam, e acreditarei não valer menos por isso. É verdade que algum dia se poderá dizer: esse inimigo tão declarado das ciências e das artes fez, no entanto, e publicou, peças de teatro; e esse discurso será, admito, uma sátira muito amarga, não de mim, mas de meu século.[38]

Confissão de contradição? Sim, a não ser que se atribua um significado positivo à última proposição e que se torne compreensível essa estranha partilha de responsabilidades e a ideia de "Século" que nela se exprime. Mas é justamente essa disjunção que o *Prefácio de Narciso* torna teoricamente possível, mediante uma nova exposição do conteúdo do primeiro *Discurso,* que acerta as contas com as simplificações abusivas sofridas por esse texto no calor da polêmica. Rousseau começa expondo, não sua teoria, mas a versão caricatural que seus adversários refutavam sem nenhuma dificuldade:

> A ciência não é boa para nada e só faz o mal, pois ela é má por sua natureza. Ela não é menos inseparável do vício que a ignorância da virtude. Todos os povos letrados sempre foram corrompidos; todos os povos ignorantes foram virtuosos: em suma, só há vícios entre os sábios, só é virtuoso quem não sabe nada. Há, portanto, um meio de voltarmos a ser pessoas honestas: apressarmo-nos a proscrever a ciência e os sábios, queimar nossas bibliotecas, fechar nossas Academias, nossos Colégios, nossas Universidades, e mergulhar novamente em toda a barbárie dos primeiros séculos.[39]

---

38 *O.C.* II, *Narcisse ou L'Amant de lui-même*, Préface, p.973-4 [ed. bras.: p.435-6].
39 Ibid., p.963-4 [ed. bras.: p.428].

Antes de examinar o alcance deste texto irônico, a leitura do primeiro *Discurso* que ele recomenda, por assim dizer, *a contrario*, é preciso sublinhar que, nessa simplificação extrema de suas próprias teses que suprime todo o seu sentido, Rousseau não está simplesmente facilitando a sua argumentação em nome das necessidades da causa: esta era, de fato, uma interpretação corrente de seu pensamento, mesmo entre os melhores leitores, como o prova a célebre carta de Voltaire, cuja ironia não esconde a ingenuidade maciça de sua leitura do texto de Rousseau: "Dá vontade de andar de quatro quando lemos sua obra. No entanto, como há mais de sessenta anos perdi esse hábito, sinto que infelizmente me é impossível retomá-lo e deixo essa postura natural àqueles que são mais dignos dela do que o senhor e eu".[40] Ao se explicar, no *Prefácio de Narciso*, Rousseau talvez não confesse suas contradições: ele explica, em todo caso, por que o "século" estava fadado a não compreendê-lo, e a carta de Voltaire explica um pouco a necessidade de tal explicação.

No resumo feito por Rousseau, assim como na interpretação que podemos ler, indiretamente, na ironia da carta de Voltaire, a mesma operação é transparente: a gênese ideal se torna relato real, o conflito histórico dos valores torna-se oposição absoluta. É de fato no plano dos princípios que o equívoco mergulha suas raízes: apresentam-se como verdades materiais e descritivas os meros momentos de uma análise, toma-se como enunciado de um sistema de normas universalmente válido aquilo que é apenas uma genealogia e uma diagnose dos valores *em suas condições materiais de emergência*. Pois não é nunca das ciências e das artes em absoluto, em sua profunda e eterna identidade numérica, que fala Rousseau, mas de seu funcionamento, de seu uso no interior dos canais da sociabilidade, de sua apropriação no jogo do Poder. O equívoco incide sobre o método: todos os textos metodológicos insistem no fato de que, no conhecimento do homem, a passagem para a verdade também é a passagem da ilusão da *coisa* para a descoberta das *relações*, como talvez fique mais claro do que nunca em um parágrafo da *Idée de la méthode dans la composition d'un livre*:

---

40 *Lettre de Voltaire à Rousseau* (30/08/1755), in: *Correspondance de Voltaire*, t.IV, éd. Theodore Besterman, p.539.

Uma espécie de romance: Rousseau, crítico da ideia de gênero

Gostaria, portanto, de sempre começar minhas discussões pela ordem de provas mais fraca. Há assuntos em que os argumentos mais convincentes se extraem do próprio fundamento do objeto; as questões físicas são desse tipo. Assim, o conhecimento da natureza das plantas pode certamente ser auxiliado pelo conhecimento do terreno que as produz, dos sucos que as nutrem e de suas virtudes específicas, mas jamais se conhecerá bem sua mecânica e seus princípios motores se elas próprias não forem examinadas, se não se considerar toda a estrutura interior, as fibras, as válvulas, os condutos, a casca, a medula, as folhas, as flores, os frutos, as raízes, em suma, todas as partes que entram em sua composição. Nas pesquisas morais, ao contrário, eu começaria por examinar o pouco que conhecemos do espírito humano considerado em si mesmo e tomado como indivíduo, daí tiraria, de maneira tateante, alguns conhecimentos obscuros e incertos; mas, abandonando logo esse tenebroso labirinto, apressar-me-ia a examinar o homem por suas relações, e é daí que tiraria uma multidão de verdades luminosas que fariam logo desaparecer a incerteza dos meus primeiros argumentos, e que seriam ainda iluminados pela comparação.[41]

O juízo acerca das artes e das ciências não é e não pode ser, portanto, da mesma ordem que aquele que enuncia *isto é preto* ou *isto é branco*, pois o objeto do juízo é inseparável das relações históricas e *contingentes* que o cercam e o constituem: o conhecimento do homem é, por assim dizer, *clínico*, no duplo sentido de visar a uma situação singular, efêmera, e de atravessá-la em direção à sua possível modificação. O juízo acerca das artes e das ciências é feito *no meio* [*milieu*] *do Século*, sem se demorar, como seria possível, no inventário de outras histórias que poderiam ter-se desenrolado.

É o que indica a oposição, feita no *Prefácio de Narciso*, entre "a ciência tomada de uma maneira abstrata" e a "louca ciência dos homens":

Fiz ver que a origem de nossos erros a esse respeito provém de que confundimos nossos vãos e enganosos conhecimentos com a soberana inteligência

---

41 *O.C.* II, "Idée de la méthode dans la composition d'un livre", in: *Mélanges de littérature et de morale*, p.1244-5.

que vê de um só relance a verdade de todas as coisas. A ciência tomada de uma maneira abstrata merece toda [a] nossa admiração. A louca ciência dos homens é digna apenas de zombaria e desprezo.[42]

Decerto, esse texto mobiliza a temática do ceticismo e assinala o abismo que separa a subjetividade finita do homem da verdade em si, da qual apenas o entendimento de Deus, em sua infinitude, detém o privilégio – limitação do entendimento do homem que é, como se sabe, peça essencial no pensamento de Rousseau. A essa temática, no entanto, vem se superpor outra, que não é menos essencial e que versa sobre as *interpretações* humanas de sua "louca" ciência, pois é evidente que o texto fala menos do *erro* que do horror de certo uso da não verdade. À simples "vaidade" do saber, inocente em si mesma, que denunciam os céticos, Rousseau opõe a *perversidade* do saber, uma perversidade que advém da prática que o invoca no próprio meio do século. A "loucura" das ciências dos homens teria um alcance bem pequeno se fosse apenas uma desmedida do entendimento, se não tivesse cumplicidades seculares e não desencadeasse a vontade do "douto" enquanto indivíduo ou como "particular". Tal ciência é louca, neste século, porque, aqui e agora, ela é inseparável da vontade de potência. O equívoco primeiro, fonte dos males, não é exatamente um erro, mas um logro. À teoria psicológica da gênese do erro, Rousseau opõe uma teoria histórico-psicológica do "mau gosto", que, fato excepcional, não é guiada pela perspectiva do consumidor ou do "*connaisseur*":

> O gosto das letras, da filosofia e das belas-artes aniquila o amor dos nossos primeiros deveres e da verdadeira glória. Uma vez que os talentos usurparam as honras devidas à virtude, todos querem ser homens agradáveis e ninguém se preocupa em ser homem de bem. Daí decorre também esta outra inconsequência: recompensamos nos homens apenas as qualidades que não dependem deles, pois nossos talentos nascem conosco, apenas nossas virtudes nos pertencem.[43]

---

42 *O.C.* II, *Narcisse*, Préface, p.965 [ed. bras.: p.429].
43 Ibid., p.966 [ed. bras.: p.430].

Uma espécie de romance: Rousseau, crítico da ideia de gênero

Aos "talentos" só é atribuído um valor negativo se pretenderem identificar-se com a virtude ou substituí-la, e isso só é possível num século que convida a tal confusão: Grécia e Roma, a bela Antiguidade é prova de que tal confusão não é necessária. Mesmo em Genebra, onde as "qualidades" não têm o mesmo sentido e peso que em Paris, ou num outro espaço "secular" qualquer, podemos perfeitamente imaginar formas de saber e de arte que guardam a distância e o respeito pela virtude: para um republicano, um "homem de qualidade" não extrai necessariamente sua qualidade de sua diferença.

Assim, bem se vê qual é o peso do século: mas ele é ainda maior na medida em que o século impõe, com sua linguagem (no sentido estrito, mas também nos sentidos derivados), um horizonte intransponível. O pensador intempestivo não pode se impedir de passar pelas malhas da linguagem de seu tempo: mesmo que seu trabalho consista em despedaçá-la, é preciso que ele comece por situar-se nela, pois não pode falar a partir de um *alhures* absoluto. Mas, se escrever significa, portanto, apoiar-se em uma linguagem a fim de desviá-la para uma nova direção, se dizer só pode ser contradizer, podemos conceder um sentido positivo à afirmação de Rousseau: "É verdade que algum dia se poderá dizer: esse inimigo tão declarado das ciências e das artes fez, no entanto, e publicou, peças de teatro; e esse discurso será, admito, uma sátira muito amarga, não de mim, mas de meu século".[44]

Não, não há neste texto uma confissão de contradição: ao escrever peças de teatro ou *A nova Heloísa*, Rousseau não entra na classe ou no corpo dos "letrados"; ele rouba, ao contrário, o bem que lhes confere um privilégio, dando às Belas-Letras um novo estatuto, no qual elas já não são o epifenômeno da vontade de potência ou de diferença. Trata-se de uma *escrita* bem diferente, como mostra o belíssimo texto dos *Diálogos*:

> Os habitantes do mundo encantado produzem em geral poucos livros,
> e não se preparam para fazê-lo; isso jamais é um ofício para eles. Quando o
> fazem, é preciso que sejam forçados a isso por um estímulo mais forte que
> o interesse e mesmo que a glória. Esse estímulo, difícil de conter, impossível

---

44 Ibid., p.974 [ed. bras.: p.436].

de simular, faz-se sentir em tudo o que produz. Alguma feliz descoberta a publicar, alguma bela e grande verdade a divulgar, algum erro geral e pernicioso a combater, enfim, algum ponto de utilidade pública a estabelecer; eis os únicos motivos que podem fazê-los tomar a pena; e ainda é preciso que as ideias sejam suficientemente novas, suficientemente belas, suficientemente marcantes para pôr seu zelo em efervescência e forçá-lo a se manifestar. Para isso não há, entre eles, nem tempo nem idade apropriada. Como escrever não é para eles um ofício, começarão ou cessarão cedo ou tarde, conforme o estímulo os incitar. Quando cada um tiver dito o que tinha a dizer, voltará a ficar tranquilo como antes, sem ir meter-se nos cassinos literários, sem sentir essa ridícula comichão de ficar eternamente refazendo e rabiscando papéis, que se diz estar vinculado ao ofício de autor; e alguém, dotado talvez de gênio, não se aperceberá disso, e morrerá sem ser conhecido por ninguém se nenhum objeto vier animar seu zelo a ponto de forçá-lo a se exibir.[45]

Essa crítica ao "ofício de autor" é particularmente importante e nos permite finalmente centrar a questão das Belas-Letras em Rousseau. Primeiro, ela nos mostra o quanto é injustificado ver na crítica rousseauísta da escrita a expressão de uma filosofia da subjetividade ou da presença a si. Os limites da escrita não são dados pelo fato de que ela é incapaz de oferecer, em seu meio de exterioridade, a verdade inefável da experiência vivida: ela só se torna um mal quando e porque ela se institucionaliza. Da mesma forma, a ideia de "impulso" ou de "estimulantes" não pode ser enquadrada na categoria das interpretações românticas ou místicas da inspiração e da criação. Ao contrário, ela pede para ser interpretada na linguagem mais prosaica da "metafísica da preguiça". É a ideia de *trabalho*, finalmente, que se encontra no centro de nosso texto: a boa escrita é aquela que não obedece à teleologia exigente do trabalho e à objetivação do *tempo* que ele implica.

Mas, ao submeter assim a escrita ao regime da *economia*, o autor faz dela uma "especialidade". Sobre o fundo da linguagem humana se destaca assim a linguagem particular da literatura, que se pretende, no entanto, em sua própria particularidade, *universal*, e o escritor passa a se definir

---

45 *O.C.* I, *Rousseau juge de Jean-Jacques*, Premier Dialogue, p.672-3.

Uma espécie de romance: Rousseau, crítico da ideia de gênero

como o especialista do universal. O nascimento dessa linguagem separada é essencialmente uma normalização da linguagem comum que reflete, em seu domínio próprio, a normalização da vida social: o sistema das normas literárias, a hierarquia dos gêneros, exprime e justifica, ao mesmo tempo, uma sociedade que se funda sobre a negação da igualdade. Assim para o teatro francês (que, nisso, difere tanto da tragédia grega quanto da festa popular), que afasta, separa, distingue os espectadores e desqualifica o povo; se ele tem "suas regras, suas máximas, sua moral própria, assim como sua linguagem e suas vestimentas",[46] é porque é apenas o espelho dos poderosos e impõe a imagem destes como a verdade de toda a humanidade. O que é mais uma maneira de assegurar sua dominação.

A essa escrita normalizada, Rousseau opõe a ideia de uma escrita, por assim dizer, *irresponsável*, que não conhece outra lei além daquela, essencialmente descontínua, do *desejo*. Mas, se a escrita quer, assim, voltar a dar lugar, em seu corpo, à liberdade, e suprime o domínio das normas de cada gênero, a ficção ganha novo estatuto e nova vocação: é o que veremos no próximo capítulo, voltando à *Nova Heloísa*.

---

46 *O.C.* V, *Lettre à d'Alembert*, p.24 [ed. bras.: p.47].

VI
Imaginar o real[1]

*Quem escuta uma história forma sociedade com quem a conta: quem a
lê também participa dessa sociedade. O leitor de romance é solitário. É
mais solitário que qualquer outro leitor. (Pois, mesmo quando lemos um
poema, somos tentados a fazê-lo em voz alta, para um eventual ouvinte.)
Nessa solidão, o leitor de romance se apropria, mais avidamente que ninguém, da matéria que lhe é oferecida. Quer apropriar-se dela por inteiro
e, de certa forma, devorá-la. Em relação a essa matéria, ele é como o fogo
que aniquila e devora a lenha da lareira. A tensão interna do romance
se assemelha ao sopro de ar que aviva a chama e a faz bailar no átrio.*

W. Benjamin[2]

Imitação e universalidade

A nova Heloísa quer ao mesmo tempo propor ao leitor a imagem de outro
mundo e ensiná-lo a instalar-se melhor no mundo real que o cerca. Como

---

1 Os segmentos "Imitação e universalidade", "Para quem escrevemos?" e "Os limites
   do moralismo ou o engajamento do sonho", deste capítulo, foram publicados
   como "Romance, moral e política no Século das Luzes: o caso de Rousseau", na
   revista *Discurso*, n.17, São Paulo, 1988, p.57-74. (N. O.)
2 Benjamin, "Le narrateur: Réflexions sur l'oeuvre de Nicolas Leskov", in: *Oeuvres*,
   t.II: Poésie et Révolution, p.159.

Imaginar o real

pode uma *ficção* receber assim um valor *prático* ou moral? Responder a essa pergunta significa determinar o estilo da "imitação romanesca" segundo Rousseau, esclarecer o estatuto ambíguo que, em *A nova Heloísa*, é assumido por aquilo que poderíamos denominar "o enunciado de ficção", revelar a curiosa tensão que o liga, por assim dizer, *à distância*, ao mundo da realidade.

Não se trata de reencontrar e de confirmar, a propósito de Rousseau, uma teoria geral qualquer, pré-fabricada, da imaginação e da literatura, mas de revelar, ao contrário, sua profunda originalidade, até mesmo no momento em que retoma a teoria clássica da arte como *imitação*. O "platonismo" da *Nova Heloísa*, com efeito, não reside apenas no conteúdo da "verdadeira filosofia dos amantes", ou na dialética que conduz da pulsão erótica ao império da virtude, inscrita na história de Julie; esse platonismo está também presente no diálogo do "Segundo Prefácio", acrescentado ao romance, mesmo quando o platonismo sofre aí uma profunda transformação.

Curioso prefácio, esse diálogo, que começa por embaralhar as pistas e, tratando do problema da imitação, começa por declarar desimportante a oposição entre ficção e realidade. "Meu julgamento [diz *N.*, o suposto interlocutor de Rousseau no diálogo] depende da resposta que ireis me dar. Essa correspondência é real ou é uma ficção?"[3] Nem sim, nem não, a resposta de Rousseau é uma recusa da questão que lhe é endereçada: "Para dizer se um livro é bom ou mau, que importa saber como foi feito?".[4] Deixemos de lado a questão, aqui implícita, da *autoria* do romance, para voltarmos nossa atenção exclusivamente para o problema da fratura que separa o real do fictício. A recusa de Rousseau não passa, na realidade, de uma manobra estratégica, pois pretende, essencialmente, lançar luz sobre os pressupostos do interlocutor, isto é, do *mau leitor*, cuja ótica torna impossível, desde o início, o acesso à "verdade" da *Nova Heloísa*.

A recusa da primeira pergunta é motivada pela necessidade de levantar um problema prévio, concernente à possível universalidade da imitação. Para o interlocutor de Rousseau, a diferença entre realidade e ficção é decisiva no que concerne à aspiração à universalidade.

---

3 *O.C.* II, *Julie ou La Nouvelle Héloïse*, Seconde Préface, p.11 [ed. bras.: p.25].
4 Ibid.

Um retrato – diz ele – tem sempre seu valor, desde que tenha semelhança, por mais estranho que seja o original. Mas, num quadro da imaginação, toda figura humana deve ter os traços comuns ao homem, ou o quadro não vale nada. E supondo-se que ambos são bons, resta ainda a diferença de que o retrato interessa a poucas pessoas, só o quadro pode agradar ao público.[5]

O quadro, obra de imaginação, não se detém no contingente e se dirige imediatamente aos traços universais; ignora as diferenças que separam *os homens* e pensa poder atingir, de um só golpe, o perfil universal *do Homem*. A imaginação opõe-se, nesse sentido, à passividade da sensação e da percepção, e antecipa a espontaneidade da razão: o quadro é obra de imaginação, porque ultrapassa o sensível e o contingente na direção da essência e do necessário.

Mas, e aqui temos outra face da oposição esboçada, a universalidade do objeto do quadro assegura-lhe também um público universal, dando-lhe prioridade sobre o retrato no plano do interesse ou de seu consumo virtual. O interesse do leitor tem os limites de sua capacidade de identificação: espelho do objeto imitado, a obra também se dá como espelho onde o leitor pode reconhecer sua própria fisionomia – o milagre do quadro consiste justamente nessa passagem contínua do *próprio* ao *comum* e do *comum* ao *próprio*. Aberto, como o quadro, para um público, o retrato só pode, ao contrário, despertar um interesse local; já que sua verdade se limita à sua fidelidade ao singular, ele pode, no máximo, ser objeto de *curiosidade*.

Tomada entre os polos do quadro e do retrato, ou na perspectiva do interlocutor de Rousseau, que só vê na "diferença" o lugar do inessencial, a *Nova Heloísa* vê proibida qualquer abertura ao público: essas cartas são ou um mau quadro, ou um simples retrato, o que lhe conferiria *algum* interesse. Donde a exclamação do interlocutor: "Oh! Se ela tivesse existido!".[6] Nesse caso, ela poderia despertar a curiosidade do público, mas é evidente que "é apenas uma ficção".[7] Demonstrar o *interesse* da *Nova Heloísa* – pois

---

5 Ibid.
6 Ibid., p.12 [ed. bras.: p.25].
7 Ibid.

Imaginar o real

este é um dos alvos do prefácio – implica, portanto, um remanejamento das categorias que fundam o juízo do interlocutor. B. Guyon sublinha o fato de que o prefácio é mais do que uma apologia do livro e consiste numa "meditação sobre as três grandes noções de *interesse, verdade e moralidade*".[8] Mas essa meditação parece-nos encaminhar-se numa direção diferente da sugerida por B. Guyon, que afirma: "seu caráter mais evidente – e também o mais surpreendente num escritor geralmente considerado o 'pai do romantismo' – é a fidelidade irrestrita aos preceitos da estética clássica".[9] Certo – nada mais distante do romantismo do que a "estética" exposta no segundo prefácio, e sua leitura é um instrumento precioso na destruição de muitas ilusões retrospectivas. Mas a crítica da ideia de universalidade esboçada nesse texto, bem como a teoria do interesse que ela implica, não podem, a nosso ver, ser interpretadas como signo de uma fidelidade "irrestrita" às normas da teoria clássica das Belas-Letras. Com esse Diálogo, o princípio da universalidade do Belo não é mais uma evidência da Razão, e a perspectiva "etnológica" de Rousseau traz à superfície o "etnocentrismo" encoberto pela decisão de reabsorver a diversidade dos gostos numa universalidade racional – sobretudo quando essa universalidade brilha, mais que em qualquer outro lugar, no *hic et nunc* daquele que assim decide.

O princípio sobre o qual se apoia o interlocutor de Rousseau, para pôr em dúvida o interesse da *Nova Heloísa*, é exatamente aquele expresso por Nicole:

> Se queremos, portanto, evitar esse embaraço de decisões equívocas, é preciso recorrer à luz da razão. Ela é simples e certa, e é por seu intermédio que podemos encontrar a verdadeira beleza natural... Uma das principais vantagens da verdadeira beleza é que ela não é nem variável, nem passageira, mas constante, certa e ao gosto de todos os tempos.[10]

---

8 *O.C.* II, "Introduction" de Guyon, p.LXIII.

9 Ibid.

10 Nicole, *Traité de la vraie et de la fausse beauté* [1660], apud Bray, *La Formation de la doctrine classique en France*, p.128.

A retórica de Rousseau

É uma imagem fixista da razão que permite a *N.* mobilizar as ideias de natureza e de humanidade em sua crítica do romance, e que projeta esse novo gênero literário para o outro lado da linha, para o domínio da loucura, do artifício e da monstruosidade. Mas é justamente essa linha de separação que é tornada problemática pelo trabalho do diálogo, onde Rousseau desenha uma linha mais sinuosa ou menos nítida (em todo caso mais reveladora), ou seja, aquela que articula os domínios alternos da *natureza* e da *cultura*. A partir desse momento, a oposição entre o universal e o particular, entre o efêmero e o permanente, torna-se menos evidente:

> R. Eu poderia... Não, percebo o meandro que desperta vossa curiosidade. Por que vos decidis dessa maneira? Sabeis até que ponto os homens diferem uns dos outros, quanto os caracteres se opõem? Quanto variam os costumes, os preconceitos segundo os tempos, os lugares e as idades? Quem ousa prescrever limites precisos à natureza e dizer: eis até onde pode ir o homem, e não além? [11]

O que se opõe aqui ao império da razão não é a genialidade da subjetividade ou da imaginação. Aqui também, como na crítica da gramática no *Ensaio sobre a origem das línguas*, é ainda a multiplicidade das humanidades locais que desarticula a ilusão monista do racionalismo. O que escapa ao interlocutor é sempre o princípio exposto no referido *Ensaio*:

> Para bem apreciar as ações dos homens, é preciso tomá-las em todas as suas relações [*dans tous leurs rapports*], e é isso que jamais nos ensinam a fazer. Quando nos colocamos no lugar dos outros, é sempre como se nós fôssemos modificados, não como se eles devessem sê-lo, e quando pensamos julgá-los segundo a razão, apenas comparamos seus preconceitos com os nossos. [12]

Pela operação da ideia de *alteridade*, a ideia de interesse muda de centro de gravidade: se o espelho nos devolve nosso rosto, não é que tenhamos

---

11 *O.C.* II, *La Nouvelle Héloïse*, Seconde Préface, p.12 [ed. bras.: p.26].

12 *O.C.* V, *Essai sur l'origine des langues*, XI, p.409 [ed. bras.: p.146].

Imaginar o real

atingido o universal; apenas encontramos a confirmação tranquilizadora de nossos preconceitos.

Mas com a mudança do conceito de interesse, é a ideia de público, até então não problemática (se ignorarmos a *psicologia* da persuasão, tal como ela aparece, por exemplo, em Pascal), que deve ser retomada em seu fundamento.

Para quem escrevemos?

Para ser fiel, o quadro da natureza humana deve, portanto, renunciar a um acesso imediato ao universal: assim como o *Ensaio sobre a origem das línguas* insistia sobre a obliquidade da linguagem imitativa e liberava a "linguística" do paradigma gramático-pictórico, Rousseau sugere, aqui, que a imitação romanesca também não pode ser direta, que deve "musicalizar", por assim dizer, o "quadro" da natureza humana. O procedimento imitativo não consiste numa dissolução dos traços particulares, como pré-requisito da "revelação" do perfil invariável do homem, como um espelho inocente onde todos pudessem reconhecer-se. Subversivo, o processo imitativo é antes de ordem arqueológica e, revelando uma natureza recoberta pela história, põe em questão a própria *identidade* do leitor, com o abismo que abre entre o homem da natureza e o homem do homem. Ele só pode, portanto, ser chocante e *dépaysant* para o público comum da literatura romanesca: como abre uma janela para um *alhures* e oferece o *outro* como modelo, contraria todas as antecipações do leitor.

A mudança do estatuto do modelo e o deslocamento do lugar do universal são assim necessariamente acompanhados por uma transformação da relação com o público: ao contrário da tendência dominante da literatura da época das "Luzes", o romance de Rousseau não se apresenta "como negatividade universal", para empregar a expressão e a ideia de Sartre. Lembremos aqui a caracterização que Sartre faz da literatura das Luzes, em *Que é a literatura?*:

O que o escritor do século XVIII reivindica incansavelmente, em suas obras, é o direito de exercer, contra a história, uma razão anti-histórica, e se limita, nesse sentido, a manifestar as exigências essenciais da literatura abstrata. Ele não cuida de dar a seus leitores uma consciência mais clara de sua classe; ao contrário, o apelo urgente que dirige a seu público burguês é um convite para que esqueça humilhações, preconceitos e temores, e o que dirige a seu público nobre é uma solicitação de que se despoje do orgulho de casta e de seus privilégios. Como ele se tornou universal, só pode ter leitores universais, e o que exige da liberdade de seus contemporâneos é que rompam seus laços históricos, para reencontrá-lo na universalidade.[13]

Numa direção exatamente inversa, a leitura do prefácio dialogado nos mostra como o romance escolhe seus leitores, como ele dispõe, em volta de si mesmo ou em seu interior, todo um sistema de barreiras, como ele nunca se apresenta na qualidade de um espelho impassível ou de um lugar inocente de encontro público. Como Clarens, esse espaço protegido de todo comércio com o exterior, *A nova Heloísa* só se abre para uma categoria particular de leitor – o solitário.

Já seguimos antes operações paralelas a essa disjunção do mundo dos leitores, seja no plano da língua, seja naquele da escrita literária. Nos dois casos citados, tratava-se de mostrar uma profunda diferença de qualidade, escondida por uma aparente continuidade quantitativa: 1) a diferença entre a linguagem "forte" e a linguagem da simples representação, diferença ignorada pela teoria genético-gramatical, que assegura a continuidade entre o gesto e a fala, ambos subsumidos pelo conceito mais geral de *signo*; 2) a diferença entre a produção especializada das Belas-Letras como "ofício universal" e a produção descontínua e aleatória dos habitantes do "outro mundo", diferença seguramente ignorada pelos Filósofos, que já aparecem como "especialistas do universal". Trata-se agora de mostrar, na massa atomizada e aparentemente homogênea dos leitores, a fronteira subterrânea que separa duas categorias de leitores qualitativamente inconfundíveis.

Essa espécie de "estilística" da leitura é o ponto culminante de uma dialética, cujo ponto de partida está dado por uma estilística no sentido

---

13 Sartre, *Situations*, p.150-1 [ed. bras.: *Que é a literatura?*, p.82-3].

Imaginar o real

próprio da palavra. É, com efeito, o exame da linguagem da *Nova Heloísa* que permite a *N.* julgar seu efeito possível sobre o público:

> Um homem que vive na sociedade não pode habituar-se às ideias extravagantes, ao *pathos* afetado, às divagações contínuas de vossa gente simplória. Um solitário pode apreciá-los, como vós mesmo explicastes. Mas, antes de publicar esse manuscrito, considere que o público não é composto de eremitas. O melhor que poderia ocorrer seria que tomassem vosso ingênuo herói por um Céladon, vosso Edouard por um Dom Quixote, vossas loquazes amigas por duas Astréias, e que se divertissem com eles como se se tratasse de genuínos tolos.[14]

Nesse momento, o interlocutor já aceitou a distinção entre duas formas de humanidade estruturalmente diferentes e reconhece a existência do solitário como estilo particular de existência, de consciência e de linguagem. Mas guarda ainda a perspectiva do universal, e encerra o solitário num modo particular e exótico de humanidade, ao lado de mil outros, na forma da exterioridade de indiferença: essa maneira de interpretar a diferença antropológica proposta por Rousseau só pode conferir ao romance a mesma relatividade. Tendo aceito a diferença antropológica, *N.* não muda sua concepção de *público* e desqualifica o interesse do romance à luz da exigência do público universal. Mas é justamente esta última objeção, efeito de resistência após a concessão anterior, que permite a inversão daquilo que ainda insiste em propor. É claro que o público não é composto de eremitas, mas, para Rousseau, é precisamente essa razão, "que vos faria [o interlocutor] suprimir esta obra que me encoraja a publicá-la".[15]

A diferença antropológica, reconhecida no plano da matéria do romance, importa também na definição de seu destino: é a essa espécie de público marginal e ignorado que o romance se dirige, e é ele que o justifica. Rousseau antecipa, à sua maneira, a relação complicada tramada por Nietzsche com o leitor que solicita: como Nietzsche, Rousseau se dirige a um

---

14 *O.C.* II, *La Nouvelle Héloïse*, Seconde Préface, p.18 [ed. bras.: p.31].
15 Ibid., p.18 [ed. bras.: p.31].

público que não está imediatamente disponível, leitor futuro ou em via de desaparecimento. A linguagem, aqui, não mais evolui no presente eterno do entendimento, mas na temporalidade irregular do desejo e do poder (ou do poder da satisfação do desejo): a ilusão que o diálogo denuncia, por sob os argumentos de *N.*, é a ilusão intelectualista que dá às ideias uma total independência com relação a essas duas instâncias prévias. *N.* ignora, como os Filósofos, que o escritor só pode dirigir-se a quem quer e deseja compreendê-lo, a alguém que já antecipa em silêncio e solicita o discurso que se lhe endereça.

O homem do mundo, o mais perfeito suporte da universalidade segundo o interlocutor de Rousseau, é assim excluído, desde o início, da intenção do romance:

> Em matéria de moral, não há, para mim, nenhuma leitura útil para os mundanos. Primeiramente porque a multidão de novos livros que elas exploram, os quais dizem sucessivamente uma coisa e seu contrário, destrói o efeito de um por meio do outro, e torna nulo o todo. Tampouco os seletos livros que se releem fazem qualquer efeito; se eles apoiam as máximas da sociedade, são supérfluos; se as combatem, são inúteis. Eles encontram seus leitores atados aos vícios da sociedade por amarras que não podem romper. O homem do mundo que deseja sacudir por um instante sua alma para repô-la na ordem moral, encontrando de todos os lados uma resistência invencível, é sempre forçado a manter ou retomar sua situação inicial.[16]

Nesse texto, podemos acompanhar o movimento que conduz Rousseau dos princípios mais gerais de sua moral a uma verdadeira sociologia da leitura, e que parece marcar uma profunda originalidade perante seus contemporâneos. O ponto de partida é evidentemente a tese anti-intelectualista: a virtude não pode ser ensinada, e o entendimento é cego e impotente na ordem dos valores. Mais que impotente, frequentemente (mas não sempre) ele é nocivo, pois, dialético por vocação, multiplica os possíveis, retarda e neutraliza o movimento da alma e termina por condená-la ao ceticismo

---

16 Ibid., p.18-9 [ed. bras.: p.31].

Imaginar o real

moral; se a metafísica pura quer fundar a moral (e ela seria vã se aspirasse a outro alvo), seu resultado é o contrário. Mas essa limitação da eficácia do puro entendimento implica também uma re-interpretação da *propagação das luzes*; quando trocamos a esfera da metafísica pela da propaganda e da política cultural, a tese anti-intelectualista assume um alcance muito mais radical: o leitor não é mais o sujeito racional limitado apenas pela inércia do preconceito, e Rousseau opõe, ao otimismo político e epistemológico da filosofia das luzes, uma concepção bem mais complexa do preconceito. Não é apenas o não saber que faz a escravidão do homem, *mas sua vontade mais profunda*. O preconceito é inextirpável, não porque esteja marcado na passividade de uma ingenuidade infantil, mas porque emana das astúcias refinadas do amor-próprio. É o lugar que o homem ocupa na rede da intersubjetividade que dá forma e direção a seu desejo e que decide, assim, de sua permeabilidade às luzes da Razão e da Moral. Essa sociologia da leitura estilhaça a ideia do público universal e esboça o perfil do único leitor possível, aquele cuja posição marginal deixou ao abrigo do império crescente da "opinião". Protegidos desse jogo de espelhos que é o "mundo", os solitários mantêm uma relação muito diferente com o desejo e com a linguagem.

> Quanto mais nos afastamos dos negócios, das grandes cidades, das sociedades numerosas, mais os obstáculos diminuem; há um ponto a partir do qual esses obstáculos deixam de ser invencíveis, e é então que os livros podem ter alguma utilidade. Quando se vive isolado, e não há a premência de ler para fazer exibição de suas leituras, estas são menos variadas e mais refletidas; e como elas não encontram um contrapeso tão grande do lado de fora, fazem muito mais efeito no lado de dentro.[17]

Reencontramos aqui, no plano da teoria da leitura, o mesmo movimento que comandava a teoria das línguas; mais uma vez, mas agora para a recepção da linguagem literária, temos uma análise que tem seu centro de gravidade antes no domínio da ação que no da representação: como a língua em

---

17 Ibid., p.19 [ed. bras.: p.32].

geral, o romance é pensado como uma força capaz de mudar o mundo (ou a vida), em vez de ser pensado como um espelho que duplica a realidade. O privilégio do solitário – o que faz dele o único leitor possível – reside justamente na sua receptividade, no fato de que pode abrir um espaço de acolhimento para o trabalho da linguagem e da imaginação. Essa dialética do imaginário não é diferente daquela que comanda o desejo: solicitado pelo olhar de outrem, o amor-próprio instala no desejo – por sua mediação e reflexão – o veneno da vontade de apropriação que separa, para todo o sempre, o "proprietário" de seu bem e que proíbe todo gozo ou posse imediata. Da mesma maneira, na leitura, o homem do mundo é separado do universo moral do livro por uma vontade semelhante: transformada numa posse, a cultura altera o mundo moral que veicula e o transforma em signo puramente externo de superioridade e distinção. Se o homem do mundo é assim, *incapaz de ler*, prisioneiro desse olhar que, por sobre seu ombro, vigia seu ato de leitura, o solitário desliza com a maior liberdade sobre a superfície do texto, ignora toda presença mediadora *e sua própria distância de leitor*, como o sonhador que se deixa balançar em sua barca na superfície do lago e tem, assim, acesso ao puro sentimento (irrefletido) da existência.

Sabemos, assim, para quem devemos escrever, se quisermos que o ato da escrita seja mais do que um jogo fútil ou perigoso. Resta, no entanto, que este remanejamento da ideia de público recoloca em questão o próprio ato de escrever. Destruindo a ideia clássica de um público universal porque racional, Rousseau recoloca em questão a ética do escritor, que já não é mais o especialista do universal, e já sugere que as boas intenções não bastam para uma boa literatura. No mesmo momento em que Rousseau evoca as condições reais ou históricas da leitura, é obrigado a redefinir as condições da eficácia moral das Belas-Letras.

Os limites do moralismo ou o engajamento do sonho

Já vimos antes que destino Rousseau atribuía à moderna retórica religiosa e como a desqualificava em comparação com a grandeza da retórica cívica da Antiguidade: as línguas modernas, tendo perdido o estatuto de *força pública*, só tornam possível um fraco murmúrio, incapaz de insuflar

Imaginar o real

vida nos cidadãos. Nas nossas línguas, as palavras não passam de palavras, não exprimem mais a força da liberdade e da moralidade:

> As nossas [*línguas*] são feitas para o zumbido dos divãs. Nossos pregadores se atormentam e suam em bicas nos templos sem que se saiba nada do que disseram. Depois de se esgotarem gritando durante uma hora, deixam o púlpito semimortos. Seguramente não valia a pena tanta fadiga.[18]

É esse mesmo espaço de impotência na história das línguas que fornece o horizonte da problemática do romance: sem levar em conta a inércia dessa historicidade e esta figura do entrelace língua-sociedade, todo projeto de um uso útil do romance permanece utópico, se não desastroso.

> É ofício dos pregadores – diz Rousseau no Prefácio dialogado – gritar-nos: *Sede bons e sábios*, sem se preocuparem muito com o sucesso de seus discursos; o cidadão que se preocupa com isso não deve nos gritar tolamente: *sede bons*; mas fazer-nos amar o estado que nos leva a sê-lo.[19]

Aproximar desta maneira a conclusão do *Ensaio* e o Prefácio dialogado não é uma decisão arbitrária, como o demonstra a superposição quase literal entre os dois textos: essa coincidência nos permite, ao contrário, trazer à luz um dos traços fundamentais da teoria rousseauniana do romance. Podemos verificá-lo no exame do juízo que Rousseau formula sobre *L'Éloge de Richardson*, feito por Diderot. Quais são, podemos perguntar-nos, os critérios que justificam o paralelo estabelecido por Rousseau, nas *Confissões*, entre sua obra e a de Richardson e que termina com vantagem para a *Nova Heloísa*? Qual a concepção das Belas-Letras subjacente a tal hierarquia?

> O que menos se percebeu nela [*na* Nova Heloísa], e que sempre fará dela uma obra única, é a simplicidade do assunto e o encadeamento de interesse que, concentrado em três pessoas, mantém-se durante seis volumes, sem ação

---

18 *O.C.* V, *Essai sur l'origine des langues*, XX, p.428 [ed. bras.: p.178].
19 *O.C.* II, *La Nouvelle Héloïse*, Seconde Préface, p.20 [ed. bras.: p.33].

acessória, sem aventura romanesca, sem maldade de espécie alguma, nem nos personagens, nem nas ações. Diderot dedicou grandes cumprimentos a Richardson pela prodigiosa variedade de seus quadros e a multidão de seus personagens. Richardson tem, de fato, o mérito de tê-los caracterizado todos muito bem, mas quanto a seu número, ele tem isso em comum com os romancistas mais insípidos, que suprem a esterilidade de suas ideias à força de personagens e de aventuras. É fácil despertar a atenção apresentando incessantemente acontecimentos inauditos e rostos novos que passam como figuras de uma lanterna mágica, mas sustentar permanentemente essa atenção sobre os mesmos objetos, e sem aventuras maravilhosas, isso é com certeza mais difícil, e se, em igualdade de condições, a simplicidade do assunto acresce a beleza da obra, os romances de Richardson, superiores em tantas outras coisas, não poderiam, nesse ponto, ser postos em paralelo com o meu.[20]

Não é somente o critério formal da simplicidade que permite a Rousseau fazer uma restrição ao juízo de Diderot sobre Richardson, mas também um aprofundamento da ideia de interesse. Já vimos como Rousseau libera a ideia de interesse da tirania do universal; aqui, num procedimento complementar, ela é purificada de todo compromisso com a *curiosidade*. Se o romance não é o espelho onde todo leitor pode se reconhecer, ele tampouco será o refúgio do raro e do exótico, que pode distrair da monotonia de uma existência *demasiado* normal ou banal.

É já o que dizia o segundo prefácio (onde é preciso reconhecer a constante referência à diferença que separa *A nova Heloísa* do modelo richardsoniano), na resposta à objeção seguinte:

> Nem uma única má ação, nem um único homem mau que faça temer pelos bons. Acontecimentos tão naturais, tão simples que chegam a sê-lo em demasia; nada de inopinado, nenhum golpe teatral. Tudo é previsto com grande antecedência, tudo ocorre como previsto. Vale a pena relatar o que todo mundo pode ver todos os dias em sua casa ou na casa de seu vizinho?[21]

---

20 *O.C.* I, *Les Confessions*, XI, p.546-7.
21 *O.C.* II, *La Nouvelle Héloïse*, Seconde Préface, p.13 [ed. bras.: p.27].

Imaginar o real

Tal objeção, que deve ser lida como um elogio implícito de Richardson, parece contradizer aquelas que abrem o diálogo e que se referiam à falta de naturalidade dos personagens de Rousseau; é todavia solidária a elas, pois a expressão "natural" se refere aos personagens, num caso, e às circunstâncias e aos acontecimentos, no outro. Para Rousseau, trata-se de mostrar, como mérito de seu romance, o fato de apresentar personagens cuja exemplaridade não advém nem de uma desmedida qualquer, nem da excepcionalidade da circunstância, e de deslocar assim a difícil articulação entre a intenção realista e a intenção edificante. É uma operação muito particular que Rousseau escolhe para passar entre Caribdis e Cila, para manter a utilidade do romance sem ceder às ilusões do idealismo moral. Assim, a eficácia da *Nova Heloísa* estaria comprometida se Julie fosse dotada do mesmo angelismo de Clarissa: "Se Julie não tem as sublimes virtudes de Clarissa, ela tem uma virtude mais sábia e mais judiciosa, que não é submissa à opinião; se lhes tiramos este equivalente, só lhe resta esconder-se diante da outra; que direito tem ela de se mostrar?".[22] Com a natureza angélica de Clarissa e a diabólica de Lovelace, o romance de Richardson peca certamente por excesso de idealismo; mas a ineficácia de sua intenção moral, seu lado "sermão" (*Sejam bons* etc.), não é o único pecado que se lhe pode imputar, pois a distância que abre entre o modelo apresentado e o mundo real, onde vive e circula o leitor, ameaça atraí-lo como um precipício vertiginoso. É que o caminho entre Caribdis e Cila, tal como o traça Rousseau, não é apenas uma linha média entre os polos do modelo ideal e da realidade "patológica": essa linha é comandada por um ponto móvel, determinado pela situação histórica do leitor virtual. Com efeito, é a situação sempre variável do leitor que favorece ou proíbe a boa comunicação entre o mundo imaginário da ficção e a realidade vivida: como as línguas, a literatura só capta sua força ou sua verdade na diáspora temporal e espacial das humanidades locais. Assim, não é uma essência eterna da imaginação, essa *"maîtresse d'erreur et de faussete"*, que ameaça o leitor de romances com a loucura: um outro gênero de romances poderia ter tornado D. Quixote feliz em seu retiro de ancião.

---

22 *Lettre de Rousseau à Malesherbes* (19/02/1761), in: *Correspondance Générale de J.-J. Rousseau*, t.VI, p.58-9.

Queixam-se, diz Rousseau, de que os romances perturbam as cabeças; também o creio. Mostrando sem cessar àqueles que os leem os pretensos encantos de um estado que não é o deles, eles os seduzem, fazem-nos desprezar seu próprio estado e trocá-lo imaginariamente por aquele que os fizeram amar. Querendo ser o que não são, chegam a crer que são diferentes do que são, e é assim que as pessoas enlouquecem.[23]

Compreendemos assim que a eficácia moral do romance tenha como limite a situação do leitor e, como condição, *fazê-lo aderir a essa situação*.

Mas esses livros que poderiam servir ao mesmo tempo de diversão, de instrução e de consolação ao homem do campo, que só é infeliz porque pensa sê-lo, parecem feitos, ao contrário, apenas para fazê-lo rejeitar seu próprio estado, ampliando e fortificando o preconceito que o torna desprezível a seus olhos.[24]

Notemos que o bom romance, aqui proposto em contraponto ou nas entrelinhas, não funciona como "irrealização" ou como transgressão da existência do mundo dado, mas como possibilidade de *retorno* ou *re-leitura* da vida imediata. W. Benjamin, no belo texto que usamos como epígrafe, dizia: "A tensão interna do romance se assemelha ao sopro que aviva a chama e que a faz bailar no átrio", caracterizando a apropriação, pelo leitor, da matéria romanesca. Quanto mais violenta não se torna essa metáfora, a partir da superposição entre essa "matéria" e a existência do leitor solitário, pois nesse caso não mais sabemos distinguir o que é chama do que é lenha, e o sopro de ar não é outra coisa senão a tensão interna da alma do leitor, mesmo antes de abrir o livro. O romance só funciona como "irrealização", para esse mesmo público de solitários, quando se torna corruptor, oferecendo a existência mundana como paradigma da humanidade. E não é outro, de fato, o funcionamento do gênero no século:

As pessoas de alta posição, as mulheres da moda, os grandes, os militares; eis os atores de todos os vossos romances. O refinamento do gosto das cidades,

---

23 *O.C.* II, *La Nouvelle Héloïse*, Seconde Préface, p.21-2 [ed. bras.: p.34].
24 Ibid., p.19 [ed. bras.: p.32].

Imaginar o real

as máximas da corte, o aparato do luxo, a moral epicurista, eis as lições que pregam e os preceitos que oferecem. O colorido de suas falsas virtudes empana o brilho das verdadeiras; o carrossel das maneiras substitui os deveres reais; os belos discursos fazem desdenhar as belas ações e a simplicidade dos bons costumes passa por grosseria.[25]

Retornemos agora à oposição feita por Rousseau entre o Pregador e o cidadão-romancista que não se limita a dizer beatamente "sejam bons e sábios", mas que se empenha em fazer amar o "estado" que conduz à virtude. Qual é o estado que conduz à virtude, senão aquele em que o homem não investe sua imaginação e seu desejo num *alhures*, em que concentra sua existência nela mesma, fazendo coincidir seu desejo com seu poder? É conhecida a importância da imaginação na dialética rousseauniana do desejo e do poder: é ela que "estende para nós a medida dos possíveis, seja para o bem ou para o mal, e que, por conseguinte, excita e alimenta os desejos pela esperança de satisfazê-los".[26] Diante dessa ambivalência da imaginação, ao mesmo tempo magia branca e magia negra, só resta uma estratégia para impedir que ela desencadeie sua dialética destruidora: "O mundo real – diz Rousseau – tem seus limites, o mundo imaginário é infinito; não podendo alargar o primeiro, há que restringir o outro".[27] É por esta teoria da imaginação que se justifica finalmente *A nova Heloísa*, e a prática do romancista poderia ser expressa pela seguinte máxima: os romancistas até hoje se limitaram a propor modelos de moralidade, agora é preciso *mudar a vida* – sob a condição, todavia, de *mudá-la no que ela é*. O prestígio do imaginário, investido na vida camponesa, permite ao leitor solitário imaginar sua própria vida e aceder assim à adequação máxima entre desejo e poder: bondade e virtude tornam-se para ele uma atmosfera tão imediata quanto o ar que respira, sem esforço, trabalho ou reflexão.

Em mais de uma ocasião fizemos, neste capítulo, referências implícitas e explícitas aos escritos de Sartre sobre a literatura. E, de fato, parece haver

---

25 Ibid.
26 *O.C.* IV, *Émile ou De l'Éducation*, II, p.304 [ed. bras.: p.70].
27 Ibid., p.305 [ed. bras.: p.71].

certo paralelismo entre as maneiras que Rousseau e Sartre escolhem para pôr a literatura em questão, nas suas relações com a sociedade e a liberdade. "Para quem escrevemos?", pergunta Sartre, e logo em seguida ataca as ilusões mais caras aos escritores modernos:

> À primeira vista, não há dúvida, escrevemos para o leitor universal; e vimos, com efeito, que a exigência da escrita se dirige, em princípio, a *todos* os homens [...]. De fato, o escritor sabe que ele fala para liberdades atoladas [*enlisées*], mascaradas, indisponíveis; e sua própria liberdade não é tão pura; é preciso que a limpe; ele escreve também para limpá-la.[28]

É exatamente essa restrição prévia que aprendemos a reconhecer como o essencial dos escritos teóricos de Rousseau sobre as Belas-Letras. O curioso, no que concerne aos textos de Sartre, é que seja bem no meio deste século feliz, "a chance única na história e o paraíso logo perdido dos escritores franceses", neste século XVIII onde o próprio dilaceramento das lutas de classe e a diáspora dos públicos concretos parecem conjurar para dar ao escritor a ilusão de universalidade e constituí-lo como pura negatividade, "pensamento puro e puro olhar",[29] o curioso, dizíamos, é que seja justamente nesse momento que Rousseau venha a constituir sua teoria da "situação" do escritor e do leitor e a insistir no atolamento das liberdades nas areias da história.

Uma diferença, no entanto, essencial – e é ela que nos interessa nesse paralelo – separa Sartre de Rousseau, no movimento comum pelo qual ambos culminam na crítica da ilusão universalista. Examinemos de mais perto a descrição que Sartre faz da relação escritor-público dentro do quadro do século XVIII. Segundo ele, o classicismo pressupõe: a) uma sociedade estável que se toma por eterna; b) uma hierarquia de classes rigorosa onde o público real se destaca com nitidez de qualquer outro público virtual; c) uma relação de *reconhecimento* ou "a afirmação cerimoniosa de que autor e leitor pertencem ao mesmo mundo e têm a mesma opinião sobre todas

---

28 Sartre, *Situations II*, op. cit., p.116 [ed. bras.: p.55].
29 Ibid., p.148 [ed. bras.: p.81].

Imaginar o real

as coisas".[30] Até aqui, não podemos vislumbrar qualquer oposição, pois é a mesma análise que se encontra na base da crítica que Saint-Preux faz do teatro clássico. Sartre diz, de um lado: "Então, o retrato que o autor apresenta ao seu leitor é necessariamente abstrato e cúmplice; dirigindo-se a uma classe parasitária, não poderia mostrar o homem no trabalho nem, em geral, as relações do homem com a natureza exterior".[31] De outro, Saint-Preux escreve a Julie:

> Sócrates dava a palavra a cocheiros, marceneiros, sapateiros, pedreiros. Mas os Autores de hoje, que são pessoas de outra posição social, sentir-se-iam desonrados se soubessem o que se passa no balcão de um comerciante ou na oficina de um trabalhador manual; só querem saber de interlocutores ilustres, e buscam na classe de seus personagens a elevação que não podem obter de seu gênio. Os próprios espectadores se tornaram tão delicados que temeriam comprometer-se na comédia, tanto quanto em suas visitas, e não se dignariam ir ver, em representação, pessoas de condição inferior à deles. São como os únicos habitantes da terra; todo o resto não é nada a seus olhos.[32]

Sob essa coincidência quase literal é preciso notar uma disjunção mais profunda que concerne à própria ideia de liberdade. Segundo Sartre, o estreitamento do campo de contato provém também de uma espécie de ignorância, e é um estrito controle ideológico que impede o escritor de reconhecer "a importância dos fatores econômicos, metafísicos, religiosos e políticos na constituição da pessoa".[33] O que quer dizer, aqui, a expressão "fator metafísico"? Evidentemente não se trata de um fator "como os outros": a construção da frase, na sua forma geral, convida à confusão, pois sugere, contra a evidência do raciocínio de Sartre, algo como o jogo, em exterioridade, de uma série de séries causais, cuja resultante seria a "pessoa". Pelo contrário, o que a frase quer dizer é o caráter "sintético" da "situação"; o "fator metafísico" não é outra coisa senão a negatividade ou a

---

30 Ibid., p.138 [ed. bras.: p.73].
31 Ibid., p.138-9 [ed. bras.: p.73].
32 *O.C.* II, *La Nouvelle Héloïse*, II, 17, p.252 [ed. bras.: p.228].
33 Sartre, *Situations II*, op. cit., p.139 [ed. bras.: p.73].

liberdade que atola no "prático-inerte" (o "fator" econômico, os "fatores" ideológicos etc.), mas que assegura a unidade do campo em que ela se perde. Essa liberdade, sempre igual a si mesma, mesmo quando mascarada (pois ela é condição tanto da recepção como da transgressão do mundo dado), guarda, mesmo no coração da situação singular, uma referência permanente à universalidade – em Sartre, a crítica do universalismo "abstrato" significa a negação de uma universalidade *de facto*, mas deixa reaparecer a universalidade como direito ou ideia, no sentido kantiano. Em Rousseau, ao contrário, o reconhecimento da dispersão dos públicos reais não se abre para a antecipação de qualquer universalidade futura, dessa cidade dos fins, do reino planetário da liberdade, que é sempre o horizonte último do escritor para Sartre. Se, de fato, o escritor é, como quer Sartre, *um cidadão do mundo*, tal ideia implica, para Rousseau, uma profunda contradição (lembremo-nos, aqui, do juízo de Rousseau a respeito do cristianismo, religião *contrária ao espírito social*, pelo próprio fato de suprimir a oposição essencial entre o mundo e a cidade). É interessante considerar, assim, a extrema oposição que separa as conclusões de *Que é a literatura?* e do Prefácio dialogado, após a plena concordância na descrição da relação escritor-público:

> Tomemo-los [*diz Sartre dos leitores*] em sua profissão, em sua família, em sua classe, em seu país, e meçamos com eles sua servidão, mas não para mergulhá-los ainda mais nela; mostremos-lhes que, no gesto mais mecânico do trabalhador, já encontramos a negação integral da opressão; não consideremos jamais sua situação como um dado de fato, mas como um problema; façamos ver que ela extrai sua forma e seus limites de um horizonte infinito de possibilidades, numa palavra, que não tem outra figura senão aquela que eles lhe conferem pela maneira que escolheram para ultrapassá-la; ensinemos-lhes que são, ao mesmo tempo, vítimas de tudo e responsáveis por tudo; ao mesmo tempo oprimidos, opressores e cúmplices de seus próprios opressores; que não podemos nunca fazer um corte nítido entre o que um homem sofre, o que aceita e o que quer; mostremos que o mundo onde vivem só se define por referência a um futuro que projetam diante deles e, já que a leitura lhes revela sua liberdade, aproveitemo-nos para lembrar-lhes que esse futuro, onde se colocam para julgar o presente, não é outro senão aquele em que o homem se reencontra a si

Imaginar o real

mesmo, e finalmente se alcança como totalidade, pelo advento da Cidade dos Fins: pois é só esse pressentimento da justiça que permite que nos indignemos contra uma injustiça singular, isto é, precisamente, que a constituamos como injustiça; enfim, convidando-os a se colocarem do ponto de vista da Cidade dos Fins para compreender sua época, não deixemos que ignorem o que esta época apresenta de favorável para a realização de seu desígnio.[34]

A liberdade é aqui definida como o poder de distanciamento ilimitado de que dispõe o sujeito em relação à "realidade"; e a "totalidade" da existência encontra-se, já fechada e completa, ao termo desse infinito. *Má totalidade*, diria Rousseau, já que é irrealizável, já que não passa da miragem de uma paixão inútil. A ideia de liberdade, em Rousseau, será sempre abstrata, se não corresponder a um *poder real*, e a boa totalidade é aquela que pode ser vivida no *instante* — uma totalidade *futura* não passa da projeção imaginária de uma *divisão*, de uma fragmentação efetiva ou atual. A verdadeira liberdade é, assim, para Rousseau, idêntica à *ausência de projeto*, à ausência dessa espécie de sensibilidade extracorporal que se exprime em qualquer forma de *pré-vidência*, esse *ser-fora-de-si* que torna o homem solidário e responsável pelo futuro e pelo que se passa em outros lugares. Como diz Rousseau no *Emílio*:

> Assim, nós nos importamos com tudo, agarramo-nos a tudo: os tempos, os lugares, os homens, as coisas; tudo o que é, tudo o que será, importa a cada um de nós; nosso ser individual não passa da parte menor de nós mesmos. Cada um se expande, por assim dizer, sobre a Terra inteira, e torna-se sensível sobre toda essa grande superfície. Será de espantar que nossos males se multipliquem por todos os pontos pelos quais se pode ferir-nos?[35]

É esta oposição, em torno da ideia de liberdade, que explica como "sociologias" semelhantes da literatura acabam por desembocar em programas tão diferentes. Deixemos em suspenso, aqui, o sentido *político* da questão, para retomá-lo no momento adequado. Guardemos por enquanto

---

34 Ibid., p.312 [ed. bras.: p.214].
35 *O.C.* IV, *Émile*, II, p.307 [ed. bras.: p.74].

apenas esta oposição: a uma literatura que quer ser pura transcendência, transgressão do real em direção ao possível, responde simetricamente uma literatura que quer consagrar a imanência e revelar, na contingência de uma situação de fato, algo como o fulgor da necessidade e da justiça.

Mas os programas se medem também pela reação que provocam e que nem sempre é esperada: e aí, mais uma vez, esses dois casos – Sartre e Rousseau – mostram a solidariedade do destino de escritores que falham o seu alvo e o público visado por antecipação. Sartre tornou-se *best-seller*, Rousseau comoveu os parisienses. Resta ver como esse desvio é tomado teoricamente. Em Rousseau, esse resultado inesperado (embora, talvez, desejado) não coloca dificuldades graves. Esse público não visado (mas inflamado pela leitura do romance) fora decerto declarado incapaz de leitura e impermeável ao entusiasmo. O discurso de *N.*, o porta-voz desse público no Prefácio dialogado, está aí para prová-lo, mesmo se ele se curva perante os argumentos de Rousseau. Mas é preciso notar que é com perplexidade que Rousseau dará conta, *a posteriori*, do sucesso do romance dos solitários nos salões parisienses. Podemos vê-lo nas páginas das *Confissões* que descrevem a recepção que o "mundo" reservou à *Nova Heloísa*. Páginas tanto mais curiosas quanto revelam como o êxito do livro acendeu a fantasia de Rousseau:

> As opiniões se dividiram entre os homens de letras, mas, na sociedade, o acordo foi unânime, e as mulheres, sobretudo, se embriagaram com o livro e com o autor, a ponto de que havia poucas, mesmo nas classes mais elevadas, que eu não teria conquistado, se houvesse tentado.[36]

O texto fornece, com a expressão da surpresa, as razões do fato inesperado:

> Bem ao contrário de minha expectativa, seu menor sucesso foi na Suíça, e o maior, em Paris. Reinam então a amizade, o amor, a virtude mais em Paris que

---

36 *O.C.* I, *Les Confessions*, XI, p.545.

Imaginar o real

em outro lugar? Certamente não; mas ali reina ainda esse senso sofisticado que transporta o coração diante da imagem dessas coisas e que nos faz amar, nos outros, os sentimentos puros, ternos, honestos que não temos mais.[37]

Pode-se discutir, com os argumentos da psicologia, a boa-fé do texto: não seria essa a recepção desde sempre anelada por Rousseau? Se a sinceridade é imponderável por princípio, os textos não o são, e o *Prefácio a Narciso*, escrito antes mesmo do projeto da *Nova Heloísa*, está aí para mostrar que a Teoria das Belas-Letras e do gosto previa a possibilidade desse feliz mal-entendido. Nesse prefácio, Rousseau matizava a condenação das ciências e das artes do primeiro *Discurso* dizendo que, se elas "destroem a virtude", não deixam de manter seu "simulacro público, que é sempre uma bela coisa";[38] mas é sobretudo importante a nota, na qual esclarece o sentido da ideia de simulacro:

> Esse simulacro é uma certa suavidade de costumes que supre algumas vezes sua pureza, uma certa aparência de ordem, que controla a horrível confusão, uma certa admiração pelas coisas belas, que previne que as boas caiam totalmente no esquecimento. É o vício que assume a máscara da virtude, não como a hipocrisia, para enganar e trair, mas para furtar-se, sob essa efígie sagrada e amável, ao horror que tem de si mesmo quando se vê a descoberto.[39]

O que é preciso sublinhar, com essa aproximação entre esse parágrafo das *Confissões* e o *Prefácio a Narciso*, é que a teoria já estava pronta, antes da *Nova Heloísa* e de sua carreira junto ao público; teoria que permite explicar seu curioso destino ou seu êxito junto a um leitor inesperado. Mas, sobretudo, o que é preciso notar é que nessa explicação torna-se claro que *o público que a consagra toma essa "espécie" de romance pelo que ele não é*. O texto das *Confissões*, salvando parcialmente o público parisiense, não deixa de lembrar que seu romance, com o êxito, perdeu sua própria essência, tornando-se *Literatura*.

---

37 Ibid., p.545-6.
38 *O.C.* II, *Narcisse ou L'Amant de lui même*, Préface, p.972.
39 Ibid., p.972, nota.

Esse êxito é também a prova de malogro do "engajamento" do sonho ou da ficção, e o romance termina por tornar-se um *mero* sonho. Quando Saint-Preux dizia que o romance era a única forma de instrução para "um povo suficientemente corrompido para que qualquer outra lhe seja inútil", falava de um gênero de escritos ao qual a *Nova Heloísa* queria escapar, pois seu projeto era mais ambicioso: fazer os solitários amarem sua própria vida, instalados solidamente na verdadeira virtude, enfim reconciliada com a espontaneidade da bondade. O sonho fora — mas era apenas sonho — fazer do romancista, daquele que está o mais próximo possível do uso corruptor da linguagem, o herdeiro autêntico do cidadão; fazer do gênero de escritos mais fútil o herdeiro da austera retórica cívica da antiguidade republicana. (Imaginemos a cena inimaginável de Catão ou Fabrício roubando os instrumentos de Crébillon.) Mas, mesmo se Rousseau termina por descobrir que fez apenas obra *literária*, não é menos verdadeiro que quisera ter feito mais do que *moral*.

A imaginação rente às coisas

Imaginar o real — eis uma expressão bem paradoxal! Não deveríamos nela enxergar antes a expressão de uma impossibilidade? Pois não se deve entender com isso que a imaginação se remeta, direta ou indiretamente, "à distância", ao mundo real; é preciso entendê-la no sentido mais forte, de uma imaginação que recobre a presença do imediato e acaba por se fundir na percepção. Certamente, em Rousseau, também a imaginação é a instância que abre o campo do possível, que arranca o sujeito do imediato e do instante, que torna possível a consciência do tempo e de um *alhures*, e que faz do homem o ser que habita os *planos distantes*. Mas, aqui, é a "oposição do sonho à vigília" que é posta em questão, e com ela, como diz Derrida, a metafísica.[40]

A impossibilidade de imaginar o real, eis a tese que Espinosa se propõe a demonstrar no escólio da proposição XLIX da segunda parte da *Ética*: detenhamo-nos um instante sobre esse texto. A proposição afirma: "Não há,

---

40 Derrida, *De la Grammatologie*, p.444-5 [ed. bras.: p.385-6].

Imaginar o real

na alma, nenhuma volição, ou seja, nenhuma afirmação e nenhuma negação, além daquela que envolve a ideia na qualidade de ideia". No escólio, Espinosa visa diretamente Descartes: depois de ter demonstrado positivamente a identidade entre o entendimento e a vontade, quer dizer, a impossibilidade da dúvida, trata-se de destruir os argumentos que sustentam a tese contrária. Espinosa é assim levado a examinar a ideia da *suspensão do juízo*: aquilo que descrevemos normalmente como suspensão do juízo não é outra coisa que uma percepção inadequada. A inadequação, no entanto, não retira da ideia seu caráter de percepção. Não se trata, então, de uma vontade livre que se retira em direção a um domínio que precede o *sim* e o *não*. Uma ideia ou uma representação que é apenas imperfeitamente concebida não impõe claramente o *sim* de sua plena positividade. Para esclarecer melhor seu argumento, Espinosa recorre ao exemplo da ideia fictícia do cavalo alado e a submete a uma análise particularmente interessante para nosso intento:

> Para esclarecer esse ponto, concebamos uma criança que imagina um cavalo (alado) e não imagina mais nada. Já que essa imaginação envolve a existência do cavalo ("Corolário da Proposição 17") e que a criança não percebe nada que exclua a existência do cavalo, ela considerará necessariamente o cavalo como presente e não poderá duvidar de sua existência, ainda que não tenha certeza dela. Nós experimentamos isso todos os dias durante o sono e não penso que haja alguém que acredite, enquanto sonha, ter o livre poder de suspender o juízo sobre o que sonha e fazer com que não sonhe o que sonha que vê; e, no entanto, acontece que, mesmo no sono, suspendamos nosso juízo, a saber, quando sonhamos que sonhamos. Concordo agora que ninguém se engana enquanto percebe, quer dizer, as imaginações da Alma consideradas em si mesmas não envolvem nenhum tipo de erro (ver "Escólio da Proposição 17"); mas nego que um homem não afirma nada na medida em que percebe. Pois o que é, de fato, perceber um cavalo alado senão afirmar as asas de um cavalo? Se a Alma, além do cavalo alado, não percebesse nada mais, ela o consideraria como lhe estando presente e não teria nenhum motivo para duvidar de sua existência e nenhuma faculdade de não assentir, a menos que a imaginação do cavalo alado seja acrescida de uma ideia excluindo a existência deste mesmo cavalo, ou que a Alma perceba que a ideia que tem do cavalo é

inadequada e então, ou ela negará necessariamente a existência do cavalo, ou duvidará necessariamente dela.[41]

Certamente, toda essa argumentação é voltada contra o argumento cartesiano do sonho que vem fundar a suspensão do juízo. Se, tantas vezes, sonhando e delirando, acreditei perceber esta mesa e este quarto, nada me garante que agora a mesma coisa não aconteça. Antes de voltar ao texto de Espinosa, será proveitoso nos reportarmos às páginas que Sartre dedicou ao argumento do sonho em *L'Imaginaire* e, mais genericamente, ao fenômeno do sonho. Se Sartre passa pelo argumento de Descartes, é porque este levanta problemas para sua própria teoria da imaginação. De fato, se é verdade que o mundo do sonho se dá como um mundo real ou percebido, mesmo sendo imaginário, há ao menos um caso em que "a imagem se dá como percepção".[42] Se a descrição cartesiana de consciência que sonha é correta, a descrição da imagem que Sartre dá será forçosamente incorreta. A imagem é caracterizada, desde o começo da obra, em sua oposição à percepção. Assim, no primeiro capítulo, são enumeradas as características essenciais da imagem: 1) o fenômeno da quase observação; 2) a consciência que imagina põe seu objeto como um nada; 3) a espontaneidade da intenção imaginante. Essas três características opõem, essencial e irredutivelmente, a imaginação à percepção: o objeto da percepção sendo observável, posto como existente, a consciência só pode ser passiva no ato da percepção.

É preciso então, para manter a teoria, mostrar de um modo ou de outro o sofisma que se esconde sob o argumento de Descartes: a falsidade do paralelismo entre o mundo do sonho e o mundo da percepção aparece com a diferença dos efeitos da reflexão num caso e no outro. No caso da percepção, pela reflexão que a ela vem se acrescentar, nada é profundamente mudado: na contramão do argumento cartesiano, Sartre mostra, na reflexão, justamente o critério da partilha. Se, em sonho, posso *imaginar* que percebo, não posso, estando acordado, duvidar que percebo: e essa "evi-

---

41 Espinosa, *Ética*, Proposição 49, Escólio, in: *Espinosa*.
42 Cf. Sartre, *L'Imaginaire*, p.309 [ed. bras.: *O imaginário*, p.211].

Imaginar o real

dência" assume a mesma natureza invulnerável que o *cogito*, e seu contrário seria tão impensável quanto, para Descartes, a proposição: talvez eu não exista. Não nos interessa discutir aqui essa identificação entre a evidência da percepção e a evidência do *cogito*, mas antes uma discreta referência a Espinosa, no qual desemboca. A percepção, diz Sartre, é "como a verdade para Espinosa", *index sui*: e o sonho tem uma estrutura semelhante àquela que Espinosa atribui ao erro – pode se apresentar como verdade, mas basta a presença de uma verdade para que o erro desapareça por si só. Essa referência a Espinosa é a única presente ao longo de todo *L'Imaginaire*, embora sua presença seja mais profunda. Vejamos: o que opõe, então, o sonho à percepção – o que teria escapado a Descartes – é a *fragilidade* do sonho, quer dizer, sua incapacidade inata para resistir à reflexão. Numa certa medida, um juízo como "eu sonho" é um juízo impossível e contraditório: as duas consciências, aquela que sonha e aquela que reflete, não podem de modo algum coexistir num mesmo instante. O único juízo possível, diz Sartre, é aquele que se exprime como "eu sonhei". É exatamente o que dizia Espinosa no texto citado, em particular na seguinte frase:

> e não penso que haja alguém que acredite, enquanto sonha, ter o livre poder de suspender seu juízo sobre o que sonha e fazer com que não sonhe o que sonha que vê: e, no entanto, acontece que, mesmo no sono, suspendamos o juízo, a saber, quando sonhamos que sonhamos.

A "fragilidade" do sonho tem, portanto, o mesmo sentido em Espinosa e em Sartre: para um e outro, a fragilidade significa a impossibilidade de rivalizar com outras representações. No texto de Espinosa, diz-se explicitamente que a criança só vai acreditar no cavalo alado durante a ausência de qualquer outra percepção. Também em Sartre um mínimo de percepção basta para desfazer o sonho. Num caso como no outro, a consciência que sonha difere da consciência em vigília, na medida em que o sonho isola uma representação, ao passo que a consciência em vigília está voltada *para a totalidade da experiência*. Aqui, chegamos ao essencial: na linguagem da fenomenologia, diríamos que em toda percepção de uma coisa está presente *a tese do mundo* (na linguagem de Espinosa: *toda representação é um juízo*). Mais ainda, em Husserl, a percepção é sempre a percepção de uma "constância" na relação entre a coisa e o que a circunda e, em última análise, com o mundo em geral. A constituição da "coisa em geral", nas *Ideen II*, parte, com efeito, das relações entre a coisa e seus *Umstände*, sem as quais ela se desfaz como um puro "fantasma". O que "realiza" a coisa é a unificação de seus perfis através da variação das condições externas.[43] Perceber uma coisa é, assim, o mesmo que perceber sua articulação com outras coisas, percebê-la sobre o fundo do mundo e "pôr" sua existência. Da mesma forma, para Espinosa, ter uma ideia, percebê-la adequadamente, ou seja, na *ordem* das ideias, conceder assentimento a essa ideia, tudo isso é apenas uma única e mesma coisa. Donde a afirmação de Espinosa: ou eu penso, como a criança, *apenas* na ideia do cavalo alado, e então ponho sua existência, ou então a percebo adequadamente e a ideia é, por assim dizer, expulsa pelas outras ideias. Pode-se assim dizer que, para Espinosa, sonhar é suprimir o mundo, ou *que não existe mundo ou ordem imaginária*. É o que Sartre formula como a grande lei do imaginário: "não há mundo imaginário".[44]

O que quer dizer, então, *imaginar o real*, como Rousseau justifica a existência de um mundo *imaginário*? Na impossibilidade de atribuir uma significação positiva a essas expressões no quadro da metafísica clássica (da qual Sartre apareceria aqui como tributário), somos tentados a interpretá--las na linguagem do *romantismo*: o ser passa para o outro lado da linha e o mundo da percepção se torna ilusório. É o que chegou a ser afirmado categoricamente:

> Rousseau é um dos primeiros escritores franceses – provavelmente o primeiro com tamanha convicção – a sentir que a realidade do imaginário ganha da realidade do mundo e que a vida espiritual da imaginação é mais fecunda que a existência cotidiana, limitada pelas contingências materiais.[45]

---

43 Husserl, *Ideen zu einen Phänomenologie und phänomenogischen Philosophie*, p.41-3.

44 Sartre, *L'Imaginaire*, op. cit., p.322 [ed. bras.: p.219].

45 Eigeldinger, *Jean-Jacques Rousseau et la réalité de l'imaginaire*, p.7.

Imaginar o real

Sejam quais forem o sentido e o alcance da expressão "realidade do imaginário", essa frase mostra que ela pressupõe uma ideia "progressista" da história do conceito da imaginação, e que esse progresso consiste na descoberta da "autonomia" ou da riqueza da imaginação. Rousseau aparece como o herói dessa história, o primeiro a ver nitidamente um país por longo tempo ignorado. Reconhecemos aí o esquema historiográfico tradicional, que situa Rousseau na virada que faz passar da submissão da imaginação, no pensamento clássico, para a sua glória romântica, momento crítico da "crise da consciência europeia".

Em *Rousseau et la réalité de l'imaginaire*, M. Eigeldinger associa a intenção sistemática à intenção histórica e faz preceder seu esboço histórico de uma exposição da originalidade da imaginação. Tal exposição começa pela afirmação da autonomia da imaginação em relação às outras "funções da alma", como a percepção e a memória. Essa autonomia está fundada na *espontaneidade* da imaginação, entendida como *poder criador*: ela não reproduz o que já foi dado, instaura uma "realidade" inédita. M. Eigeldinger acredita encontrar, em Sartre, uma ideia semelhante da "criatividade" da imaginação e invoca o texto sartriano:

> O ato de imaginação [...] é um ato mágico. É um encantamento destinado a fazer aparecer o objeto no qual pensamos, a coisa que desejamos, de maneira que possamos tomar posse deles. Há sempre, nesse ato, algo de imperioso e infantil, uma recusa de levar em conta a distância, as dificuldades.[46]

É assim que, no interior da distinção tradicional entre imaginação reprodutiva e imaginação produtiva, somos levados a privilegiar a segunda: apenas ela é *imaginação* propriamente dita, pois a outra acaba se confundindo com a passividade da percepção e de sua retenção na memória. Apenas da imaginação produtiva poderemos dizer que: "Ela não imita a realidade percebida ou gravada pela memória, mas se nutre dela, e dela se solta para inventar outra realidade, segunda e autônoma".[47] A descrição da autonomia

46 Ibid., p.12.
47 Ibid.

e da espontaneidade da imaginação nos permite captar a primeira característica essencial da imaginação: a liberdade. Ela é assim definida como o emblema da liberdade, na medida em que dá ao homem a honra de ingressar numa dimensão onde toda necessidade foi excluída, onde os obstáculos, suprimidos, deixam o espaço livre para a onipotência da espontaneidade. Embora essa análise invoque o testemunho de Bachelard,[48] a inspiração ainda é nitidamente sartriana: "A imaginação se distingue da percepção pelo poder de liberdade que lhe permite se distanciar do objeto e se ausentar do mundo: ela não reproduz imagens equivalentes da realidade; ela cria imagens que ultrapassam e metamorfoseiam o real",[49] ainda que essa ideia de "metamorfose" corresponda mal à intenção de *L'Imaginaire*, pelo que ela implica de "criacionismo". Após ter assim garantido uma distinção essencial, que nos situa para além da "confusão, introduzida pela filosofia do século XVIII, entre a percepção e a imaginação",[50] torna-se possível passar à segunda característica essencial da imaginação: sua *mobilidade*. É preciso aqui notar que a inspiração sartriana é subitamente substituída por uma inspiração bergsoniana: a imaginação já não é pensada como poder de transcendência, negação e distanciamento, mas também como "poder de captar os movimentos internos e externos, de exprimir o devir dos seres e das coisas, do pensamento e do sentimento".[51] E, embora a inspiração seja bergsoniana, o texto que vem ilustrá-la é de Baudelaire, numa observação sobre Ingres: "Sem imaginação, portanto sem movimento".[52] Depois de ter, assim, passado pela criatividade e pela mobilidade da imaginação, se passa à sua última determinação e a mais "profunda": sendo uma coisa e outra, ela é a Instância que permite que o homem passe do finito ao infinito, do mundo da *natureza* ao que a ultrapassa: "A imaginação", diz M. Eigeldinger com Jacques Rivière, "é o sentido do sobrenatural".[53] Promovida à condição

---

48 Ibid.
49 Ibid.
50 Ibid.
51 Ibid., p.13.
52 Ibid.
53 Ibid., p.17.

Imaginar o real

de órgão privilegiado do conhecimento, a imaginação passa também a se beneficiar do privilégio de fundar tanto a *beleza* quanto o domínio próprio da existência simbólica ou a cultura:

> A invenção do possível e da beleza só se cumpre no plano do imaginário, porque só a imaginação transpõe os limites de nossa condição terrestre ao conceber um alhures, um além compensador. Sem ela, seríamos privados de toda criação mítica ou religiosa, significante ou simbólica. A imaginação introduz na alma a dimensão do infinito: ela é exatamente *esse sol do espírito* que ilumina o mundo de uma claridade sobrenatural e lhe restitui o sentido da unidade transcendente.[54]

É essa definição da imaginação como meio de acesso ao *outro* mundo, no estilo do romantismo, que permite estabelecer o esquema da história da imaginação, de Cyrano de Bergerac a Diderot.[55] Essa história insiste, sobretudo, na grande ruptura que o século XVIII assinala: a crítica empirista aparece nela como o momento em que a imaginação deixa de remeter ao que há de infra-humano no homem, resíduo da sensibilidade e da matéria, para tornar-se o índice da própria humanidade do homem. De Pascal a Diderot, passamos da condenação epistemológica e moral (a imaginação como senhora do erro e da falsidade) à sua recuperação: "A imaginação", M. Eigeldinger cita a frase de Diderot, "eis a qualidade sem a qual não se pode ser nem poeta, nem filósofo, nem homem de espírito, nem ser racional, nem homem".[56] À exceção de Cyrano de Bergerac (que, em *L'Autre Monde ou les états et empires de la lune et du soleil*, estabelece a superioridade dos espíritos solares sobre os homens por sua superioridade imaginativa), M. Eigeldinger nota a unanimidade da condenação da imaginação no século XVII: "A doutrina clássica ensina a conter a imaginação dentro dos limites

---

54 Ibid., p.18-9.

55 Ibid., capítulo 2.

56 Diderot, *De la Poésie dramatique*, apud Eigeldinger, op. cit., p.39 [ed. bras.: *Discurso sobre a poesia dramática*, p.67].

da razão e a submete ao controle do juízo. É importante refrear seus impulsos, evitar seus desvios, pois ela está sempre prestes a gerar monstros e fantasmas".[57]

É assim que, para além das diferenças entre as doutrinas, apresenta-se nesse esquema uma atitude comum de suspeita em relação à imaginação como um poder que deve ser controlado a qualquer preço, já que ele arrisca a comprometer, ao mesmo tempo, o conhecimento, a beleza e a virtude. Logo em seguida, apresenta-se a imagem inversa na gênese do pensamento no século XVIII: se Boileau opunha à imaginação desregrada o equilíbrio do bom-senso, a nova literatura produz o livre desencadeamento do imaginário, tanto no plano da forma quanto no do conteúdo. Sinal dessa metamorfose que prepara o espaço da obra de Rousseau, M. Eigeldinger se detém sobre a obra de Prévost: seus personagens, ao se entregarem à paixão e à imaginação, transgridem os limites da estética clássica e da ética que ela implica: "Eles descobrem, na aventura tempestuosa de sua paixão, que 'a força da imaginação faz encontrar prazer nesses próprios males, porque eles podem conduzir a um término feliz que é esperado'".[58] Vauvenargues é outro marco dessa historiografia, pois nele descobrimos que a imaginação não é necessariamente anárquica e que há uma "justeza e uma nitidez da imaginação".[59] Se a "razão nos engana mais frequentemente que a natureza", é porque a existência espontânea, sentimento e imaginação, adquirem uma inteligibilidade própria: "Descartes", diz Vauvenargues, "pode ter se enganado em alguns de seus princípios e não ter se enganado em suas consequências, a não ser raramente; seria então um equívoco, ao que me parece, concluir, a partir de seus erros, que a imaginação e a invenção não concordam com a justeza. A grande vaidade daqueles que não imaginam é a de se acharem os únicos judiciosos e razoáveis: não percebem que os erros de Descartes, gênio criador, foram os de três ou quatro mil filósofos, todos eles gente sem imaginação".[60]

---

57 Ibid., p.23.
58 Ibid., p.31.
59 Ibid.
60 Ibid., p.32.

Imaginar o real

Não cabe aqui discutir a validade de um esquema tão geral: é preciso, no entanto, sem passar pela prova real na história das ideias, ponderar o que isso implica para a leitura de Rousseau – de uma forma ou de outra, esse esquema reaparece, como uma fênix, com demasiada frequência no comentário de Rousseau. Pois, nessa concepção da história da imaginação, a feliz inversão que se opera, por essa crise, no domínio da epistemologia, da moral e da estética, acaba por deixar na sombra o que importa, ou seja, neste caso, a teoria de Rousseau em sua *originalidade*. Assim situado, sob a luz retrospectiva do romantismo, Rousseau torna-se uma espécie de Novalis incompleto e seu espiritualismo esclarecido torna-se místico e irracionalista. Temos, como o observa J. Starobinski, uma das tentações da história do "imaginário" neste monismo: "Tudo nos leva então", observa ele em seu ensaio sobre "O império do imaginário",

a considerar a necessidade de um estudo diferencial dos níveis de realidade e de irrealidade, a medir a distância que separa de *uma imaginação exacerbada* (das ficções delirantes) a *imaginação mínima*, inseparável de qualquer criação literária. Não esqueçamos também que a tolerância em relação à imaginação varia segundo os ambientes, os momentos, as tradições. Em uma palavra, vemos desenhar-se uma tarefa crítica que não se limitaria à análise do universo *imaginado*, mas que observaria o poder imaginante em sua situação relativa no seio do contexto humano onde ele surge. Pois a tarefa crítica, sem dúvida sempre interminável, consiste em escutar as obras em sua fecunda autonomia, mas de maneira a perceber todas as relações que estabelecem com o mundo, com a história, com a inventiva de uma época inteira.[61]

Nessa proposição, que, no entanto, visa apenas o domínio da crítica literária, J. Starobinski se junta à preocupação mais fundamental da teoria rousseauniana da imaginação: a de captar a história dos *usos diferentes* da imaginação, conforme o meio social desse uso, sem fazer desse "poder da alma" uma instância metafisicamente privilegiada. Como não se trata de discutir o quadro histórico em si mesmo, limitemo-nos a discutir alguns

---

61 Starobinski, *L'Oeil vivant*, II: La relation critique, p.194-5.

de seus pressupostos teóricos, a desfazer alguns nós conceituais que estão sempre presentes no avesso dessas amplas tapeçarias que nos mostram Rousseau nos caminhos que o conduzem para além da paisagem terrestre, em direção ao *sobre*natural.

Vejamos mais de perto as categorias subjacentes a essa breve rememoração das aventuras do imaginário. É preciso notar que ela pressupõe três confusões fundamentais: 1) entre autonomia e criatividade; 2) entre criatividade e produtividade; e 3) entre imaginação empírica e imaginação transcendental. Com efeito, *autonomia*, na linguagem sartriana à qual M. Eigeldinger recorre, significa que a imaginação é uma *consciência* (quer dizer, que ela não é o efeito de uma causalidade associativa relativa ao corpo "em si"), mas também que ela é essencialmente *pobre*, que não acrescenta *nada* à percepção porque a imagem que parece acrescentar-lhe é justamente um *nada*. A imaginação não duplica assim a percepção de outro mundo; ela é apenas uma maneira indireta de se dirigir ao mesmo mundo que mostra a percepção: daí a tese sartriana que estabelece, entre esses dois modos de existência (em imagem ou *leibhaft*), uma identidade de essência. Não se pode, então, sem contrassenso, fazer dessa definição da autonomia o índice da superabundância ou da riqueza da imaginação ou, por assim dizer, de sua *genialidade*. Mas essa primeira confusão se multiplica no momento em que a ideia de imaginação *criadora* é superposta à da imaginação produtiva: pois a oposição entre imaginação reprodutiva e imaginação produtiva não tem, no pensamento clássico, outro sentido que aquele que é dado pela oposição entre *registro passivo* e *nova combinação* dos elementos inscritos na memória. Quando Eigeldinger utiliza a noção de criação, ele parece utilizar esse conceito em seu sentido bergsoniano, de algo irredutível a uma simples combinação de elementos já dados. Lembremos o texto das *Meditações metafísicas*:

> Pois, na verdade, os pintores, mesmo quando se empenham com o maior artifício em representar sereias e sátiros por formas estranhas e extraordinárias, não lhes podem, todavia, atribuir formas e naturezas inteiramente novas, mas apenas fazem certa mistura e composição dos membros de diversos animais; ou então, se porventura sua imaginação for assaz extravagante para inventar

Imaginar o real

algo de tão novo, que jamais tenhamos visto coisa semelhante, e que assim sua obra nos represente uma coisa puramente fictícia e absolutamente falsa, certamente ao menos as cores com que eles a compõem devem ser verdadeiras.[62]

Os limites da análise da representação são também os limites da produtividade da imaginação: não tendo sido ainda impregnada pela temática da teologia romântica, a imaginação nada pode produzir *ex-nihilo*. Essa limitação não é, aliás, apenas a obra do racionalismo cartesiano: o próprio M. Eigeldinger cita um texto de Vauvenargues que reproduz rigorosamente o procedimento cartesiano no texto que acabamos de citar – o autor que denuncia a cegueira de Descartes a respeito dos poderes da imaginação: "Um poeta não cria as imagens de sua poesia: ele as toma no seio da natureza e as aplica em coisas diferentes para figurá-las aos sentidos".[63] Será preciso esperar outro século, outra literatura, para que a ideia de imaginação adquira um sentido diferente e para que ela possa importar o modelo originariamente teológico da criação. O que separa a ideia clássica de imaginação daquela a partir da qual se procura reconstituir essa história, desde o século XVII, é a comunicação que a filosofia pós-kantiana vai estabelecer entre o empírico e o transcendental, pela mediação da imagem: com essa comunicação, a imaginação, "segredo enterrado no mais profundo da alma", poderá, com efeito, tornar-se um *órganon* para o acesso ao além ou ao em-si.

Em Rousseau, de todo modo, a positividade da imaginação não tem nada a ver com uma possível visão dos transmundos. Embora a imaginação também seja poder de recuo ou de transcendência (mas isso apenas no nível de uma teoria psicogenética, antropológica e moral, sem nenhuma consequência "gnóstica"), ela só oferece sua face positiva como adesão ao mundo dado, como "faculdade animadora do real"[64] – e isso quer dizer, nem Descartes, nem Novalis. Totalmente ao contrário da imaginação romântica, a imaginação de Rousseau nos reconduz ao rés das coisas: o meio que lhe é

---

62 Descartes, *Meditationes de Prima Philosophia*, p.20-1 [ed. bras.: *Meditações*, p.86].
63 Eigeldinger, op. cit., p.33.
64 Burgelin, *La Philosophie de l'existence de Jean-Jacques Rousseau*, p.181.

próprio não é a noite que submerge as coisas na noite da indiferença, que suprime o reino terrestre; a luz é indispensável e o devaneio não pode se desencadear sem o suporte do olhar. Marcel Raymond dá um grande passo quando se pergunta, a respeito de Rousseau, sobre a etimologia do verbo *rêver* [sonhar] e, para além das incertezas de Littré, encontra em W. von Wartburg um fio condutor mais que precioso:

> Mas, hoje, W. von Wartburg chega a apresentar a existência de um protótipo latino, *reexvagare*, de onde *rêver* teria saído. O fato é que o primeiro sentido de *rêver* é vagar, errar lá fora. Um texto de aproximadamente 1300 nos conta que "os libertinos vagavam [*resvoient*] toda a noite lá fora, pela cidade". O dicionário de Godefroy cita um texto de 1497 que não significa outra coisa: "quando fazia bom tempo, as pessoas se regozijavam bastante e iam vagar [*resver*] pela cidade em bando". A cena se passa no Carnaval e essa "gente" estava fantasiada, mascarada. A circunstância importa. Trata-se de sair de si mesmo, de seu natural, de se afastar do caminho traçado, de desviar, de extravagar. Naquele que sonha assim, que vaga a seu bel-prazer, um elemento de libertinagem está em jogo, ou mesmo um elemento orgíaco. Quem sonha se abandona.[65]

Esse texto nos parece importante porque ele marca a relação essencial do sonho, em Rousseau, com o *lá fora*, onde "o elemento orgíaco" não é incompatível com a *vigilância*, nem o abandono com o conhecimento. O sonho do *caminhante* não é destruição do mundo, queda no interior da pura subjetividade, mas pode ser também *investigação da paisagem*. O exercício da botânica é justamente, para Rousseau, a oportunidade de ligar, sem conflito, imaginação, pensamento e visão, sem consideração pelas teses da psicologia e da epistemologia clássica. Em seus passeios o sonhador solitário herboriza – sigamos seu caminho para ver o que significa *imaginar o real*.

A botânica, tal como a pratica o sonhador, é ao mesmo tempo um exercício do entendimento e da sensibilidade. Experiência sensível por essência, pois é apenas pelo *olhar* que a natureza dos vegetais pode ser analisada.

---

65 Raymond, *J.-J. Rousseau, la quête de soi et la rêverie*, p.154.

Imaginar o real

Mas também conhecimento racional, pois a visão, por si só, não permite inscrever as plantas no quadro lógico das espécies. Ver as plantas em sua "estrutura" (ou seja, em seu aparelho visível) e pensar suas relações de identidade e diferença são dois procedimentos complementares. Sem a visão da "estrutura", é impossível classificar as plantas, mas, sem o pensamento do sistema, é impossível *ver*: "Por mais elegante, admirável, diversa, que seja a estrutura dos vegetais, ela não impressiona suficientemente um olhar ignorante para interessá-lo".[66] Mas, para aquele que *sabe* ver, a visão retoma sua espessura, é mais que uma simples "inspeção do espírito": quando vejo uma planta e digo que a *vejo*, não são "as palavras que me detêm" e não sou "enganado pelos termos da linguagem ordinária".[67] Se a visão, por si só, não permite determinar a articulação entre as espécies e representar o *continuum* que elas compõem na natureza, é ela que impede de fundir a diversidade viva do reino vegetal na monotonia da repetição: "Os outros têm, à vista de todos esses tesouros da natureza, apenas uma admiração estúpida e monótona".[68] É o formigamento das diferenças que permanece escondido ao "olho ignorante" que não sabe nem mesmo "o que se deve olhar".[69] Pela colaboração entre a visão e o pensamento se restabelece a continuidade viva da Ordem que passa pelo indivíduo e atravessa a série total das espécies: entre o detalhe e o sistema, entre os sentidos e o espírito, entre o indivíduo e a espécie se tece "essa cadeia de relações e de combinações que cumula de suas maravilhas o espírito do observador".[70] Nenhum divórcio entre ver e saber: saber olhar significa passar de uma "estrutura" para uma "ordem", perceber a analogia guardando a "variedade prodigiosa" das formas e o sistema das diferenças. O olho avisado é capaz de sustentar a tensão entre o Mesmo e o Outro, de distender os fios que os ligam sem rompê-los. Parodiando Diderot (embora o tom da frase mude e passe da humildade ao orgulho), poderíamos dizer, contra a metafísica de

---

66 *O.C.* I, *Les Confessions*, XII, p.641.
67 Descartes, *Meditationes de Prima Philosophia*, op. cit., p.32 [ed. bras.: p.97 (Meditação Segunda, § 14)].
68 *O.C.* I, *Les Confessions*, XII, p.641.
69 Ibid.
70 Ibid.

Descartes, sua teoria da visão e sua teoria da vida: "Ah! Senhora! Como a botânica dos cegos é diferente da nossa!".

No perfil da planta, abre-se um caminho que pode conduzir à verdade da natureza: no vegetal nenhuma fissura separa o *ser* do *parecer* e toda a realidade da planta está à mercê do olhar que a percorre. A pétala é uma pálpebra que não dissimula nenhum olho e não esconde o sono de ninguém. Domínio de pura transparência e de perfeita visibilidade, a botânica é mais que uma forma de conhecimento: ela fornece o símbolo da inocência perdida na história dos homens. O mal se desenhou quando alguma coisa se esquivou da publicidade dos olhares, quando o homem se fechou sobre si mesmo, escavando para si um espaço privado e secreto: o mal está do lado das trevas e do invisível. Pelo fato de que nenhuma câmara secreta se aninha sob essa fina película que é a superfície da planta, a consciência pode se abandonar às aparências e coincidir novamente com suas sensações. Esse instante, sem nenhuma espessura, no qual explode a visão é suficientemente amplo para acolher tanto um saber quanto uma reforma da existência. A botânica é, em Rousseau, menos um conhecimento que uma terapia das paixões ou uma ascese da alma. Ela visa menos uma penosa acumulação de conhecimentos que o frescor de um jogo sempre retomado; este "estudo ocioso" não é uma disciplina do entendimento: herborizar é *extravagar*, "errar displicentemente pelos bosques e pelo campo".[71] Mas essa "extra-vagância" não libera, aqui, a genialidade ou a selvageria da subjetividade e, ao contrário, sujeita-a a uma coerência que está do lado do objeto. O jogo e o devaneio são comandados por uma ordem objetiva e modulados pelas tensões dessa ordem: aos dois polos do conhecimento correspondem dois "sonhos" diferentes. O prazer de herborizar é duplo: prazer da diferen-ça — os olhos são acariciados por "estruturas encantadoras"[72] — e prazer da identidade — a alma esquece sua infelicidade e sua individualidade na uni-dade oceânica da natureza. Podemos seguir esses dois movimentos, sístole e diástole da alma, no sétimo passeio: ou a contemplação consegue unificar

---

71 Ibid.

72 *O.C.* I, *Les Rêveries du promeneur solitaire*, Septième Promenade, p.1064 [ed. bras.: p.94].

Imaginar o real

os três reinos numa totalidade na qual o contemplador se perde, ou ela se detém numa forma particular e privilegiada. Nos dois casos o sentimento da existência se restabelece em sua pureza, pois, diante da diferença como diante da identidade, a consciência é restituída à sensação e ao imediato. Mas, para que a consciência possa assim coincidir no instante com a visão e para que ela se torne a testemunha fascinada da ordem natural, o exílio é necessário.[73] É preciso que não haja nenhum traço da alteridade, para que o homem possa redescobrir-se como pertencendo à Ordem. Esse jogo inocente pressupõe a ruptura com o mundo dos meios e a destruição da rede de relações que define a sociedade. As "amizades vegetais" se oferecem apenas para aquele que está cortado do circuito da intersubjetividade, apenas para aquele que pode dizer: "Estou sobre a Terra como em um planeta estranho, no qual teria caído daquele em que habitava".[74] Herborizar é estar em casa, mas estar finalmente em casa é estar fora da humanidade, da cultura e da sociedade.

Há, portanto, um *mundo imaginário* e o sonho pode sobreviver à luz da percepção: mas isso só é possível porque esse mundo não rivaliza com o outro, porque ele consiste em *colocar em perspectiva* o mundo percebido no fundo da Ordem ou na ótica de Deus. Imaginação *superficial* e *terrestre*, de fato, que se limita a iluminar as coisas com uma nova luz e que consagra as aparências em seu *ser* e confere, às superfícies, a maior dignidade ontológica. O sonho de Deus, poderíamos dizer, é a realidade do mundo – o solitário, por sua vez, reencontra à sua maneira a onipotência de Deus, seu *simulacro*, ao tornar-se espectador puro que sobrevoa a paisagem e que, no sentimento de sua própria existência, "basta-se a si próprio como Deus".[75] A ausência do outro, desse outro olhar que arriscaria lembrar a perigosa *profundidade* do mundo e a face invisível das coisas, realmente deixa o solitário à vontade para deslizar sobre um mundo reduzido à sua superfície, como o sonhador nas águas do lago de Bienne:

---

73 Ibid., Septième Promenade, p.1070 [ed. bras.: p.99].
74 Ibid., Première Promenade, p.999 [ed. bras.: p.26].
75 Ibid., Cinquième Promenade, p.1047 [ed. bras.: p.76].

[...] e lá, estendendo-me de comprido no barco, os olhos voltados para o céu, deixava-me ir e derivar lentamente ao capricho das águas, às vezes durante muitas horas, mergulhado em mil devaneios confusos mas deliciosos, e que, sem ter nenhum objeto bem determinado nem constante, não deixavam de ser, para mim, cem vezes preferíveis a tudo que havia encontrado de mais doce no que se chama os prazeres da vida.[76]

O que nos faz pensar que talvez fosse necessário matizar o juízo de Bachelard, em *A água e os sonhos*, que admite "profundidade" apenas nas imagens das águas turvas e profundas.

A ambiguidade necessária da ficção[77]

> *Eu não quis nem confirmar nem destruir um erro que me era vantajoso. Pode-se ver no Prefácio dialogado, que mandei imprimir à parte, como deixei o público em suspense. Os rigoristas dizem que eu deveria ter declarado a verdade com todas as letras. Para mim, não vejo o que me poderia obrigar a isso e acho que haveria mais tolice que franqueza nessa declaração feita sem necessidade.*
>
> J.-J. Rousseau[78]

A análise da função da imaginação, tal como acabamos de esboçá-la, nos permite voltar a nosso ponto de partida e experimentar uma resposta à questão difícil do estatuto que Rousseau confere à ficção em *A nova Heloísa*. Uma primeira observação se impõe, relativa à *autoria* do romance: como interpretar o fato de que o autor se esconde sob a máscara de um editor? Trata-se de um simples procedimento literário que, como muitas vezes, não implica nenhuma intenção séria de convencer o leitor e que é apenas uma piscadela cúmplice, dada no exato momento em que começa a leitura?

---

76 Ibid., Cinquième Promenade, p.1044 [ed. bras.: p.74].

77 Com algumas modificações, "A ambiguidade necessária da ficção" foi publicado com o título "Metamorfoses do enunciado de ficção: nota sobre a assinatura da *Nouvelle Heloïse*", in: *Almanaque*, n.5, São Paulo, 1977, p.38-43. (N. O.)

78 *O.C.* I, *Les Confessions*, XI, p.548.

Imaginar o real

Afirmá-lo seria ignorar a profunda diferença entre a experiência do romance no século XVIII e aquela que conhecemos. É essa outra consciência, por exemplo, que descreve J. M. S. Tompkins, quando se refere à resistência oposta ao romance pela crítica da época:

> O romance [*novel*] de biblioteca circulante foi julgado pelos críticos frívolo, imoral e tedioso. Ele era também informe, mas isso não os incomodava tanto. Todos os tipos de produtos espúrios, que hoje teriam seu lugar nas colunas da imprensa sensacionalista, apareciam nas prateleiras da biblioteca. Escândalos do momento e *causes célèbres*, graciosamente servidos em "dois curiosos volumes ornados de aberturas"; biografias fictícias ou semifictícias de estadistas, atrizes e prostitutas; histórias secretas; viagens e memórias de valor incerto; essas e outras mesclas obscuras de fato e ficção passavam por "romances" nas listas de livros da época. Sem dúvida, o fato de que autores de genuínos romances ainda gostavam de aparecer como editores de documentos autênticos, embora o truque já estivesse gasto, abria caminho para essa classificação, mas explicações são quase desnecessárias, pois "romance", na linguagem comum, significava pouco mais que "narrativa de entretenimento".[79]

Que o caso seja o mesmo na França, temos como prova o fato de que, no *Éloge de Richardson*, Diderot escreve que era preciso achar outro nome que não "romance" para designar "as obras de Richardson". O fato, para um romancista de hoje, de apresentar seu romance como um documento real, por exemplo, um diário achado por acaso, não chega a pôr em questão, ou abalar, a autoria: o leitor que, abrindo *A náusea*, se encontra diante da "nota" em que o "editor" apresenta o diário de Roquentin, *sabe que o romance já começou*, que ele ultrapassou a linha e que as frases não se referem mais diretamente à realidade das coisas e dos acontecimentos, que ele acaba de ingressar em outro tempo e outro espaço. Esse limite, o traçado que marca o início e o fim da narrativa, no interior mesmo da narrativa a divisão entre o enunciado tético e o enunciado de ficção, todo esse sistema

---

79 Tompkins, *The Popular Novel in England, 1770-1800*, p.4.

que define o modo de individualização do romance não é o mesmo num século e no outro. Não se trata, ressaltamos, do efeito de uma imprecisão, como uma consciência confusa de um público que não sabe ainda se situar no oceano da ficção e que não consegue adivinhar as margens longínquas: de uma maneira ou de outra (como o atesta o texto de Rousseau inscrito em epígrafe), essa forma de consciência é desejada e solicitada pelo autor e marca, assim, uma intenção inscrita no próprio coração da obra. Para o leitor de hoje, é claro, esses romances podem se dar – no espaço homogêneo de uma "biblioteca imaginária" – como romances "para serem lidos como *Madame Bovary*"; mas, do mesmo jeito que uma estátua grega perde sua "aura" tornando-se objeto estético em um museu, o romance, assim tornado objeto de uma leitura "histórica" e "literária", é arrancado do horizonte onde se entrecruzavam seu autor e seu leitor, onde se perfilava seu sentido primeiro.[80]

Assim, Bernard Guyon insiste, com razão, sobre a importância dada por Rousseau ao anonimato de *A nova Heloísa* e sobre a dificuldade de compreendê-la hoje. Em sua nota,[81] Guyon cita um parágrafo de uma carta de Duclos, leitor "dos mais avisados e que conhece bem as astúcias do ofício", como testemunho da seriedade e mesmo da eficácia da decisão de Rousseau. Duclos, que não é um leitor ingênuo, longe disso, coloca, para retirá-la em seguida, a questão a Rousseau:

> Eu gostaria, como leitor e cidadão, que ele fosse [*o romance*] de outro que vós; como amigo, ficaria aborrecido se não o fosse. Creio que compreendereis que, falando assim, não procuro arrancar vosso segredo; quando fico curioso faço minhas perguntas cruamente; então não respondais a esse respeito.[82]

Do que se trata então, se é preciso excluir a hipótese da simples "astúcia do ofício"? B. Guyon reintroduz a ideia da astúcia, sob forma de exigência

---

80 Cf. o ensaio de Benjamin sobre "A obra de arte e a era de sua reprodutibilidade técnica". Cf. Benjamin, *Oeuvres*, t.II: Poésie et Révolution.

81 *O.C.* II, *La Nouvelle Héloïse*, p.11, nota 2.

82 Ibid.

estética que implica o projeto de uma narrativa de intenção verista: esse projeto que se traduz, em Balzac, pela proclamação *all is true*. Confessar a responsabilidade das cartas teria sido pecar contra "as leis primeiras da estética do romance". A essa hipótese, Guyon acrescenta outra, complementar, e que se refere à psicologia de Rousseau, à sua necessidade de se mascarar para escapar, seja aos rigores de uma condenação moral (ao assinar os "pensamentos" de *A nova Heloísa*), seja à perfídia dos conspiradores: a astúcia do editor estabelece, de fato, entre Rousseau e seus personagens, assim como as ideias que eles exprimem, a distância da "irresponsabilidade". Contudo, parece-nos possível procurar a razão do anonimato numa outra direção, seguindo as indicações teóricas expressas no Prefácio dialogado.

Nos próprios termos que Duclos escolhe para colocar sua questão — e que o obrigam a suprimi-la, logo em seguida — vemos como a teoria rousseauniana do romance não é apenas uma esquiva e como ela aparece nas reações dos melhores leitores. Como *cidadão*, Duclos preferia que o livro não fosse uma ficção devida a Rousseau: isso quer dizer que também vê uma "vantagem" no fato de o romance ser tomado como documento, e que essa "vantagem" é mais de ordem moral ou política do que de pura estética. Da perspectiva do "artista", que não seria antes de tudo "cidadão", toda a vantagem estaria no outro lado; e é por essa razão que Duclos, como *amigo*, prefere a hipótese do Rousseau-autor. Antes de ter de obedecer a exigências estéticas, a escrita é submetida às exigências da cidade: *como cidadão*, o escritor deve se apagar como "particular", é preciso que desapareça atrás de sua escrita, que não se torne Autor. Apenas essa decisão pode marcar a diferença entre Rousseau e os "letrados". A nota final do *Prefácio a Narciso* é bastante interessante desse ponto de vista:

> Admiro quanto a maioria dos letrados se deixou enganar nesse caso. Quando viram as ciências e as artes atacadas, acreditaram que estavam sendo pessoalmente visados. [...] É como os sacerdotes do paganismo, que só se importavam com a religião na medida em que ela os fazia respeitar.[83]

---

83 *O.C.* II, *Narcisse*, Préface, p.974, nota [ed. bras.: p.436].

A retórica de Rousseau

Essa exigência não é, no entanto, suficiente para explicar integralmente o segredo conservado por Rousseau: válida como *telos* de todo ato de escrever, ela não impediu a assinatura de outros escritos. Antes de passar às exigências próprias do romance, assinalemos, contudo, a presença, na obra de Rousseau, de uma problemática geral da autoria: quando Rousseau assina o *Contrato social* como *Jean-Jacques Rousseau, Cidadão de Genebra*, ele já indica que o nome, só, signo do puro particular, é impróprio para aparecer "desarmado" na capa desse livro; esse mesmo nome que aparecerá deslocado e desmembrado nos *Diálogos*. Lembremos, antes de prosseguir, o momento seguinte do Prefácio dialogado: "— N. — Na folha de rosto de um livro de amor leremos estas palavras: *Por J. J. Rousseau, Cidadão de Genebra!* — R. — *Cidadão de Genebra*? Nada disso. Não profano o nome de minha pátria; só o coloco nos escritos que acredito poderem honrá-lo".[84]

O comentário de Duclos lança uma luz sobre a problemática propriamente "romanesca" e coloca, em termos pelo menos surpreendentes, a questão da "astúcia". Se a astúcia de Rousseau, pois há de fato uma astúcia, se explica pelas exigências da "estética do romance", a disjunção que Duclos faz entre as duas possibilidades não teria sentido. Apreciar, como especialista, a astúcia de um escritor é saber reconhecer a arte no lugar em que ela se esconde — se a astúcia consiste em eclipsar a arte, esse eclipse temporário e parcial só faz multiplicar-lhe o brilho. Assim, a "beleza" de um *trompe l'oeil* mostra-se apenas depois de dissipada a ilusão. Ora, a disjunção de Duclos separa esses dois termos: ou o *valor* do livro, ou o *mérito* do escritor. Duclos, é claro, não se engana, e se ele suspende a questão, se não quer deixar escapar o segredo de Rousseau, é porque adivinha o essencial: o maior mérito de Rousseau é renunciar ao mérito de escritor. Estamos, então, de fato, diante de uma mentira bem mais substancial e "séria" que os procedimentos formais correntes nas Belas-Letras — uma mentira que marca com uma profunda ambiguidade o estatuto da ficção. Bem sabemos que, na sutil teoria rousseauniana da mentira, "mentir sem proveito nem

---

84 *O.C.* II, *La Nouvelle Héloïse*, Seconde Préface, p.27 [ed. bras.: p.38-9].

Imaginar o real

prejuízo de si ou de outrem não é mentir; isso não é mentira, é ficção".[85] Mas apresentar uma ficção como verdade seria ainda ficção ou uma nova mentira?

Na verdade, apenas a ideia de uma "ficção evanescente" convém aqui: uma ficção que se esboça para desaparecer imediatamente, deixando, em seu lugar, apenas a clareza das coisas reais. Para que o romance seja suscetível de um bom uso é preciso que ele não tome corpo demais, que não fique entre o leitor e o mundo – compreendemos isso melhor a partir da análise da função da imaginação. Como o pedagogo do *Emílio*, é preciso que a discrição do romance se aproxime de seu máximo, que o guia esconda, por assim dizer, o gesto pelo qual ele mostra o caminho. O que caracteriza o discurso do Mestre no *Emílio* é que ele fala o menos possível das coisas que quer mostrar, como se seu silêncio, sozinho, abrisse o espaço da visibilidade do real, como se demasiadas palavras pudessem impedir o acesso às próprias coisas. Da mesma forma, o romance, ao esconder sua espessura *romanesca* e *fictícia*, volta o leitor para o real, para a sua existência concreta, e lhe permite imaginar sua própria vida. Virada a última página do romance, começa o verdadeiro trabalho da imaginação.

---

85 *O.C.* I, *Les Rêveries du promeneur solitaire*, Quatrième Promenade, p.1029 [ed. bras.: p.59].

VII
Gênese e estrutura dos espetáculos[1]

Há, desses, um punhado de petulantes para quem só eles próprios con-
tam em todo o universo, e que quase não merecem ser contados exceto
pelo mal que fazem. É apenas para eles que são feitos os espetáculos.
Eles se mostram ali ao mesmo tempo como representados no meio dos
comediantes e como representantes nos dois lados; são personagens na
cena e comediantes nos bancos. É assim que a esfera da sociedade e a dos
autores se estreita; e é assim que a cena moderna não mais abandona
sua tediosa dignidade.

J.-J. Rousseau[2]

A crítica moral do teatro

A *Carta a d'Alembert* jamais conheceu a repercussão que o *Paradoxo sobre o*
comediante sempre provocou, comentado até hoje tanto pelos homens de teatro quanto pelos filósofos. E, no entanto, não é apenas a tempestuosa amizade entre seus autores que aproxima os dois textos. Em ambos os casos,
com efeito, a vivacidade da polêmica aberta não facilitou a compreensão da

---

1 Texto parcialmente publicado em *Estudos*, Cebrap, São Paulo, out.-dez. 1975,
p.7-34. (N. O.)

2 O.C. II, *Julie ou La Nouvelle Héloïse*, II, 17, p.252 [ed. bras.: p.228].

obra e da engenhosa estratégia que cada qual desenvolve na construção de sua tese fundamental. Em ambos os casos, muitas vezes conservou-se apenas a impressão de uma sequência desordenada de digressões, a confusão entre questões que pertencem a registros teóricos diferentes e contradições na justificação de uma opinião que vai de encontro às evidências do senso comum. Não é o menor dos méritos do livro de Yvon Belaval[3] o de ter, pela primeira vez, desembaralhado as linhas que tecem a trama da argumentação de Diderot, mostrando, assim, para além da multiplicidade dos temas e dos problemas evocados, o andamento ordenado e coerente da estética *sem paradoxo* que o *Paradoxo sobre o comediante* constitui. É uma desatenção da mesma natureza que prejudicou a compreensão da *Carta a d'Alembert*. Aí também o interesse exclusivo pelo inventário de teses acaba por obliterar a unidade e o sentido da obra. Diluída na continuidade de uma tradição monótona, a obra de Rousseau não seria mais do que uma retomada, pouco original, mas fortemente contraditória, da polêmica dos teólogos contra o teatro. Mas não é apenas a *Carta a d'Alembert* que perde assim toda estruturação própria: o *background* histórico simplificado em que foi mergulhada, representado sob a forma da continuidade da tradição, postula a permanência de uma problemática inalterável e, por assim dizer, a oposição sempre renascente entre dois "partidos" fiéis a ortodoxias bem definidas. Seria isso verdade, mesmo para um segmento tão curto na duração quanto aquele que vai do fim do século XVII até a metade do século XVIII? Não é preciso voltar até Tertuliano para sugerir a originalidade da questão em jogo na *Carta a d'Alembert* no campo epistemológico e ideológico que lhe é próprio: tomemos dois textos sem nenhuma ligação de cumplicidade para começar a *des-situar* a *Carta a d'Alembert* e para nuançar os termos da representação da polêmica que opõe os devotos aos filósofos.

Para demonstrar que o espetáculo da paixão nunca é inocente e que ele sempre atrai o espectador, Bossuet descreve os efeitos que a representação do amor, mesmo nos limites da honestidade (quer dizer, mesmo conduzindo ao casamento), provoca na plateia:

---

3 Belaval, *L'Esthétique sans paradoxe de Diderot*.

A retórica de Rousseau

Vemo-nos a nós mesmos naqueles que nos parecem como que transportados por semelhantes objetos; logo nos tornamos um ator secreto da tragédia; nela, representamos nossa própria paixão; e a ficção no exterior é fria e sem atrativo se não encontra no interior uma verdade que lhe responda.[4]

Esse belo texto descreve uma espécie de ambiguidade necessária dos efeitos do espetáculo, o avesso de uma *catarse*: onde encontrar o limite entre o imaginário e o vivido nessa osmose entre a emoção representada do personagem e a do espectador, que se nutre da primeira? O contágio do imaginário suprime toda distinção entre os dois termos e tudo se passa como se fosse o *desejo* do espectador a verdadeira raiz do fulgor dos amores que são representados em cena. Pode-se dizer que a cena amplifica a carne ao tornar a alma mais sensível; não se trata, aqui, do conteúdo moral do espetáculo, o interesse despertado pela cena é a oportunidade, para o espectador, de retomar insensivelmente a inclinação à qual a sua natureza decaída o convida.

Vamos ao teatro buscar uma estima que não merecemos, adquirir uma boa opinião de nós mesmos; partilhar o orgulho das grandes ações que jamais faremos, sombras vãs de personagens famosos que nos são apresentados. Ali, prontos para abraçar, para apertar contra o peito a virtude ameaçada, estamos muito seguros de triunfar com ela, ou de largá-la quando for a hora; nós a seguimos até o cadafalso, mas não além; e ninguém jamais terá colocado sua cabeça no tronco ao lado da do Conde de Essex; de modo que a plateia está cheia, e estão vazios os locais da miséria real.[5]

Aqui, já não se trata do contágio, e Diderot, que ignora a obsessão do pecado, só questiona o teatro na qualidade de forma possível de abdicação moral e cívica; não é suscitando a paixão que a cena corre o risco de desviar o espectador, mas dando-lhe, ao contrário, a impressão de estar quite com

---

4 Bossuet, *Maximes et réflexions sur la comédie* [1694], in: *Oeuvres Complètes*, t.3, p.552.

5 Diderot, "Satire contre le luxe à la manière de Perse" (*Salon de 1767*), in: *Oeuvres complètes*, p.118.

Gênese e estrutura dos espetáculos

a virtude graças a um sacrifício ou a um esforço moral *imaginário*. Aqui, é a identificação que está na raiz da ambiguidade, assim como lá, era a projeção; apesar de suas diferenças, os dois textos definem a ilusão teatral como ocasião de culpa ou de ilusão moral. Um mesmo procedimento crítico, com o recurso à psicologia, sustenta assim as reflexões de Bossuet e de Diderot; mediante a ação da ficção, os limites entre o real e o imaginário tornam-se fluidos e, identificação ou projeção, o espectador torna-se outro e não ele próprio. De qualquer forma, a imaginação serve de *álibi*: para dar livre curso à paixão ou para tornar possível uma boa consciência e um contentamento de si inteiramente gratuitos.

Esse instante muito breve, em que linguagens tão diferentes se recortam, certamente abala a simples oposição entre os "partidos". Mas, sobretudo, mostra o quanto é fácil fazer com que discursos animados por *telos* fundamentalmente diferentes digam *a mesma coisa,* enquanto nos mantemos no nível dos *dogmata* isolados. Para o que nos importa de imediato, isso significa que é preciso evitar ver, no desentendimento que opõe Rousseau e os filósofos a respeito do teatro, a pura retomada daquele que havia oposto (não falemos dos Padres da Igreja) Bossuet (ou o obscuro Padre Lebrun) ao Padre Caffaro. Tal redução tornou-se quase um lugar-comum nos comentários da *Carta a d'Alembert*. Michel Launay denuncia, com razão, nessa tendência da historiografia, uma maneira de abafar ou recalcar o verdadeiro sentido do texto de Rousseau, seja ele interpretado como uma simples crítica do teatro clássico, seja ele apresentado como "o apêndice, bastante inútil, de uma velha querela: a injusta querela que as Igrejas levantavam contra o teatro e os comediantes".[6] Em sua introdução à *Carta a d'Alembert*, M. Launay tem razão em insistir no fato de que, nesse texto, as referências propriamente religiosas são mínimas e que elas quase se limitam, no prefácio, à questão do "perfeito socinianismo" dos ministros genebrinos, a uma retomada retórica e introdutória das proposições de d'Alembert no artigo da *Enciclopédia* em questão. Poder-se-ia, no entanto, opor a essas afirmações a eventualidade de um uso, deslocado de seu horizonte original

---

6 Launay, "Introduction", in: *Lettre à d'Alembert*, p.18.

da retórica clerical antiteatral, e procurar, ao longo do texto de Rousseau, os argumentos de uma teologia retrógrada que não ousa dizer seu nome. É a tarefa que se impôs M. Barras, numa tese que acompanha a querela do teatro, dos Padres da Igreja a Rousseau, e que vê na *Carta a d'Alembert* um texto sem nenhuma originalidade em sua concepção do teatro, que se nutre sistematicamente da tradição antiteatral e que significa, em relação ao esforço contemporâneo, do abade de Saint-Pierre, de Voltaire ou de Riccoboni, um passo para trás, "um retorno a argumentos que tinham sido praticamente abandonados".[7] Texto arcaizante, portanto, e inútil, pois, se "Rousseau não tivesse escrito sua famosa carta, estes problemas teriam se imposto de forma igualmente inevitável".[8] Para não ter de voltar a esta questão, examinemos as teses de M. Barras, que retoma, de maneira sistemática e exemplar, o ponto de vista que queremos começar por excluir.

Em dez páginas, M. Barras refaz todo o itinerário da *Carta a d'Alembert*, comparando a cada proposição feita por Rousseau uma outra idêntica tirada do passado, e justificando assim o juízo de Fontaine nas notas de sua edição: "Definitivamente, Rousseau nada acrescentou de essencial. Contentou-se em desenvolver, sob forma oratória, com um rigor de raciocínio mais aparente do que real".[9] Mas, desde o início, percebe-se que a falta de originalidade de Rousseau é uma aparência que só se impõe numa leitura rápida; assim, em sua reconstituição do procedimento de Rousseau, M. Barras começa dizendo: "Rousseau dá início à sua discussão do problema do palco admitindo que nada de definitivo havia sido provado, até então, sobre os reais efeitos do teatro, pois cada um julga de acordo com seus preconceitos",[10] e acrescenta em seguida, como se a proposição concernisse à *Carta a d'Alembert*: "O que vai ser desenvolvido constituirá, portanto, apenas sua visão pessoal sobre o assunto".[11] Ora, o texto em questão é aquele que, seguindo a observação de que a proposição de d'Alembert

---

7 Barras, *The Stage Controversy in France from Corneille to Rousseau*, p.12.

8 Ibid., p.12.

9 Ibid., p.152.

10 Ibid., p.261

11 Ibid., p.262.

Gênese e estrutura dos espetáculos

supõe demasiados pressupostos não discutidos, afirma que tudo ainda é problema no que diz respeito aos efeitos do teatro, pois "como as disputas que ele ocasiona opõem apenas os eclesiásticos e os mundanos, cada um o encara apenas a partir de seus preconceitos".[12] O que Rousseau diz aqui é algo diverso de uma confissão de caráter "pessoal" dos pontos de vista expostos em seu texto: até aqui, a polêmica sobre o teatro deu a palavra apenas aos eclesiásticos e aos mundanos, mas nunca ao *cidadão*. Estéril até então, a questão só pode ser resolvida por um deslocamento que a libera dos preconceitos simétricos que escondem seu verdadeiro sentido.

É ignorando assim o deslocamento da questão, insistindo em ficar no horizonte da "querela" e apagando aquilo que é próprio da crítica de Rousseau, que o leitor é convidado, diante do uso frequente de argumentos *semelhantes* aos da tradição, a concluir por uma má-fé da parte do autor da *Carta a d'Alembert*. É o que vemos no tocante ao argumento que faz do divertimento do espectador algo de negativo, pelo tempo que rouba, pois a vida "é tão curta e o tempo tão precioso".[13] Conti citava, com efeito, São João Crisóstomo, afirmando, contra a aparente inocência do divertimento com os espetáculos: "nós lhes responderemos que não se deve jamais comprar um divertimento por uma vã e inútil ocupação"; e Bossuet lembrava ao Padre Caffaro que "não temos, na terra, desde o pecado, verdadeiro motivo para nos regozijar".[14] Mas seria realmente preciso ler a mesma condenação do lazer na *Carta a d'Alembert*? E, se Rousseau "omite qualquer menção à Igreja em sua diatribe", seria "propositadamente"? O texto de Rousseau em questão é aquele em que se diz que "um pai, um filho, um marido, um cidadão têm deveres tão preciosos a cumprir que nada deixam para que o tédio lhes roube". Bem parece que, nesse texto, se aceitarmos sublinhar a palavra *cidadão* como sublinharia Rousseau, o que está em jogo é uma questão bem diferente daquela colocada por São João Crisóstomo. Não é a alma, vulnerável pelo pecado original, que os lazeres do espetáculo correm o risco de corromper, mas a ordem e a coesão da vida na cidade, o

---

12 *O.C.* V, *Lettre à d'Alembert sur les spectacles*, p.15 [ed. bras.: p.39].
13 Ibid.
14 Apud Barras, op. cit., p.262.

trabalho. É, aliás, através de uma análise quase puramente econômica que Rousseau examinará, mais tarde, os efeitos da introdução do teatro numa comunidade como a dos "montanheses":

> Todo o resto é fácil de conceber. Sem contar os outros inconvenientes de que já falei, ou falarei em seguida; sem considerar a espécie de espetáculo e seus efeitos morais, atenho-me unicamente ao que diz respeito ao trabalho e ao ganho, e acredito mostrar, por uma conclusão evidente, como um povo abastado, mas que deve seu bem-estar à sua diligência, ao trocar a realidade pela aparência, arruína-se no próprio instante em que pretende brilhar.[15]

O mesmo mal-entendido se dá quanto à ideia de *interesse* do espectador, que deve guiar, em qualquer circunstância, o autor, e que permite a Rousseau julgar o valor do empreendimento teatral. Ao dizer que o interesse fundamental do espectador (que deve comandar as regras da arte em sua generalidade) é constituído pelo entrecruzamento entre o agradável e o instrutivo, Rousseau parece retomar um lugar-comum e, antes dele, Bossuet já dizia: "O primeiro princípio sobre o qual agem os poetas trágicos e cômicos é o de que se deve interessar o espectador".[16] A subjetividade deste interesse, o peso indispensável do agradável, a influência que as paixões exercem sobre ele, tudo isso parece conspirar para proibir um uso moral da cena, submetida como está a uma vontade incontrolável. A intenção polêmica é evidente nessa leitura que ignora a diferença entre a moral de Rousseau e a de Bossuet, mas transparece também no contra-argumento fornecido pelo senso comum: "Isto, de fato, é um exagero, pois mais de uma vez se produziram peças que iam contra a opinião pública e mesmo assim fizeram sucesso".[17] Mais uma vez, aqui, a fascinação pela materialidade doxográfica ignora o essencial, quer dizer, a ordem da argumentação e o espírito do texto, assim como, com eles, a diferença profunda entre as intenções de Rousseau e as de Bossuet. O próprio "de fato" não se aplica,

---

15 *O.C. V, Lettre à d'Alembert*, p.58-9 [ed. bras.: p.78-9].

16 Apud Barras, op. cit., p.262.

17 Barras, op. cit., p.262.

Gênese e estrutura dos espetáculos

pois Rousseau não ignora a verdade que lhe opõe seu comentador e fornece, de antemão, a sua razão:

> Todo autor que pretende nos representar costumes estrangeiros empenha-se cuidadosamente, entretanto, em tornar sua peça apropriada aos nossos. Sem essa precaução, jamais se obtém sucesso e mesmo o sucesso dos que a tomaram tem, muitas vezes, causas bem diferentes *das supostas por um observador superficial*. Quando o Arlequim Selvagem é tão bem recebido pelos espectadores, alguém pensaria que isso decorre do gosto pelo sentido e pela simplicidade desse personagem e que um sequer dentre eles queira, por isso, parecer-se a ele? Isso ocorre, ao contrário, exatamente porque esta peça favorece sua maneira de encarar o mundo, que é a de amar e procurar ideias novas e singulares. Ora, não há ideias mais novas para eles que as da natureza. É precisamente sua aversão pelas coisas comuns que os reconduz, às vezes, às coisas simples.[18]

A falta de originalidade da *Carta a d'Alembert* é assim mostrada no caso de cada uma de suas proposições: 1) a afirmação da superioridade do teatro francês; 2) a crítica moral das peças de Molière; 3) a relativização do alcance do novo teatro; 4) sobre a ascendência das mulheres sobre os homens pela mediação do teatro, ou ainda 5) dos jovens sobre os velhos; 6) sobre os costumes dos comediantes, 7) sobre sua falsidade e 8) sobre o uso de seu talento fora da cena etc.[19] É inútil verificar cada uma dessas identificações entre o texto de Rousseau e uma tradição precedente; limitemo-nos a olhar o único ponto da *Carta a d'Alembert* ao qual M. Barras concede o mérito de originalidade:

> Os argumentos de Rousseau contra as peças teatrais não são originais, exceto possivelmente a opinião de que elas são mais perniciosas nas cidades pequenas que nas grandes. A ideia parece ter sido o resultado de seu desejo de provar sua tese de que o estabelecimento de teatros em Genebra a arruinaria.[20]

---

18 *O.C. V, Lettre à d'Alembert*, p.18-9, grifo nosso [ed. bras.: p.42].
19 Barras, op. cit.
20 Ibid., p.271.

Porém, trata-se de uma tese entre outras ou então daquela à qual todas as outras são subordinadas? Vê-se assim como é preciso ignorar a estrutura peculiar da *Carta a d'Alembert* e a estratégia de Rousseau em sua teoria da função da cena, para fazer do texto a expressão de um simples retorno a uma ideologia ultrapassada.

Voltemos, para melhor situar nosso problema, ao contexto imediato da *Carta a d'Alembert*, deixando definitivamente de lado essa pré-história teológica que doravante consideraremos como não pertinente. É em novos termos que se coloca então a questão do teatro e, primeiramente, por uma mudança do próprio teatro como realidade social. Resumidamente: mudança e abertura do público, assim como apropriação ideológica da cena pela filosofia; local público, o teatro se torna um dos lugares privilegiados da propaganda, propagação e publicidade das Luzes. Essa nova conjuntura do teatro é fortemente marcada por uma fórmula de Y. Belaval:

> Entre o declínio da Igreja e a aurora do jornalismo, o teatro, para o qual afluía um público novo, a burguesia que iria tomar o poder, talvez nunca tenha estado tão bem situado para assumir o papel de pregador leigo e contribuir, mediante suas críticas, para uma transformação social. Neste ponto, o teatro secundava a *Enciclopédia*.[21]

Se a *Carta a d'Alembert* não significa, nesse contexto, a volta de uma ideologia ultrapassada, não deixa de ser um texto profundamente *intempestivo*. Ela choca, como é compreensível, os amigos de Rousseau, cuja reação é imediata e dura, conforme testemunha a linguagem mais agressiva do que nunca da resenha de Grimm na *Correspondência literária*: "Tudo isto é muito bonito e muito falso". Mas, se a *Carta a d'Alembert* assim choca os filósofos, o partido dos devotos não tem razão para alegrar-se com esse ataque ao teatro e à filosofia da parte de um campeão tão inesperado.

Mas de que lugar, então, Rousseau está falando, para assim poder colocar em pé de igualdade os filósofos e seus inimigos, os eclesiásticos e os mundanos? Fixemos, de maneira elementar, sua relação com a filosofia, para

---

21 Belaval, op. cit., p.295.

Gênese e estrutura dos espetáculos

saber o quanto essa recusa do "progressismo" filosófico não é efeito de um pensamento retrógrado. A linguagem da *Carta a d'Alembert* não é apenas a da virtude indignada, e a recusa da filosofia resulta de uma razão crítica; mas, sobretudo, a condenação do teatro em Genebra não é apenas a decisão de um legislador intransigente. O fato de que o autor de peças dramáticas, o espectador fascinado, o escritor familiarizado com a vanguarda da estética teatral não sejam discerníveis do Cidadão que assina a *Carta a d'Alembert* torna-se evidente na leitura do prefácio ao *Narcisse*. Este prefácio já era paradoxal [...].[22]

[...] Mas não é o *gosto* que fornece o fio condutor dessa análise do teatro, e a questão estética nela comparece subordinada a outras questões. Não se trata, tampouco, de uma pura e simples subordinação da estética à moral, de um sacrifício do gosto: o gosto e os costumes, a dialética que os associa, tudo isso é objeto da investigação, mas nunca se apresenta como instância de prescrição ou de normatividade. Assim, nessa análise, a experiência estética jamais se expressa em seu estado puro, mas sempre faz parte de uma abordagem teórica mais vasta, que visa, para além desta ou daquela obra, as condições históricas e formais do fenômeno teatral.

> O mesmo vale quanto aos poetas cujas peças sou obrigado a censurar: diriam que os que estão mortos não seriam de meu agrado, e eu ficaria irritado com os vivos. Mas a verdade é que Racine me encanta e que nunca perdi voluntariamente uma representação de Molière.[23]

A *Carta a d'Alembert* marca decerto uma ruptura com a cultura filosófica e uma restrição do valor pedagógico do teatro, mas tal ruptura é complexa e não pode ser interpretada como negação "abstrata" ou como recusa global. Essa complexidade, a presença de uma comunicação interna entre a negação

---

22 Falta aqui uma página no manuscrito original de Bento Prado Jr. Todas as tentativas foram feitas para preencher essa lacuna junto a amigos e colaboradores, no Brasil e na França. Fica o agradecimento a Helena Hirata, Otília e Paulo Arantes, Mateus Araújo Silva, Roberto Schwarz e Ruy Fausto (N. O.)

23 *O.C.* V, *Lettre à d'Alembert*, p.120, nota [ed. bras.: p.145, nota 63].

e o que ela nega, essa espécie de cumplicidade entre o sim e o não que, no entanto, não é uma contradição, tudo isso é particularmente visível nas relações entre a crítica rousseauniana e a estética de Diderot.

Não esqueçamos, com efeito, que Rousseau escreveu a *Carta a d'Alembert* tendo pleno conhecimento da nova teoria teatral de Diderot – cuja importância nunca foi ignorada por seus contemporâneos, a exemplo de Lessing, que nele enxerga o filósofo mais profundo, depois de Aristóteles, a tratar do teatro. De fato, encontramos novamente na *Carta a d'Alembert* os sinais de uma leitura atenta dos *Entretiens sur le fils naturel* e, se a ruptura marca o limite de uma troca viva de ideias entre Jean-Jacques e Diderot, a referência recíproca jamais desaparece, e nos escritos ulteriores de Diderot fica muitas vezes evidente o esforço em responder à *Carta a d'Alembert*. Antes da ruptura, podia-se falar numa osmose entre os dois pensamentos, e Paul Vernière pôde mostrar, no personagem de Dorval – que expõe pela primeira vez nos *Entretiens* a nova filosofia do teatro de Diderot –, antes o "fantasma de Rousseau" do que um dos "duplos" a que Diderot frequentemente recorre. É difícil, com efeito, não reconhecer Rousseau no porta-voz de Diderot que inicia os *Entretiens* com um discurso em que se condensam e se sobrepõem os temas do rousseauismo:

> Ele ouviu e respondeu-me com a voz alterada: "É verdade. É aqui que vemos a natureza. Eis a sagrada moradia do entusiasmo. Um homem é dotado de gênio? Deixa a cidade e seus habitantes. Seguindo o chamado de seu coração, gosta de misturar suas lágrimas à água cristalina de uma fonte, de levar flores a um túmulo, de andar a passos leves sobre a suave relva da pradaria; de atravessar, a passos lentos, campos férteis contemplando o trabalho dos homens, de fugir para o fundo da floresta. Gosta do horror secreto que nela encontra. Ele vagueia. Procura por um antro que o inspire. Quem é que mistura sua voz à torrente que cai da montanha? Quem é que se escuta no silêncio da solidão? É ele. Nosso poeta mora à beira de um lago".[24]

---

24 Diderot, *Entretiens sur le fils naturel*, II, in: *Oeuvres esthétiques*, p.97-8.

Gênese e estrutura dos espetáculos

É, com efeito, o gênio, categoria central da estética de Diderot, que é invocado no umbral dessa poética, mas tal gênio é também Rousseau, fugindo da cidade e encontrando, à beira de um lago, o acesso à ordem da natureza. Esses dois destinos estão a tal ponto ligados, mesmo na ruptura, que à presença de Rousseau no início dos *Entretiens* responde, no início da *Carta a d'Alembert,* o texto em que Rousseau se queixa da *ausência* de Diderot, como se todo o texto fosse atravessado por essa *falta*:

> O gosto, o discernimento, a correção não poderiam estar presentes nesta obra. Vivendo só, não pude mostrá-la a ninguém. Eu tinha um Aristarco severo e judicioso; já não o tenho, já não quero tê-lo, mas lamentarei isso para sempre, e ele faz bem mais falta a meu coração que a meus escritos.[25]

Essa dialética que já se arma no nível dramático da existência desdobra--se no plano da teoria: como se entrecruzam as teorias de Rousseau e de Diderot e sobre qual fundamento dogmático comum vêm se opor suas concepções do teatro?

Rousseau e Diderot quase nunca se opõem no julgamento das formas históricas do teatro e no diagnóstico da degradação dos espetáculos na modernidade; só há disjunção entre suas análises para além da compreensão do *fato* histórico, na discussão da *perfectibilidade* possível do teatro. Assim, quando Diderot utiliza a história, é apenas para liberar a consciência presente de sua adesão excessiva ao dado — a história só é um momento de um movimento crítico mais geral que visa destruir este preconceito difícil de erradicar, esta incapacidade de *ver* o possível. A insistência na diferença entre o real e o possível está na ótica *prospectiva* da estética de Diderot, pois ela é necessária para a liberação de um espaço para *gêneros novos* e para a tarefa presente da literatura dramática:

> Se existe um gênero, é difícil introduzir um novo. Este é introduzido? Outro preconceito: logo se imagina que os dois gêneros adotados são vizinhos

---

25 *O.C.* V, *Lettre à d'Alembert*, Préface, p.7 [ed. bras.: p.31].

e se tocam. Zenão negava a realidade do movimento. Como única resposta, seu adversário se pôs a caminhar; e mesmo que tivesse apenas coxeado, ainda assim teria respondido.[26]

A ignorância do hiato que separa o possível do real, que o circunscreve em sua finitude, não funda apenas o conformismo estético, mas serve de apoio à ideologia que, depois de ter condenado moralmente o teatro, quer suprimi-lo:

> Atacar os espetáculos por seu abuso é levantar-se contra toda espécie de instrução pública, e tudo o que até hoje se disse a respeito, aplicado ao que são ou foram as coisas, e não ao que poderiam ser, é uma injustiça e uma inverdade.[27]

Ao escrever essas linhas, Diderot pensa também na *Carta a d'Alembert*, mas, se marca bem a fronteira que o separa de Rousseau, escapa-lhe totalmente a novidade do argumento que este último mobiliza contra o teatro. Na *Carta a d'Alembert*, Rousseau não ignora a distinção entre o possível e o real e fornece, inclusive, uma teoria explícita dos limites da perfectibilidade do teatro. O que são, de fato, os gêneros para Rousseau, que estatuto atribuir, segundo os princípios de sua teoria da linguagem e da sociedade, à ideia de um gênero possível? Rousseau também desconecta a ideia de gênero de todo fundamento ideal-transcendente, colocando-a à deriva no elemento móvel da historicidade. Mas, se os gêneros já não correspondem a essências imutáveis, eles não deixam de estar submetidos a certas coações — os gêneros não são abandonados à genialidade do devir ou ao devir da genialidade. O campo do possível é constituído historicamente, e toda forma de sociabilidade e de linguagem *escolhe*, por assim dizer, seus possíveis; a cada abertura, traçada por uma linguagem particular, corresponde um fechamento simétrico. O gênio nada pode contra as normas que cada estrutura histórica secreta:

---

26 Diderot, *De la Poésie dramatique*, I, in: *Oeuvres esthétiques*, op. cit., p.190 [ed. bras.: *Discurso sobre a poesia dramática*, p.39].

27 Ibid., XVIII, p.259 [ed. bras.: p.106].

Gênese e estrutura dos espetáculos

Não é que um homem de gênio não possa inventar um gênero de peças preferível aos que se acham estabelecidos; mas esse novo gênero, necessitando dos talentos do autor para se sustentar, perecerá necessariamente com ele, e seus sucessores, desprovidos dos mesmos recursos, serão sempre forçados a retornar aos expedientes comuns para despertar o interesse e agradar.[28]

O que o gênio, em sua solidão, não pode mudar jamais é o *destino*, o conjunto das condições sociais e psicológicas que delimitam, na série contínua dos possíveis, o grau mais perfeito da combinação entre *prazer* e *utilidade* que o público real do teatro exige; ao ignorar as restrições de abertura ao seu público real, o gênio instala sua obra "no ar" e não define um caminho viável para a cultura. É assim que Rousseau risca a ideia de uma perfectibilidade contínua das artes e a substitui pela da perfeição máxima segundo a forma histórica que serve de horizonte ao autor e a seu público:

> Creio poder apresentar, como uma verdade fácil de ser provada em consequência das afirmações precedentes, que o teatro francês, com os defeitos que lhe restam, é, mesmo assim, aproximadamente tão perfeito quanto pode sê-lo, quer pela agradabilidade, quer pela utilidade; e que essas duas vantagens nele se relacionam de uma maneira que não podemos alterar sem tirar de uma mais do que se daria à outra, o que tornaria esse mesmo teatro ainda menos perfeito.[29]

Mas é preciso abandonar, por enquanto, a análise dessa oposição fundamental, pois ela só se mostra em todo seu alcance contra o fundo de pressupostos comuns dos quais emerge, e que cabe agora explorar.

O teatro deve, assim diz Rousseau, conciliar *prazer* e *utilidade*; e a reforma que Diderot quer introduzir na cena não tem outro objetivo: não se trata de um "cacoete moralizante" ou de uma convicção pessoal, mas de um pressuposto que ambos partilham com todos os contemporâneos, mesmo que cada qual o expresse e o assuma à sua maneira. Para Diderot, a vocação utilitária ou pedagógica da arte vem fundada pelo axioma que liga

---

28 *O.C.* V, *Lettre à d'Alembert*, p.25-6 [ed. bras.: p.48].

29 Ibid., p.25 [ed. bras.: p.48].

substancialmente o *verdadeiro*, o *bom* e o *belo*, ao mesmo tempo que os subordina à maneira de uma procissão, onde a beleza é o último termo, derivação derradeira dos dois precedentes: "O verdadeiro, que é o pai, e que engendra o bom, que é o filho, do qual procede o belo, que é o Espírito Santo".[30] É, portanto, por princípio, afastada a ideia de que uma forma qualquer de arte possa conservar algum valor se entrar em conflito com a virtude: a imitação da bela natureza é, por assim dizer, espontaneamente moral, mesmo se nem sempre obedece à decência e aos bons costumes – não há valores "puramente" estéticos. É com o mesmo tom virtuoso que Rousseau e Diderot traçam assim limites "naturais" para a arte e superestimam a eficácia corruptora das formas patológicas da imitação, a representação do vício (ou do contranatural) aparecendo como causa necessária da falta moral. Sabe-se em que termos Rousseau proibia a leitura de *A nova Heloísa* às moças, embora este livro não tenha outro assunto que o triunfo da virtude: "Não, uma moça honesta não lê livros de amor. Que aquela que vier a ler este livro, apesar de seu título, não se queixe do mal que lhe fará: ela estará mentindo. O mal já estava feito; ela não tem mais nada a perder".[31] O mesmo receio está presente, por exemplo, no texto em que Diderot ataca as obras de Badouin: "Não posso esconder de mim mesmo que um mau livro, uma estampa desonesta que o acaso ofereceria à minha filha, seria suficiente para fazê-la sonhar e levá-la à perdição".[32] A impregnação moral da arte é tão profunda que não podemos falar sem impertinência em imposição de limites à representação: a moral não impõe limites à imitação da natureza como uma instância superior que desaba sobre outra para recortá-la; ela é coextensiva à imitação na qualidade de *imitação da bela natureza*. A imitação da natureza é igualmente imitação da virtude e a moral é o objeto próprio da arte, sua matéria e o éter que lhe dá vida. "Insisto, pois: o honesto, o honesto. Ela nos comove de forma mais íntima e doce do que aquilo que provoca nosso desprezo e nossas risadas. Poeta, és sensível e delicado? Vibra essa corda, e a ouvirás ressoar ou palpitar em todas as almas."[33] O vínculo

---

30 Diderot, *Le Neveu de Rameau*, in: *Oeuvres complètes*, t.V, op. cit., p.462.

31 *O.C.* II, *La Nouvelle Héloïse*, Seconde Préface, p.23 [ed. bras.: p.35].

32 Diderot, *Les salons*, in: *Oeuvres esthétiques*, op. cit., p.472.

33 Id., *De la Poésie dramatique*, II, in: *Oeuvres esthétiques*, op. cit., p.195 [ed. bras.: p.45].

Gênese e estrutura dos espetáculos

essencial que se estabelece entre *natureza* e *moral* é garantido pela natureza do homem, quer dizer, pela *bondade natural do homem*, verdade que escondem as convenções e os preconceitos, mas que a poesia pode desvendar. É através desse chamado à bondade natural que Diderot continua o texto acima:

> A natureza humana é, portanto, boa? Sim, meu amigo, e muito boa. A água, a terra, o fogo, tudo é bom na natureza; o furacão que se ergue no fim do outono e sacode as florestas, lançando as árvores umas contra as outras, quebrando e separando os galhos mortos; a tempestade que castiga as águas do mar, purificando-as; e o vulcão, que derrama de seu flanco entreaberto ondas de matérias incandescentes, elevando aos ares o vapor que os depura.[34]

Isso significa que não é a estreiteza do moralismo que opõe Rousseau aos Filósofos e estaria na origem da condenação do teatro: para Diderot, pôr o teatro a serviço das Luzes também significa fazer dele a expressão de uma ética que é bem próxima da de Rousseau. Essa convergência transparece claramente no esquema da história do teatro tal como o reconstituem Rousseau e Diderot.

De fato, ao dar à natureza uma função paradigmática, ao reconhecer no teatro antigo a expressão mais "natural" da poesia dramática, Rousseau e Diderot se encontram em sua crítica do teatro moderno. Este último conserva apenas certas formas do teatro antigo, mas perdeu o essencial junto com a vida que o animava. Não é o "progressismo" de Diderot que o impedirá de retomar, por sua conta, com Rousseau, o tema da idade de ouro:

> Não poupamos nada para corromper o gênero dramático. Dos antigos, conservamos a ênfase da versificação que tanto convinha a línguas de forte quantidade e de acentuação marcada, a teatros espaçosos, a uma declamação com notação musical e acompanhada de instrumentos; e abandonamos a simplicidade da intriga e do diálogo e a verdade dos quadros.[35]

---

34 Ibid.
35 Id., *Entretiens sur le fils naturel*, II, in: *Oeuvres esthétiques*, op. cit., p.195.

A retórica de Rousseau

Essa corrupção, o empobrecimento do gosto, não é um simples efeito de superfície e indica a corrente mais profunda e vasta da história dos costumes: sem retomar decerto as teses do *Discurso sobre as ciências e as artes*, Diderot não deixa de ligar o progresso da civilização a uma *despoetização* dos costumes e a um enfraquecimento da alma, a uma perda ético-estética:

> Mas admira a extravagância dos povos civilizados. Às vezes, sua delicadeza é levada ao ponto de proibir aos poetas o emprego das próprias circunstâncias que fazem parte de seus costumes, e que possuem simplicidade, beleza e verdade. Quem se atreveria, entre nós, a colocar palha sobre o palco, para nela expor um recém-nascido? Se o poeta aí pusesse um berço, algum estouvado da plateia certamente arremedaria os gritos da criança; os camarotes e o anfiteatro cairiam na risada e a peça, em desgraça. Ó povo jocoso e leviano! que marcos estabeleces para a arte! que cativeiro infliges aos artistas! e de que prazeres a delicadeza te priva! Em cena, vaiarias o tempo todo as mesmas coisas que em pintura apreciarias comovido. Infeliz do homem de gênio que tentar um espetáculo conforme à natureza, mas contrário a teus preconceitos.[36]

Nos termos da descrição da corrupção da poesia dramática, é evidente um tom político similar ao que anima o discurso de Rousseau: essa debilitação é também consequência de uma humanidade separada do trabalho e da natureza, presa no universo artificial dos salões, submersa na vã retórica da galanteria. É porque o espectador ignora qualquer linguagem que não seja ornamentada que ele não pode suportar, em cena, a linguagem enérgica da antiga poesia dramática:

> Que se ponha na cena francesa, para ver o resultado, um homem reto e virtuoso, mas simples e grosseiro, sem amor, sem galanteria, e que não faça belas frases. Que se ponha ali um sábio sem preconceitos que, tendo recebido uma afronta de um espadachim, recuse-se a se deixar ser degolado por seu ofensor, e que se esgote toda a arte do teatro para tornar esses personagens

---

36 Id., *De la Poésie dramatique*, XVIII, in: *Oeuvres esthétiques*, op. cit., p.263 [ed. bras.: p.110].

Gênese e estrutura dos espetáculos

tão interessantes quanto o Cid para o povo francês; se o conseguirem, estou enganado.[37]

Não poderia esse texto da *Carta a d'Alembert* integrar-se perfeitamente na atmosfera da poética de Diderot? A "correção" maior do teatro francês representa apenas, nesse sentido, tanto para Rousseau como para Diderot, uma carência, pois significa justamente a anemia à qual só Shakespeare parece escapar na modernidade, segundo Diderot: essa obra excepcional, selvagem e desmedida, seria o único vestígio, no presente, da bela irregularidade da poesia grega. A distância entre o diagnóstico de Rousseau e o de Diderot só está no caráter *irreversível* que o primeiro atribui ao processo da decadência do gênero; mas Diderot verifica também, como uma espécie de lei geral, que "quanto mais civilizado e polido um povo, menos poéticos seus costumes; ao abrandar-se, tudo se enfraquece".[38] Esse encolhimento simultâneo do teatro e da vida moral é descrito pelos dois filósofos no mesmo estilo, em referência à própria estrutura da cena em sua materialidade, como expressão da vida social: a decadência da dramaturgia não é separável da história da cidade.

Com efeito, é por meio da reflexão sobre o *espaço* da cena que Rousseau e Diderot estabelecem sua hierarquia no âmbito do espetáculo: o espaço não é um meio indiferente e externo, e determina, por sua estrutura peculiar, a própria qualidade do espetáculo. O teatro *cria* um espaço, um lugar qualitativamente organizado, mais do que supõe a homogeneidade de um espaço já dado. Sem colocar em questão a função "representativa" da cena, tal reflexão sobre a pluralidade dos espaços teatrais não deixa de introduzir um mínimo de inquietação na concepção clássica da "cena à italiana". Visando as convenções do teatro clássico — sobretudo em seu contexto arquitetônico — como uma forma histórica e não como uma norma racional, essa linha de análise explorada por Rousseau e Diderot tende a abrir a "caixa representativa" em direção ao exterior, à natureza, mas

---

37 *O.C.* V, *Lettre à d'Alembert*, p.20, nota [ed. bras.: p.139].
38 Diderot, *De la Poésie dramatique*, XVIII, in: *Oeuvres esthétiques*, op. cit., p.260 [ed. bras.: p.107].

também em direção à sociedade global, céu e povo. Assim, para Rousseau, a oposição fundamental entre o teatro moderno e o antigo manifesta-se principalmente na diferença de relações que estabelecem entre o interior e o exterior, grandeza ou mesquinhez do *lugar* da cena:

> Enfim, seus espetáculos não tinham nada da mesquinharia dos de hoje. Seus teatros não eram construídos pelo interesse e pela avareza; não estavam encerrados em obscuras prisões; seus atores não tinham necessidade de fazer os espectadores pagarem uma contribuição, nem de contar, com o canto do olho, as pessoas que viam passar pela porta, para estarem seguros de seu jantar.[39]

O alcance desse texto é muito grande; guardemos, por enquanto, a ideia de que essa *estreiteza* não perde sentido próprio ao ganhar sentido moral: a prisão obscura é em primeiro lugar um espaço fechado, apartado do exterior (natural ou social, céu ou cidade), mas simboliza também a alma do ator, prisioneiro de seu interesse *privado*. Separação, privatização, o mesmo movimento se desdobra tanto nos muros da sala dos espetáculos quanto na psicologia dos atores: um distanciamento foi cavado entre a cena e o mundo, entre o ator e o homem precisamente na cumplicidade que o identifica com o espectador privilegiado. Ao contrário, na cena antiga, duas *aberturas* se entrecruzavam e colaboravam: a imitação da natureza se fazia "a céu aberto" e diante de toda a nação. Era, diz Rousseau, *outro* espetáculo:

> Esses grandes e esplêndidos espetáculos apresentados a céu aberto, diante de toda uma nação, ofereciam por toda parte apenas combates, vitórias, prêmios, objetos capazes de inspirar nos gregos uma ardente emulação, e de aquecer seus corações com sentimentos de honra e de glória. É em meio a esse imponente aparato, tão apropriado para enlevar e comover a alma, que os atores, animados pelo mesmo zelo, partilhavam, segundo o seu talento, as honras dadas aos vencedores dos jogos, frequentemente aos primeiros homens da nação.[40]

---

39 *O.C.* V, *Lettre à d'Alembert*, p.72 [ed. bras.: p.91].
40 Ibid.

Gênese e estrutura dos espetáculos

A imagem da prisão e sua aplicação ao teatro moderno já estavam presentes nos *Entretiens sur le fils naturel*, de onde Rousseau provavelmente as extraiu, na anedota do amigo libertino refugiado em Paris:

> Eu tinha um amigo um tanto libertino. Ele se envolveu num grave escândalo na província. Foi-lhe necessário esquivar-se às consequências que isto poderia acarretar, refugiando-se na capital; e ele veio se instalar em minha casa. Num dia de espetáculo, como eu procurava distrair meu prisioneiro, propus a ele ir ao espetáculo. [Não sei a qual dos três.] Isso é indiferente à minha história. Meu amigo aceita. Eu o levo. Chegamos; mas, ao aspecto desses guardas espalhados, desses pequenos postigos escuros que servem de entrada e desse buraco fechado por uma grade de ferro, pelo qual se distribuem os bilhetes, o jovem imagina que está à porta de uma prisão e que obtiveram uma ordem para aí encerrá-lo. Como é bravo, não arreda pé, leva a mão ao cabo da espada e, pousando em mim os olhos indignados, exclama, num tom em que se misturam furor e desprezo: *Ah! meu amigo!* Eu o compreendi. Tranquilizei-o; e todos concordarão que o erro dele não era despropositado...[41]

Um tal abismo separa as duas formas de espetáculo a tal ponto que a própria unidade do gênero parece ameaçada – a alteração do teatro na modernidade, ao tirar o caráter público e cívico dos espetáculos, é uma diminuição essencial tanto do ponto de vista da quantidade quanto da qualidade:

> Não existem mais, propriamente falando, espetáculos públicos. Qual a relação entre nossos auditórios de teatro nos dias mais cheios e os do povo de Atenas e Roma? A cena de Scaurus era decorada por trezentas colunas e mil estátuas. Empregavam-se, para a construção desses edifícios, todos os meios a fim de valorizar os instrumentos e as vozes. Dava a ideia de um grande instrumento. *Ut enim organa in aeneis lamminis aut corneis (echeis) ad cordarum sonitum claritatem perficiuntur: sic theatrorum, per harmonicen, ad augedam vocem, ratiocinationes ab antiquis sunt constitutae.*[42]

---

41 Diderot, *Entretiens sur le fils naturel*, II, in: *Oeuvres esthétiques*, op. cit., p.124-5.

42 Ibid., p.121. (N. O.: citação de Vitrúvio, *Da Arquitetura*, livro V, capítulo 3. Paul Vernière, em sua edição das *Oeuvres esthétiques* de Diderot, sugere a seguinte tradução: "Assim como os instrumentos de sopro, graças a lâminas de bronze e ressoadores

Portanto, tanto para Rousseau quanto para Diderot a desqualificação do teatro moderno é o fruto de uma manobra teórica complexa e "totalitária", que nunca visa a poesia dramática como estrutura autônoma e sempre a capta na intersecção entre uma estrutura política e uma estrutura psicológica particular – o estudo do teatro só é possível contra o fundo de uma psicologia histórica e de uma antropologia política. *Tudo se concatena* no teatro, cada aspecto aparentemente contingente revela-se finalmente como manifestação necessária da estrutura do espetáculo em questão: as circunstâncias históricas ou "locais" sempre pesam sobre a própria essência da cena. Assim, a introdução da poesia e da ênfase no teatro grego só é compreensível a partir da simbiose entre a cena e suas "circunstâncias" históricas:

> *Eu*: Você atribui bastante efeito a circunstâncias locais. *Dorval*: Aquele que teriam sobre mim, e penso sentir corretamente. *Eu*: Mas dir-se-ia, ao ouvi-lo, que são essas circunstâncias que introduziram a poesia e a ênfase no teatro. *Dorval*: Não exijo que se admita essa conjectura. Peço que a examinem. Acaso não seria bem provável que grande parte dos espectadores pelos quais era preciso se fazer ouvir, apesar do murmúrio confuso que produzem, até nos instantes mais atentos, tenha feito elevar a voz, destacar as sílabas, sustentar a articulação e sentir a utilidade da versificação? Horácio diz, a respeito do verso dramático: *Vincentem strepitus, et natum rebus agendis.*[43]

Cada forma de espetáculo é, portanto, um *sistema* dotado de uma unidade profunda que se expressa em todos os níveis: e o que é verdade para o sistema dramático antigo também o é para toda forma de espetáculo, como os de feira, nos quais Diderot vai encontrar outro exemplo da *conspiração* de todos os elementos da cena:

> Vejam um charlatão na esquina da praça Dauphine; sua roupa é toda colorida; seus dedos estão cheios de anéis; longas plumas vermelhas ondulam em

---

de chifre, alcançam a mesma claridade do som dos instrumentos de cordas, do mesmo modo os antigos descobriram como amplificar a voz nos teatros com auxílio da ciência da harmonia".)

43 Ibid., p.123.

Gênese e estrutura dos espetáculos

volta de seu chapéu. Ele leva consigo um macaco ou um urso; ergue-se sobre seus estribos; grita a plenos pulmões; gesticula da maneira mais descarada: e todas estas coisas convêm ao local, ao orador e ao seu auditório.[44]

Mas esse *lugar* mesmo que, por sua forma, decide a natureza do encontro entre o ator e o espectador é determinado pela forma política da sociedade que o torna possível. Se, portanto, o teatro só toma forma nos espaços que a sociedade lhe prepara, se as diferenças entre as formas de espetáculo remetem a formas diferentes de *poder*, essa tipologia dos espetáculos será essencialmente *política*. Na *Carta a d'Alembert*, Rousseau indica como a diversidade dos espetáculos responde à diversidade das nações e como a mudança política implica uma metamorfose do espetáculo:

> Assim, os combates dos gladiadores que, sob a República, animavam a coragem e o valor dos romanos, sob os imperadores inspiravam ao populacho de Roma apenas o amor pelo sangue e pela crueldade; do mesmo objeto oferecido ao mesmo povo, em diferentes épocas, ele aprendeu primeiro a desprezar sua própria vida e, em seguida, a divertir-se com a vida de outrem.[45]

A passagem da República ao Império muda a estrutura da massa de espectadores, que se torna populacho *atomizado,* no qual a alma do espectador se separa da vontade moral e cívica e reflete, à sua maneira, em suas paixões, o estilo do déspota cruel: as paixões não convergem mais para a constituição de um corpo coletivo e confinam cada espectador numa falsa soberania. Do mesmo modo, em *A nova Heloísa*, a descrição do teatro em Paris é uma análise sociológica da natureza de classe do teatro clássico: na cumplicidade entre a cena e seu público, é a pretensa universalidade do mundo aristocrático que se afirma ao suprimir a representação (reprimindo assim a realidade) das outras classes sociais e das outras formas de humanidade. Vê-se por aí o quanto é injusta a afirmação de Auerbach, segundo a qual Taine é "o primeiro a ter recorrido ao método sociológico,

---

44 Ibid., p.124.
45 *O.C.* V, *Lettre à d'Alembert*, p.16 [ed. bras.: p.40-1].

indispensável para apreender a literatura do grande século em sua perspectiva histórica".[46] É, de fato, o fundamento sociológico da "separação dos estilos", da distância entre a linguagem da tragédia e a da comédia, a boa compreensão, enfim, da essência do "estilo nobre", é tudo isso que já está presente, no século XVIII, na crítica de Rousseau e de Diderot. Sem coincidir no conteúdo com a análise de Rousseau, nem por isso a de Diderot deixa de ser governada por princípios similares:

> Um povo não tem a mesma capacidade para se destacar em todos os gêneros de drama. A tragédia me parece mais adequada ao gênio republicano e a comédia, principalmente a jocosa, ao caráter monárquico. Entre homens que nada devem uns aos outros, qualquer gracejo será duro. Para tornar-se leve, é preciso acertar no alto, e é o que acontecerá num Estado em que os homens estão distribuídos em diferentes ordens, que podem ser comparadas a uma alta pirâmide, e em que aqueles que estão na base, oprimidos por um peso esmagador, são forçados a ser comedidos até nas queixas. Um inconveniente muito comum, devido à ridícula veneração por certas condições, é o de fazer destas as únicas cujos costumes são pintados; assim, a utilidade dos espetáculos se restringe e é até possível que eles se tornem um canal mediante o qual os defeitos dos grandes se difundem e passam aos pequenos.[47]

Mas, por uma curiosa reviravolta, no exato momento em que Rousseau e Diderot se encontram em suas análises dos "retraimentos" da cena como corrupção da poesia dramática, eles também se encontram para afirmar um *bom uso do teatro num mundo corrompido.*

É o próprio moralismo de Diderot e Rousseau que explica a teoria de um bom uso do espetáculo alterado no elemento da corrupção social. Nesse elemento, o teatro, que dificilmente pode ter uma função diretamente pedagógica, pode pelo menos exercer um papel moral por assim dizer negativo. É o que diz Rousseau na *Carta a d'Alembert*:

---

46 Auerbach, *Mimesis*, p.391-2 [ed. bras.: *Mimesis: a representação da realidade na literatura ocidental*, p.350].

47 Diderot, *De la Poésie dramatique*, XVIII, in: *Oeuvres esthétiques*, op. cit., p.259-60 [ed. bras.: p.106].

Gênese e estrutura dos espetáculos

Em uma grande cidade, cheia de gente intrigante, desocupada, sem religião, sem princípios, cuja imaginação depravada pelo ócio, a preguiça, pelo amor do prazer e por grandes necessidades, gera apenas monstros e inspira apenas crimes; em uma grande cidade em que os costumes e a honra não são nada, porque cada um, dissimulando facilmente sua conduta aos olhos do público, só se mostra por seu crédito e só é estimado por suas riquezas; o governo não poderia hesitar em multiplicar ao máximo os prazeres lícitos e torná-los os mais agradáveis possíveis, para afastar os indivíduos da tentação de procurar outros ainda mais perigosos. Dado que impedi-los de se ocuparem é o mesmo que impedi-los de fazerem o mal, duas horas por dia subtraídas à atividade do vício previnem a duodécima parte dos crimes que seriam cometidos; e todas as conversas que os espetáculos vistos ou a serem vistos suscitam nos bares e em outros refúgios de preguiçosos e malandros da região são um ganho para os pais de família, tanto em vista da honra de suas filhas e de suas mulheres quanto de seus bolsos ou os de seus filhos.[48]

Esse extremo pessimismo político-moral que salva os espetáculos em certas condições, pelo próprio fato da extrema perfídia da vida social contemporânea, não é privilégio de Rousseau, e Diderot segue exatamente o mesmo raciocínio:

Consulto-me sinceramente e me parece que a superioridade de um personagem antigo nunca me humilhou e que jamais ridicularizei o heroísmo de meus concidadãos. É que, quando vou ao espetáculo, deixo na entrada todos os meus interesses, todas as minhas paixões, ao preço de retomá-las na saída. Não é o que ocorre na prédica que vou ouvir na igreja. Trata-se de um lugar bem respeitável em que o perverso vai esquecer, por três horas seguidas, o que ele é. Não sei se o magistrado conhece toda extensão de sua utilidade.[49]

Vemos, assim, o quanto é difícil manter a leitura tradicional que faz da *Carta a d'Alembert* a retomada do processo aberto por uma moral teológica

---

48 *O.C.* V, *Lettre à d'Alembert*, p.54 [ed. bras.: p.74].
49 Diderot, *Réfutation suivie de l'ouvrage d'Helvétius intitulé L'Homme*, IV, in: *Oeuvres complètes*, t.II, op. cit., p.392.

contra o teatro. Essa leitura ignora o fato de que a condenação do teatro assume um sentido novo no interior da crítica rousseauniana, assim como deixa de fora tudo aquilo que, na *Carta a d'Alembert*, acompanha ainda a *démarche* da Filosofia. Tudo o que Rousseau deve a Diderot, ou partilha com ele, mostra bem o quanto a ruptura com as Luzes não é total e como a crítica do teatro implica uma apropriação e re-interpretação da nova poética.

Mas, que outro fundamento encontrar, além da teologia e da moral, para a crítica rousseauniana do teatro?

A crítica metafísica do teatro

É grande a tentação de procurar, seguindo o gosto do momento, para além do juízo moral que implica a *Carta a d'Alembert*, uma crítica "metafísica" do teatro, de encontrar nela um avatar da problemática da tensão entre *presença* e *representação*. A obra se desloca e já não se inscreve na sequência de Bossuet, mas na posteridade de Platão. Tudo muda nesse momento e o texto de Rousseau já não aparece como o último sobressalto de uma tradição agonizante, mas como a repetição do gesto que inaugura a tradição da metafísica, ao mesmo tempo que anuncia sua transgressão possível. Com efeito, é sobre o fundo da desqualificação metafísica da escrita – e sempre dentro da linhagem platônica – que Derrida situa a questão do teatro na obra de Rousseau. Numa primeira abordagem, o teatro aparece, nos antípodas da escrita, como um lugar privilegiado da palavra viva. Tal oposição é nitidamente expressa por Rousseau em seu fragmento sobre a pronúncia: "Há muito tempo que só se fala ao público através dos livros, e se alguma coisa que lhe interessa ainda lhe é dita de viva voz, é no teatro".[50] Mas imediatamente a perspectiva se inverte e o teatro passa para o lado da escrita, e se vê atribuir o mesmo papel "político" negativo:

> Mas o próprio teatro – diz Derrida – é trabalhado pelo mal profundo da representação. Ele é essa própria corrupção. A representação teatral, no sentido da exposição, da *encenação* (*mise en scène*) do que é colocado aí em frente (o que traduz a *Darstellung* alemã), é contaminada pela representação suplementar.

---

50 *O.C.* II, "Prononciation", in: *Mélanges de littérature et de morale*, p.1250.

Gênese e estrutura dos espetáculos

Esta se inscreve na estrutura da representação, no espaço da cena. Aquilo que Rousseau critica, em última instância, não nos enganemos, não é o conteúdo do espetáculo, o sentido por ele representado, embora o critique também: é a própria representação. Exatamente como na ordem política, a ameaça tem a forma do representante.[51]

Situando o objeto da crítica num lugar que não é o do seu conteúdo moral, essa ótica oferece a vantagem de colocar a ênfase no procedimento teórico próprio da *Carta a d'Alembert*. É, no entanto, num texto que concerne à moral dos comediantes que Derrida vai buscar essa distinção entre o conteúdo moral e o mal inscrito na própria forma da cena:

> Além desses efeitos do teatro, relativos às coisas representadas, existem outros, não menos necessários, que remetem diretamente à cena e aos personagens representantes, e é a estes que os genebrinos já citados atribuem o gosto pelo luxo, pelos enfeites e pela dissipação cuja introdução entre nós eles temem com razão. Não é apenas o convívio com os comediantes, mas também com o teatro que pode levar a esse gosto, por sua pompa e enfeites dos atores.[52]

Não parece, no entanto – é bom ressaltá-lo imediatamente –, que esta leitura seja isenta de problemas: será, de fato, da cena em geral, ou dos personagens considerados como puros representantes, que Rousseau infere os efeitos necessariamente nocivos aos genebrinos, e não da cena e dos comediantes, tais como o mundo moderno os conhece? A continuação do texto que apoia a interpretação de Derrida não leva unicamente na direção da primeira alternativa. Por que o simples convívio do teatro levaria ao gosto pelos enfeites e pelo luxo que partilham os atores *tais como os conhecemos no presente histórico*?

Mesmo que não tivesse outro efeito do que o de interromper em determinados momentos o curso dos assuntos civis e domésticos e o de oferecer um am-

---

51 Derrida, *De la Grammatologie*, p.430 [ed. bras.: *Gramatologia*, p.372].
52 *O.C. V, Lettre à d'Alembert*, p.53 [ed. bras.: p.73].

paro seguro para a ociosidade, a comodidade de ir todos os dias, regularmente, ao mesmo lugar, esquecer-se de si mesmo e ocupar-se com assuntos alheios não pode deixar de dar ao cidadão outros hábitos e formar novos costumes para ele; mas as mudanças serão vantajosas ou nocivas? É uma questão que depende menos do exame do espetáculo que dos espectadores. É óbvio que essas mudanças os levarão todos mais ou menos ao mesmo ponto; é, portanto, pelo estado em que cada um estava primeiro que se deve estimar as diferenças.[53]

Esse texto não parece nos fazer pensar que o luxo e o ornamento são "malefícios do significante ou do próprio representante", tampouco dos "significantes que intervêm aqui e ali"; ao contrário, esse texto desloca a questão do âmbito da pura essência da cena para o do *estado* do seu público em sua facticidade. Não é uma dialética pura da relação entre a representação e a presença que esse texto introduz, mas uma psicossociologia. Os efeitos da cena, seu caráter nocivo ou útil, tudo isso se decide em função da forma de existência que ela vem, por assim dizer, escandir:

> Quando as diversões são indiferentes por sua natureza (e aceito considerar como tais, por enquanto, os espetáculos), é a natureza das ocupações que elas interrompem que faz com que sejam julgados bons ou maus; sobretudo quando são intensas o suficiente para se tornarem elas próprias ocupações, substituindo o gosto por elas ao gosto pelo trabalho.[54]

Este deslocamento, no entanto, aparece aqui como limitado ("e aceito... por enquanto"), e, antes de voltar a essa questão, vejamos mais de perto a lógica própria à representação, do mal que corrói desde sempre a cena, tal como Derrida a elucidou.

Em outro texto, Rousseau parece *deduzir* o efeito de corrupção da própria essência do espetáculo teatral, por oposição a outras formas de "espetáculo", tais como retórica, religiosa ou cívica:

---

53 Ibid. [ed. bras.: p.73-4].
54 Ibid. [ed. bras.: p.74].

Gênese e estrutura dos espetáculos

O orador, o pregador, talvez também se diga, se desdobram para agradar, como o comediante. A diferença é muito grande. Quando o orador se mostra é para falar e não para se oferecer em espetáculo: ele representa apenas a si mesmo, desempenha apenas o seu próprio papel, fala apenas em seu próprio nome, diz ou deve dizer apenas o que pensa; o homem e o personagem sendo o mesmo ser, ele está no seu lugar; ele está na situação de qualquer outro cidadão que preenche as funções de sua condição. Mas um comediante em cena, expondo outros sentimentos que os seus, dizendo apenas o que lhe mandam dizer, representando muitas vezes um ser quimérico, aniquila-se, por assim dizer, anula-se com seu herói; e, nesse esquecimento do homem, se dele ainda resta alguma coisa, é para ser o brinquedo dos espectadores.[55]

A situação do comediante é assim definida como *alienação*, perda do ser em proveito de um *outro* imaginário. Mas esse aniquilamento do representante em proveito do representado – o jogo da representação como duplicação, mas sobretudo como apagamento da presença – só tem virulência moral e prática porque pode ligar-se imediatamente a virtualidades da prática social dada que o precede. Toda sociedade encena uma espécie de teatro implícito que a institucionalização do espetáculo vem despertar e, por assim dizer, purificar e tornar hiperbólico. É assim que Derrida comenta a bela frase de Saint-Preux a respeito do jogo de espelhos que liga, em Paris, a comédia aos mundanos: "É apenas para eles que são feitos os espetáculos. Eles se mostram ali ao mesmo tempo como representados no meio do teatro e como representantes nos dois lados; são personagens na cena e comediantes nos bancos".[56] Voltaremos mais tarde a esse texto (que é também, de certa maneira, nosso ponto de partida) e à ideia de que o "mundo" e a "cena" se recobrem, para tentar explicá-lo num sentido que não é aquele explorado por Derrida – mas permaneçamos, por enquanto, no quadro proposto pela *Gramatologia* e examinemos a simetria que ela sugere entre o pacto social e o teatro, quer dizer, entre a positividade do pacto e

---

55 Ibid., p.74 [ed. bras.: p.92-3].
56 O.C. II, *La Nouvelle Héloïse*, II, 17, p.252 [ed. bras.: p.228].

seu reverso negativo. Não é justamente a alienação (mas na qualidade de "boa" alienação) que está na origem do pacto social como sacrifício do mundo *privado* e como condição para o nascimento de um "corpo" coletivo? A partir dessa simetria, Derrida faz a seguinte pergunta: "Em que termos definir formalmente a inapreensível diferença que separa a face positiva da face negativa, o pacto social autêntico de um teatro pervertido para sempre, de uma sociedade *teatral*?".[57] A questão da essência do teatro não seria, portanto, nada além da outra face – o reverso noturno – da questão da essência da sociedade justa.

Jean Starobinski já havia notado como Rousseau retoma, na descrição da festa – na *Carta a d'Alembert*, mas também em *A nova Heloísa* –, as categorias de seu pensamento político, em particular a da vontade geral tal como a expressaria no *Contrato social*: "A exaltação da festa coletiva tem a mesma estrutura da vontade geral do *Contrato social*. A descrição da *alegria pública* oferece-nos o aspecto lírico da vontade geral: é o aspecto que ela toma em roupas de domingo".[58] Ao se apresentar como o aspecto lírico do pacto social, porque alegre e espontânea, a festa opõe-se também ao teatro como a única forma positiva de espetáculo: a festa se opõe ao teatro como o amor de si ao amor-próprio, como a vontade purificada pela virtude que recupera a piedade se opõe à vontade do malvado. Mas essa oposição é imediatamente interpretada como a expressão daquela que separa a satisfação na presença da infelicidade da apropriação indireta e simbólica:

> A inocência do espetáculo público, a boa festa, a dança em volta do espelho d'água, por assim dizer, abririam um teatro sem representação. Ou melhor, uma cena sem espetáculo; sem *teatro*, sem nada para ser visto. A visibilidade – há pouco o teorema, agora o teatro – é sempre aquilo que, separando-a de si mesma, acomete a voz viva.[59]

---

57 Derrida, *De la Grammatologie*, op. cit., p.431 [ed. bras.: p.374].

58 Starobinski, *Jean-Jacques Rousseau, la transparence et l'obstacle*, p.120 [ed. bras.: *Jean-Jacques Rousseau: a transparência e o obstáculo*, p.107].

59 Derrida, *De la Grammatologie*, op. cit., p.432 [ed. bras.: p.374].

Gênese e estrutura dos espetáculos

Mas seria verdadeiramente necessário ver na oposição festa/teatro a repetição da oposição mais profunda entre a voz e a visibilidade? O negativo do teatro teria, realmente, acabado de se inscrever, como a escrita, na exterioridade desse espaço visível que acomete ou ameaça a presença a si da fala viva e da consciência? A proposição "o significante é a morte da festa" só se mostrará pertinente em relação à *Carta a d'Alembert* se for demonstrado que, em Rousseau, a crítica do teatro é antes de tudo uma crítica da *visibilidade*.

Na festa, é claro, "não há nada para ser visto", mas esse eclipse do espetáculo *localizado* e *especializado* não é o fim de todo tipo de visibilidade, mas, ao contrário, *condição para o exercício normal do olhar*. Ao sair do espaço fechado do teatro — essa prisão tenebrosa — para a entrada da festa, o olho é restituído à sua liberdade e à sua verdade, libertado da hipnose da *cena única*. Mas vejamos mais de perto a análise de Derrida, a maneira que ele escolhe para definir essa nova cena que, na festa, parece suprimir-se, ao não dar "nada" para ser visto:

> É o lugar em que o espectador, oferecendo-se a si mesmo em espetáculo, já não estará sendo visto ou vendo, apagará nele a diferença entre o comediante e o espectador, o representado e o representante, o objeto visto e o sujeito que vê. Com essa diferença, toda uma série de oposições se desconstitui em cadeia. A presença será plena, mas não à maneira de um objeto, *presente* a ser visto, a se dar à intuição como um indivíduo empírico ou como um *eidos* postando-se *adiante* ou *bem atrás*; mas como a intimidade de uma presença a si, como consciência ou sentimento da proximidade a si, da propriedade. Essa festa pública terá, pois, uma forma análoga à dos comícios políticos do povo reunido, livre e legiferante: a diferença re-presentativa será apagada na presença a si da soberania.[60]

É preciso nos perguntarmos se essa reviravolta faz com que o sistema "se desfaça em cadeia", ou se o sistema tem uma organização diferente que *exige* esta reviravolta. Como primeiro termo da série, tomemos o da intimidade da presença a si, definida como consciência ou sentimento da *propriedade*.

---

60 Ibid.

Esse termo viria se inscrever, aqui, como o contrário da alienação do espectador que se perde no imaginário "separado" do teatro? Como dar um sentido positivo e forte ao sentimento de "propriedade" no seio da publicidade da qual a festa é inseparável? Sabemos, de fato, que, para Rousseau, a ideia de propriedade está nos antípodas da presença a si e do regozijo. Há, é claro, o tema do "estreitamento" da existência como condição para a salvação, como o expressa, por exemplo, a exortação do *Emílio*: "Ó homem! estreita tua existência dentro de ti e já não serás miserável. Mantenha-te no lugar que a natureza te designou na cadeia dos seres [...]".[61] Mas este re--centramento da existência também significa uma ascese, significa apagar a obsessão da apropriação que, justamente, opera a separação; a propriedade, como um tipo de intimidade hiperbólica, afasta a presença, como o atesta mais um texto do *Emílio* sobre a infelicidade da previdência:

> Assim, nós nos importamos com tudo, agarramo-nos a tudo: os tempos, os lugares, os homens, as coisas; tudo o que é, tudo o que será, importa a cada um de nós; nosso ser individual não passa da parte menor de nós mesmos. Cada um se expande, por assim dizer, sobre a Terra inteira, e torna-se sensível sobre toda essa grande superfície. Será de espantar que nossos males se multipliquem por todos os pontos que podem nos ferir?[62]

A intimidade da propriedade é justamente o laço que encerra o sujeito dentro da pobreza infinita de um desejo sempre insaciado, no mau infinito da vontade de potência que impede o acesso ao *exterior*, à ordem da natureza no entanto *visível,* assim como ao outro em geral. A festa, longe de ser o lugar de uma intimidade narcísica e da *indiferença* entre o dizer e o escutar, entre o ver e o ser visto, é a glória da exterioridade e da reciprocidade: a festa não desfaz estas oposições, ela as organiza num novo registro. O benefício que a consciência obtém na festa não é ser reconduzida para o seu centro, mas, ao contrário, um des-centramento que abre para ela, uma vez suprimidas as obsessões da previdência, a superfície visível do mundo.

---

61 *O.C.* IV, *Émile ou De l'Éducation*, II, p.308 [ed. bras.: p.75].
62 Ibid., p.307 [ed. bras.: p.74].

Gênese e estrutura dos espetáculos

Será preciso lembrar que a interpretação rousseauniana do *cogito* fazia da consciência de si um movimento essencialmente centrípeto?

Mas passemos a um segundo problema que esta interpretação da festa evoca: ao insistir no tema da presença a si ela acaba ali descobrindo algo como o recalque de uma dimensão da festa, evitada assim que pressentida. O que essa festa "sem sacrifício, sem dispêndio e sem jogo"[63] reprime é, finalmente, a *relação com a morte*. Derrida descobre, sob a oposição explícita entre a festa "ao ar livre" e a clausura do teatro, uma oposição mais profunda que faz da segunda um domínio *exposto* e sem abrigo, e da primeira uma estratégia de proteção contra os perigos de fora. Ao assinalar a repressão do *risco*, do *acaso* e da *relação com a morte,* pensa-se assim em temas que não são explícitos para ou no pensamento clássico: entre as linhas da *Carta a d'Alembert*, essa leitura procura algo como uma obscura antecipação, logo esquecida, de algumas ideias da última modernidade (no caso, as de Artaud e de Bataille):

> O jogo, em todo caso, está a tal ponto ausente da festa que a dança é nela admitida como iniciação ao casamento e incluída dentro da clausura do baile. Tal é ao menos a interpretação à qual Rousseau submete, para fixá-lo com prudência, o sentido do seu texto sobre a festa. Poderiam fazê-lo dizer coisas bem diversas. E é preciso sempre considerar o texto de Rousseau como uma estrutura complexa e escalonada: certas proposições podem nele ser lidas como interpretações de outras proposições que temos a liberdade, até certo ponto e com certas precauções, de ler de outra forma. Rousseau diz A; depois ele interpreta, por razões que devemos determinar, A em B. A, que já era uma interpretação, é reinterpretado em B. Depois de constatá-lo, podemos, sem sair do texto de Rousseau, isolar A de sua interpretação em B e nela descobrir possibilidades, fontes de sentidos que pertencem realmente ao texto de Rousseau, mas que não foram produzidas ou exploradas por ele e que, por motivos também legíveis, por um gesto consciente ou inconsciente, ele *resolveu interromper*. Por exemplo, há, em sua descrição da festa, proposições que poderiam muito bem ser interpretadas no sentido do teatro da crueldade de

---

63 Derrida, *De la Grammatologie*, op. cit., p.433 [ed. bras.: p.375].

Antonin Artaud ou da festa e da soberania, cujos conceitos foram propostos por Georges Bataille. Mas essas proposições são interpretadas de outro modo pelo próprio Rousseau, transformando então o jogo em jogos, a dança em baile, a *dépense* em presença.[64]

Esta longa citação é aqui necessária, pois ela indica como a interpretação da *Carta a d'Alembert* passa também por uma decisão relativa a uma questão de método. A *Carta a d'Alembert* tem certamente uma estrutura *complexa* e *escalonada* — e a leitura tradicional, já o vimos, sofre ao ignorá-la, atenta somente ao inventário das coincidências temáticas entre esse texto e a tradição anterior da crítica do teatro. Mas podemos nos perguntar se, ao libertar assim o jogo infinito da interpretação, ao colocar entre parênteses até a interpretação proposta por Rousseau, ainda resta um sentido que seja inseparável da própria estrutura do texto, um limite que a prudência da leitura deva respeitar. Por prudência, Derrida suprime a possibilidade de uma interpretação "modernista" (Bataille, Artaud etc.) da festa — mas apenas em aparência, pois ele a incorpora à sua interpretação como um possível, por assim dizer, objetivo do texto, independente da intenção de Rousseau. Dizer que Rousseau preferiu *couper court*, ou seja, que o classicismo de Rousseau é também a recusa "consciente ou inconsciente" de uma modernidade que ele não suspeitava — o que não está presente na *Carta a d'Alembert* ganha a virulência de uma presença tanto mais forte por estar escondida, esse negativo é entendido como uma *falta* que trabalha a trama do texto, como um avesso de seu tecido que desloca o sentido explícito de suas proposições. Essa interpretação — e é sobretudo aí que não podemos segui-la — tem algo de polêmico: crê-se compreender que Rousseau *abaixa* o jogo transformando-o em jogos banais, a festa em baile e a *dépense* em presença. Mas e se a oposição entre despesa e presença, que não está presente na superfície do texto de Rousseau, não fosse assim tão pertinente na estrutura profunda que o organiza?

Na verdade, se essas noções parecem assim se deslocar na *Carta a d'Alembert* e o pensamento de Rousseau hesitar num limite que não ousa

---

64 Ibid., p.433-4 [ed. bras.: p.375-6].

Gênese e estrutura dos espetáculos

transgredir, é porque se decidiu abordá-las a partir da oposição entre fala e escrita como um dado originário. Mas podemos nos perguntar se tal oposição é realmente originária no quadro do pensamento de Rousseau ou se, na verdade, ela tem apenas um pequeno papel, por assim dizer, marginal. "De que baile se trata aqui?", interroga-se Derrida.

> Para entendê-lo é preciso ouvir antes este elogio do ar livre. O ar livre é sem dúvida a natureza e, nessa medida, deveria conduzir o pensamento de Rousseau de mil maneiras, através de todos os temas da pedagogia, do passeio, da botânica etc. Mas, de forma mais precisa, o ar livre é o elemento da voz, a liberdade de um sopro que nada corta. Uma voz que se faz ouvir ao ar livre é uma voz livre, uma voz clara que o princípio setentrional ainda não ensurdeceu de consoantes, ainda não quebrou, articulou, enclausurou, e que pode atingir imediatamente o interlocutor. O ar livre é a fala franca, a ausência de rodeios, de mediações representativas entre as falas vivas.[65]

Nada, no entanto, na *Carta a d'Alembert*, parece definir a festa, antes de tudo, como uma libertação da fala. É claro, em oposição ao teatro que encerra o espectador na passividade e no *silêncio*, a festa pode *também* ser interpretada como direito universal à palavra:

> Mas não adotemos esses espetáculos exclusivos que encerram tristemente um pequeno número de pessoas em um antro obscuro; que as mantêm temerosas e imóveis no silêncio e na inação; que oferecem aos olhos apenas divisórias, pontas de ferro, soldados, imagens aflitivas da servidão e da desigualdade.[66]

Mas não esqueçamos que em outro momento, e justamente em oposição ao domínio da escrita, Rousseau definia o teatro também como o último refúgio da palavra viva: o que opõe a festa ao teatro é menos a palavra em si do que a *reciprocidade* sempre possível das vozes, algo como uma *ubiquidade* da fala. Se o logocentrismo significa que a voz é o lugar em que a consciência

---

65 Ibid., p.434 [ed. bras.: p.376].
66 *O.C.* V, *Lettre à d'Alembert*, p.114 [ed. bras.: p.128].

se apropria da sua verdade própria na intimidade, a festa não é logocêntrica. O baile não é o canto, e a linguagem dos jogos é sobretudo a da *ação*. Com que jogos Rousseau quer animar sua festa democrática?

> Não preciso remeter aos jogos dos antigos gregos: há alguns mais modernos, há alguns que ainda existem, e eu os encontro precisamente entre nós. Temos, todos os anos, revistas de tropas, prêmios públicos; reis da escopeta, do canhão, da navegação. Nunca é demais multiplicar empreendimentos tão úteis e agradáveis; nunca é demais ter semelhantes reis. Por que não faríamos, para nos tornar dispostos e robustos, o que fazemos para nos exercitar nas armas? A República carece acaso menos de operários que de soldados? Por que não fundaríamos, segundo o modelo dos prêmios militares, outros prêmios para a ginástica, para a luta, para a corrida, para o lançamento de disco, para diversos exercícios do corpo? Por que não estimularíamos nossos barqueiros a disputar justas sobre o lago? Haveria no mundo um espetáculo mais brilhante do que ver, sobre essa vasta e esplêndida extensão de água, centenas de barcos, elegantemente equipados, partir ao mesmo tempo a um sinal dado, para irem buscar uma bandeira içada na meta, e depois servir de cortejo ao vencedor voltando triunfantemente para receber o merecido prêmio?[67]

Gesto ou palavra, concurso de ginástica ou de artes marciais, o conteúdo da festa importa menos do que sua forma. Vimos que Rousseau condena o teatro (em Genebra) por outras razões que as de seu conteúdo moral; igualmente, não é a materialidade dos jogos que salva a possibilidade da festa como instituição. Nessa forma de intersubjetividade que a festa torna possível, a partilha entre a fala e o silêncio não é determinante; do mesmo modo, a reciprocidade dos olhares não implica nenhuma supressão do visível, e a evocação de barcos no "esplêndido lago" aí está para indicar como é preciso entender que a festa *não oferece nada para ser visto*.

Na verdade, para bem marcar a linha que define a oposição entre a festa e o teatro, é bom voltar ao texto de *A nova Heloísa* inscrito como epígrafe deste capítulo. Nesse texto, em que Derrida enxerga sobretudo a face negativa

---

67 Ibid., p.115-6 [ed. bras.: p.128-9].

Gênese e estrutura dos espetáculos

do pacto social, há mais do que a expressão da dialética que une e separa, ao mesmo tempo, o representado e o representante. Essa dialética não é apresentada como decorrente da própria essência do espetáculo, mas antes como o fruto de uma projeção, pelo público e do público, sobre a cena. Não é a armadilha da representação que perde e aliena o público, mas o estado de alienação do público que exige esse espetáculo. Essa alienação é, antes de tudo, a de uma classe social que se toma por universal. Falsa universalidade, pois é justamente o sentido do universal que lhe falta, como falta ao teatro em que essa classe se reconhece. Tal limitação, a impossibilidade, para o teatro, de ser o espelho da totalidade da sociedade, não é uma necessidade metafísica, mas um efeito histórico, como o atesta a cena aberta do teatro antigo:

> A instituição da tragédia tinha, entre seus inventores, um fundamento religioso que bastava para autorizá-la. De resto, ela oferecia aos gregos um espetáculo instrutivo e agradável sobre as desgraças dos Persas, seus inimigos, e sobre os crimes e a loucura dos reis, dos quais esse povo se havia libertado. Que se represente em Berna, em Zurique, em Haia, a antiga tirania da casa da Áustria, o amor pela pátria e pela liberdade tornará essas peças interessantes para nós; mas digam-me para que servem, aqui, as tragédias de Corneille, e que importância têm, para o povo de Paris, Pompeu ou Sertóris?[68]

Não é, portanto, a representação em geral, mas a representação *parcial* que Rousseau coloca em questão em sua crítica do teatro francês, feito por "um punhado de petulantes para quem só eles próprios contam em todo o universo, e que quase não merecem ser contados exceto pelo mal que fazem".[69] Por trás dessa forma desqualificada do teatro, está sempre presente o paradigma fornecido pelo teatro grego, no qual a cena não mostra nada além da história da cidade ou da substância da vida social — esta cena que, apenas ela, pode efetivamente *juntar* o povo que se põe a assistir o desenrolar de seu próprio destino, assim como a multidão que, na festa, não tem

---

68 *O.C.* II, *La Nouvelle Héloïse*, II, 17, p.251 [ed. bras.: p.227].
69 Ibid., p.252 [ed. bras.: p.228].

nada para ver a não ser a si mesma. Assim, a representação não é condenada a deixar escapar a presença e a *Carta a d'Alembert* não exclui, em princípio, a possibilidade de um teatro genebrino *total* no sentido do teatro grego:

Vejo apenas um remédio a tantos inconvenientes: para nos apropriarmos dos dramas de nosso teatro, devemos compô-los nós mesmos, e termos autores antes de comediantes. Pois não é bom que nos mostrem quaisquer tipos de imitações, mas apenas as de coisas honestas e que convenham a homens livres. É certo que peças extraídas, como as dos gregos, das desgraças passadas da pátria ou dos defeitos presentes do povo, poderiam oferecer lições úteis aos espectadores. Quais serão, então, os heróis de nossas tragédias? Os Bertherliers, os Lévrerys? Ah, dignos cidadãos! Fostes sem dúvida heróis; mas vossa obscuridade vos avilta, vossos nomes comuns desonram vossas grandes almas, e nós mesmos não somos mais grandes o bastante para saber admirar-vos. E quais serão nossos tiranos? Os Fidalgos da Colher, os bispos de Genebra, os Condes da Savóia, ancestrais de uma casa com a qual acabamos de fazer um tratado e a quem devemos respeito? Há cinquenta anos, eu não negaria que o Diabo e o Anticristo pudessem desempenhar esse papel. Entre os Gregos, povo aliás bastante brincalhão, tudo era grave e sério quando se tratava da pátria; mas, neste agradável século em que nada escapa ao ridículo, excetuando-se o poder, só se ousa falar de heroísmo nos grandes Estados, embora só o encontremos nos pequenos.[70]

Sublinhando as dificuldades que encontraria aquele que se propusesse constituir um teatro nacional genebrino, Rousseau não deixa de abrir a possibilidade de um espetáculo que não desencadearia a alienação ou a dialética da "representação suplementar". Essa dialética só se articula sobre o fato histórico e social da *privatização do espetáculo*. O mal profundo que trabalha o teatro francês (mas não todo espetáculo em geral) não é de ordem metafísica, mas de ordem histórica, pois exprime, no plano da arte dramática, o mal originário, quer dizer, a privatização da vida social. É o texto do *Discurso sobre a origem da desigualdade* que fala da primeira clausura que se deve ler em

---

70 *O.C.* V, *Lettre à d'Alembert*, p.109-10 [ed. bras.: p.124].

Gênese e estrutura dos espetáculos

filigrana na crítica do compartimento que acaba por separar definitivamente o teatro do mundo e da sociedade.

A posição da cena: uma crítica política do teatro

Assim, o essencial da *Carta a d'Alembert* já não está nem numa crítica teológico-moral, tampouco numa crítica metafísica do teatro. A verdadeira questão colocada pelo texto de Rousseau é, como o observa com toda a razão M. Launay, "a da função social do teatro".[71] O que equivale a dizer que a originalidade da *Carta a d'Alembert* está em fornecer a primeira crítica *política* do teatro. Mas, uma vez estabelecido isto, o problema permanece intacto enquanto não se determina o sentido da ideia de política tal como a constitui a operação teórica de Rousseau. Não basta, com efeito, mostrar como a *Carta a d'Alembert* opõe o caráter democrático e popular da festa ao caráter aristocrático do teatro francês, recolocando o texto em seu contexto genebrino e, em última instância, na dinâmica do conflito entre os Representantes e os Negativos. Tudo isso é certamente pertinente, e podemos retomar literalmente as proposições de M. Launay, quando afirma que, com a *Carta a d'Alembert*, "Jean-Jacques punha-se como campeão do povo numa nova batalha, essencialmente política desta vez, e venceu essa batalha: enquanto viveu, o teatro aristocrático não teve vez em Genebra".[72] Mas, se nos limitarmos a insistir na posição política que a *Carta a d'Alembert* exprime, correremos o risco de deixar de lado a *teoria*, por ela exposta, *da posição* (ou das posições) *política da cena*. Expliquemo-nos: o risco que se deve evitar não é "politizar" o texto de Rousseau, mas fazê-lo segundo categorias diferentes das produzidas pela própria *Carta*. Tanto na *Carta a d'Alembert* quanto em *A nova Heloísa*, é certo, o teatro clássico francês é apresentado e criticado como teatro de classe; mas essa crítica assume seu sentido no interior de uma antropologia e de uma filosofia da história que não podem ser superpostas a tradições mais recentes. J. Starobinski mostrou os limites da interpretação dialética que tende a fazer do *Contrato*

---

71 Launay, "Introduction", in: *Lettre à d'Alembert*, op. cit., p.23.
72 Ibid., p.18.

social a solução das tensões descritas no *Discurso sobre a origem da desigualdade*; dificuldades semelhantes opõem-se a uma leitura "revolucionária" da *Carta a d'Alembert*. Uma interpretação que está, por assim dizer, "no ar", e que aparece de maneira exemplar nas linhas seguintes, é a de um sociólogo que vai buscar em Rousseau os instrumentos para a compreensão da crise do teatro de hoje:

> Há dois séculos, Rousseau opunha a d'Alembert, que defendia a virtude civilizadora do teatro, a festa, quer dizer, o poder autônomo e criador dos grupos vivos. Ele percebia perfeitamente que não há encenação de um suplício sem derrisão e indiferença. A capacidade dos grupos de inovar em matéria de estética evidentemente não foi tão marcante, até esse momento, quanto seu poder de invenção em política. Mas certamente é nessa direção que se orienta a teatralização da nossa existência. Durante os acontecimentos de Maio comediantes e autores procuraram fazer um teatro revolucionário... O que dizer a eles? Que as revoluções não têm jamais teatro (senão de baixa propaganda), porque elas próprias são, na qualidade de crises sociais, teatralizações da história. A Revolução Francesa, a Comuna, a Revolução de 17 forneceram exemplos admiráveis dessa dramatização da existência coletiva e de invenção de figuras desconhecidas. De que vale, então, procurar conceber um teatro revolucionário quando o teatro está nas ruas? Aí reencontramos Rousseau mais uma vez. O Rousseau que pensava que os homens reunidos poderiam extrair de sua própria substância o elemento imaginário capaz de representar sua existência, de se antecipar à experiência adquirida e enfrentar emoções novas. Essa capacidade de enfrentar o desconhecido não define ela o próprio caráter da saúde e da coragem?[73]

O mínimo que se pode dizer é que o baile, tal como o concebe Rousseau, sob o olhar vigilante dos pais, reúne os jovens segundo um estilo que não se parece com a festa revolucionária "nas ruas". Ou ainda que todas as festas, concebidas por Rousseau como garantia da permanência das boas instituições, têm pouca coisa a ver com uma abertura para o futuro ou

---

73 Duvignaud, *Spectacle et société*, p.163-4.

Gênese e estrutura dos espetáculos

para o desconhecido – se a Cidade não está doente, e só nesse caso a festa pode se dar, a saúde consiste, para Rousseau, em aderir ao conhecido, em consagrar o presente. É também na qualidade de *inovação* que Rousseau condena a introdução do teatro em Genebra:

> Um dos efeitos infalíveis do estabelecimento de um teatro em uma cidade tão pequena quanto a nossa será o de mudar nossas máximas ou, caso se prefira, nossos preconceitos e nossas opiniões públicas; o que mudará necessariamente nossos costumes em outros, ainda não digo se melhores ou piores, mas certamente menos convenientes à nossa constituição. Pergunto-vos, Senhor, por meio de que leis eficazes remediaríeis isso? Se o governo pode muito sobre os costumes, é somente por sua instituição primitiva; uma vez que ele os tenha determinado, não apenas não tem mais o poder de mudá-los, a menos que ele próprio mude, como tem até mesmo muita dificuldade em mantê-los diante dos acidentes inevitáveis que os atacam e contra a inclinação natural que os altera. As opiniões públicas, embora tão difíceis de governar, são, no entanto, por si mesmas muito móveis e cambiantes. O acaso, mil causas fortuitas, mil circunstâncias imprevistas fazem aquilo que a força e a razão não conseguiriam fazer; ou melhor, é precisamente porque o acaso as governa que a força nada pode contra elas; como no caso dos dados lançados pela mão, qualquer impulso que lhes dermos não os conduz mais facilmente ao ponto que desejamos.[74]

É justamente porque a mudança, lance de dados, é imprevisível, porque a inclinação natural do corpo coletivo é sua dissolução, que a festa só será justificada se adquirir uma função conservadora. Reacionário, Rousseau? Falsa alternativa e problema sem solução, enquanto interrogarmos a obra de Rousseau com categorias diferentes daquelas que ela própria produz, e com as quais já subvertia o campo ideológico de seu tempo ao recusar a escolha entre o progressismo dos filósofos e o obscurantismo dos fanáticos, propondo uma nova demarcação teórica e prática para a cultura de seu tempo.

Para reconstituir a trama conceitual dessa crítica política do teatro, voltemos à consideração do procedimento teórico que comanda a *Carta a*

---

74 *O.C.* V, *Lettre à d'Alembert*, p.67-8 [ed. bras.: p.87].

d'Alembert, em particular à maneira pela qual Rousseau desloca desde o início a questão para um horizonte que já não é o da proposição de d'Alembert. Não se trata de opor um *não* dogmático à solução de d'Alembert (uma legislação rigorosa para conter os costumes dos comediantes etc.), mas de retornar, analítica e criticamente, aos *pressupostos* dessa solução, para evidenciar seu caráter problemático: "Quantas questões estão ainda por discutir nessa que pareceis resolver! Se os espetáculos são bons ou maus em si mesmos? Se podem aliar-se aos costumes? [...] Tudo ainda é problema no que diz respeito aos verdadeiros efeitos do teatro [...]".[75] Nessa inversão dos termos, Rousseau opera uma virada metodológica pela qual ainda marca sua distância em relação à filosofia: a filosofia, na impaciência de seu método, acredita poder decidir suas questões sem ter que fazer o inventário das diferenças, tanto no tempo quanto no espaço e, desse modo, sempre projeta seus preconceitos (ou os do século) em seu objeto. Esse princípio metodológico está claramente exposto no *Ensaio sobre a origem das línguas*:

> Para bem apreciar as ações dos homens, é preciso tomá-las em todas as suas relações, e é isso que jamais nos ensinam a fazer. Quando nos colocamos no lugar dos outros, é sempre como se nós fôssemos modificados, não como se eles devessem sê-lo, e quando pensamos julgá-los segundo a razão, apenas comparamos seus preconceitos com os nossos.[76]

Etnocentrismo, ignorância das diferenças e cegueira para os "*rapports*", tal é exatamente a postura que Rousseau detecta na abordagem de d'Alembert:

> Perguntar se os espetáculos são bons ou maus em si mesmos é fazer uma pergunta demasiado vaga; é examinar uma relação antes de ter fixado seus termos. Os espetáculos são feitos para o povo e é apenas pelos efeitos sobre ele que se pode determinar suas qualidades absolutas. Pode haver espetáculos de uma infinidade de espécies; há, de um povo a outro, uma prodigiosa

---

75 Ibid., p.14-5 [ed. bras.: p.39].
76 *O.C.* V, *Essai sur l'origine des langues*, XI, p.409 [ed. bras.: p.146].

diversidade de costumes, de temperamentos, de caracteres. O homem é uno, admito, mas o homem modificado pelas religiões, pelos governos, pelas leis, pelos costumes, pelos preconceitos, pelos climas torna-se tão diferente de si mesmo que não se deve mais procurar entre nós o que é bom para os homens em geral, mas o que é bom para eles em tal época ou em tal país.[77]

A impossibilidade, assim denunciada, de resolver a questão do teatro em sua generalidade, pela inspeção direta de uma essência, não implica, no entanto, uma demissão diante da tarefa teórica ou uma abdicação diante do relativismo e da multiplicidade das formas históricas do espetáculo. Ao contrário, ela abre espaço para duas operações complementares: a) a circunscrição dos efeitos previsíveis do espetáculo na situação histórica presente em Genebra, definida por seus costumes e instituições; b) a exposição das figuras possíveis que a cena pode assumir na sociedade, uma espécie de gênese ideal das posições de sua inscrição possível no interior da prática histórica. Toda uma série de mal-entendidos poderia, de fato, ser evitada pela simples atenção à diferença e à complementaridade dessas duas abordagens: a recusa do teatro em Genebra não implica uma desqualificação absoluta, gesto metafísico ou moral irreversível, mas uma estratégia *local* fundada numa teoria geral que percorre a história dos espetáculos como um *sistema de diferenças*. Assim, não se poderia encontrar em Rousseau uma "fenomenologia" dos espetáculos, no sentido da circunscrição de uma essência, mas talvez no sentido hegeliano, como a descrição de uma gênese em que a multiplicidade das *Gestalten* deve ser reabsorvida numa visada unitária. Antes de nos voltarmos para esta unidade, insistamos ainda neste *plural* cheio de significação que se inscreve no próprio título da *Carta a d'Alembert sobre os espetáculos*. É preciso dar um sentido muito forte a esse plural que remete a um fundamento muito profundo, na própria ideia de *verdade* (ver Primeira Parte, Capítulo IV: Retórica e verdade) que não ignora, em Rousseau, algo como uma *diáspora*. É ainda a d'Alembert que Rousseau, depois da publicação de *A nova Heloísa*, escrevia uma carta:

---

77 *O.C.* V, *Lettre à d'Alembert*, p.16 [ed. bras.: p.40].

A retórica de Rousseau

> [...] Quanto àqueles que encontram ou fingem encontrar uma oposição entre a *Carta sobre os espetáculos* e *A nova Heloísa*, estou certo de que eles não vos impressionam. Sabeis que a verdade, seja qual for, muda de forma segundo a época e os lugares, e que se pode dizer em Paris o que, em dias mais felizes, não se poderia dizer em Genebra [...][78]

Nesse texto, Rousseau repete, a respeito da ideia de verdade, o que ele dizia na *Carta sobre os espetáculos* a respeito do teatro: a diferença antropológica ou a diáspora da verdade funda a complexidade do juízo sobre o teatro, a recusa de enunciá-lo quer num simples *sim*, quer num puro *não*.

Mas esse pluralismo não é um simples relativismo: em suas diferentes formas, em sua própria dispersão, os espetáculos devem, de uma maneira ou de outra, constituir um sistema — sem isso não se poderia proibir em Genebra o que é autorizado em Paris, e a diáspora da verdade seria apenas uma nova forma de ceticismo. Como encontrar um fio que possa conectar esta multiplicidade sem apagar as diferenças? Nenhum obstáculo se opõe a tal conexão, pois, se os espetáculos diferem em conteúdo e em forma pelo sentido que vem impregná-los em cada situação concreta, nem por isso eles deixam de ser atravessados por uma lei estrutural sempre presente e que comanda fenômenos tão distantes um do outro quanto o circo romano e o teatro dos comediantes franceses. Mesmo que a cena jamais tenha a mesma forma, que jamais ocupe a mesma posição no interior da vida social, ela sempre guarda a mesma *função*; um discurso torna-se possível e necessário sobre a cena em geral, sob a condição que se o tome apenas por aquilo que ele é, simples épura que não decide em nada o sentido e o valor de dado espetáculo:

> A cena, em geral, é um quadro das paixões humanas, cujo original está em todos os corações; mas se o pintor não se preocupasse em lisonjear essas paixões, os espectadores logo se sentiriam rejeitados e não quereriam mais se ver

---

78 *Lettre de Rousseau à d'Alembert* (15 fev. 1761), in: *Correspondance Générale de J.-J. Rousseau*, t.VI, p.26-7.

Gênese e estrutura dos espetáculos

sob um aspecto que os faz desprezar a si mesmos. Se ele atribui cores odiosas a algumas, é somente àquelas que não são gerais e que são naturalmente odiadas. Assim o autor, mais uma vez, não faz nada além de seguir o sentimento do público; e então essas paixões repelidas são sempre empregadas para valorizar outras, se não mais legítimas, ao menos mais do agrado dos espectadores. Só a razão não serve para nada em cena. Um homem sem paixões ou que as dominasse sempre não poderia interessar a ninguém; e já se observou que um estoico na tragédia seria um personagem insuportável; e na comédia, no máximo, ele faria rir.[79]

Poder-se-ia dizer, ainda aí, que nesse momento Rousseau não acrescenta grande novidade e que a subordinação do espetáculo às paixões do espectador pertence ao domínio dos lugares-comuns. O novo, no texto de Rousseau, e isso é o essencial, está no uso que ele faz dessa proposição como critério para uma genealogia dos *valores*: ela prepara uma *hierarquia* dos espetáculos fundada num diagnóstico da qualidade do público. O espetáculo vale o que vale o seu público, para o bem como para o mal, e a vigilância do moralista só se justifica quando — mas é raro... — se quer impor a um público que goza de saúde um espetáculo criado para um público doente.

Toda a análise de Rousseau é assim guiada por dois pontos de referência: os princípios imutáveis, mas abstratos, inscritos na função social do espetáculo e, por outro lado, a multiplicidade empírica dos espetáculos que se dispersam no tempo e no espaço segundo o caráter, os costumes e o temperamento dos públicos. Mas em que esta abordagem, que situa a questão teatral sob o fundo de um quadro antropológico-histórico, difere da que acompanha a exposição da estética de Diderot? Não seria através de um movimento semelhante da reflexão que Diderot situa sua crítica do teatro moderno no ponto crucial da mudança da cena, na passagem da Antiguidade para a Modernidade? A diferença se dá, num primeiro momento, pelo *rebaixamento da estética* que a crítica histórica de Rousseau implica. Não ignoramos, com efeito, que a reflexão de Diderot é essencialmente dirigida para uma normatividade estética: a história e

---

79 *O.C.* V, *Lettre à d'Alembert*, p.17 [ed. bras.: p.41].

a antropologia só são instrumentalizadas para abrir o campo da criação literária. Sua crítica é subordinada à criação, ao passo que, em Rousseau, *a própria questão teatral não é da alçada da dramaturgia*; ela apenas introduz um problema cuja solução se encontra no nível do *pré* ou do *para*teatral. Houve quem acreditasse encontrar, na *Carta a d'Alembert,* também a circunscrição de uma problemática puramente teatral:

> Estaríamos nós tão distantes, na *Carta a d'Alembert*, dos problemas da estética teatral? Muito pelo contrário: é ao desnudar a função social do teatro que Jean-Jacques, sem dúvida auxiliado por uma sensibilidade artística que lhe era própria, pôde formular, com mais nitidez do que haviam feito antes dele, a especificidade do teatro ou, como alguns diriam hoje em dia, sua teatralidade.[80]

Para afirmar essa dimensão propriamente estética da crítica de Rousseau, M. Launay se apoia no seguinte texto:

> Quanto mais reflito sobre isso, mais descubro que tudo o que se coloca em representação no teatro não se aproxima de nós, mas se distancia. Quando vejo o Conde de Essex, o reinado de Elisabeth se afasta dez séculos a meus olhos, e se se representasse um acontecimento ocorrido ontem em Paris, isso me faria supô-lo do tempo de Molière. O teatro tem suas regras, sua máximas, sua moral à parte, assim como sua linguagem e suas vestimentas.[81]

Supor um sentido positivo na existência dessas "regras" peculiares ao teatro e de sua linguagem própria implicaria, no entanto, uma justificativa dessa moral "à parte". A leitura da continuação do texto em questão nos dissuade dessa interpretação positiva. Diante da "autonomia" do teatro, Rousseau continua:

> Vemos perfeitamente que nada disso nos convém, e nos acharíamos tão ridículos ao adotar as virtudes de seus heróis quanto ao falar em versos e ao

---

80 Launay, op. cit., p.27.
81 *O.C.* V, *Lettre à d'Alembert*, p.24 [ed. bras.: p.47].

Gênese e estrutura dos espetáculos

envergar um hábito à romana. Eis então, aproximadamente, para que servem todos esses grandes sentimentos e todas essas brilhantes máximas que se elogia com tanta ênfase: para relegá-los para sempre ao palco, e para nos mostrar a virtude como um jogo de cena, bom para divertir o público, mas que seria loucura tentar transportar seriamente para a sociedade.[82]

Esse texto não resgata de maneira alguma a "especificidade" estética do teatro; ao contrário, ele situa o nascimento da teatralidade no momento em que se verifica a morte do verdadeiro interesse do espetáculo. Ao ganhar autonomia, quer dizer, ao separar-se do contexto pré-teatral do *ritual* e da *retórica cívica* (contexto no qual a tragédia ainda estava imersa em seu nascimento), ao tornar-se teatro "puro" e linguagem literária especializada, o espetáculo se separa das raízes que podem justificá-lo: o ensino da religião e do destino da cidade.

Mas, sobretudo, essa relativização da estética é acompanhada, em Rousseau, por uma delimitação rigorosa do campo possível para a produção do espetáculo. Para Diderot, uma vez que a reflexão crítica levou em conta os preconceitos, retraçou a história do teatro e das nações com sua curva volúvel, o campo está livre para o *universal*, a criação artística passa a poder colaborar com a Razão em sua marcha conquistadora, ignorando todo obstáculo que seja incontornável. O acesso ao universal é possível tanto para a filosofia quanto para o teatro; mais ainda, esses dois movimentos são um só, como o exprime claramente Y. Belaval:

> O progresso das Luzes deve proceder pela filosofia que ilumina o espírito e pela arte que ilumina o coração. O verdadeiro da filosofia é a ciência: o verdadeiro da arte é a moral. É claro, a ciência trata também da moral, mas do ponto de vista teórico; a arte cuidará dela do ponto de vista prático. Na arte, particularmente no teatro, o modelo é, ao mesmo tempo, uma revelação da natureza humana e um exemplo.[83]

---

82 Ibid.
83 Belaval, *L'Esthétique sans paradoxe de Diderot*, op. cit., p.210.

A retórica de Rousseau

Para Rousseau, ao contrário, a submissão à regulação das condições paraestéticas do espetáculo, sempre ligadas à *situação* do público, põe um limite intransponível para a boa vontade de universalidade que anima a estética de Diderot. Voltamos à teoria dos limites da perfectibilidade do teatro que parece de fato estar diretamente dirigida, na *Carta a d'Alembert*, contra a nova poética exposta nos *Entretiens sur le fils naturel* e a ideia do drama moral e burguês que deveria substituir o teatro clássico. Após ter examinado a cena francesa, "a mais perfeita ou, pelo menos, a mais regular que jamais existiu",[84] e ter mostrado que ela sempre glorifica antes "o triunfo dos grandes celerados" do que os "mais ilustres heróis",[85] trata-se, para Rousseau, de sugerir que nenhuma outra forma de teatro poderia, no mundo moderno, compensar esses defeitos. Acaso alguém opõe aos defeitos do teatro clássico, como o fez Diderot, o ideal de um novo teatro onde apenas a virtude seria glorificada? Rousseau responde:

> Esses defeitos são de tal modo inerentes a nosso teatro que, ao querer suprimi-los, o desfiguramos. Nossos autores modernos, guiados pelas melhores intenções, fazem peças mais depuradas; mas o que ocorre então? Elas não têm mais verdadeira comicidade e não produzem nenhum efeito. Instruem bastante, se se quiser; mas enfadam mais ainda. Valeria o mesmo ir ao sermão.
>
> Nessa decadência do teatro, é-se obrigado a substituir as verdadeiras belezas, agora eclipsadas, por pequenos atrativos capazes de impressionar a multidão. Não se conseguindo mais manter a força da comicidade e dos caracteres, reforçou-se o interesse do amor. O mesmo foi feito na tragédia para compensar as situações inspiradas nos interesses de Estado, que não conhecemos mais, e os sentimentos naturais e simples, que não emocionam mais ninguém. Os autores, no interesse público, rivalizam para dar uma nova energia e uma nova cor a essa perigosa paixão; e, desde Molière e Corneille, somente os romances, sob o nome de peças dramáticas, têm sucesso no teatro.[86]

---

84 *O.C.* V, *Lettre à d'Alembert*, p.26 [ed. bras.: p.49].
85 Ibid.
86 Ibid., p.43 [ed. bras.: p.64].

Gênese e estrutura dos espetáculos

Assim, não é com boas intenções que se faz boa literatura; encontramos novamente o tema da inutilidade do *sermão* – é a pedagogia difusa da filosofia das Luzes que parece insuficiente para Rousseau. É preciso notar como o tema do *sermão* é constante, ligando os aspectos do pensamento de Rousseau estudados até aqui. Na análise da "linguística" de Rousseau ou dos princípios de sua retórica, vimos como o sermão, em sua oposição à retórica cívica da Antiguidade, servia de ponto de referência essencial: marcava a separação entre os signos e a força, era a mais pura expressão de uma linguagem que deixou de ser *força pública*. Aplicado, no domínio das Belas-Letras, ao romance, o sermão servia novamente para denunciar as ilusões do romance moralizante, os limites e até os perigos do romance que dita regras mesmo ignorando o *estado* de seu leitor. O mesmo princípio se aplica aqui ao teatro, complicado pelo caráter coletivo do espectador, em sua oposição à natureza solitária da leitura. Com efeito, no caso do romance, a existência de um público marginal – ou seja, os "solitários" – resgatava a possibilidade de um uso moral do romance; *A nova Heloísa* escapava às ilusões da boa vontade impotente recobrindo com o prestígio do imaginário a vida simples do solitário, do leitor ao qual se dirigia com exclusividade. Ao passar, contudo, do domínio do romance ao do teatro e, ao mesmo tempo, ao manter a mesma reticência em relação à edificação por meio das Belas-Letras, algo muda, porém, que multiplica os obstáculos que se opõem à necessária conciliação entre utilidade e atrativo. Se, com efeito, o romance pudesse integrar seu leitor solitário numa *comunidade imaginária*, e assim protegê-lo (como no plano pedagógico do *Emílio*) da corrupção pela presença do outro, o teatro condena o espectador a circular sem abrigo na cena do mundo social. Tudo se passa, de fato, como se os efeitos do romance e do teatro fossem exatamente o contrário daqueles que o senso comum lhes atribui: a leitura do romance integra e a sala de espetáculos *separa*. Se a comunidade criada pelo romance é apenas imaginária, *a associação que o teatro torna possível é puramente aparente*. O limite intransponível da perfectibilidade do teatro na modernidade é dado na própria estrutura da sociedade moderna: numa sociedade que separa profundamente os homens, *reunir-se* diante da cena é cair numa armadilha. É o que dizia Rousseau no início da *Carta a d'Alembert*, ao interpretar as palavras do Bárbaro que se espantava diante dos espetáculos romanos:

O Bárbaro tinha razão. Pensamos nos reunir no espetáculo e é ali que cada qual se isola; é lá que se vai esquecer seus amigos, seus vizinhos, seus próximos para interessar-se por fábulas, para chorar a desgraça dos mortos, ou rir às custas dos vivos. Mas eu deveria ter sentido que essa linguagem não é mais apropriada a nosso século. Busquemos encontrar uma que seja mais bem compreendida.[87]

Toda a *Carta a d'Alembert* corresponde assim a uma *tradução* do discurso do Bárbaro numa linguagem exigida pelo século: a posição da cena mudou com a privatização da vida social; ela já não é atravessada pelo fluxo da vida *pública*; o espectador só pode encontrar nela sua própria sombra — espetáculo irrisório.

---

87 Id., ibid., p.16 [ed. bras.: p.40].

Ensaios sobre Rousseau

Filosofia, música e botânica:
de Rousseau a Lévi-Strauss*

I

Mas por que, finalmente, deveria ainda um cientista de hoje ler Rousseau? E por que seria ele, através dessa leitura, convidado a prolongar sua meditação sobre a música ou sobre a botânica?

O que Lévi-Strauss nos convida a ler em Rousseau é uma revolução no interior da história do pensamento ocidental: essa revolução que denuncia, através de uma certa ideia da razão, a persistência dos *"préjugés de l'enfance"* (os das ilusões da consciência) e que anuncia, assim, a morte de uma filosofia; e não apenas a morte de *uma* filosofia, pois este novo estilo de racionalidade lança suspeição sobre *toda* filosofia. Nos textos onde Rousseau e Lévi-Strauss fazem o processo da filosofia, nós encontramos o mesmo movimento; num caso como no outro, o projeto de universalidade da filosofia aparece como ideologia, prática antropofágica de uma consciência singular ou de uma certa cultura. Quer se trate da Ilustração, quer se trate da Dialética, o que se afirma através dessa aparente vontade de universalidade é antes a particularidade de uma consciência histórica e local: vontade pervertida do homem do mundo ou vontade utópica do homem de esquerda. Nos dois casos, o que se opõe à filosofia é uma

---

* Extraído de *Tempo Brasileiro*, n.15-6, 1968.

Filosofia, música e botânica: de Rousseau a Lévi-Strauss

racionalidade capaz de iluminar o concreto – na costura entre o sensível e o inteligível – e que pode mesmo, em condições "raras e preciosas", vibrar na percepção e repercutir no corpo. Nos dois casos, a visão de uma paisagem selvagem fornece o monograma dessa razão suscetível de um uso "estético". Com efeito, como não aproximar de certos textos das *Rêveries*, onde o êxtase é a *Stimmung* da descoberta da ordem da natureza, o belo parágrafo de *Tristes trópicos*:

> Que se produza o milagre, como por vezes sucede; que de uma parte e de outra da fenda secreta surjam lado a lado duas plantas verdes de espécies diferentes, cada uma delas tendo escolhido o solo mais propício; e que no mesmo momento se divisem na rocha duas amonites de involuções desigualmente intrincadas, atestando à sua maneira um intervalo de algumas dezenas de milênios: de súbito o espaço e o tempo se confundem, a diversidade viva do instante justapõe e perpetua as eras. O pensamento e a sensibilidade alcançam uma dimensão nova em que cada gota de suor, cada flexão muscular, cada arquejo tornam-se outros tantos símbolos de uma história da qual meu corpo reproduz o movimento próprio, ao mesmo tempo que meu pensamento abarca sua significação. Sinto-me banhado por uma inteligibilidade mais densa, no seio da qual os séculos e os lugares se respondem e falam linguagens por fim reconciliadas.[1]

Mas esse encontro com Rousseau não se deve apenas à descoberta dos limites da filosofia.[2] Trata-se menos de um conflito a propósito da natureza

---

1 Lévi-Strauss, *Tristes tropiques* (1955) [ed. bras.: *Tristes trópicos*, p.54].

2 Poder-se-ia ver, também, na crítica que Rousseau endereça à filosofia, uma espécie de antecipação de Nietzsche. No texto seguinte das *Rêveries*: "Mas, dirão, como pôr de acordo esse afrouxamento [da veracidade] com o ardente amor pela verdade pelo qual o glorifico? Será então falso esse amor, por envolver tanta mistura? Não, ele é puro e verdadeiro, mas não passa de uma emanação do amor da justiça e não quer jamais ser falso ainda que seja muitas vezes fantasioso" (*O.C.* I, *Les Rêveries du promeneur solitaire*, Quatrième Promenade, p.1031-2; ed. bras. p.61), poderíamos ver uma resposta a uma questão que só seria formulada por Nietzsche: "A vontade de verdade... De fato, por longo tempo nos detivemos ante a questão

A retórica de Rousseau

da própria filosofia do que de uma recusa de toda representação "filosófi-ca" do homem, isto é, de toda perspectiva que o visa na sua identidade ou na sua inferioridade e que se esquece de buscá-la no movimento em que ele se destaca do Outro. Era necessário que o *cogito* morresse, dissolvido pela análise de uma psicologia associacionista e pela reflexão sobre o Outro; era preciso que ele fosse de-centrado de sua pura imanência, para que o homem pudesse aparecer à luz do Saber. A Arqueologia reencontraria o gesto inaugural das ciências do homem na recusa da partilha fundamental da metafísica cartesiana; gesto de acolhida, tanto quanto de recusa, que oferece ao olhar a pertinência do homem a uma ordem que o precede. Através desse gesto, "Rousseau não se limitou a prever a etnologia: ele a fundou".[3]

Em sua leitura de Rousseau, Lévi-Strauss percorre os diversos níveis em que se opera esse de-centramento: crítica psicológica do *cogito*, crítica do etnocentrismo, crítica do humanismo. Em todos esses níveis, é sem-pre o mesmo movimento que se reproduz: aquele que conduz o si do seu núcleo à sua periferia. De início, substituindo o *cogito* pelo *sentimento da existência*: leitor de Condillac, mas também leitor de Malebranche, Rousseau transforma a consciência de si numa experiência e num conhecimento confuso. A consciência de si tem uma natureza essencialmente centrípeta: só se estabelece através da mediação da sensação e da exterioridade. Mais ainda, a identidade constituída no sentimento da existência está sempre em *sursis*: não ultrapassa jamais a chama do instante e não pode assegurar a

---

da origem dessa vontade – até afinal parar completamente ante uma questão ainda mais fundamental. Nós questionamos o *valor* dessa vontade. Certo, queremos a verdade: mas *por que não, de preferência, a inverdade?*" (Nietzsche, *Par-delà le bien et le mal*; ed. bras.: *Além do bem e do mal*, p.9). Nesta resposta que precede a maturação da questão, Rousseau mostra na vontade de verdade algo que não é originário e que deve ser decifrado à luz de um valor que o precede. A distinção entre o *homem verdadeiro* e o *homem veraz* mostra os limites da filosofia da representação: podemos imaginar uma "má verdade" e o filósofo pode ser um criminoso.

3 Lévi-Strauss, "J.-J. Rousseau, fondateur des sciences de l'homme", in: *Jean-Jacques Rousseau*, p.240 [ed. bras.: "J.-J. Rousseau, fundador das ciências do homem", in: *Antropologia estrutural dois*, p.42].

Filosofia, música e botânica: de Rousseau a Lévi-Strauss

continuidade temporal do eu. A alma é mais cambiante que Proteu ou que um camaleão e podemos dizer: "Nada é tão diferente de mim quanto eu mesmo".[4] Lévi-Strauss insiste sobre o caráter "objetivista" desta psicologia: não mais se trata de assinalar "a inconstância da humana natureza" nem de "pintar a passagem", mas de dar as razões objetivas dessas transformações. É Rousseau quem o diz: "[...] eu tinha um objetivo mais novo e mesmo mais importante: o de procurar as causas dessas variações [...]".[5]

Mas se o centro da gravidade da consciência é assim deslocado pela análise psicológica, esse deslocamento é confirmado pela comparação etnológica. É neste sentido que Lévi-Strauss comenta a fórmula de Rousseau: "Quando se quer estudar os homens, é preciso olhar perto de si; mas para estudar o homem é preciso aprender a lançar a vista ao longe".[6] É o próprio procedimento do conhecimento etnológico que se exprime nessa fórmula que mostra, para além do egocentrismo e da ingenuidade, que toda humanidade é local e que a universalidade só se encontra no sistema das diferenças. Egocentrismo e ingenuidade que não esperam o encontro do exótico para vir à luz e que já se revelam no interior de uma mesma sociedade, no antagonismo dos grupos que a compõem. Saint-Preux define essa atitude: "Ter uma carruagem, um porteiro, um mordomo é ser como todo mundo. Para ser como todo mundo é preciso ser como bem pouca gente".[7] Narcisismo estratégico, pois garante a boa consciência e a identificação consigo mesma de uma humanidade particular; um olhar excêntrico poderia dar ocasião de uma visita ao subsolo inquietante dessa consciência e da descoberta do Mesmo sob a superfície confortável das oposições.

Esta dupla redução se completa numa de-centração da humanidade considerada globalmente, num movimento que a devolve a uma promiscuidade com a vida em geral, que fora recalcada pela tradição metafísica. Metafísica, egocentrismo e humanismo se superpõem. Esta solidariedade com a vida

---

4 *O.C.* I, "Le Persiffleur", in: *Fragments autobiographiques et documents biographiques*, p.1108.

5 *O.C.* I, *Les Confessions*, IX, p.408.

6 *O.C.* V, *Essai sur l'origine des langues*, VIII, p.394 [ed. bras.: p.125].

7 *O.C.* II, *Julie ou La Nouvelle Héloïse*, II, 17, p.252 [ed. bras.: p.228].

aparece na ideia de *piedade*. A piedade, insiste Lévi-Strauss, não é apenas a forma de identificação com a humanidade em geral: através dela, o homem redescobre a infraestrutura vital de sua existência. É sobre esta faculdade primordial que se virão desenhar, num jogo de oposições, os predicados que a ciência deve decifrar.[8] O homem identifica-se, de início, pela piedade, com a totalidade da vida, para distinguir-se, em seguida, no interior desse campo, do "não humano".

II

Esta série de reduções que termina pela descoberta de uma lógica inscrita no sensível, e de um pensamento anônimo que precede o sujeito, está certamente ligada a uma certa concepção da linguagem, de sua natureza e de sua gênese: a análise da linguagem também nos reconduz a uma camada esquecida e primitiva – a linguagem da metáfora – que está na raiz da linguagem da razão. Mas está também ligada a uma reflexão sobre a botânica e sobre a música. Se Rousseau pôde destruir a metafísica do *cogito*, é porque soube propor-lhe problemas que ela ignorava e aos quais não poderia sobreviver. Problemas ou "[...] preocupações, para ele tão imperiosas, embora fossem à primeira vista estranhas ao trabalho do filósofo e do escritor; refiro-me à linguística, à música e à botânica".[9]

Mas por que a botânica? Porque Rousseau encontra na botânica uma forma de conhecimento que recoloca em questão a oposição entre o sensível e o inteligível. Conhecimento sensível por essência, pois apenas a visão torna possível a análise da natureza dos vegetais. Mas, também, conhecimento racional, pois a visão sozinha não permite inscrever as plantas no quadro lógico das espécies. Ver as plantas em sua "estrutura"[10] e pensar suas relações

---

8 Lévi-Strauss, *Le Totémisme aujourd'hui*, p.145 [ed. bras.: *Totemismo hoje*, p.105].

9 Id., "J.-J. Rousseau, fondateur des sciences de l'homme", op. cit., p.244 [ed. bras.: p.46].

10 A respeito da noção de "estrutura" na história natural no séc. XVIII e de seu parentesco com a visão, cf. Foucault, *Les Mots et les choses*, p.144-50 [ed. bras.: *As palavras e as coisas*, p.180-3].

de identidade e de diferença são dois procedimentos complementares. Sem a visão da estrutura, é impossível agrupar as plantas, mas sem a ideia do sistema é mesmo impossível *ver*: "Por mais elegante, admirável e variada que seja a estrutura dos vegetais, ela não toca suficientemente um olho ignorante a ponto de interessá-lo".[11] Mas para quem *sabe* ver, a visão retoma a sua profundidade, ela é mais que uma simples "inspeção do espírito": quando eu vejo uma planta e digo que eu a *vejo,* não são "as palavras que me detêm" e não sou "enganado pelos termos da linguagem ordinária".[12] Se apenas o olhar não permite determinar a articulação entre as espécies e representar o *continuum* que elas compõem na natureza, é ainda o olhar que impede que se dissolva a diversidade viva do reino vegetal na monotonia da repetição: "Os outros não têm, à vista de todos esses tesouros da natureza, senão uma admiração estúpida e monótona".[13] É o formigamento das diferenças que permanece oculto ao "olho ignorante" que não sabe sequer "o que se deve observar".[14] Através da colaboração entre a visão e o pensamento, se restabelece a continuidade viva da Ordem que passa pelo indivíduo e que atravessa a série total das espécies: entre o detalhe e o sistema, entre os sentidos e o espírito, entre o indivíduo e a espécie, se entretece "esta cadeia de relações e de combinações que cumula com suas maravilhas o espírito do observador".[15] Não há divórcio algum entre ver e saber: saber ver significa passar de uma "estrutura" a uma "ordem", perceber a analogia guardando a "variedade prodigiosa" das formas e o sistema das diferenças. O olho sábio é capaz de cultivar a tensão entre o Mesmo e o Outro, de distender os fios que os ligam sem rompê-los. Parodiando Diderot (embora o tom da frase mude e passe da humildade ao orgulho), poderíamos dizer, contra a metafísica de Descartes e sua concepção da visão e da vida: "Ah madame! a botânica dos cegos é bem diferente da nossa".

---

11 *O.C.* I, *Les Confessions*, XII, p.641.

12 Descartes, *Oeuvres de Descartes*, t.VII, p.32 [ed. bras.: *Meditações*, p.97 (Meditação Segunda, § 14)].

13 *O.C.* I, *Les Confessions*, XII, p.641.

14 Ibid.

15 Ibid.

A retórica de Rousseau

No perfil da planta assim se abre um caminho que pode conduzir à verdade da natureza: no vegetal nenhuma fissura separa o *ser* do *aparecer* e toda a realidade da planta se entrega ao olhar que a percorre. A pétala é uma pálpebra que não esconde olho algum nem o sono de ninguém. Domínio de pura transparência e de perfeita visibilidade, a botânica é mais do que uma forma de conhecimento; ela fornece o símbolo da inocência perdida na história dos homens. O mal se desenhou quando algo se furtou à publicidade dos olhares, quando o homem se voltou sobre si mesmo, cavando para si um espaço privado e secreto: o mal está do lado das trevas e do invisível. Já que nenhuma câmara secreta se esconde sob essa fina película que é a superfície da planta, a consciência pode abandonar-se às aparências e coincidir novamente com suas sensações. Esse instante sem nenhuma espessura onde eclode a visão é suficientemente largo para acolher um saber e uma reforma da existência. A botânica é, para Rousseau, menos um conhecimento do que uma terapia das paixões ou uma ascese da alma. Ela visa menos uma penosa acumulação de conhecimentos do que a leveza de um jogo sempre recomeçado; este "estudo ocioso" não é uma disciplina do entendimento: herbanizar é *extravagar*, "errar displicentemente pelos bosques e pelo campo".[16] Mas essa "extravagância" não liberta, aqui, a genialidade ou a selvageria da subjetividade, sujeitando-a, pelo contrário, a uma coerência que é da ordem do objeto. O jogo e o devaneio são comandados por uma ordem objetiva e a alma é modulada pela análise da representação: aos dois polos do conhecimento correspondem dois "sonhos" diferentes. O prazer de herbanizar é duplo: prazer da diferença – os olhos são acariciados por "encantadoras estruturas" – e prazer da identidade – a alma esquece sua infelicidade e sua individualidade na unidade oceânica da natureza. Podemos acompanhar esses dois movimentos, sístole e diástole da alma, na sétima *promenade*: ou a contemplação chega a unificar os três reinos numa totalidade em que se perde o contemplador, ou ela se detém numa forma particular e privilegiada. Nos dois casos, o sentimento da existência se restabelece em sua pureza pois, diante da diferença como diante da identidade, a consciência é restituída à sensação e ao imediato.

---

16 *O.C.* I, *Les Confessions*, XII, p.1063.

Filosofia, música e botânica: de Rousseau a Lévi-Strauss

Mas para que a consciência possa, assim, coincidir no instante com a visão e para que possa tornar-se o espelho impessoal da natureza, é necessário o exílio.[17] É preciso que não haja nenhum traço da humanidade para que o homem possa redescobrir sua pertinência à Ordem. Esse jogo inocente e perigoso pressupõe a ruptura com um mundo dos meios e a destruição da rede de relações que define a sociedade. As "amizades vegetais" só se oferecem para aquele que rompeu com toda intersubjetividade, para aquele que pode dizer: "Estou sobre a terra como em um planeta estranho, no qual teria caído daquele em que habitava".[18] Herbanizar é estar "em casa", mas estar finalmente em casa é estar fora da sociedade, da cultura, da humanidade.

III

Com a música, entramos num universo diferente. Se a virtude da botânica era nos fazer abandonar o universo da cultura e da maldade, a virtude da música será nos fazer reencontrar a humanidade e reconhecer semelhantes em meio ao deserto da natureza. A botânica era "anti-humanista", a música se volta contra o egocentrismo. Como a botânica, ela combina lógica e sensação: ela é um sistema de relações, mas que se manifesta de maneira sensível e transforma a consciência do auditor em sua relação aos outros e a seu próprio corpo: "[...] de início, a inversão da relação entre o eu e o outro, porque quando *ouço* a música, eu *me escuto* através dela; e porque, por uma inversão da relação entre alma e corpo, a música *vive* em mim".[19]

A análise da música, tal como aparece no *Ensaio sobre a origem das línguas*, parte da oposição entre os sons e as cores. Todos os equívocos sobre a natureza da música (sobretudo o objetivismo de Rameau) derivam no fundo do pretenso paralelismo entre os sons e as cores. E Rousseau começa, como fará Lévi-Strauss na apresentação de *O cru e o cozido*, por visar a diferença no

---

17 Ibid., p.1070.

18 *O.C.* I, *Les Rêveries du promeneur solitaire*, Première Promenade, p.999 [ed. bras.: p.26].

19 Lévi-Strauss, "J.-J. Rousseau, fondateur des sciences de l'homme", op. cit., p.244 [ed. bras.: p.47].

nível da relação com a temporalidade: as cores duram, enquanto os sons se esvaem no próprio momento em que vêm ao ser. Mas logo essa diferença na relação com a temporalidade se transcreve numa diferença de natureza entre os elementos dos dois domínios em si mesmos. A cor existe em si mesma e não é modificada por sua relação com as outras cores. "O amarelo é amarelo, independentemente do vermelho e do azul [...]."[20] Os sons, ao contrário, só são o que são nas suas relações mútuas e no interior de um sistema definido.

Para que a música nos revele, assim, sua verdadeira face, é preciso abandonar o espírito de sistema e visar os "mundos" da visão e da audição em sua originalidade e em sua diferença; pois, diz Rousseau, cada sentido tem para nós um mundo que lhe é próprio e uma legislação que lhe é particular. O estatuto do *quale* não é o mesmo nos dois mundos: o visível tinha uma autonomia que só era limitada, no conhecimento, de *fora,* na passagem da estrutura ao caráter (isto é, na articulação entre as espécies); nessa passagem, a coisa ou o indivíduo era reabsorvido por um sistema de relações — mas somente o era através da mediação da espécie. Aqui, o som, desde sua primeira aparição, é um ponto de intersecção de uma rede de relações e não existe fora dela: não há indivíduo, propriamente falando. No mundo dos sons, o sensível está sempre já roído em seu próprio coração pelo inteligível. Se a visão dá acesso a um mundo sólido, povoado de coisas e de substâncias, a audição nos dá a épura desse mundo, e toda a sua realidade é bordada sobre a tela das relações: uma nos dá o pleno, a outra, o vazio. É por esta razão que Rousseau nos diz que a música está mais próxima da arte humana, enquanto a pintura está mais próxima da natureza. Não seria o mesmo movimento que anima a apresentação de *O cru e o cozido?* Lá também aparece essa oposição: a pintura é condenada a encerrar-se no horizonte do mundo natural, pois seu código primeiro lhe é oferecido já pronto pela natureza. Lá também a música é cultura desde o ponto zero de sua linguagem. Mas ela é também "uma espécie de Hipermediação", pois ela não vai apenas mais longe do que as outras artes na direção da cultura: ela as ultrapassa também pela profundidade com a qual faz vibrar

---

20 O.C. V, *Essai sur l'origine des langues,* XVI, p.420-1 [ed. bras.: p.165].

o organismo, já que a música suprime o divórcio entre o corpo e a alma. É por esse "poder extraordinário" de se encontrar ao mesmo tempo sobre as duas vertentes, que ela pode ser pensada como o "supremo mistério das ciências do homem".

A oposição entre as duas leituras paralelas da música começa a aparecer no intelectualismo ou no platonismo da concepção de Rousseau. Para ele, o sensível não é na música senão uma causa ocasional: os sons, na sua realidade sensível e na sua capacidade de mover o corpo, devem apagar-se e tornar-se inteiramente transparentes, para que a alma possa atravessá-los sem esforço e captar diretamente um certo conteúdo intelectual e moral. A música não pode comover a alma, se não renuncia a mover o corpo: a camada sensível é da ordem do obstáculo. Mas esse intelectualismo não atribui à música uma função representativa: sua função não é a de fazer aparecer um objeto ausente. Se o músico é capaz dessa magia, se ele pode fazer aparecer o sol em plena noite, a violência de uma tempestade ou o horror de um deserto no interior de um espaço calmo e doméstico, "[...] ele não representará diretamente essas coisas, mas excitará na alma os mesmos sentimentos experimentados ao vê-las".[21] Não é, portanto, propriamente o cosmo que se torna intelectualmente presente (os rios, o deserto, o mar) na música, mas uma outra alma e sua maneira de sentir todos esses espetáculos. A música abre o campo de uma comunidade e fecha, assim, a humanidade dentro de si mesma: o canto é o signo absolutamente certo da presença de um outro homem: "Os pássaros trinam, só o homem canta, e não se pode ouvir nem canto nem acompanhamento instrumental sem dizer imediatamente: um outro ser sensível está aqui".[22] Partilha diferente daquela que fará Lévi-Strauss, para quem a oposição entre o homem e o animal não mais coincide com a oposição entre cultura e natureza: há um canto dos pássaros e esse canto — como linguagem e como forma de sociabilidade — só confirma o caráter cultural da música. Não é o homem que canta, mas, nele, o animal que habita a linguagem; essa linguagem que já não mais é o privilégio do *animal rationale*. A música não mais é o índice

---

21 Ibid., p.422 [ed. bras.: p.166].
22 Ibid., p.421 [ed. bras.: p.165].

de uma comunidade de espíritos ou de uma humanidade fechada dentro de si mesma; ela indica, ao lado do homem, outras potências e os limites do humanismo. Os pássaros não "trinam" apenas, eles cantam, e:

> continua sendo verdadeiro, portanto, que os sons musicais estão do lado da cultura. É a linha de demarcação entre a cultura e a natureza que não mais acompanha tão precisamente como há pouco se acreditava o traçado de nenhuma das linhas que servem para distinguir a humanidade da animalidade.[23]

IV

Se, em seu itinerário, Lévi-Strauss retoma o caminho aberto por Rousseau, ele toma também alguns desvios; e se o faz é porque conduz mais longe a série das reduções. Não somente porque, como assinala Lévi-Strauss, Rousseau se recusaria a reintegrar ou a dissolver a cultura na natureza e em seu subsolo físico e químico, para além da reabsorção das humanidades particulares numa humanidade geral.[24] Rousseau não se limita a manter a separação das esferas, ele atribui, a cada uma, uma *estrutura* diferente. O conhecimento da natureza e o conhecimento do homem obedecem a *razões* diferentes e cada uma reproduz o caminho inverso ao da outra. Num caso, o indivíduo é transparente e conduz o olhar em direção do conhecimento da espécie; no outro, os indivíduos se modelam nas suas relações recíprocas, separados de seus próprios corpos e de sua espécie.[25]

---

23 Lévi-Strauss, *Le Cru et le cuit*, p.27 [ed. bras.: *O cru e o cozido* (Mitológicas, 1), p.39, nota].

24 Id., *La Pensée sauvage*, p.327 [ed. bras.: *O pensamento selvagem*, p.275].

25 "Gostaria, portanto, de sempre começar minhas discussões pela ordem de provas mais fraca. Há assuntos em que os argumentos mais convincentes se extraem do objeto enquanto tal; as questões físicas são desse tipo. Assim, o conhecimento da natureza das plantas pode muito bem ser auxiliado, por exemplo, pelo conhecimento do terreno que as produz, dos sucos que as nutrem e de suas virtudes específicas, mas jamais se conhecerá bem sua mecânica e seus princípios motores se não se examinar isso nelas próprias, se não se considerar toda sua estrutura interior, as fibras, as válvulas, os condutos, a casca, a medula, as folhas, as flores,

313

A natureza e a cultura são duas ordens heterogêneas que não poderão jamais coincidir (perpétuo desequilíbrio entre o visível e o invisível, entre a coisa e a relação), dois círculos que nunca poderão se superpor.

Mas essas diferenças se manifestam no interior de um horizonte comum: há uma volta a Rousseau. Uma ponte foi lançada, que conduz de uma obra a outra. E sob essa ponte, no espaço vazio que as separa, adivinhamos algo que se faz e se desfaz, uma silhueta que se desenha e que se apaga, *"comme à la limite de la mer un visage de sable"*.[26]

---

os frutos, as raízes e, em suma, todas as partes que entram em sua composição. Nas investigações morais, ao contrário, eu começaria por examinar o pouco que conhecemos do espírito humano tomado em si mesmo e considerado como indivíduo, daí tiraria hesitantemente alguns conhecimentos obscuros e incertos; mas abandonando logo esse tenebroso labirinto, apressar-me-ia a examinar o homem por suas relações, e é daí que tiraria uma multidão de verdades luminosas que logo fariam desaparecer a incerteza dos meus primeiros argumentos, e que seriam ainda mais iluminadas pela comparação" (*O.C.* II, "Idée de la méthode dans la composition d'un livre", in: *Mélanges de littérature et de morale*, p.1244-5).

26 Foucault, *Les Mots et les choses*, op. cit., p.398.

O discurso do século e a crítica de Rousseau*

"Leitores vulgares, perdoem-me meus paradoxos. É preciso fazê-los quando se reflete, e, digam o que disserem, prefiro ser homem de paradoxos a ser homem de preconceitos."[1] Nesta frase, Rousseau não se limita a repetir a oposição tradicional entre opinião e razão; aqui, esta oposição não mais se deixa captar sobre o fundo da hierarquia dos modos de conhecimento. O leitor vulgar não é o insensato, mas o leitor *presente*, o público real a quem se endereça *também* o discurso de Rousseau. Também, porque ao provocar esse leitor presente, Rousseau não deixa de invocar um leitor possível ou futuro, uma "geração melhor", animada por "preconceitos contrários":

> A questão, resolvida com tanta desenvoltura em nosso século, será mais bem discutida em um outro quando o ódio em que se mantém o público deixar de ser fomentado; e quando, em gerações melhores, esta tiver sido avaliada, os juízos do público formarão preconceitos contrários: será uma vergonha ter sido louvado por ela, e uma glória ter sido por ela odiado.[2]

---

* Extraído de *Almanaque – Cadernos de literatura e ensaio*, n.1, 1976. Reproduzido em *Cadernos de ética e filosofia política*, n.9, 2006.

1 *O.C.* IV, *Émile ou De l'Éducation*, II, p.323 [ed. bras.: p.91].

2 *O.C.* I, *Rousseau juge de Jean-Jacques*, Troisième Dialogue, p.970.

O paradoxo de hoje *talvez* venha a ser uma evidência comum no futuro, como *parece* já ter sido no passado. A ideia de preconceito não se recorta negativamente no elemento intemporal da verdade, como o olhar da carne ou o limite da luz natural; preconceito significa aqui apenas uma forma de inserção no discurso coletivo. Paradoxo e preconceito figuram assim dois ritmos diferentes na pulsação de um discurso anônimo e a crítica é a inscrição da diferença. Mas que só se torna necessária na situação da adversidade, no século infeliz – quando, no limite, o discurso inatural já se tornou inútil: "Eu me explicarei: mas isto será tomar o cuidado mais inútil ou o mais supérfluo; pois tudo que lhe direi só poderia ser compreendido por aqueles a quem não é necessário dizê-lo".[3]

A denúncia do preconceito não é uma calma operação epistemológica, mas uma operação que podemos legitimamente chamar de *crítica da ideologia* – sem que essa crítica venha associada à fé na proximidade ou na iminência do Bom Século. Percorrendo a contracorrente o discurso do século, a escrita de Rousseau está de alguma maneira condenada ao mal-entendido. Desde o início, o paradoxo tende a parecer "puro" paradoxo, jogo verbal e provocação gratuita. Daí a necessidade de alertar constantemente o leitor, de explicitar as regras da crítica: a difícil necessidade de *explicar* o paradoxo, de fazê-lo atravessar o elemento adverso do preconceito, onde fatalmente tende a dissolver-se.

Que nós possamos interpretar a oposição entre paradoxo e preconceito como oposição entre crítica e ideologia, é o que mostra a leitura do *Prefácio de Narciso*. O texto parte da figura mais visível do paradoxo – como explicar que o autor do *Discurso sobre as ciências e as artes* assine também peças de teatro? Não é apenas o leitor imediato que tende a esvaziar a virulência do paradoxo; os intérpretes mais bem-dispostos e distantes, hoje, são levados a desqualificar o argumento do *Prefácio* e, mais ainda, a própria sinceridade do autor. Onde Rousseau afirma sua plena coerência, lê-se a confissão da contradição. Releiamos o último parágrafo do texto, onde o problema é formulado na sua maior acuidade:

---

3 Ibid., Premier Dialogue, p.668.

Aconselho, portanto, aqueles que estão tão empenhados em buscar críticas para me dirigir que procurem estudar melhor meus princípios e observar melhor minha conduta antes de me acusar de contradição e de inconsequência. [...] Enquanto aguardo, escreverei livros, farei versos e música se para tanto tiver o talento, o tempo, a força e a vontade; continuarei a dizer muito francamente todo o mal que penso das letras e daqueles que as cultivam, e acreditarei não valer menos por isso. É verdade que algum dia se poderá dizer: esse inimigo tão declarado das ciências e das artes fez, no entanto, e publicou, peças de teatro; e esse discurso será, admito, uma sátira muito amarga, não de mim, mas de meu século.[4]

Só haverá confissão de contradição se a última frase, com a estranha partilha de responsabilidades que ela implica, com a oposição entre o autor e seu século, não abrigar uma significação positiva. Mas é justamente essa disjunção que o *Prefácio* torna pensável, através de uma nova exposição do primeiro *Discurso*. Uma nova exposição onde se torna claro que a crítica das ciências e das artes não é uma crítica metafísico-moral que as visa no absoluto, mas uma crítica de sua função ideológica no presente histórico. Rousseau começa por esboçar uma espécie de simulacro do primeiro *Discurso*, isto é, sua versão banalizada e corrente: a única superfície do texto que o olhar dos contemporâneos foi capaz de percorrer:

A ciência não é boa para nada e só faz o mal, pois ela é má por sua natureza. Ela não é menos inseparável do vício que a ignorância da virtude. Todos os povos letrados sempre foram corrompidos; todos os povos ignorantes foram virtuosos: em suma, só há vícios entre os sábios, só é virtuoso quem não sabe nada. Há, portanto, um meio de voltarmos a ser pessoas honestas: apressarmo-nos a proscrever a ciência e os sábios, queimar nossas bibliotecas, fechar nossas Academias, nossos Colégios, nossas Universidades, e mergulhar novamente em toda a barbárie dos primeiros séculos.[5]

---

4 *O.C.* II, *Narcisse ou L'Amant de lui-même*, Préface, p.973-4 [ed. bras.: p.435-6].
5 Ibid., p.963-4 [ed. bras.: p.428].

O discurso do século e a crítica de Rousseau

Antes de examinar o alcance deste texto, é preciso sublinhar que, com esta simplificação extrema de suas teses, que lhes rouba qualquer significação, Rousseau não facilita sua tarefa, caricaturando seus opositores. Essa interpretação se encontra, *telle quelle*, sob as penas mais ilustres, como mostra a carta de Voltaire, cuja ironia não basta para esconder a maciça ingenuidade que a carrega:

> Sente-se vontade de andar de quatro patas quando se lê vossa obra. Entretanto, como há mais de sessenta anos perdi o hábito de fazê-lo, sinto, infelizmente, que me é impossível retomá-lo, e deixo esse andar natural àqueles que dele são mais dignos que vós e eu.[6]

A leitura de Voltaire coincide, ponto por ponto, com o simulacro do primeiro *Discurso*: em ambos os casos, é a mesma operação de redução que está em ação. As proposições críticas são interpretadas como positivas, universal-afirmativas, e a genealogia do presente histórico é rebaixada à condição de visão moral do mundo. Toma-se como verdade material e descritiva o que é o momento de uma análise; estende-se como norma universal o que é um passo na interpretação dos valores em *situação histórica*. A crítica da ideologia *nas* ciências e *nas* artes não deve ser confundida com a proscrição metafísico-moral da ciência e da arte. Não é, com efeito, das ciências e das artes no absoluto, em sua profunda identidade numênica, que Rousseau fala, mas de seu funcionamento intra-histórico, *aqui* e *agora*, no circuito da intersubjetividade, de seu desempenho como figuras do jogo do Poder.

É o que transparece na oposição que o *Prefácio* estabelece entre a ciência "considerada de maneira abstrata" e a "louca ciência dos homens". Esta distinção parece remeter-nos à problemática do ceticismo, ao abismo que separa o entendimento infinito de Deus, idêntico à verdade, do entendimento finito do homem, condenado ao não saber. Ela prepara, todavia, uma reflexão que caminha numa direção bem diferente, onde se trata menos do

---

6 *Lettre de Voltaire à J.-J. Rousseau* (30/08/1755), in: *Correspondance*, t.IV, p.539.

erro e do não saber, do que do horror de um certo uso da não verdade assim como da própria verdade.

A loucura das ciências do homem, denunciada pela ciência do homem, teria bem pouco alcance se correspondesse apenas a uma *hybris* do entendimento, pura ilusão, e não fosse carregada por cumplicidades seculares. O verdadeiro objetivo da crítica de Rousseau é a *modernidade*, a mesma que aparece adjetivada nas expressões: Estado moderno, Ciência moderna:

> Todos [os] nossos escritores consideram como obras-primas da política de nosso século as ciências, as artes, o luxo, o comércio, as leis, e outros liames que estreitam entre os homens os nós da sociedade pelo interesse pessoal, colocam-nos todos em mútua dependência, dão-lhes necessidades recíprocas e interesses comuns, e obrigam cada um deles a contribuir para a felicidade dos outros para obter a sua própria.[7]

O discurso do interesse bem compreendido, essência da política moderna, nova maneira de assegurar a coesão da sociedade – tudo isso não nos faz lembrar o discurso inaugural da sociedade civil? Vê-lo-emos adiante. Ao texto que acabamos de citar, Rousseau acrescenta uma pequena nota, na qual é dito:

> Lamento que a filosofia afrouxe os liames da sociedade criados pela estima e pela benevolência mútua, e lamento que as ciências, as artes e todos os outros objetos de comércio reforcem os liames da sociedade derivados do interesse pessoal. É que, de fato, não se pode estreitar um desses liames sem que o outro não se afrouxe ao mesmo tempo. Não há nisto, portanto, nenhuma contradição.[8]

Do mesmo modo, a crítica do teatro francês é a crítica política de um teatro de classe que, à sua maneira, afrouxa os liames da sociedade, ao con-

---

7 *O.C.* II, *Narcisse*, Préface, p.968 [ed. bras.: p.431].

8 Ibid., p.968, nota [ed. bras.: p.431].

O discurso do século e a crítica de Rousseau

trário do teatro grego, onde a cidade inteira podia reunir-se efetivamente e meditar seu próprio destino exposto sobre a cena. Os liames que o teatro tece, em Paris, são bem estreitos, mas retiram toda sua coesão da malha mais universal que dissolvem. É o que observa Saint-Preux:

> Os próprios espectadores tornaram-se tão melindrosos que temem expor--se na Comédia tanto como em suas visitas, e não se dignariam a ir assistir uma representação de pessoas de condição inferior à sua [...]. Ter uma carruagem, um porteiro, um mordomo, é ser como todo mundo. Para ser como todo mundo é preciso ser como muito pouca gente. [...] É apenas para eles que são feitos os espetáculos. Eles se mostram ali ao mesmo tempo como representados no meio do teatro e como representantes nos dois lados; são personagens na cena e comediantes nos bancos. É assim que a esfera da sociedade e a dos autores se estreita; e é assim que a cena moderna não mais abandona sua tediosa dignidade.[9]

Ocultação da diferença, a operação do teatro consiste em limitar a representação e em assegurar, por isso mesmo, a dominação. Mais uma obra-prima da política moderna.

Vemos assim qual é o peso do século – tanto mais que ele impõe, com a sua linguagem, um horizonte incontornável. De resto, podemos dizer, antecipando um pouco, que o século é a sua linguagem. O pensamento crítico não pode deixar de passar pelas malhas dessa linguagem, respirar a atmosfera do preconceito ou da ideologia; mesmo se sua tarefa é dissolver essa trama, é inevitável que comece por situar-se dentro de seu espaço, pois não pode falar de um lugar absolutamente outro e não dispõe de outra linguagem. Mas, se escrever significa, deste modo, apoiar-se sobre a linguagem, torcê-la numa nova direção, subverter a ideologia, dizer só pode ser *contra*dizer. É guardando a diferença entre contradição e *contradicção* que devemos reler a conclusão do *Prefácio de Narciso*, de que partimos:

---

9 *O.C.* II, *Julie ou La Nouvelle Héloïse*, II, 17, p.252 [ed. bras.: p.228].

É verdade que algum dia se poderá dizer: esse inimigo tão declarado das ciências e das artes fez, no entanto, e publicou, peças de teatro; e esse discurso será, admito, uma sátira muito amarga, não de mim, mas de meu século.[10]

Percorrendo a nova exposição do primeiro *Discurso* no *Prefácio de Narciso*, pudemos atribuir um sentido mínimo às noções de ideologia e de crítica. Não há dúvida, com efeito, de que a crítica rousseauniana visa menos à inércia do erro do que ao poder de dissimulação do discurso, sua capacidade de encobrir a diferença que atravessa o social. Resta agora sugerir – e isto talvez seja mais interessante – como a estratégia da crítica é comandada por uma filosofia da linguagem.

Que entendemos por *poder de dissimulação*? Num primeiro momento, essa expressão significa apenas a eficácia da mentira. A mentira é, com efeito, uma figura essencial da arqueologia da desigualdade exposta no segundo *Discurso*. Nós a reencontramos em todas as *plaques tournantes* da História como motor da multiplicação da desigualdade. Não é jamais a violência que instaura a diferença; a violência só pode desenrolar-se de forma pura, como *resultado*, ao termo do processo ou no fim da História. Lembremos o astucioso discurso do rico que, ameaçado pela generalização do estado de guerra, acena com a possibilidade da sociedade civil:

> Unamo-nos para garantir que os fracos não sejam oprimidos, para conter os ambiciosos e para assegurar a cada um a posse do que lhe pertence. [...] Em suma, ao invés de voltar nossas forças contra nós mesmos, associemo-las em um poder supremo que nos governe segundo leis sábias, que proteja e defenda todos os membros da associação, repila os inimigos comuns, e mantenha-nos em uma eterna concórdia.[11]

Mas, não menos interessante que a mentira em si mesma, é a cumplicidade que, por assim dizer, ela encontra entre aqueles que quer enganar. Aqui não estamos mais diante da pura ingenuidade daqueles que acreditaram na

---

10 *O.C.* II, *Narcisse*, Préface, p.974 [ed. bras.: p.425].
11 *O.C.* III, *Discours sur l'origine de l'inégalité*, Seconde Partie, p.177 [ed. bras.: p.275].

O discurso do século e a crítica de Rousseau

proposição "isto é meu", enunciada pelo primeiro que teve a ideia de cercar um terreno. Por que cumplicidade?

Foi preciso muito menos que o equivalente a esse discurso para arrebatar homens grosseiros, fáceis de seduzir, que, de resto, tinham demasiadas questões a resolver entre si para prescindir de árbitros, e demasiadas ambições para poder, por muito tempo, dispensar senhores. Todos se precipitaram em direção a seus grilhões, acreditando assegurar a própria liberdade, pois, tendo razões suficientes para pressentir as vantagens de um estabelecimento político, não tinham suficiente experiência para prever os perigos disso, sendo que os mais capazes de antever os abusos eram precisamente aqueles que pensavam em tirar proveito deles; e mesmo os sábios viram que era preciso decidir-se a sacrificar uma parte de sua liberdade em prol da conservação da outra, assim como um ferido consente em cortar um braço para salvar o resto do corpo.[12]

Não é apenas o rude entendimento que se deixa enganar e a astúcia se reencontra dos dois lados da mentira. Há algo como um desejo de submissão e, mais ainda, um sábio cálculo, o interesse bem compreendido, por parte de quem se deixa ludibriar. E é nesse sentido que pudemos falar de discurso *coletivo* ou *anônimo* para designar a espessura do curso da ideologia. Embora a ideologia recubra e esconda o interesse do rico ou do poderoso, ela serve também, ao menos em parte, aos interesses do pobre e do oprimido. Nesse sentido, podemos dizer que a ideologia não é apenas o discurso dos Senhores do Tempo, mas, mais propriamente, o discurso da sociedade dividida. A consistência desse discurso está dada na copertinência dos inimigos a um mesmo horizonte, na *colaboração* que a polêmica esconde. A crítica não consiste, portanto, em apontar o interesse *real* através da ilusão do discurso, mas em trazer à luz a sintaxe única que permanece idêntica a si mesma, por sob a tempestade do confronto entre os partidos adversos. Nem é por outra razão que Rousseau recusa, em seu século, a alternativa entre Fanáticos e Filósofos e denuncia o grão de fanatismo que se abriga no próprio coração da Filosofia. O projeto da *Nouvelle Héloïse*, re-

---

12 Ibid., p.177-8 [ed. bras.: p.275].

conciliar os espíritos fortes com os devotos, pressupõe apenas isso: solapar, de lado a lado, o discurso que os torna cúmplices no maniqueísmo que os opõe. Da mesma maneira, formular corretamente a questão da introdução do teatro em Genebra é recusar os próprios termos da monótona querela que só opusera, até então, os irmãos inimigos, os eclesiásticos e os mundanos. A crítica da ideologia não traça a linha que separa, no interior do Século, o Bom do Mau Discurso; ela aponta, para além dos conflitos que eclodem na superfície, para a lógica profunda que articula uma forma de linguagem a uma forma de sociabilidade, para o estilo do Século em sua plena contingência.

Mas, para compreender essa cumplicidade dos discursos inimigos, é necessário ver nela a expressão de uma outra cumplicidade, mais profunda, que liga, de maneira indissociável, a forma da linguagem à forma da sociedade. Se há "ideologia", para Rousseau, não é porque a linguagem repete passivamente a dinâmica dos "interesses"; todos os interesses são ditos e a trama que estabelecem entre o desejo e as coisas não precede sua própria expressão simbólica. Numa palavra: o discurso não vem recobrir um universo social *já estruturado em silêncio*. É aqui que intervém, como fundamento último, a filosofia da linguagem e a decisão de, contra Condillac, recusar o engendramento da linguagem a partir da noção contraditória de uma sociabilidade afásica. Quando Rousseau apela para a hipótese teológica para dar conta da origem da linguagem – Deus dá a linguagem aos homens –, é preciso entendê-lo negativamente: a forma da linguagem é contemporânea da forma da sociabilidade e as línguas são o espelho, não das coisas como queria Condillac, mas das *formas de governo*. A ideologia não é uma representação falsa ou invertida do real, mas a *verdade* da formação histórica que a carrega e que ela, por sua vez, *institui*.

É tão sólida, assim, a ideologia – já que a linguagem não é mais frágil ontologicamente do que a coisa –, que a ideia do "fim da ideologia" não teria o menor cabimento na perspectiva de Rousseau. O mesmo já não ocorre com a crítica da ideologia, desde sempre frágil e vulnerável. Tanto mais que a história das línguas e das formas de governo tende a dar um novo estatuto ao universo da linguagem, onde tudo se altera. No fim da História, o Rei está nu, toda dissimulação deserta o campo do discurso: fim do Discurso

O discurso do século e a crítica de Rousseau

e curso da Barbárie real. Como sempre, já é o momento de reler o último capítulo do *Ensaio sobre a origem das línguas*:

> Nos tempos antigos, quando a persuasão fazia as vezes de força pública, a eloquência era necessária. De que serviria ela hoje, quando a força pública substitui a persuasão? Não se tem necessidade nem de arte nem de alegoria para dizer: *é isto que quero*. Que discursos resta fazer ao povo reunido? Sermões. E que interesse aqueles que os fazem têm em persuadir o povo, dado que não é o povo quem distribui benefícios? Para nós, as línguas populares tornaram-se tão perfeitamente inúteis quanto a eloquência. As sociedades assumiram sua derradeira forma: não se muda mais nada senão com o canhão e o dinheiro, e como não há mais nada a dizer ao povo senão *dai dinheiro*, isso é dito por meio de cartazes nas esquinas ou de soldados nas casas; para isso não se precisa reunir ninguém; pelo contrário, é preciso manter os súditos dispersos; esta é a primeira máxima da política moderna.[13]

---

13 *O.C. V, Essai sur l'origine des langues*, XX, p.428 [ed. bras.: p.177].

Os limites da Aufklärung*

Há quarenta anos, na sua conferência sobre *A crise da humanidade europeia e a filosofia*, Husserl dava uma resposta positiva e forte a essa mesma questão que nos é proposta hoje. Crise da humanidade ou crise da Filosofia? É só dentro do contexto da crise que a questão, enquanto tal, pode emergir. Em séculos mais felizes, como diria Merleau-Ponty, a pergunta não teria lugar e, se a Filosofia podia ser ocasião de riso, ela o era para a própria Filosofia. Falando depois e de dentro da crise, Husserl pretende sair do círculo que ela desenha — trata-se de voltar à segurança do solo perdido e, mais ainda, de reatar, com mais firmeza do que jamais no passado, com o fundamento absoluto.

A crise aparece, antes de mais nada, como crise da Europa, e é ela que obriga à justificação ou à reiteração da Filosofia; a reflexão sobre a crise da Europa dá o *porquê* do filósofo, atribuindo-lhe uma função mais do que nobre. Dizendo de outra maneira, é do exame dos descaminhos da Filo-

---

* Extraído de *Estudos*, Cebrap, n.15, 1976, com a seguinte indicação em nota de rodapé: "Os textos aqui publicados alimentaram a mesa-redonda sob o mesmo título, promovida pela *Sociedade Brasileira para o Progresso da Ciência*, em sua XXVII Reunião Anual, realizada em julho de 1975, na cidade de Belo Horizonte". O número de *Estudos* Cebrap traz ainda, como respostas à pergunta "Por que filósofo?", textos de João Carlos Brum Torres, José Arthur Giannotti, Rubens Rodrigues Torres Filho, José Henrique Santos e Gérard Lebrun.

Os limites da Aufklärung

sofia, da incapacidade provisória do filósofo de coincidir com sua própria função, que se retira o sentido da crise da Europa. Essa crise, é certo, aparece quase no nível do acontecimento, e os "sintomas do perigo mortal" são legíveis no presente político imediato, na forma do nazismo – não é apenas como filósofo que fala Husserl, mas também na difícil condição de alemão e "não ariano". Mas é a longa história da destruição da Razão, ao longo de toda a modernidade, que Husserl vai desentranhar desse presente imediato.

A Europa e a Filosofia são uma e a mesma coisa; um único destino as atravessa, desde o nascimento simultâneo de ambas na Grécia. O aparecimento, nos séculos VII e VI a.C. da Grécia Antiga, de um novo estilo de cultura, é mais do que um acontecimento histórico-cultural; de dentro de uma história local, ele abre um tempo e um espaço novos e inicia, por assim dizer, a *verdadeira História* (ou a história da Verdade). Com a *forma da teoria*, o que emerge então é o olhar livre que dissolve os entraves da tradição que percorre as coisas na busca do fundamento; é a preocupação do universal, *Ur*-fenômeno, o nascimento da Filosofia (e/ou da Ciência), que forma uma nova humanidade e fecha o campo e o destino de toda humanidade futura. De uma certa maneira, o nascimento da Filosofia tem o mesmo alcance, marca um salto tão fundamental quanto a irrupção da humanidade (do ser vivo dotado de razão) no seio da Natureza: a liberdade teórica com que a humanidade europeia nascente pôde dispor do mundo como sistema de objetos implica um corte tão profundo como o da liberdade prática da humanidade natural, que emerge da trama da vida animal; o filósofo está para o homem como o homem para o animal. Como para Hegel, o advento do Infinito (aqui, o infinito como tarefa interminável da Razão) faz da Europa o Ocidente Absoluto, e do filósofo, o funcionário da Humanidade.

Imediatamente coloca-se o problema da relação entre a Filosofia e a não Filosofia, ao mesmo tempo como conflito e como tarefa pedagógica. O livre Saber não permanece na esfera dos profissionais do Saber e a sua divulgação implica no conflito entre o universal e o nacional: a *Aufklärung* assume desde logo uma figura política. É o que diz Husserl:

> É claro que (com a *Aufklärung*) não se produz simplesmente uma transformação homogênea da vida do quadro do Estado Nacional, a vida não permane-

ce normal, inteiramente pacífica, mas veem-se nascer, verossimilmente, graves tensões internas que jogam essa vida e o conjunto da nação num estado de subversão. Os conservadores, satisfeitos na tradição, e o círculo dos filósofos vão combater-se mutuamente, e seu combate há de repercutir no plano das forças políticas. Desde o início da Filosofia, começam a perseguir, a desprezar os filósofos [...]. Assim a subversão da cultura nacional pode ampliar-se, inicialmente à medida que a ciência universal, ela própria em via de progresso, se torna um bem comum de nações antes estranhas umas às outras, e que a unidade de uma comunidade científica e cultural atravessa de ponta a ponta a multiplicidade das nações.[1]

Quaisquer que sejam, pois, os obstáculos que encontra a Razão em seu movimento de expansão, a Pedagogia parece dispor de recursos para vencê-los: a teleologia aberta pelo advento da Filosofia parece tender a inscrever-se na História efetiva.

Mas se o *telos* da própria História é instaurado pelo ideal da Razão, como explicar a crise contemporânea e o descarrilhamento da *Aufklärung*? *Aufklärer* de segundo grau, Husserl distancia-se da Ilustração *histórica* e vai buscar a origem da crise numa *alienação* da Razão, cuja responsabilidade incumbe ao próprio racionalismo moderno: "A crise", diz Husserl, "poderia esclarecer-se se nela discerníssemos o *malogro aparente do racionalismo. Se uma cultura racional não vingou, a razão* [...] não está na própria essência do racionalismo, mas apenas na sua *alienação,* no fato de ele ter submergido no *naturalismo* e no *objetivismo*".[2] Não cabe retomar aqui a crítica que Husserl endereça ao naturalismo e ao objetivismo, bastando lembrar que neles denuncia o esquecimento da exigência *lógica* do fundamento absoluto e a cegueira quanto à natureza *ontológica* do fundamento. É a cegueira diante da autarquia ontológica da consciência — ou do ser-derivado do natural — que está na origem da alienação da razão. Na formulação breve da conferência: "*O espírito, e mesmo só o espírito, existe em si e para si; apenas ele repousa sobre si*

---

1 Husserl, "La Crise de l'humanité européenne et la philosophie", *Revue de Métaphysique et de Morale*, n.3, 1950, p.243-4.

2 Ibid., p.258.

Os limites da Aufklärung

e pode, no quadro dessa autonomia e apenas nesse quadro, ser tratado de uma maneira verdadeiramente racional, verdadeira e radicalmente científica".[3] O filósofo só pode guiar a construção de uma cultura racional porque ou *se* a Filosofia se instala finalmente como Ilustração absoluta, como verdade científica do espírito que fundamenta a verdade científica da natureza. Conhecimento e moralidade convergem espontaneamente: suprimindo a *naturalidade* da atitude natural, esta *ciência* é ao mesmo tempo a descoberta do verdadeiro elemento da liberdade e do espírito. Esta descoberta é, ao mesmo tempo, diagnóstico da crise em que se perdeu a Razão moderna e indicação do caminho que permite superá-la. Ao filósofo cabe justamente, contra a barbárie ascendente, "ressuscitar a Fênix de uma nova interioridade viva, de uma nova espiritualidade", reconstruir a ciência, devolver os homens ao horizonte do universal, reativar, enfim, a missão humana do Ocidente.

Esta elevada missão do filósofo, guardião do verdadeiro destino da Humanidade, depende assim de uma ideia muito exigente da Filosofia como *ciência rigorosa.* Nesta perspectiva, basta que trema a evidência de um acesso às "coisas elas mesmas" para que o filósofo perca a sua função "arcôntica" — para que se torne problemático o privilégio absoluto da Europa na História e da Humanidade no mundo da vida. E é no próprio interior do movimento fenomenológico que despertou a suspeita de que a Fenomenologia não escapa, de alguma maneira, às críticas que endereça às formas anteriores do racionalismo. Lembro aqui de um texto de Eugen Fink, que tem como título "A análise intencional e o problema do pensamento especulativo". A Fenomenologia pretende — e é essa pretensão que E. Fink discute — deixar de lado o arbítrio da *interpretação metafísica* dos entes e limitar-se à exploração de sua geografia patente, renunciar à iniciativa do discurso especulativo e dar a palavra às próprias coisas. Mas, ao fazer do espírito ou da consciência o verdadeiro ser em si e para si, transformar o sujeito no absoluto não nos faz passar necessariamente para o campo da *interpretação* metafísica? E esta questão não é a única: pode-se perguntar também pela possibilidade do acesso ao pré-conceitual, pré-teórico e pré-predicativo. Existe a coisa, anterior a todo discurso? "Quando vemos uma pomba voando, estamos

---

3 Ibid., p.255.

longe de simplesmente ver."[4] Podemos, é certo, purificar a coisa, retirar dela muitas camadas de significação, sobre ela depositadas pela práxis e pela teoria. Podemos, por exemplo, recobrar, entre o céu e a terra, algo de um olhar pré-copernicano, esquecer a forma e a posição da terra no sistema planetário. Mas não podemos, diz E. Fink, eliminar a "estrutura categorial da coisa". O trabalho ontológico de toda a história da Filosofia ocidental permanece presente na estrutura da coisa. Na menor pedra de um campo, na nuvem que, furtiva, passa no firmamento, por toda parte se abrigam os pensamentos de Platão e de Aristóteles, de Leibniz e de Hegel – por toda parte se encontram presentes a estrutura, o esquema ontológico, segundo o qual cada ente é o que ele é.[5]

O privilégio do Filósofo – o *seu porquê* – está assim suspenso à possibilidade de um *começo absoluto,* à sua liberdade de não continuar uma tradição.[6]

---

4 Cf. Torres Filho, "A *virtus dormitiva* de Kant". *Discurso*, n.5, 1974, p.29.

5 Fink, "L'Analyse intentionnelle et le problème de la pensée spéculative", in: Van Breda (Éd.), *Problèmes actuels de la phénoménologie*, p.67.

6 Cf. a crítica, semelhante à endereçada por Fink a Husserl, feita por Lebrun à pressuposição "positivista" de um solo neutro, anterior a qualquer escolha metafísica: "Sabe-se a que agravo estas linhas nos expõem: apresentar a metafísica não como uma eflorescência cultural, mas como um campo de significações originais e indedutíveis (onde se inscreve, entre outras, a significação 'cultura'), não seria um paradoxo bastante grosseiro ou, pelo menos, sem interesse? Sem dúvida alguma, mas sob a condição de que nos situemos na perspectiva do positivismo – entendido no sentido amplo, mas preciso, que Vuillemin dá a esta palavra no final da *Filosofia da álgebra*: possibilidade de situar-se em um terreno 'ao mesmo tempo neutro e absoluto; neutro por ser inteiramente estranho às escolhas e às querelas das teorias metafísicas, absoluto porque uma outra escolha do sistema dos princípios é *a priori* impossível para um ser racional em geral'. Ora, como essa certeza de poder atingir um fundamento livre de qualquer pressuposto retoma a esperança de uma instauração definitiva de 'ciência', ela está igualmente exposta ao revés que sempre foi o quinhão destas tentativas; de fato, ela elimina de forma muito apressada 'o metafísico', complexo de significações que pode ser transposto ou mesmo 'destruído', mas com o qual é impossível acabar de uma vez por todas. O elemento metafísico não é outra coisa senão a impossibilidade, para o filósofo, de não ser um continuador, o movimento ágil de uma tradição que reaparece, operando através daquilo mesmo que pretende encerrá-la: se há uma unidade da

Os limites da Aufklärung

A possibilidade desse começo ou dessa ruptura está ligada – no cruzamento da redução filosófica e da redução transcendental – à neutralização da postura natural, que marca a diferença entre o Filósofo e o Homem. Mas a própria postulação desse terreno absolutamente *neutro* que se desdobra finalmente, ao termo da conversão filosófica, como campo de coisas puras de toda interpretação, não nos sugere algo como o reaparecimento, sublimado, do senso comum? E se fosse o mesmo, a *doxa,* que nós reencontramos no campo originário da *Ur-doxa?* Desconfiar do começo absoluto não é necessariamente assumir a perspectiva de Eudoxo (a representação "externa" da Filosofia) na sua polêmica interminável contra Epistemon. Deleuze sugere, pelo contrário, com essa desconfiança, a suspeita de que Epistemon e Eudoxo falam a mesma linguagem.[7]

Mas, se a diferença entre o filósofo e o não filósofo, entre a atitude natural e a teórica, não é assim tão clara, a ideia da teleologia da Razão é igualmente problemática, assim como a Filosofia da História que ela fundamenta. Se o solo da reflexão filosófica é fluido e envolve uma historicidade que ela não pode dominar, como pensar a História como *tarefa?* Mas a *diferença* pressuposta é mais inquietante. O que me confunde é uma frase da conferência, na qual Husserl diz: "A Razão é um termo muito vasto". Não pela tolerância que ela implica, no nível da ideia geral de racionalidade, mas pelo rigor que mostra, no estabelecimento dos limites da Antropologia. Husserl continua: "Segundo a antiga e excelente definição, o homem é o ser vivo dotado de razão; neste sentido largo, o Papua é homem e não um bicho".[8] Husserl insistira, antes, que, por essência, não há uma Zoologia dos Povos,[9] mas a fronteira afirmada entre os homens e os bichos acaba por se repetir entre formas diferentes de humanidade. Não é por ser explícito

---

história da filosofia, para aquém das rupturas efetuadas pelos grandes fundadores, não é porque eles operam sempre, de uma forma ou de outra, *no campo que pretendem dominar inteiramente?"* (Lebrun, *Kant et la fin da métaphysique,* p.503-4 [ed. bras.: *Kant e o fim da metafísica,* p.539].

7 Cf. Deleuze, *Différence et répétition,* op. cit, p.169-81 [ed. bras.: p.215-31].

8 Husserl, op. cit., p.247.

9 Ibid., p.236.

que o etnocentrismo do filósofo (a Europa é o único ocidente absoluto) deixa de ser etnocêntrico.

Cabe perguntar, neste momento, se a ótica da *Aufklärung* pode dar conta da crise que transforma em tema próprio, do ressurgimento da barbárie no interior da própria civilização. O que se pode perguntar é se a *Aufklärung* não deixa necessariamente de perceber que a existência da crise é a prova da indefinição da fronteira que separa a barbárie da civilização. Nesse caso, a dificuldade em reconhecer a plena humanidade das *outras* humanidades não roubaria a Husserl a distância necessária ao reconhecimento do ritmo próprio da Crise? Se lembrarmos de Rousseau a propósito desta questão, não é por efeito de uma mania. Se Rousseau rompe com a Filosofia, é justamente porque vê nela, na cumplicidade entre o *humanismo* e o *etnocentrismo*, a raiz da crise da Europa. Seria necessário sugerir que Rousseau e Husserl falam da mesma crise? É inútil retomar a crítica que Rousseau faz à civilização como *barbárie verdadeira*. Basta lembrar que a genealogia do mal se instaura com a distância que torna possível ao homem um comportamento *técnico* em relação à Natureza e ao Outro. Deixemos Rousseau em seu século: mais recentemente, retomando o problema de Husserl, e ainda no horizonte da guerra e do nazismo, Adorno e Horkheimer reproduzem o mesmo processo da *Aufklärung* e fazem o mesmo diagnóstico da crise.[10] Para eles também uma profunda cumplicidade une a luz da razão à treva do preconceito. Para Adorno e para Horkheimer também, o sistema de diferenças que torna possível, ao mesmo tempo, a Razão e a Barbárie, passa pelo destino do poder na modernidade. O essencial da alienação da Razão não se dá como descaminho teórico, erro, mas como efeito da inserção social do saber, de seu imbricamento no mecanismo da divisão do trabalho e no jogo do poder. O processo não começa com o saber ou com o não saber, mas com a equação moderna: Saber é Poder. É porque a Razão tornou-se assim "totalitária" (Adorno e Horkheimer), e não porque se afundou no pântano do naturalismo, que ela perdeu sua "consciência de si", ou a simpatia do não filósofo.

---

10 Horkheimer e Adorno, *La Dialectique de la raison* [ed. bras.: *Dialética do esclarecimento*].

Os limites da Aufklärung

O mal-estar *na* Filosofia aumenta: sem a glória do saber rigoroso (de que se fala, no entanto), sem nenhuma tarefa grandiosa a seu alcance, o filósofo torna-se suspeito de colaborar, sem o saber, com o curso da barbárie. Mas por que, então, o filósofo? Talvez ele se justifique, transformando sua impossibilidade em sua própria razão. Atacar certezas é um exercício vão? Não, na medida em que sustenta algo mais do que discurso. Professor universitário, enquanto é possível, depois de ter sido guia da Humanidade, e mesmo limitado ao que se chama de História da Filosofia, o filósofo pode, pelo menos, abrir um espaço de indeterminação no fluxo coletivo do discurso, ensaiar a possibilidade de uma contradicção. O paradoxo é transformar a impossibilidade em necessidade: talvez seja nesse sentido que Rousseau, depois de criticar a Filosofia, diz: "precisaria de uma [filosofia] para mim".[11] Mas, para que o paradoxo não se dissolva em puro absurdo, é preciso que, despojado de sua função arcôntica, o filósofo encontre alguma graça na sua adesão à função contrária, *anarcôntica*. Por que não? perguntaria o Sofista. Mas, sobre a figura do sofista, pesa ainda a condenação metafísico-moral enunciada por Platão e Aristóteles. E isso é uma outra história, que nos obrigaria a passar, mas longa e penosamente, pela ideia de História e pela ideia de Filosofia.

---

11 *O.C.* I, *Les Rêveries du promeneur solitaire*, Troisième Promenade, p.1016 [ed. bras.: p.45].

Jean-Jacques Rousseau entre as flores e as palavras*

*Próximo e
difícil de apanhar é o deus.
Mas onde é o perigo, cresce
também o que salva.*

Hölderlin[1]

Escrever, herborizar – duas práticas cuja importância, para Rousseau, ninguém ignora. Mas duas práticas que parecem opor-se radicalmente, a começar por seus efeitos na tonalidade afetiva da existência. A escrita provoca e precipita toda a parte da sombra – a "queda" na literatura está na origem de todos os infortúnios –, enquanto a botânica fornece, em meio às infelicidades, o sucedâneo do paraíso perdido, o retorno à luz. Não carece insistir sobre tal questão, desde as páginas definitivas que Jean Starobinski consagrou a essas oposições. Limitemo-nos, de nossa parte, a algumas indicações sobre uma instância conceitual, ligada a essa oposição

---

* Extraído de *Almanaque – Cadernos de literatura e ensaio*, n.8, 1978. Versão em francês: "Jean-Jacques Rousseau entre les fleurs et les mots", in: Fauconnier; Launay. *Index des fragments autobiographiques et de la Lettre à Voltaire*.

1 Do poema *Patmos*, tradução de Rubens Rodrigues Torres Filho.

Jean-Jacques Rousseau entre as flores e as palavras

propriamente existencial: de que maneira serve a imagem da planta para determinar, em Rousseau, como por um efeito de contraponto, a natureza da linguagem? Como essa oposição conceitual ilumina a relação vivida com a vida e com a morte?

Questão fútil? Falando das flores e das palavras, segundo Rousseau, limitar-nos-íamos, por acaso, a explorar uma simples flor de retórica? Que tal não seja o caso, mesmo para além das obsessões e das idiossincrasias de Rousseau, basta, para vê-lo, abrir o *Curso de linguística geral* de Saussure, onde podemos ler: "Assim como a planta é modificada em seu organismo por fatores externos: terreno, clima etc., assim também o organismo gramatical não depende constantemente dos fatores externos da mudança linguística?".[2]

Aqui também é de um contraponto que se trata, pois o importante, para Saussure, é fazer aparecer, diferencialmente, a originalidade do "organismo" e da mudança linguísticos. Justapondo as palavras e as flores, faz-se transparecer a diferença entre dois tipos de causalidade, exibe-se o limite que separa a causa interna da causa externa. A imagem da planta só aparece, no texto de Saussure, para ser suprimida como paradigma da língua. Rasurando essa imagem – neutralizando o metabolismo que supomos ligá-la ao seu "meio" –, Saussure dá a evidência da autarcia do ser linguístico, a integral imanência da inteligibilidade da língua.

Autarcia que parece claramente ser negada por Rousseau, desde as primeiras linhas de seu *Ensaio sobre a origem das línguas,* onde o conhecimento do sistema da língua passa necessariamente pela análise de suas "circunstâncias" pré ou extralinguísticas:

> A fala distingue os homens dos animais; a linguagem distingue as nações entre si – só se sabe de onde é um homem depois de ele ter falado. O hábito e a necessidade fazem cada um aprender a língua de seu país, mas o que faz que essa língua seja a de seu país e não a de um outro? Para dizê-lo, é preciso reportarmo-nos a alguma razão que dependa do lugar e seja anterior aos

---

2 Saussure, *Cours de linguistique générale*, p.41-2 [ed. bras.: *Curso de linguística geral*, p.30].

próprios costumes, pois a fala, enquanto primeira instituição social, não deve sua forma senão a causas naturais.[3]

Rousseau se recusa, com efeito, a deduzir a linguagem de uma espécie de sociabilidade muda, à maneira de Condillac, denunciando a *petitio principii* envolvida nessa operação. Sendo a primeira instituição social e não podendo assim mergulhar suas "raízes" no solo do social, a língua deve enraizar-se diretamente na natureza. Donde a importância do "local" na gênese e na *diáspora* das línguas, o peso decisivo de fatores como o "terreno" e o "clima", cujo papel na determinação do organismo vegetal é sublinhado por Saussure. É exatamente a esses elementos "geográficos" que o *Ensaio sobre a origem das línguas* liga a gênese ideal das línguas em sua dispersão entre o Norte e o Sul; um pouco à maneira de Montesquieu, na análise do espírito das leis. Nenhuma análise puramente "interna" poderia, segundo Rousseau, dar conta da estrutura de uma língua. A diferença "natural" entre o Norte e o Sul traduz-se imediatamente por uma diferença "psicológica" – pois o *Ensaio* apresenta também uma espécie de estilística comparada das paixões – que, somente ela, pode explicar a *diáspora* das línguas.

Será, pois, necessário – após tantos trabalhos que insistem sobre a continuidade entre a "linguística" de Rousseau e a de Saussure – falar de uma radical descontinuidade? Com o reconhecimento das "raízes" locais da língua, teria Rousseau aceitado impor aos fenômenos da Linguagem o mesmo paradigma botânico que é necessário destruir, segundo Saussure, para descobrir o verdadeiro objeto da linguística? A escolha de uma causalidade "externa" tornaria intercambiáveis, no pensamento de Rousseau, as imagens das palavras e das flores?

A questão não é tão simples, como no-lo mostra um texto de juventude de Rousseau, cuja importância não foi, ao que saibamos, reconhecida como devera. Trata-se da *Ideia do método na composição de um livro*, que, expondo princípios que pertencem ao domínio da retórica (pois é do método de *exposição* da ciência que fala Rousseau), passa pela consideração propriamente

---

3 O.C. V, *Essai sur l'origine des langues*, I, p.375 [ed. bras.: p.99].

Jean-Jacques Rousseau entre as flores e as palavras

epistemológica dos princípios das ciências sociais e físicas, em particular a botânica. Examinemos de perto esse texto curioso:

> Gostaria, portanto, de sempre começar minhas discussões pela ordem de provas mais fraca. Há assuntos em que os argumentos mais convincentes se extraem do objeto enquanto tal; as questões físicas são desse tipo. Assim, o conhecimento da natureza das plantas pode muito bem ser auxiliado, por exemplo, pelo conhecimento do terreno que as produz, dos sucos que as nutrem e de suas virtudes específicas, mas jamais se conhecerá bem sua mecânica e seus princípios motores se não se examinar isso nelas próprias, se não se considerar toda sua estrutura interior, as fibras, as válvulas, os condutos, a casca, a medula, as folhas, as flores, os frutos, as raízes e, em suma, todas as partes que entram em sua composição.[4]

Nem falta a este texto o grão de sal da palavra "estrutura", que acrescenta um sabor irônico à comparação com o texto de Saussure. Longe de nós, é claro, a ideia de sugerir anacronicamente um "estruturalismo" botânico qualquer da parte de Rousseau. A palavra, nesse contexto, nada mais significa do que o *corpo visível*[5] da planta, anterior a todo comércio que ela possa estabelecer com seu meio — é a ideia mesma de "meio vital" que inexiste na obra de Rousseau, como em todo pensamento clássico; a estrutura da planta reduz-se à combinação mecânica de suas partes.

A ideia que o texto de Rousseau nos oferece a propósito do "organismo da planta" encontra-se portanto nos antípodas daquela apresentada no *Curso de linguística geral,* onde as modificações da planta lhe advêm essencialmente de "fatores estranhos". A inteligibilidade na ordem da botânica não pode, segundo Rousseau, ser senão interna: *como a língua segundo Saussure,* o

---

4 *O.C.* II, "Idée de la méthode dans la composition d'un livre", in: *Mélanges de littérature et de morale,* p.1244.

5 Cf. Foucault, *Les Mots et les choses,* p.144-50 [ed. bras.: *As palavras e as coisas,* p.181-3]. Prado Jr., "Philosophie, Musique et Botanique: de Rousseau à Lévi-Strauss", in: Pouillon; Maranda (Orgs.), *Échange et Communications (Hommage à Lévi-Strauss),* p.502-11.

ser da planta não é jamais determinado, na epistemologia da *Ideia do método*, por "fatores externos", isto é, pela ação "do terreno que as produz, dos sucos que as alimentam".

Não há portanto nenhuma "naturalização" da língua, em Rousseau, no sentido de imposição de um modelo botânico aos fenômenos da linguagem. Se a língua mergulha suas "raízes" num meio por assim dizer geográfico, é a relação entre a planta e o clima ou o terreno que se torna inessencial. A diferença entre as duas óticas não passa pela aceitação ou pela recusa do modelo botânico: é a relação entre o "interior" e o "exterior" que muda completamente de sentido, girando, em cada caso, em torno de um eixo diferente.

Mais uma evidência de quão problemático é pressupor a latência da "conceptualidade da metafísica" por sob a dispersão histórica das teorias e dos discursos.

Mas retornemos ao texto da *Ideia do método*, cuja sequência importa, para melhor circunscrição de nosso problema:

> Nas investigações morais, ao contrário, eu começaria por examinar o pouco que conhecemos do espírito humano tomado em si mesmo e considerado como indivíduo, daí tiraria hesitantemente alguns conhecimentos obscuros e incertos; mas abandonando logo esse tenebroso labirinto, apressar-me-ia a examinar o homem por suas relações, e é daí que tiraria uma multidão de verdades luminosas que logo fariam desaparecer a incerteza dos meus primeiros argumentos, e que seriam ainda mais iluminadas pela comparação.[6]

Que "relações" são estas e que significa dizer "considerar o espírito humano em si mesmo", "tomado como indivíduo"? Guardemos, para compreendê-lo, o contraponto da botânica: se a inspeção da "estrutura" da planta em sua individualidade conduzia o olhar em direção do conhecimento do gênero e da espécie — numa perfeita continuidade entre visão e conhecimento, entre *voir* e *savoir* —, a experiência imediata *dos homens,* na

---

6 O.C. II, "Idée de la méthode dans la composition d'un livre", in: *Mélanges de littérature et de morale*, p.1244-5.

sua singularidade, não assegura – pelo contrário – *o conhecimento do homem.* Poderíamos dizer que apenas o homem, em toda a natureza, pertence ao universo do invisível, universo que ele cavou para si mesmo e que constitui sua realidade própria, na sua história como desnaturação, como deriva imprevisível dos indivíduos e dos grupos, que se distanciam progressivamente da matriz original da *espécie.* Para além de seu corpo visível – *mas também de sua consciência de si* – o homem criou para si uma rede de relações com o homem, um outro corpo, essencialmente invisível e *inconsciente,* que dá a verdade de todos os homens. O próprio espírito – e toda "psicologia" deve começar por essa evidência que arruína a evidência do *cogito* – e sua economia interna só se diversificam e se constituem à medida que se tece essa rede.

O que vale para as "pesquisas morais", vale *a fortiori* para as pesquisas "linguísticas". E não é necessário extrapolar problematicamente esse texto de juventude, prolongando-o artificialmente sob forma de comentário, para inferir a "epistemologia" da "linguística" de Rousseau. O próprio Rousseau o faz explicitamente no *Ensaio sobre a origem das línguas,* numa espécie de *intermezzo* metodológico. Falo do capítulo XI, que trata justamente das causas físicas que se encontram na origem das diferentes línguas:

> Eis, segundo minha opinião, as causas físicas mais gerais da diferença característica das línguas primitivas. As do sul tiveram de ser vivas, sonoras, acentuadas, eloquentes e frequentemente obscuras devido a sua energia. As do norte, surdas, rudes, articuladas, gritantes, monótonas e claras, devido antes à força das palavras do que a uma boa construção. As línguas modernas, cem vezes misturadas e refundidas, ainda conservam algo dessas diferenças: o francês, o inglês e o alemão são a linguagem privada de homens que se auxiliam mutuamente, que raciocinam friamente entre si, ou de pessoas irritáveis que se encolerizam; mas os ministros dos deuses que anunciam os mistérios sagrados, os sábios que dão leis aos povos, os chefes que arrastam a multidão, devem falar árabe ou persa. Nossas línguas valem mais escritas do que faladas, e somos lidos com mais prazer do que somos escutados. As línguas orientais, ao contrário, perdem, ao serem escritas, sua vida e seu calor. O sentido está apenas pela metade nas palavras, toda sua força reside nos acentos. Julgar o gênio dos orientais pelos seus livros é querer pintar um homem a partir de seu cadáver.

Para bem apreciar as ações dos homens, é preciso tomá-las em todas as suas relações, e é isso que jamais nos ensinam a fazer. Quando nos colocamos no lugar dos outros, é sempre como se nós fôssemos modificados, não como se eles devessem sê-lo, e quando pensamos julgá-los segundo a razão, apenas comparamos seus preconceitos com os nossos.[7]

A reflexão metodológica vem aqui culminar uma sorte de breve resumo do movimento total do *Ensaio*. Passamos da dedução da diferença linguística a partir da diferença geográfico-antropológica à verdade "epistemológica" de toda essa arqueologia. O importante, aqui, é notar como, por uma espécie de interiorização das diferenças geográficas e das causas físicas, dos fatores ditos externos, é instituída a *unidade* do sistema da língua, uma identidade essencialmente diferente daquela que define o ser da planta. Aqui, com efeito, pode-se falar do *organismo* da língua, no mesmo sentido em que Rousseau fala de um organismo social. Não queremos dizer, é claro, que a ideia de vida ou de meio vital, inteiramente ausente na filosofia botânica de Rousseau, reaparece inesperadamente na sua filosofia social ou linguística. O organismo é sempre uma metáfora e qualquer sugestão de "vitalismo" seria descabida e anacrônica.[8] Nem por isso deixa de ser verdade que a identidade do corpo da linguagem não se dá, como a da planta, por uma combinação *partes extra partes*. "Apreciar a ação dos homens [...] considerá--los em todas suas relações", tudo isto implica um ato de conhecimento perfeitamente original, irredutível àquele que nos permite identificar uma "estrutura" e classificar um indivíduo numa espécie.

O recurso à causalidade física não pode, com efeito, dissimular o fato de que esse ato de conhecimento é de ordem *moral* e essencialmente *espiritual*. Pois após ter insistido sobre as razões "locais" indispensáveis ao conhecimento da emergência da palavra, Rousseau sublinha também

---

7 O.C. V, *Essai sur l'origine des langues*, XI, p.409 [ed. bras.: p.146].

8 A propósito da questão, ver Canguilhem, *La Connaissance de la vie*, p.129-54. Robert Derathé desmonta as interpretações "organicistas" da filosofia social de Rousseau em *Jean-Jacques Rousseau et la science politique de son temps*, p.410-3.

Jean-Jacques Rousseau entre as flores e as palavras

a impossibilidade de compreender o funcionamento da linguagem sem o reconhecimento da eficácia das *impressões morais*. O "materialismo do sábio" não é um materialismo *tout court*, nem um "curto materialismo". É da música que se fala então – mas da música como o bom paradigma da língua, como esse espelho da linguagem, que a botânica jamais poderia oferecer:

> Enquanto se pretender considerar os sons apenas pela comoção que excitam em nossos nervos, não teremos absolutamente os verdadeiros princípios da música e de seu poder sobre os corações. Os sons na melodia não agem sobre nós apenas enquanto sons, mas como signos de nossas afecções, de nossos sentimentos; é assim que excitam em nós os movimentos que exprimem e cuja imagem aí reconhecemos.[9]

Já se notou[10] que esse texto remete à teoria do caráter ético atribuído a cada modo musical por Platão na *República* e por Aristóteles na *Política*. Isto, enquanto teoria musical *strictu sensu*, pois enquanto modelo suscetível de uma interpretação linguística o texto remete já ao futuro, isto é, à comparação com Saussure, tantas vezes reiterada. Com as diferenças apontadas, reencontramos uma incontestável continuidade. Pois é a ideia mesma de *valor*, tal como a definirá mais tarde Saussure, que está presente, em Rousseau, com a aplicação do modelo musical aos fenômenos da linguagem. Não é apenas a oposição entre a face material e a face significante dos *sons* que é afirmada, mas também, com a idealidade do significante, seu caráter essencialmente diferencial ou oposicional. Como ler de outra maneira a proposição seguinte, retirada do *Ensaio sobre a origem das línguas*?

> Um som não tem por si mesmo nenhum caráter absoluto que permita reconhecê-lo; ele é grave ou agudo, forte ou suave em relação a um outro; em si mesmo não é nenhuma dessas coisas.[11]

---

9 *O.C.* V, *Essai sur l'origine des langues*, XV, p.417 [ed. bras.: p.159].

10 Cf. a nota 95 de Kremer-Marietti à sua edição do *Essai*, publicada por Aubier, 1974.

11 *O.C.* V, *Essai sur l'origine des langues*, XVI, p.420 [ed. bras.: p.164].

A retórica de Rousseau

A oposição sistemática entre a lógica dos sons e a lógica das cores – a afirmação de sua irredutível heterogeneidade –, tal como a encontramos no capítulo XVI do *Ensaio,* não fornece apenas o quadro de uma teoria diferencial da pintura e da música: ela indica, à distância, a disjunção entre a botânica e a "linguística", o abismo que separa as flores das palavras.

Compreende-se, pois, que se possa, como Jacques Derrida,[12] reencontrar uma mesma metafísica sob os escritos de Rousseau e de Saussure sobre a língua. Cumplicidade metafísica que põe dificuldades à história da linguística, mas que não implica necessariamente a genealogia excessivamente larga ou frouxa da "metafísica" como "logocentrismo".[13] Pois a oposição conceitual entre o visível e o invisível, entre a natureza e a natureza humana, não se traduz necessariamente sob a forma maniqueia do drama da "perda" da palavra no meio exterior da escrita. Há, ninguém o nega, em Rousseau, a obsessão da escrita como alienação, esse infeliz intervalo entre a palavra viva e a experiência imediata da natureza, por exemplo na feliz exploração visual da ordem vegetal. Mas por que atribuir a essa obsessão o peso que terá, *mais tarde,* na dialética hegeliana, a oposição entre a interioridade e a *exterioridade de indiferença?*

Pois é também certo que nem sempre a oposição entre escrever e herborizar é vivida da mesma maneira. Essas duas práticas podem ser reunidas, inesperadamente, no interior de uma única estratégia moral. É ainda Jean Starobinski quem chamou a atenção para a página dos *Diálogos* que nos mostra Rousseau dividindo seu tempo entre a prática da botânica e a da cópia de música. Dois "trabalhos" bem diferentes, mas que parecem no entanto conspirar em vista do mesmo fim:

---

12 Cf. Derrida, *De la Grammatologie* [ed. bras.: *Gramatologia*]; e, também, o ensaio "La 'linguistique' de Rousseau" em número especial da *Revue Internationale de Philosophie* (n.82, 1967) consagrado à teoria da linguagem no século XVIII.

13 Referimo-nos, aqui, opondo-o à ótica histórica de Derrida, ao belíssimo ensaio de Lahud, "Alguns mistérios da linguística" (publicado em *Almanaque – Cadernos de literatura e ensaio,* n.5, 1977), no qual a relação entre Saussure e a tradição da metafísica é visada de maneira original.

Encontrei-o ocupado em copiar música a tanto a página. Essa ocupação me parecera, como a vós, ridícula e afetada [...] Julguei perceber que essa ocupação o agradava, ainda que não tivesse muito sucesso nela. Procurei a causa desse estranho prazer e descobri que ela provinha do fundo de seu caráter e de seu humor, do qual eu não tinha ainda nenhuma ideia e que, nesse momento, começei a penetrar. Ele associava esse trabalho a um divertimento no qual eu o segui com igual atenção. Suas longas estadas no campo haviam-lhe dado gosto pelo estudo das plantas; ele continuava a entregar-se a esse estudo com mais ardor que sucesso, seja porque sua memória debilitada começava a recusar-lhe qualquer serviço, seja, como acreditei observar, porque ele fazia dessa ocupação antes uma brincadeira infantil que um verdadeiro estudo.[14]

A escrita, nós o sabemos, "é apenas uma representação mediata do pensamento".[15] Simulacro de um simulacro, a escrita é desqualificada metafisicamente, a ponto de não ser um objeto "digno de pensamento", como afirma Rousseau no *Emílio*. Que dizer, então, da cópia de música? Esse pequeno jogo (mesmo se garante, pago "a tanto a página", com a autonomia, a liberdade) não é, em si mesmo, a ocasião da interminável proliferação do simulacro enquanto tal, dessa opacidade que o *projeto concernente a novos signos para a música* queria reduzir ao mínimo? Estamos aparentemente (se quisermos guardar o maniqueísmo palavra/escrita transformado em absoluto) nos antípodas do imediato, dessa presença restituída, tão bem simbolizada, junto com o puro canto, pela prática da botânica. Toda essa "papelada" (imaginemos, por um instante, a mesa de Rousseau empenhado em sua tarefa de copista), essa espessa floresta de signos, folhas enegrecidas, o triunfo do signo na sua materialidade – tudo isso não evoca irresistivelmente *a escrita por excelência*, o avesso da transparência tão profundamente desejada?

Essa surpreendente inversão é rica de ensinamentos. Ela nos força a recusar uma leitura por assim dizer linear da teoria de Rousseau e a medir o espaço que separa o edifício conceitual das tensões existenciais que tra-

---

14 *O.C.* I, *Rousseau juge de Jean-Jacques*, Deuxième Dialogue, p.793.
15 *O.C.* II, "Prononciation", in: *Mélanges de littérature et de morale*, p.1249.

balham a prática do escritor e a experiência vivida do homem. Espaço ou distância que não é ignorado por Jean Starobinski, mesmo se sua análise é guiada por uma espécie de "psicanálise existencial". Mas que não é respeitado por interpretações que querem unificar a experiência do escritor e a teoria da linguagem numa dialética única. Tal é o caso dos que atribuem uma função transcendental à oposição palavra/escrita, e que fazem dela a origem última de toda uma série de oposições (presença/ausência; vida/morte; interioridade/exterioridade; ipseidade/alteridade) que estariam armadas desde Platão (mas será seguro?), embora se reconheça que Rousseau faz tremer (um pouco sem sabê-lo) a clareza dos limites que ele mesmo confirma em seu traçado tradicional.[16]

Para melhor situar a dificuldade, é preciso voltar à relação entre Rousseau e Saussure. Se há uma incontestável continuidade que, em alguns aspectos, garante uma significação mínima à ideia de um comum "logocentrismo", não podemos esquecer que, no essencial, as duas teorias da linguagem se instalam sobre continentes diferentes. A começar pelo fato de que o *Ensaio sobre a origem das línguas* não visa à língua na sua universalidade, como a linguística *geral* de Saussure, ou como a gramática *générale et raisonnée* de Port-Royal. No vocabulário de Rousseau, esta perspectiva universalista tomaria como objeto a "palavra" que "distingue o homem dentre os animais"; seu objeto próprio, ao contrário, é a "linguagem" que "distingue as nações entre si". É o *plural,* inscrito no próprio título do *Ensaio sobre a origem das línguas,* que é necessário sublinhar e compreender, para situar a posição herética de Rousseau na história da teoria clássica da linguagem. É preciso sobretudo levar em consideração que a genealogia das diferenças entre as línguas, proposta no *Ensaio,* é também uma genealogia das diferentes formas de *paixão* e de *poder.* Essa teoria da linguagem não visa nenhum dos polos da alternativa de Saussure entre língua e palavra (ou fala): não é nem

---

16 Seguindo essa linha, cede-se à tentação de fechar dialeticamente o discurso de Rousseau, com o risco que Starobinski denunciou nas interpretações de Kant e de Engels. Cf. *Jean-Jacques Rousseau, la transparence et l'obstacle,* p.44-8 [ed. bras.: *Jean-Jacques Rousseau: a transparência e o obstáculo,* p.41-4].

Jean-Jacques Rousseau entre as flores e as palavras

uma linguística da fala (como fenomenologia do sujeito falante), nem uma linguística da língua (como teoria da estrutura universal, anterior a toda prática discursiva). Ela visa às línguas em sua dimensão por assim dizer *performativa,* num trabalho que transcende a simples expressão ou a gramática pura, no seu intercâmbio com o contexto extralinguístico. Que a ótica do sujeito falante não seja privilegiada, nós o vemos no fato de que a teoria de Rousseau torna possível uma verdadeira topologia das posições do sujeito falante,[17] insistindo nas diferentes formas que assume nas diversas práticas discursivas. Se a botânica de Rousseau nos fecha na eternidade da natureza, sua "linguística" abre o campo da historicidade da língua e da sociedade, onde o *cogito* é segundo e derivado a partir das estruturas das línguas e das formas de poder. Desse ponto de vista, não é em direção de Saussure que o *Ensaio* acena, lá do interior do século XVIII, mas em direção da filologia nietzschiana, ou em direção dos estudos contemporâneos de pragmática ou de análise do discurso que Michel Lahud opõe, ao fim de seu ensaio, à longa tradição metafísica da teoria da linguagem.[18]

Não se pode portanto encerrar, como faz J. Derrida, a questão da linguagem, em Rousseau, na alternativa simples entre a palavra (fala) e a escrita, entre a vida e a morte. Poderíamos dizer, fazendo variar um pouco a bela frase de Nietzsche, que *há mais escritas do que se pensa.* E, com esta pluralidade, é o próprio sentido da morte (assim como aquele da relação entre o sonho e a vigília) que se torna múltiplo, conforme o verso que diz que "mortes há de espécie vária". Mas, sobretudo, com esta multiplicidade, emergem também múltiplos usos das flores e das palavras, e a um mau uso (médico) das plantas opõe-se um bom uso das doenças, como da própria escrita. A escrita só é o símbolo da morte, como perda da insubstituível expressão no elemento da exterioridade, numa posição particular do sujeito falante, que privilegia sua identidade – como é o caso das *Confissões.* Estratégia

---

17 Indicamos em outro lugar ("Metamorfoses do enunciado de ficção: Nota sobre a assinatura da *Nouvelle Héloïse*", *Almanaque – Cadernos de literatura e ensaio,* n.5, 1977) o quadro geral dessa topologia ou dessa tipologia do sujeito discursivo, tomando como fio condutor as diferentes maneiras que Rousseau escolhe para *assinar* suas obras.

18 Cf. Lahud, op. cit., p.37.

que não é a única, como o prova aliás a escrita dos *Diálogos,* onde a própria identidade do sujeito é desmembrada, dando lugar ao plural das *dramatis personae.* A escrita linear e expressiva das *Confissões* é substituída nos *Diálogos* por uma escrita quebrada e vertical, descrita com precisão e finura por Michel Foucault:

> O sujeito que fala, nesta linguagem verticalizada, de estrutura harmônica, é um sujeito dissociado, superposto a si mesmo, lacunar, e que só pode ser restituído à presença por uma espécie de adição sempre inacabada: como se aparecesse num ponto de fuga que só uma certa convergência tornaria visível.[19]

A escrita dos *Diálogos,* como mostra Michel Foucault, percorre uma linha intermédia entre os campos opostos de Deus e da morte, interiorizando e inscrevendo em seu próprio tecido essa estrutura bipolar. Mas essa escrita permanece inscrita *entre* esses dois polos, separada de Deus por uma grade (a grade da Catedral de Notre-Dame, que Rousseau encontrou fechada no dia em que pretendia guardar, perto do altar, o texto demonstrativo de sua inocência), mas separada também da morte, porque *escrita de aquém da própria morte,* como um possível que se recusa.

Se a unidade do sujeito é restituída desde o início das *Rêveries,* esse sujeito não será mais o mesmo que abria as (e se abria nas) *Confissões:* ele escreve já *do outro lado da morte.* A grande paz que atravessa essas palavras traçadas sobre algumas cartas de baralho é precisamente a paz da morte finalmente aceita e, de algum modo, domesticada. Ela não mais vem de fora, como ameaça de sufocamento, mas sob forma de sabedoria e de reconciliação:

> Tudo está acabado para mim sobre a terra. Já não podem fazer-me, aqui, nem bem nem mal. Nada mais me resta a esperar nem a temer neste mundo, e eis-me tranquilo no fundo do abismo, pobre mortal desafortunado, mas impassível como o próprio Deus.[20]

---

19 Cf. Foucault, na sua Introdução aos *Dialogues* (*Rousseau juge de Jean-Jacques: Dialogues*).

20 *O.C.* I, *Les Rêveries du promeneur solitaire,* Première Promenade, p.999 [ed. bras.: p.26].

Jean-Jacques Rousseau entre as flores e as palavras

Mas não era justamente próprio do devaneio (para além da vida e da morte) isso de dar acesso à impassibilidade de Deus? Eis a linguagem de que lança mão Rousseau para descrever a situação do sonhador:

De que se goza em tal situação? De nada exterior a si, nada senão de si mesmo e de sua própria existência, e enquanto perdura esse estado, o homem basta-se a si próprio como Deus.[21]

E, em que consistia o prazer de herborizar, senão numa outra forma de sonhar e de atingir essa divina impassibilidade? Um herbário pode ter, portanto, o mesmo sentido ou o mesmo uso do que um caderno onde algumas frases são desenhadas — as palavras e as flores tornam-se intercambiáveis para essa consciência enfim pacificada, que soube reinventar, à sua maneira, a velha *aphateia*.

Essa escrita — que se identifica ao mais inocente dos jogos e que faz assim tremer os fundamentos da própria ideia do "logocentrismo", e não apenas seus efeitos históricos mais superficiais — marcaria, como parecem sugeri-lo, cada um à sua maneira, Blanchot e Althusser,[22] o nascimento da literatura, tal como a compreendemos na nossa modernidade? Deixemos de lado essa questão: é em todo caso um uso lúdico dos signos e das flores que emerge nas *Rêveries,* assim como um inesperado reencontro da ideia da comunidade, na mais profunda solidão. Por uma estranha inversão, a prática de herborização não abre apenas o espaço da universalidade natural, dada antes ou depois da intersubjetividade humana. Tudo se passa como se, condenado à solidão por uma humanidade totalmente pervertida, Rousseau pudesse reencontrar, no seu trato solitário com as flores, a ideia ou a imagem da humanidade perdida. É aliás o que observa Gérard Lebrun ao dizer:

Trata-se, portanto, de uma solidão onde se foge da sociedade para entrever uma sociabilidade da qual esta sociedade nos mascarava a ideia. E não é sarcas-

---

21 Ibid., Cinquième Promenade, p.1047 [ed. bras.: p.76].
22 Cf. Blanchot, *Le Livre à venir*, p.53 e seguintes; Althusser, "Sur le Contrat Social", *Cahiers pour l'Analyse*, n.8, 1967.

mo de forma alguma se, para Kant e Rousseau, o retiro longe dos homens nos ensina a amar o gênero humano, nem acaso se Rousseau precisa "embrenhar-se na floresta" para desvelar a natureza do homem. Como o espetáculo do reino vegetal nos causa o prazer que experimentaríamos a todo instante no reino dos fins, um pacto secreto une a floresta à cidade ética.[23]

Escrever, herborizar – duas práticas diferentes, mas que podem perfeitamente harmonizar-se e conspirar, na própria medida em que a ideia de Ordem garante uma espécie de reciprocidade entre a pura natureza e a natureza humana. Cortado de qualquer auditório, não tendo mais leitor algum, exilado entre os homens, enriquecendo para si mesmo seu pequeno herbário, cobrindo com sua escrita cerrada algumas cartas de baralho ou algumas pautas de música, Rousseau não está, no entanto, cortado da humanidade como de um horizonte possível. No seio de uma humanidade patológica, a *escrita* das *Rêveries* não abre o espaço do desespero ou da literatura moderna: reitera e confirma a ideia clássica da Ordem e, ao lado de um incontestável pessimismo político e histórico, da perfeita transparência do olhar de Deus. Há também, sob o olhar de Deus, uma escrita tão inocente quanto um herbário.

Hölderlin que era, como se sabe, grande leitor de Rousseau, diz, em algum lugar, que a linguagem é ao mesmo tempo o mais inocente e o mais perigoso dos jogos. Não seria em Rousseau que o teria descoberto, assim como a alternativa exposta nos seus versos que utilizamos como epígrafe, na tradução de Rubens Rodrigues Torres Filho? Releiamos:

> Próximo e
> difícil de apanhar é o Deus.
> Mas onde é o perigo, cresce
> também o que salva.

---

23 Cf. Lebrun, *Kant et la fin de la métaphysique*, p.384-5 [ed. bras.: *Kant e o fim da metafísica*, p.523].

Não dizer a verdade equivale a mentir?*

Magnanima menzogna! or quando è il vero
Si bello che si possa a te proporre?

Tasso, *Jerusalém Libertada*, II, 22

Certa vez, depois de mentir, perplexo, Pinó-
quio sentiu que seu nariz relutava em crescer.

Pinóquio[1]

Na circunstância deste Congresso, onde a linguagem é visada no eixo do diálogo, talvez não seja importuna a apresentação da breve nota que se segue, sobre algumas linhas que Rousseau consagra à mentira. Em primeiro lugar porque, como diz São Tomás de Aquino, recorrendo ao Filósofo, *mendacium consistit solum in verbis*,[2] e, em segundo lugar, porque não há mentira

---

* Texto lido no I Congresso Internacional sobre a Filosofia da Linguagem, promovido pelo Centro de Lógica, Epistemologia e História da Ciência da Universidade Estadual de Campinas, em agosto de 1981. Extraído de *Discurso*, n.15, 1983.

1 São Carlos: Deusa Vampira, s.d., p.77.

2 Aquino, *Summa Theologiae*, Secunda Secundae, Quaestio CX, Articulus I. Tradução: "a mentira só consiste em palavras". Cf. ed. bras. *Suma Teológica*, 2ª parte da 2ª parte, Questões 80-143.

sem alguém a quem se mente. Como pensar a ideia de diálogo sem passar pela ideia de mentira? A análise do texto de Rousseau, todavia, mostrará que a relação entre diálogo e mentira não é simples e, mais importante, como as diversas interpretações dessa relação conduzem a ideias diferentes da própria verdade.

Passamos imediatamente a palavra a Rousseau:

> Lembro-me de ter lido em um livro de Filosofia que mentir é esconder uma verdade que deve ser manifestada. Segue-se, então, dessa definição, que silenciar uma verdade que não se é obrigado a dizer não é mentir; mas se alguém, não se contentando nesse caso em não dizer a verdade, diz o contrário dela, então ele está ou não mentindo? Segundo a definição, não se poderia dizer que ele mente, pois, quando se dá moeda falsa a um homem a quem não se deve nada, este é enganado, sem dúvida, mas não roubado.[3]

Sendo um problema de linguagem, a mentira também é um problema ético e o texto de Rousseau aparece, do ponto de vista do senso comum e não apenas dele, como um pouco laxista ou demasiado tolerante moralmente. Pelo menos a afirmação exigente de Max Wertheimer,[4] segundo a qual não dizer *toda* a verdade já é mentir, parece ser descartada desde o início. Mas a coisa vai mais longe, e o senso comum, como toda a tradição da moral, é mais profundamente ferido com a paradoxal disjunção entre *mentira* e *engano*. Posso perfeitamente, segundo Rousseau, enganar alguém, sem no entanto tornar-me um mentiroso. Que é então a mentira, que até agora associávamos ingenuamente a uma forma de engano? Qual o gênero, qual a espécie?

Essa disjunção paradoxal só é possível através de uma pequena astúcia: a leitura que Rousseau faz do verbo *dever*, presente na definição oferecida para o fenômeno da mentira. Rousseau interpreta o dever como não categórico, como algo que não decorre da necessidade metafísico-moral da obrigação.

---

3 O.C. I, *Les Rêveries du promeneur solitaire*, Quatrième Promenade, p.1026.

4 Wertheimer, "On Truth" [1934], in: Henle (Ed.), *Documents of Gestalt Psychology*.

Esse dever não precede a associação entre os homens, como uma verdade em si que *exige* sua manifestação, como é frequentemente o caso da história da filosofia, em momentos tão afastados como os tempos de Platão e de Heidegger, com todas as diferenças que afastam um do outro. O dever é aqui interpretado como uma *dívida,* que opõe, ao necessário e universal, uma espécie de casuística das figuras da intersubjetividade ou de sociabilidade. Pode haver boas mentiras. Um exemplo: nas *Confissões,* Rousseau narra um episódio cheio de suspense, em torno da correspondência com Madame d'Houdetot, onde entram vários personagens e curiosidades perversas. Felizmente Thérèse negou saber da correspondência e escondeu as cartas. Rousseau acrescenta: "Mentira seguramente cheia de honestidade, de fidelidade, de generosidade, ao passo que a verdade não teria passado de uma perfídia".[5]

Alguém poderia dizer: grande novidade! Desde Aristóteles, a Ética constituiu uma tipologia da mentira, discernindo entre as toleráveis e as intoleráveis. Assim, na *Ética Nicomaqueia*, Aristóteles distingue dois tipos de mentira: "Quando a pessoa tem, ao fazê-lo, alguma intenção e se é para valorizar-se aos olhos de outrem ou obter alguma honra, não é reprovável; se tem em vista alguma vantagem pecuniária, ou qualquer coisa a obter de dinheiro, a desonra é maior".[6] Mas não é a moderação do juízo ético de Aristóteles que encontramos na tipologia de Rousseau: pelo contrário, ela exprime algo do rigorismo calvinista e, sobretudo, uma nova ideia da verdade e da linguagem.

Não se trata, nas *Rêveries,* de situar o bom meio entre a vaidade frívola e a reserva falsa ou excessiva, pelo método que define a franqueza. Não há meio termo, mas duas figuras rigorosamente opostas: a do homem "verdadeiro" e a do homem "veraz". Devolvamos a palavra a Rousseau:

> Conheço essas pessoas que a sociedade denomina verdadeiras. Toda sua veracidade resume-se, nas conversações ociosas, em citar fielmente os lugares,

---

5 *O.C.* I, *Les Confessions*, IX, p.449.

6 Aristóteles, *Éthique de Nicomaque*, p.185-7 (IV, 7).

Não dizer a verdade equivale a mentir?

as datas, as pessoas, em não se permitir nenhuma ficção, em não embelezar nenhuma circunstância, em não exagerar nada. Em tudo que não toca seu interesse, elas exibem, em sua narração, a mais inviolável fidelidade. Mas quando se trata de expor algum assunto que lhes diga respeito, de narrar algum fato que as toque de perto, todas as cores são empregadas para apresentar as coisas sob a luz que lhes é mais vantajosa, e se a mentira lhes é útil e elas próprias se abstêm de dizê-la, favorecem-na com destreza e fazem de tal modo que ela seja adotada sem que lhes possa ser imputada. Assim manda a prudência, adeus à veracidade.[7]

Aqui, a oposição a Aristóteles é clara: o que era tolerável torna-se o maior crime, mesmo se se trata de verdade. Adeus prudência, *sophro-syne*, virtude suprema para os gregos. Algo como um tratado *sobre o dever da imprudência* se esboça nas entrelinhas do texto de Rousseau, que poderia ser pensado, entre outras coisas, como uma *plaque tournante* entre a moral *material* de Aristóteles e o formalismo kantiano: ao lado da *eudemonia,* emerge a lei moral como estrutura da cidade dos homens. É o interesse e a honra como glória pessoal (lembremos a descrição do magnânimo na *Ética Nicomaqueia* e tudo o que, na exterioridade dos traços distintivos que classifica, é incompatível com uma moral cristã e de vocação "racionalista") que cede lugar a uma ideia de *justiça* depurada de qualquer fundamento puramente cosmológico ou ontológico.

Não se trata tanto da linha que separa, é verdade, o desinteresse, vontade de universalidade, do egoísmo. É, ao contrário, o respeito pela Verdade, no seu sentido absoluto ou clássico, que se torna problemático. Que é uma verdade que precede a humanidade? Não se trata de dizer – como é amiúde o caso no pensamento dos séculos XVII e XVIII, na linguagem de um certo pessimismo moral – que a análise sempre encontrará, para todo gesto ou frase, um subsolo motivacional patológico. Para além da alternativa entre pessimismo e otimismo, que pertence à *sagesse des nations,* Rousseau desenha uma nova partilha que admite a possibilidade de uma boa mentira e

---

7 *O.C.* I, *Les Rêveries du promeneur solitaire,* Quatrième Promenade, p.1031 [ed. bras.: p.60].

A retórica de Rousseau

de uma má verdade. Há, sem dúvida, pessimismo em Rousseau. Consiste essencialmente em admitir a verdade de fato dos "detratores do gênero humano" (apelido que lhe foi injustamente atribuído por Voltaire, após a publicação do primeiro *Discurso*). Mandeville e Hobbes mereceriam melhor o atributo e a ambos Rousseau dedica sua atenção crítica. A respeito do segundo, diz: "não é tanto o que há de horrível e de falso em sua política quanto o que há nela de verdadeiro que a tornou odiosa". Rousseau não é La Rochefoucauld, longe disso, embora o digam bons espíritos. O que é criticado em Hobbes, justamente, é seu *psicologismo*, isto é, a ilusão de poder constituir uma teoria do comportamento, independentemente das formações sociais que lhe servem de horizonte.

É, portanto, para além da exposição simplista entre otimismo e pessimismo que Rousseau fixa a questão da mentira. Sabemos já o que é o homem chamado de "verdadeiro". Qual o seu contrário?

O homem que chamo *verdadeiro* (Rousseau usa aqui de maneira nova o adjetivo) faz exatamente o contrário. Em coisas perfeitamente indiferentes, a verdade que o outro tanto respeita quase não lhe importa, e ele não hesitará em divertir seus companheiros com fatos inventados dos quais não resulte nenhum julgamento injusto a favor ou contra quem quer que seja, vivo ou morto. Mas todo discurso que produza para alguém um proveito ou dano, estima ou desprezo, louvor ou censura contra a justiça e a verdade é uma mentira que jamais se aproximará de seu coração, nem de sua boca ou de sua pena. Ele é solidamente *verdadeiro*, mesmo contra seu interesse, ainda que se preocupe muito pouco em sê-lo nas conversações ociosas. Ele é *verdadeiro* porque não procura enganar ninguém, porque é tão fiel à verdade que o acusa quanto à que o honra, e porque jamais faz crer algo para sua vantagem ou para prejudicar seu inimigo. A diferença, portanto, que há entre meu homem verdadeiro e o outro é que o homem da sociedade é rigorosamente fiel a toda verdade que não lhe custa nada, mas não passa disso, e o meu nunca a serve tão fielmente como quando se faz imolar por ela.[8]

---

8 Ibid., p.1031 [ed. bras.: p.60-1].

Não dizer a verdade equivale a mentir?

Pouco importa se o texto é apologético e se o "meu homem verdadeiro" de Rousseau é o próprio Jean-Jacques. O certo é que sua definição de *veracidade* é mais exigente do que a do governador Maluf e mesmo do que a de Aristóteles que, de algum modo, tolerava certas formas de "jactância". A ideia de honra não é a mesma na Grécia clássica e na Europa do século XVIII. Mas que honra é essa, nova, que tolera ficção e engano? No que se transforma a "palavra de honra"? Como justificar essa liberdade em relação à verdade e a hierarquia que ela estabelece entre o homem veraz e o simplesmente "verdadeiro"? Como entender o amor pela verdade se, ao mesmo tempo, exige o sacrifício, a imolação, e deixa espaço para alegres brincadeiras e quimeras? Rousseau formula a questão e fornece a resposta:

> Será então falso esse amor, por envolver tanta mistura? Não, ele é puro e verdadeiro, mas não passa de uma emanação do amor da justiça e não quer jamais ser falso ainda que seja muitas vezes fantasioso. Justiça e verdade são em seu espírito duas palavras sinônimas, que ele toma indiferentemente uma pela outra. A verdade santa que seu coração adora não consiste em fatos indiferentes e em nomes inúteis, mas em dar fielmente a cada um aquilo que lhe é devido em coisas que são verdadeiramente suas, em imputações boas ou más, em retribuições de honra ou de censura, de louvor ou de reprovação.[9]

Que não nos engane a grandiloquência, que parece confirmar as tradições do pensamento. Uma sutil mudança ocorre com essas frases, que não deixa intacta a filosofia clássica. A estranha aliança entre o amor pela verdade e o amor pelas quimeras só pode ser justificada por uma nova interpretação da vontade de verdade. Lembremos a primeira frase da *Metafísica* de Aristóteles, onde podemos ler: "Todos os homens desejam naturalmente saber; o que o mostra é o prazer causado pelas sensações, pois, independentemente de sua utilidade, elas nos agradam por si mesmas, e, mais que todas as outras, as sensações visuais". A verdade, a vontade de verdade não são problemáticas, já que estão inscritas na *physis* do homem: basta abrir os olhos e a festa do visível nos condena à filosofia, isto é, à *teoria*, essa forma

---

9 Ibid., p.1031-2 [ed. bras.: p.61].

superior do olhar. Antes de Nietzsche diagnosticar a origem *moral* da vontade de verdade – e numa vertente oposta porque moralista –, Rousseau põe em questão o privilégio aristotélico da verdade como objeto da visão do espírito. De fato, o amor pela verdade perde aqui sua transparência e sua naturalidade. Torna-se *segundo,* como emanação de uma vontade originária. Nas primeiras linhas da *Metafísica* de Aristóteles, o caráter *natural* da aspiração à verdade encontra sua raiz mais primitiva numa "psicologia" que privilegia a visão entre os sentidos, que faz do prazer puramente sensível do olhar o princípio do pensamento puro e desinteressado. Privilégio da Teoria, cumplicidade entre olho e pensamento, entre o prazer da sensação visual e o trabalho da Razão.

Rousseau não ignora as alegrias do visível.[10] Pelo contrário, nas *Rêveries*, insiste na continuidade entre *voir* e *savoir.* A prova é sua prática e sua teoria da botânica: olhar as belas e elegantes estruturas de algumas plantas devolve o entendimento à ordem da natureza e a alma à impassibilidade de Deus. Mas Rousseau sublinha, também, a distância que separa o domínio das plantas e o domínio das palavras. Lógicas diferentes articulam o mundo da visão e da audição. É bom ver, mas é melhor *ouvir.* Ao paradigma da botânica opõe-se o paradigma da música. No *Ensaio sobre a origem das línguas,* texto pouco comentado, Rousseau diz:

> Ainda que toda a natureza esteja adormecida, aquele que a contempla não dorme, e a arte do músico consiste em substituir a imagem insensível dos objetos pela dos movimentos que sua presença excita no coração do contemplador. Ele não apenas agitará o mar, animará as chamas de um incêndio, fará correr os riachos, cair a chuva e engrossar as correntes, mas pintará o horror de um deserto amedrontador, escurecerá as paredes de uma prisão subterrânea, acalmará

---

10 Retomamos aqui, de maneira breve, análises que fizemos nos seguintes ensaios: "Philosophie, Musique et Botanique: de Rousseau à Lévi-Strauss", in: Pouillon; Maranda (Org.), *Échange et Communications* (*hommage à Lévi-Strauss*). "La Fleur et la Rhétorique", in: Fauconnier e Launay (Org.), *Index-concordance des Rêveries du promeneur solitaire.* "Jean-Jacques Rousseau entre les fleurs et les mots", in: Fauconnier; Launay (Org.). *Index des fragments autobiographiques et de la Lettre à Voltaire.*

Não dizer a verdade equivale a mentir?

a tempestade, tornará o ar tranquilo e sereno, e espalhará com a orquestra um novo frescor sobre os bosques. Ele não representará diretamente essas coisas, mas excitará na alma os mesmos sentimentos que se experimentam ao vê-las.[11]

Através da música, descobrimos que *dizer* não equivale ao *mostrar* e que morreu o princípio *ut pictura poesis*. A própria ideia de verdade não sai indene com essa desqualificação da representação, isto é, da ideia de teoria como visão. Como se articulam agora as ideias de verdade e de mentira? Não é novidade afirmar que a mentira não é o oposto da verdade. Já Santo Agostinho dizia, como testemunha São Tomás de Aquino, que "*Opposita enim non possunt esse simul. Sed mendacium simul potest esse cum veritate: qui enim verum loquitur quod falsum esse credit, mentitur, ut Augustinus dicit in libro contra Mendacium. Ergo mendacium non opponitur veritati*".[12] Ressalva agostiniana menos forte que a de Rousseau. Num caso, a mentira não se opõe à verdade, porque a intenção de mentir pode coincidir, sem querer, com um discurso verdadeiro. O que decide é a coincidência entre as palavras e as coisas, para além de qualquer relação intersubjetiva. Eu posso pensar que minto, mas minha intenção perversa não corrompe a transparência e a qualidade do meu discurso. Rousseau é, ao mesmo tempo, mais rigoroso e mais amigável. Só é intolerável a ficção que comporta *interesse* e, aquém ou além da *physis*, define uma *diferença* entre os homens. A única mentira é: *sou melhor do que você*.

Que é então a verdade? Ao contrário do que diz Santo Agostinho, é o avesso da mentira interessada. Ou melhor, Rousseau instituiu a diferença entre a verdade indiferente e aquela que não o é. O império da verdade é submetido a uma partilha anterior que lhe é imposta pela justiça. Alguém dirá que justiça e verdade são sinônimos desde o nascimento da filosofia: como insistiu longamente Heidegger. Mas, com Rousseau, verdade e justiça, *logos* e *physis* mudam de lugar e a própria universalidade se torna nômade. No discurso de Pascal, a proposição "o que é verdade aquém dos

---

11 *O.C.* V, *Essai sur l'origine des langues*, XVI, p.422 [ed. bras.: p.166].

12 Aquino, *Summa Theologiae*, Secunda Secundae, Quaestio CX, Articulus L. Tradução: "Pois, termos opostos não podem coexistir. Ora, a mentira pode coexistir com a verdade; assim, quem fala a verdade pensando dizer uma falsidade, mente, como diz Agostinho. Logo, a mentira não se opõe à verdade".

Alpes não o é depois deles" tinha algo de ceticismo e de relativismo: com Rousseau a coisa muda. A justiça, de que a verdade é apenas uma emanação, não mais se subordina à ideia grega de *diké,* com seu fundamento cosmológico, e vem assentar-se sobre algo como um *kairos* na sua dimensão plenamente aleatória, na inteira admissão da dispersão no tempo e no espaço. Curiosamente, a verdade passa a ter "circunstâncias". A diferença entre o diferente e o indiferente, entre o inócuo e o útil, toda uma "geografia" da justiça, enfim, passa pela contingência das formas cambiantes da sociedade e da história. O verdadeiro homem verdadeiro

> mentirá, portanto, algumas vezes, em coisas indiferentes, sem escrúpulo e sem acreditar estar mentindo, mas jamais para prejuízo ou benefício de outro ou de si mesmo. Em tudo que diz respeito às verdades históricas, em tudo que se relaciona à conduta dos homens, à justiça, à sociabilidade, às luzes úteis, ele protegerá do erro tanto ele próprio quanto os outros, na medida [em] que isso depender dele.[13]

Linguagem e verdade derivam portanto da mesma direção na obra de e por obra de Rousseau: se a linguagem (com a substituição do paradigma pictórico pelo paradigma musical) é arrancada do horizonte da representação, a verdade é também erradicada do chão da adequação. A essência da linguagem é buscada numa imitação não figurativa e numa comunicação não instrumental, quase involuntária. Da mesma maneira a essência da verdade será captada numa espécie de "perspectivismo" (imaginemos um Nietzsche moralista) que recusa qualquer forma de *pensée de survol,* que subordina a oposição entre o verdadeiro e o falso aos acasos de uma diáspora originária, à dispersão das humanidades locais. A verdade não é obra de uma consciência solitária que abre campanha e batalhas contra si mesma, com Deus e a Natureza, mas o trabalho sempre renovado dos cidadãos, segundo o destino das suas cidades. Ao ideal de uma verdade absoluta, visão em Deus ou ciência fundada na rocha e na argila de uma raiz última, Rousseau,

---

13 *O.C.* I, *Les Rêveries du promeneur solitaire,* Quatrième Promenade, p.1032 [ed. bras.: p.61].

pensador crítico, contrapõe a concepção da verdade como função reguladora. É finalmente nessa ideia de um nomadismo da verdade, sempre local e efêmera, que encontramos a razão profunda de tantos mal-entendidos, de uma tradição secular que não cansa de fazer o inventário das "contradições" de Rousseau. E, no entanto, paciência... Rousseau prevenia seus leitores de maneira explícita, numa carta a d'Alembert, atravessada, é certo, de ironia, mas também de um começo de irritação:

> [...] Quanto àqueles que encontram ou fingem encontrar uma oposição entre a *Carta sobre os espetáculos* e *A nova Heloísa*, estou certo de que eles não vos impressionam. Sabeis que a verdade, seja qual for, muda de forma segundo a época e os lugares, e que se pode dizer em Paris o que, em dias mais felizes, não se poderia dizer em Genebra [...].[14]

Aqui estamos no ponto mais candente da obra, nesse limite polêmico onde ela é capaz de antecipar a crítica de que sempre será objeto. No entrecruzamento entre uma teoria da obliquidade da linguagem e do nomadismo da verdade, podemos vislumbrar o esboço de um pensamento que abala os quadros da chamada "linguística cartesiana", se existe algo sob esse nome. De um lado, com efeito, por obra do paradigma da música, a linguagem é libertada da normalidade lógico-gramatical e devolvida à contingência da História como seu verdadeiro Elemento, o éter que respira para poder reproduzir-se. A espessura da gênese não é mais, como diz Foucault da teoria clássica dos signos, a noite exterior do arbitrário, "onde se desdobram em suas fantasias os hábitos de cada povo".[15] O arbitrário muda de sentido e é a gramática, na sua universalidade, que se torna o "outro lado" da linguagem, sua face negativa. Uma vez subvertida a concepção clássica da linguagem (se Foucault e Chomsky têm razão), é a retórica que vem ocupar o lugar luminoso da cena, verdade do discurso. De outro lado, como um raio de luz que atravessa o prisma, a verdade, única, é irisada nas suas diferentes faces sociais e se dispersa: para cada

---

14 *Lettre de Rousseau à D'Alembert* (15/02/1761), in: *Correspondance Générale de J.-J. Rousseau*, t.VI, p.26-7.
15 M. Foucault, *Les Mots et les choses*, p.116 [ed. bras.: *As palavras e as coisas*, p.142].

lugar, sua cor; Paris, Genebra... Longe de cortar a ligação entre linguagem e verdade, Rousseau as articula através de uma teoria do *kairos* e reata, para além da tradição do platonismo (e sua teoria do diálogo), com a velha tradição grega da retórica.

Lembremo-nos de uma frase de Nietzsche do *Crepúsculo dos ídolos*: "Temo que jamais nos desembaraçaremos de Deus, já que ainda acreditamos na Gramática".[16] Lendo Rousseau, poderíamos nuançar esse juízo excessivo: Deus pode sobreviver à morte da gramática, mesmo que se trate de um efêmero *sursis*. Mas o *sursis* é suficientemente largo para dar espaço a toda a obra de Rousseau. Entre uma parte e outra, reina a retórica, suprimindo a teoria clássica dos gêneros. Mas, sobretudo, dando lugar a uma nova ideia do *diálogo*.

Rousseau se considerava, é certo, uma espécie de Sócrates. O mito do sacrifício e da imolação – pouco importa a psicologia – não estava ausente desta identificação. E Henri Gouhier comentou com finura o álbum de família de Rousseau. Ao escrever os *Dialogues*, Rousseau não podia deixar de se referir à tradição da filosofia grega, mesmo se a questão era mais a de sua *inocência* do que a de sua ciência. A dialética, tolerando a mentira, muda de natureza e a identificação com Sócrates é ilusória. Que era, com efeito, o diálogo para Sócrates e Platão? Lá, as almas, com o andamento do diálogo, perdem progressivamente o seu perfil, *desindividualizam-se* para dar lugar e espaço para a manifestação da essência ou da verdade. As almas, como dizia Victor Goldschmidt, estão muito abaixo das ideias, que sobre elas exercem sua causalidade dominadora. Pode-se, é certo, mentir – mas no caso a mentira será uma forma de erro. Que é o sofista desta perspectiva? O especialista da *aparência*, mentira ou erro, pouco importa. Só quem mente tem individualidade, porque está afastado da verdade universal. Com Rousseau, as almas se alçam para além das ideias (se não me engano, a frase é ainda de Victor Goldschmidt), a mentira é uma forma de ligação entre pessoas e não um corte entre palavras e coisas.

Só pode haver uma boa mentira: o nariz de Pinóquio não precisava crescer – porque a linguagem é uma *ação*, antes de ser uma descrição ou uma

---

16 Nietzsche, *Crépuscule des idoles*, p.28.

Não dizer a verdade equivale a mentir?

representação. Só pode haver diálogo porque não há uma verdade absoluta, mas um *contrato entre iguais,* cuja primeira figura é a própria linguagem. A substituição do paradigma pictórico pelo paradigma musical é também a elevação do paradigma jurídico-político. O que importa é o que *faz* o meu discurso: "espalhar um novo frescor sobre os bosques"[17] ou convencer a outrem que este terreno me pertence. Só há verdade ética ou política – isto é, diálogo. A mentira não é um buraco na rede da linguagem, mas um gesto que pode ter efeitos tanto positivos como negativos. Não é a verdade que importa, mas a maneira de dizer e seus efeitos. Não é o que você diz que importa, mas o que você faz com o que você diz.

Vila Pureza, São Carlos
8/10 de agosto de 1981

---

17 *O.C.* V, *Essai sur l'origine des langues,* XVI, p.422 [ed. bras.: p.166].

Leitura e interrogação: uma aula de 1966*

> *Uma verdadeira explicação não compreende jamais o texto melhor do que o compreendeu seu autor; ela o compreende de uma outra maneira. Mas, esta Outra maneira deve ser tal que reencontre o Mesmo que o texto explicado medita.*
>
> M. Heidegger[1]

Falaremos, nestas aulas, de Rousseau e do imaginário. A questão será: como se esboça, em sua obra, a fisionomia do imaginário? Como nos diverte a imaginação do real, instaurando para além dos entes o universo infinito das quimeras e como – por quais estranhos caminhos – nos faz retornar ao mundo e coincidir, novamente, com a nossa existência concreta? De um lado, com efeito, o imaginário é apresentado por Rousseau como "separado" – a imaginação é o poder que permite ao homem (tanto para seu bem como para seu mal) ultrapassar a finidade de sua condição, saltar para além de seu cenário imediato que é a natureza e sua experiência dela

---

* Extraído da revista *Dissenso*, n.1, 1997. O texto é fruto de uma aula ministrada em março de 1966, no curso de Estética na Seção de Filosofia da FFCL-USP.

1 Heidegger, *Chemins qui ne mènent nulle part*, p.176.

Leitura e interrogação: uma aula de 1966

e ingressar numa nova dimensão onde todo obstáculo foi suprimido: "O mundo real tem seus limites, o mundo imaginário é infinito".[2]

De outro, o imaginário nos é apresentado como integrado à própria existência imediata, entretecido nas malhas da própria percepção: a imaginação passa a ser um poder que, colado à experiência efetiva do mundo dado, recobrindo as sinuosidades da experiência, vem coroá-la, transfigurando sua finidade sem dissolver o seu peso próprio, abolindo o divórcio que separa o que é concreto do que é pura quimera:

> A existência dos seres finitos é tão pobre e tão limitada que quando vemos apenas o que *é* nunca ficamos comovidos. São as fantasias que ornam os objetos reais; e se a imaginação não acrescenta um encanto ao que nos atinge, o estéril prazer que sentimos com isso limita-se ao órgão e sempre deixa o coração frio.[3]

Como chegar a uma visão unitária da imaginação, sem sacrificar essas duas perspectivas, guardando a significação da imaginação como criação de um *outro* mundo e como transfiguração do mundo dado?[4]

---

2 *O.C.* IV, *Émile ou De l'Éducation*, II, p.305 [ed. bras.: p.91].

3 Id., ibid., p.418 [ed. bras.: p.192].

4 O tema não é novo. É particularmente discutido em livros como *J.-J. Rousseau et la réalité de l'imaginaire*, de Eigeldinger e *J.-J. Rousseau: La quête de soi et la rêverie*, de Raymond. Mesmo no livro de May, *Rousseau par lui-même*, encontramos um capítulo dedicado a esse tema: "Magie noire et magie blanche". Mais tarde teremos ocasião de considerar essas análises. Por ora basta notar que esses textos tendem a considerar a ambiguidade da imaginação apenas em seu contexto moral. Assim: *"Jean-Jacques Rousseau revelou verdadeiramente a função ambivalente da imaginação. Não se preocupou, como a maior parte de seus contemporâneos, em saber se ela engendrava o erro ou se participava da busca da verdade. Apegou-se, antes, à ideia e ao sentimento de que ela é de natureza ambígua, isto é, suscetível de produzir o bem ou o mal, trazer a felicidade ou a infelicidade, dispensar ora ventura, ora alegria e ora tormentos. É simultaneamente uma faculdade consoladora, feliz, compensadora das misérias deste mundo e uma potência maléfica, assustadora, que suscita a perturbação e o delírio na alma humana"* (Eigeldinger, op. cit., p.48). A nossa perspectiva será outra: não a descrição dessa ambiguidade, mas a inspeção de seus fundamentos. Como pode a imaginação estar na raiz da felicidade e da infelicidade ao mesmo tempo? Esta pergunta se transforma em: como se relaciona a imaginação com o Ser, segundo esses dois estilos?

Não se trata aqui de uma questão simples. Não é possível encontrar a sua resposta através de uma investigação linear, ao termo de uma única caminhada. É o próprio estilo do autor e o movimento de seus textos que nos obrigam a um itinerário tortuoso: jamais nos é dada uma *teoria* unitária da imaginação; o que encontramos é a emergência do *tema* em contextos diferentes. É preciso, pois, refazer o caminho, reencontrar o tema no momento em que ele nasce, dentro de sua paisagem, antes de tentar a apressada construção do sistema. É preciso experimentar a dificuldade da articulação das perspectivas, a resistência dos hiatos que as separam: assim, por exemplo, na passagem da consideração da imaginação como instância do conhecimento ou obstáculo para o saber à imaginação como momento da existência ou horizonte da consciência moral. Não nos bastará, portanto, localizar a imaginação dentro do mapa da psico-epistemologia, mostrar a sua participação na gênese da linguagem, da consciência e do conhecimento. Será também necessário – passando do campo do Saber para o da existência – examinar o veredicto lançado pelo moralista a respeito do *valor* da imaginação, de seu bom uso ou de seu mau uso na dupla empresa de busca da virtude e da felicidade. Assim como a inspeção das obras literárias permitirá a determinação do *estilo* da imaginação em trabalho na constituição do universo da ficção. E, finalmente, no campo intermédio entre a busca da felicidade ou da pesquisa da virtude e a ficção, restará lugar para uma pergunta pelo uso da imaginação nos escritos autobiográficos, pela presença do imaginário no interior da reconstituição do passado: por que não perguntar pelo estilo da imaginação que trabalha internamente a própria biografia, como ela é assumida pelo homem, em sua tarefa de digerir o seu presente, de se reconciliar ou de romper com o seu passado, de se abrir ou de se fechar para o futuro?

Nossa leitura não terá diante de si nenhum texto privilegiado, já que teremos de interrogar simultaneamente o filósofo, o moralista, o romancista e o homem. Em outras palavras, não contaremos com qualquer ordem formal que nos forneça segurança e roteiro no interior da floresta das matérias. Mais tarde, no nosso terceiro capítulo, teremos a oportunidade de nos demorar na análise do estilo do pensamento de Rousseau e da leitura que ele exige; por enquanto, bastar-nos-á apenas marcar o sentido

Leitura e interrogação: uma aula de 1966

mais geral de sua crítica ao *esprit de système* e como esta crítica nos coloca diante de um impasse na determinação da unidade dos temas, para além da desordem das matérias:

> Escrevi sobre diversos assuntos, mas sempre segundo os mesmos princípios: sempre a mesma moral, a mesma crença, as mesmas máximas, e, se se quiser, as mesmas opiniões. Juízos contraditórios, no entanto, foram feitos sobre meus livros, ou, antes, sobre o autor de meus livros, porque fui julgado pelos assuntos de que tratei muito mais do que por meus sentimentos. [...] Quanto a mim, permaneci sempre o mesmo.[5]

É, assim, afirmada a unidade do pensamento para além ou aquém da multiplicidade das matérias tratadas. Mas não se trata, como no caso de Descartes, por exemplo, da unidade da Razão que precede integralmente toda a experiência e toda multiplicidade, e que torna possível a independência da ordem das razões.[6] O que marca a distância entre Rousseau e Descartes é que, no primeiro, a unidade do pensamento é afirmada e traz como único termo de garantia a convicção interna do autor: tratando de matérias diferentes, em diferentes situações, pode chegar a juízos "aparentemente" contraditórios (para o leitor), mas onde o autor reconhece o mesmo "ar de família". Mas não se trata aqui de uma deficiência da obra de Rousseau, de uma insuficiente reflexão. Esse autor – que poderíamos caracterizar como um "cronista do contemporâneo" – jamais pretende deter, longe da experiência, a chave da razão ou do ser; mas acredita que o Acontecimento, tal situação em sua singularidade, pode conduzir, quando bem interpretado, à raiz da sabedoria. É antes a desconfiança da artificialidade e do verbalismo das ordens formais que faz com que Rousseau limite sua atenção à singularidade do tema; como diz em carta a Dom Deschamps:

---

5 *O.C.* IV, *Lettre à Christophe de Beaumont*, p.928 [ed. bras.: p.40].

6 *"Pois, visto que todas as ciências não são nada mais que a sabedoria humana, a qual sempre permanece una e a mesma, qualquer que seja a diferença dos assuntos aos quais ela for aplicada, não lhes concedendo mais distinções que a luz do sol à verdade das coisas que ele ilumina, não carece impor aos espíritos nenhum limite"* (Descartes, *Regulae*, p.2 [ed. bras.: *Regras para a orientação do espírito*, p.2]).

Sois muito bom por ralhares contra minhas inexatidões atinentes a racio-cínios. Chegastes a perceber que vejo muito bem certos objetos, mas que não sei comparar; que sou bastante fértil em proposições, sem jamais enxergar as consequências; que ordem e método, vossos deuses, são as minhas fúrias; que a mim tudo sempre se oferece isoladamente e que no lugar de vincular minhas ideias em meus escritos, faço uso de uma charlatanice de transições que vos constrange, a vós antes de tudo, os filósofos. É por causa disso que me pus a vos desprezar, vendo bem que não podia vos atingir.[7]

Como chegar, portanto, à unidade desse pensamento que insiste em permanecer no nível do diagnóstico das situações? Como chegar a uma con-cepção unitária da imaginação, quando o que o autor *queria dizer* era outra coisa, quando ele sempre a visava em contextos particulares? E, sobretudo, como fazê-lo sem deixar-se enganar pelo charlatanismo das transições fei-tas de encomenda para o gosto dos filósofos? A única maneira de fazê-lo é tentar determinar através dos textos — mas para além deles — uma estrutura que os torne possíveis, para além dos argumentos um "não pensado" onde o que era pura convicção subjetiva se torna unidade patente e compreensão do Ser tornada explícita. Na linguagem de Merleau-Ponty, só resta passar dessa linguagem que é o sistema à relação com o Ser que ela, ao mesmo tempo, revela e esconde.[8]

---

7 *Lettre de Rousseau à Du Parc* [*Dom Deschamps*] (12 set. 1761), in: *Correspondance Générale de J.-J. Rousseau*, t.VI, p.209-10. Comparar com Pascal a caracterização do *esprit de finesse*: "E os espíritos finos, ao contrário, tendo assim se acostumado a julgar com um único enfoque — quando lhes são apresentadas proposições das quais nada compreendem e para cujo ingresso é preciso passar por definições e princípios que são tão estéreis quanto aqueles espíritos não têm o costume de ver em porme-nor — ficam tão surpresos que se desencorajam e delas desgostam" (Pascal, *Pensées et opuscules philosophiques*, p.319 [ed. bras.: *Pensamentos*, p.237]). Marcar, todavia, o deslizamento da significação do seu contexto psicológico-retórico (Pascal) para o seu contexto antropológico-metafísico (Rousseau).

8 "Talvez se pergunte o que resta da filosofia, quando ela perdeu seus direitos ao *a priori*, ao sistema ou à construção, quando já não passa o prumo da experiência. Resta quase tudo. Pois o sistema, a explicação, a dedução nunca foram o essencial.

Leitura e interrogação: uma aula de 1966

É preciso, pois, antes de justificar a escolha de nosso tema, que forneçamos as razões que podem sustentar o ponto de vista que escolhemos para abordá-lo. Para tanto, será preciso mostrar que é possível encontrar um sentido para uma obra num espaço diferente daquele instaurado pela intenção do autor, para além do que disse e queria dizer, que a obra contém em si uma espécie de "superabundância" de significações. Isto significa que justificar nossa perspectiva consistirá, simultaneamente, na definição dos limites do estruturalismo. Pois o estruturalismo pode ser definido como a atitude que entende a explicação do movimento da reflexão que se efetua entre o que o filósofo disse e o que ele queria dizer. Com efeito, o estruturalismo, entendido não apenas como técnica (pois neste sentido ele coincidiria com a exigência da leitura cuidadosa), mas como um método, nos reenvia a um pressuposto fundamental: o filósofo é integralmente responsável pelo que diz.

Se há um pressuposto no método estruturalista – e é o único, e o que caracteriza a sua total isenção – é que o filósofo é considerado responsável pela totalidade de sua doutrina, assumida como tal por ele e que é, portanto, na sua compreensão dela, explicitada ou implícita nela, que se deve buscar a inteligência de suas asserções.[9]

Mas, como deve ser lida esta frase, qual o alcance desta noção de responsabilidade? O estruturalista recusa à obra toda significação que não

---

Tais arranjos exprimiam – e escondiam – uma relação com o ser, com os outros, com o mundo. Apesar da aparência, o sistema nunca foi outra coisa senão linguagem (e como tal era precioso), para traduzir uma maneira cartesiana, espinosista, leibniziana de se situar em relação ao ser, e, para que a filosofia perdure, basta que tal relação permaneça como problema, que não seja tomado como algo ordinário, que o *tête-à-tête* subsista entre o ser e aquele que, em todos os sentidos da palavra, sai do ser, julga, acolhe, repele, transforma e finalmente o abandona" (Merleau-Ponty, "Partout et nulle part", in: *Eloge de la philosophie et autres essais*, p.239-40 [ed. bras.: "Em toda e em nenhuma parte", in: *Textos selecionados*, p.236). Mostrar que não se trata de um texto psicologista.

9 Porchat, "Prefácio introdutório", in: Goldschmidt, *A religião de Platão*, p.10.

seja aquela constituída pelo projeto demonstrativo do autor: além daquilo que o autor quer dizer em sua obra – ou daquilo que ele *diz*, mais ou menos explicitamente –, nada mais há do que o chão desértico onde pode vaguear a incontrolada subjetividade do leitor. O seu domínio é, assim, o da obra em sua plena atualidade, do que foi inequivocamente dito e é, sem problemas, verificável. Em uma palavra: para ele, o Discurso está integralmente em ato, nada há nele que esteja seriamente em estado de latência ou, na linguagem de Heidegger, em "incubação".[10] É assim que a explicação pode substituir o texto explicado: os dois textos transmitem a mesma mensagem. O leitor ideal se identifica com o próprio escritor: não há diferença estrutural entre o dizer e o ouvir, entre o ler e o escrever – entre um e outro só há lacunas da compreensão, neste universo em que o *Logos* foi integralmente objetivado, onde ele é dissecado do ponto de vista "neutro" da argumentação.[11] Em outras palavras, se o discurso é um objeto entre outros, o ler passa a ser a verdade do escrever e o leitor se transforma no único escritor consequente. A leitura é a total explicitação do escrito e o historiador é alguém que, mais paciente do que o filósofo, se dá o trabalho de pôr a claro as mediações demonstrativas que este se poupou. O filósofo nos transmite uma mensagem trancada e o historiador no-la restitui em sua integridade. É assim que a responsabilidade, tal como é pensada pelo estruturalista, parece, ao mesmo tempo, demasiado pesada e demasiado leve para o filósofo. Demasiado pe-

---

10 Cf. Heidegger, *Le Principe de la raison*, p.248-9: "É somente no século XVII que Leibniz reconheceu como princípio fundamental a ideia, há muito tempo corrente, de que nada existe sem razão. Nesse pequeno princípio, nessa proposição geral haveria algo de grande e de único a surgir? Durante esse tempo de incubação inabitualmente longo, era um despertar inabitual que se preparava, não admitindo, o pleno sol de uma vigília, nenhum sono a mais, menos ainda uma incubação, um sono no templo?". Comparar com a desmistificação da ideia de Nada como mola secreta da metafísica ocidental, na obra de Bergson.

11 Não há como não lembrarmos aqui o texto de Merleau-Ponty: "Uma verdadeira conversa me faz ter acesso a pensamentos que não me ocorriam, dos quais não era capaz, e me sinto às vezes acompanhado por um caminho que me era desconhecido e que meu discurso, relançado por outrem, está em vias de trilhar para mim" (Merleau-Ponty, *Le Visible et l'invisible*, p.29 [ed. bras.: p.24]). Comentá-lo: intersubjetividade e a supressão da hipótese preguiçosa do mundo inteligível.

Leitura e interrogação: uma aula de 1966

sada: o filósofo seria o demiurgo onisciente do universo que constrói com suas palavras – a obra deveria ser-lhe integralmente transparente, nenhum resquício deveria permanecer do corpo a corpo com a linguagem: Rousseau seria irresponsável. Demasiado leve: todas as novas aventuras do pensamento – tornadas possíveis pelo seu dizer – escapam à sua responsabilidade e são aspiradas para o interior de um universo completamente *outro*: Malebranche se torna um marciano aos olhos de Descartes e o conceito de cartesianismo se esvazia de toda significação possível.[12]

Começamos já a vislumbrar como o pressuposto "mínimo" do estruturalismo é menos inocente do que poderia parecer à primeira vista e está longe da neutralidade a que pretende em relação às escolhas filosóficas. Resta-nos, justamente, explicitar esse conteúdo, tentar elucidar as escolhas metafísicas que subtendem o projeto da neutralidade. Tornar o filósofo responsável por suas teses, no sentido do estruturalismo, significa pressupor que o discurso filosófico é integralmente *explicitável*: em outras palavras, é pressupor que *é possível dizer tudo*. Se dizer algo é calar outra coisa, trata-se, para o estruturalista, de um silêncio apenas provisório. Na passagem que se operou do filósofo ao historiador a única transformação que se pôde observar foi uma multiplicação de rigor, um acréscimo de clareza. O *Descartes* de Gueroult corresponde exatamente às *Meditações* de Descartes; trata-se, no fundo, *do mesmo livro,* mas tal como seria escrito por um Descartes que fosse integralmente Descartes. Não se trata, propriamente, de um livro "sobre" Descartes, mas de um livro que retoma a palavra cartesiana, pondo em evidência todos os elos da longa cadeia de razões que até então haviam permanecido na sombra. Descartes é um Gueroult parcial e Gueroult é um Descartes liberto de suas limitações; seu livro preenche todas as lacunas deixadas em branco pelo livro de Descartes. Mas este acréscimo de rigor não corresponde – como se pretende – apenas a uma intensificação na minúcia da argumentação. Na realidade, passamos de um plano a outro:

---

12 Os textos de Merleau-Ponty sobre a História da Filosofia encontram-se em *Le Visible et l'invisible*, nas notas colocadas em apêndice, particularmente: p.229; 237-9; 248-50 [ed. bras.: *O visível e o invisível*, p.172; 178-80; 187-9].

368

é o próprio discurso que muda de natureza. Fala-se *sobre* o discurso, ao mesmo tempo que se o retoma em seu próprio nível. Língua e metalíngua são projetadas num único plano; não subsiste nenhuma distância entre uma e outra (e esta coincidência reflete a identificação entre as perspectivas do historiador e do filósofo). Aparentemente, o procedimento consiste, apenas, na suspensão do juízo em relação à pretensão de verdade que habita a obra. A atitude do historiador se apresenta como uma *modificação* da atitude do leitor comum – que passa a aparecer como *ingênuo*. Na leitura comum, o leitor se movimenta entre o que o texto diz (do mundo) e o mundo tal como lhe aparece (o mundo do leitor): pois o estilo dessa leitura é o da crítica, a aceitação ou recusa da verdade a que pretende o autor. Em sua leitura "modificada", o historiador cancela o seu próprio mundo e passa a habitar o universo do discurso: além da crítica ou da aceitação, além da pretensão de verdade que habita o texto, resta-lhe descrever objetivamente as suas estruturas. Mas esta modificação empresta nova natureza ao texto lido: no jogo de espelhos que faz com que a explicação e o explicado, a linguagem e a metalinguagem se superponham, o texto é encerrado num isolamento narcisístico que antes desconhecia. Gaston Bachelard assim caracteriza a imagem de Narciso:

> Mas Narciso na fonte não está somente entregue à contemplação de si mesmo. Sua própria imagem é o centro de um mundo. Com Narciso, para Narciso, é toda a floresta que se mira, todo o céu que vem tomar consciência de sua grandiosa imagem.[13]

E, a seguir, cita a seguinte frase de Joaquim Gasquet: "*O mundo é um imenso Narciso pensando a si mesmo*".

Assim como Narciso se transforma no centro do mundo (fazendo que o mundo só se torne visível através de sua ótica), a obra aparece, em toda a força da expressão, como uma "nova edição do real"; o mundo se transforma na obra em via de se pensar – através da análise do historiador. Eis

---

13 Bachelard, *L'Eau et les rêves*, p.36 [ed. bras.: *A água e os sonhos*, p.26-7].

Leitura e interrogação: uma aula de 1966

portanto a obra que se torna um Pensamento que se pensa a si mesmo e projeta, para fora de si, o real como uma sombra inessencial. E, ao mesmo tempo, pelo trabalho analítico do historiador, nada permanece em potência no interior desse Pensamento do pensamento. Em que podemos pensar nós senão na definição aristotélica de Deus? Vejamos o seguinte texto da *Metafísica*:

> Ora, o Pensamento que é por si é o pensamento do que é melhor por si, e o Pensamento soberano é aquele do Bem soberano. A inteligência se pensa ela própria apreendendo o inteligível, pois ela se torna, ela própria, inteligível entrando em contato com o seu objeto e pensando-o, de sorte que há identidade entre a inteligência e o inteligível: o receptáculo do inteligível, isto é, da substância formal, é a inteligência, e a inteligência está em ato quando ela está de posse do inteligível. Assim, antes do que a potência, é a atualidade do elemento divino que a inteligência parece encerrar, e o ato da contemplação é a beatitude perfeita e soberana. Se, pois, esse estado de alegria que possuímos apenas em alguns momentos Deus o possui sempre, isto é admirável; e se ele o tem maior, isso é mais admirável ainda. E é assim que ele o tem. E a vida também pertence a Deus, pois o ato da inteligência é a vida e Deus é esse ato mesmo; e o ato que subsiste em si de Deus é uma vida perfeita e eterna. Assim chamamos Deus de um vivente eterno e perfeito; a vida e a duração contínua e eterna pertencem pois a Deus pois é isso mesmo que é Deus.[14]

Vemos assim finalmente qual é o sentido do ideal de uma explicitação total do discurso filosófico: ele nos conduz à ideia de um *Logos* infinito, encerrado em sua perfeição e em sua plenitude. Ele é um dizer que não mais se destaca do fundo de um silêncio primitivo. Já o dissemos: para os estruturalistas todo silêncio ou é provisório ou não é significativo – o dizer filosófico não tem lacunas; toda significação pode ser *diretamente* captada, veiculada e iluminada pela linguagem. Curiosamente – embora Hegel apareça para o estruturalista como o mal absoluto já que sua concepção da

---

14 Aristóteles, *La Métaphysique*, t.II, p.681-3 (λ, 1072b18-30) [ed. bras.: *Metafísica*, p.258-9].

história da filosofia implica uma espécie de "canibalismo dos sistemas" – é possível encontrar, na raiz do estruturalismo, uma concepção dos sistemas filosóficos que é de tipo hegeliano. Não é por acaso que o texto aristotélico que citamos aparece justamente ao termo da *Enciclopédia* de Hegel, logo após os parágrafos dedicados à *ideia de filosofia*.[15] Com efeito, o professor Lebrun nos mostrou, no ano passado, como para Hegel o *Logos,* à medida que se instaura, devora com a sua Verdade até mesmo o tempo real de sua enunciação. É bem verdade que, então, sua intenção era mostrar os limites do estruturalismo, mostrando a impossibilidade de uma leitura da filosofia de Hegel segundo uma "ordem das razões" qualquer. Citando:

> Ademais, seria trair o sistema e deixar escapar o critério de verdade que lhe é intrínseco, traduzir tal verdade em uma ordem cujas razões se desdobrariam em um espaço lógico. Assim também o "discurso" hegeliano anula até mesmo o tempo que parecia necessário para que ele fosse proferido: suas pulsações não estão dispostas em nenhuma duração. Inteiramente recolhido sobre si e em cada ponto de seu percurso, ele recusa de antemão toda cronologia racional que quisessem lhe impor.[16]

Se é possível, assim, encontrar em Hegel algo como um limite do estruturalismo – ou, na sua concepção da história do pensamento, uma visão que está para além da crítica estruturalista que vê nela um dogmatismo – nem por isso deixa de ser verdade que estamos diante da mesma concepção da filosofia ou do sistema como um dizer absoluto que deixa fora de si apenas a existência bruta.[17] Em um caso como em outro, pressupomos uma concepção intelectualista da linguagem que faz com que o signo em sua materialidade e em sua descontinuidade se eclipse diante da luminosidade

---

15 Hegel, *Encyclopédie des sciences philosophiques en abrégé,* §§ 573-577 [ed. bras.: *Enciclopédia das ciências filosóficas em compêndio* [1830], v.III].

16 Lebrun, capítulo "Le rapport entre logique et histoire de la philosophie".

17 Cf. Kierkegaard, *Journal,* p.113 (9 jul.-10 ago. 1840): "Também os hegelianos separam existência e realidade, todo fenômeno exterior é existente, mas só é real na medida em que ingressa na ideia".

Leitura e interrogação: uma aula de 1966

total do significado, que a linguagem se apague para dar lugar à aparição do Pensamento que preexistia – em seu sono numênico – a esta roupagem que lhe é exterior. Em Hegel é esta concepção puramente "expressiva" da linguagem que permite a ideia de uma supressão da arte e sua substituição pela religião e pela filosofia: através desses *signos* que são as obras de arte podemos vislumbrar o absoluto que só parcialmente se filtra por esses canais demasiadamente estreitos. No estruturalismo é essa mesma concepção intelectualista da linguagem que pressupõe, para além do que o filósofo disse com os "*moyens du bord*", o perfil inalterado e nítido de um pensamento inequivocamente determinável.

Mas, para que nossas observações tenham consistência, é preciso demonstrar que, efetivamente, o ideal de uma explicitação total implica necessariamente nossa "infinitização" da linguagem que é, paradoxalmente, a sua própria morte. Há com efeito pelo menos um domínio em que a reflexividade da linguagem – a possibilidade de falar sobre a linguagem – torna possível algo como uma determinação exaustiva de sua estrutura e de seus valores. É justamente na matemática que se abre essa possibilidade, e isto simultaneamente com a instalação do projeto de formalização e de axiomatização. É viável, com efeito, construir "línguas artificiais" onde, a partir de certos axiomas, é possível construir, ao menos de direito, *todas* as proposições que as constituem, isto é, que permitem que diante de qualquer proposição sejamos capazes de atribuir-lhe um valor de falsidade ou de verdade – isto é, se pertencem ou não ao universo construído. Isto é, nessas condições, nada há no sistema que não possa, explícita e rigorosamente, ser construído segundo certas regras dadas. Por que não poderia ocorrer o mesmo com os discursos filosóficos? Para vermos a impossibilidade dessa transposição é necessário considerarmos dois fatos:

a) A possibilidade de uma análise exaustiva dos sistemas só é dada em certos campos – e não os mais importantes e vastos – da matemática. Assim como o nome de Hubert está ligado ao projeto de formalização e de axiomatização da matemática, o nome de Kurt Gödel está ligado à descoberta dos limites desse projeto. A importância da obra de Gödel reside justamente em ter mostrado:

(1) Pode-se indicar proposições aritméticas XX de natureza comparativamente elementar que são evidentemente verdadeiras e, contudo, não podem ser deduzidas no interior do formalismo. (2) A fórmula XX que expressa a consistência de M não é, ela própria, deduzível em M. Mais precisamente, uma dedução de XX ou ~XX no interior do formalismo levaria diretamente a uma contradição em M, isto é, à dedução, em M, da fórmula ~(1=1).[18]

O que significa, simplesmente, que há no interior do sistema da aritmética *mais* determinações do que pode explicitar uma análise formal. Foi a partir desses dados que, no ano passado, o professor A. Raggio, procurou encontrar – passando da análise puramente lógica dos sistemas formais para a análise filosófica dos níveis da racionalidade – o fundamento para uma teoria, referida a Kant, de uma essencial finidade do sujeito humano no conhecimento.

b) Mesmo que houvesse no campo do formalismo a possibilidade de uma exaustão de todos os sistemas (tal como está pressuposto na ideia husserliana da ontologia formal), o mesmo poderia não ocorrer necessariamente no nível da linguagem "natural". É possível pensar, com efeito, uma ruptura da passagem da linguagem puramente formal à linguagem natural, seja a do cotidiano, seja a da filosofia. É justamente a afirmação dessa descontinuidade que marca, segundo Foucault, a passagem à filosofia "moderna", isto é, aquela que se constitui, no começo do século passado [XIX] ou nos fins do século XVIII, em ruptura com o pensamento clássico. Enquanto no período clássico as linguagens históricas são pensadas como formas mais ou menos aproximadas duma linguagem racional (ou *natural* num novo sentido, não mais oposto a artificial mas a histórico) que se configura, por exemplo, no ideal leibniziano de uma *característica universal,* no período posterior a matemática passa a ser pensada na sua distância absoluta em relação à linguagem. A rigor, segundo o mesmo autor, não se pode sequer falar em *linguagem,* a respeito dos formalismos. E são os

---

18 Weyl, *Philosophy of Mathematics and Natural Sciences,* p.219, e Nagel; Newman, *La prueba de Gödel.*

Leitura e interrogação: uma aula de 1966

próprios filósofos ingleses da análise – descendentes de B. Russell e de Wittgeinstein e, a esse título, insuspeitos – que insistem nessa radical heterogeneidade.[19]

Decerto, a análise clássica já reconhecera um disparate análogo entre os conceitos empíricos e os conceitos da lógica; tal dicotomia, porém, é muito insuficiente. Falar de nossas sensações, por exemplo, é jogar um jogo linguístico. Falar dos objetos é jogar um outro jogo, muito diferente: quem quisesse reduzir um ao outro procederia como quem falasse de tênis em termos de futebol. Não se pode demonstrar a hierarquia dos conceitos de uma língua, como queriam os analistas clássicos, porque em seu princípio, e não em virtude de não sei que defeito da língua, uma tal hierarquia não existe.[20]

E, curiosamente, talvez seja no interior da linguística "estruturalista" que poderemos encontrar as razões que permitem a afirmação dessa radical heterogeneidade. Com efeito, o princípio dessa linguística reside na afirmação da dependência do significado em relação aos signos que a manifestam. Não há uma correspondência, ponto por ponto, entre dois universos independentes: a linguagem e o pensamento. Pelo contrário, a significação emerge no espaço "vazio" que separa dois signos: ela é diferencial ou diacrítica. Como diz Merleau-Ponty:

Aprendemos com Saussure que os signos, individualmente, nada significam, que cada um deles expressa menos um sentido do que uma separação de sentido entre ele próprio e os outros.[21]

No domínio do discurso ou da linguagem, "natural", o dizer e o calar se entrelaçam intimamente: a significação não aparece dentro da luz total, mas apenas nos meios tons do crepúsculo, entre o cão e o lobo. Assim

---

19 Cf. Urmson, *La Philosophie analytique* (*Cahiers de Royaumont*, n.IV).

20 Ibid., p.16-7.

21 Merleau-Ponty, "Le langage indirect et les voix du silence", in: *Signes*, p.49 [ed. bras.: "A linguagem indireta e as vozes do silêncio", in: *O olho e o espírito*, p.67].

cada língua histórica (ou cada estilo e cada obra) corresponde a uma certa escolha do que deve ser dito e do que deve ser calado.

Pois bem, se libertamos nosso espírito da ideia de um *texto original* cuja tradução ou versão cifrada seria nossa linguagem, veremos que a ideia de uma expressão completa constitui um "sem sentido", que toda linguagem é indireta ou alusiva; é, se se quiser, silêncio. A relação entre o sentido e a palavra já não pode ser esta correspondência ponto por ponto que sempre temos em vista. Saussure assinala ainda que o inglês, ao dizer *the man I love*, exprime tão completamente como o francês que diz *l'homme "que" j'aime*. O relativo, dir-se-á, não está expresso pelo inglês. A verdade é que, em vez de estar por uma palavra, está por um branco entre as palavras que ele introduz na linguagem. Mas não dizemos, todavia, que aí está subentendido. Essa noção de subentendido exprime ingenuamente nossa convicção de que uma língua (geralmente nossa língua natal) conseguiu captar em suas formas as próprias coisas e que toda outra língua, se quiser também alcançá-las, deve usar, ao menos tacitamente, instrumentos semelhantes. [...] A ausência de signo pode ser um signo e a expressão não é um ajuste a cada elemento do sentido de um elemento do discurso, mas uma operação da linguagem sobre a linguagem que subitamente se descentra em direção do seu sentido. Dizer não é pôr uma palavra sob cada pensamento: caso o fizéssemos, nada seria jamais dito, não teríamos o sentimento de viver na linguagem, e permaneceríamos em silêncio, porque o signo se eclipsaria imediatamente diante de um sentido que seria o seu e porque o pensamento jamais voltaria a encontrar mais do que pensamentos: aquele que quer exprimir e aquele que formaria com uma linguagem totalmente explícita. [...] A linguagem é por si oblíqua e autônoma e, se chega a significar diretamente um pensamento ou uma coisa, é apenas por um poder segundo, derivado de sua vida interior.[22]

Mas que significaria este reconhecimento de uma finidade essencial do discurso — ou de seu caráter sempre indireto — senão, quando se trata, como é nosso caso, da filosofia e não apenas da linguagem corrente, de uma escan-

---

22 Ibid., p.54-6 [ed. bras.: p.72-3].

Leitura e interrogação: uma aula de 1966

dalosa cumplicidade com a equivocidade da linguagem filosófica? Se assim fosse, estaríamos à mercê de um duplo ataque: 1) a crítica do lógico que aqui veria apenas a confissão de que a filosofia corresponde a uma espécie de doença da linguagem, de um uso do discurso para além dos limites dentro dos quais é legítimo, para além de uma possível decisão entre a falsidade e a verdade; 2) o ataque do estruturalista que aí veria apenas uma recusa de compreender integralmente o texto, uma recusa interessada, que abriria um amplo espaço para a liberdade ou arbitrariedade da "interpretação". Mas não estamos aqui diante de uma cumplicidade com a linguagem equívoca, e de um uso da equivocidade como o território privilegiado do devaneio. Trata-se, como já foi sugerido, de reconhecer que o discurso filosófico é irredutível à linguagem simbólica e que sua pretensão de verdade o coloca numa relação com o Ser e com o significado que o obriga a passar a uma nova instância. Mais próximo da linguagem de todos os dias, pois o discurso filosófico pode alimentar-se do "volume interno" dessa linguagem, é ao mesmo tempo mais distante dela, pois é a problematização global do alcance da linguagem. Como diz Paul Ricoeur:

> É na própria estrutura da reflexão que reside o princípio de um limite das exigências da lógica simbólica; se não há algo como o transcendental, a intolerância da lógica simbólica não tem réplica; mas, se o transcendental é uma dimensão autêntica do discurso, então ganham força, novamente, aquelas razões que é possível opor à pretensão do logicismo, a de medir todo discurso com seu tratado dos argumentos, e que, na falta de fundamento, nos pareceram ficar "no ar".[23]

Como e por que emerge aqui o tema do transcendental? O que significa atribuir, aqui, uma dimensão transcendental ao discurso? Ao contrário do que poderia parecer, nada há aqui de um *deus ex machina* que transportasse para nós o *onus probandi*. Referir a uma dimensão transcendental do discurso nada mais significa, pelo menos em um primeiro momento, do que apontar, em negativo, para a *metafísica* implícita no estruturalismo e em sua

---

23 Ricoeur, *De l'Interprétation*, p.60.

concepção da linguagem filosófica. Essa referência nos serve para mostrar como o ideal da explicitação total nos reenvia de alguma maneira a um *objetivismo* metafísico. À ideia de *verificação* do positivismo corresponde a ideia estruturalista da explicitação da estrutura da argumentação, e tanto uma ideia como a outra nos reenviam a uma concepção da ideia de Verdade que repousa, sem sabê-lo, sobre a ontologia do Grande Objeto. A recusa da ambiguidade é, amiúde, mais do que uma simples vontade de compreender até o fim; ela é frequentemente o resultado de uma atitude que faz da Verdade um *objeto*. Ou de uma atitude que transforma o pensamento em argumento, em demonstração. Invocar o tema do transcendental significa, em nosso caso, apontar para a possibilidade de uma compreensão mais vasta do pensar filosófico e de uma recusa de decidir, desde o início, a respeito da natureza da verdade.

Mas o estruturalismo, na medida em que se recusa a pensar o discurso a não ser no interior do espaço que ele próprio constitui, ou que se recusa a se aproximar de uma filosofia a partir de uma outra filosofia já constituída, não escapa justamente a toda ingenuidade filosófica e a todo dogmatismo? O estruturalismo considera, justamente, cada filosofia como uma "nova edição do real" e não postula nenhuma realidade comum que a preceda a partir da qual seja possível julgá-la em sua adequação ou em seus limites. Cada filosofia é uma mônada que se constitui como tal justamente na medida em que corta as amarras com a linguagem comum de que emerge. Nenhuma continuidade há entre a experiência pré-filosófica da cultura e da linguagem e a filosofia enquanto tal. Mas não poderíamos dizer que cada universo do discurso emerge do *koinos cosmos* da percepção? Reportando--nos a Merleau-Ponty, poderíamos encontrar, no paradigma da percepção, uma maneira de evitar, ao mesmo tempo, o objetivismo dogmático (pois o horizonte envolvente da percepção é *transcendental* e não coincide com a totalidade das coisas percebidas) e o monadismo, já que todas as filosofias *falam da mesma coisa* e, até certo ponto, com a mesma linguagem, abrem-se para o mesmo mundo e para o mesmo ser. Não há dúvida de que permanece a aporia de que parte o estruturalismo — a relação entre a filosofia e a sua história não vê eliminada dogmaticamente a sua problematicidade —, mas o que se ganha é a possibilidade de legitimar a polêmica filosófica (a

Leitura e interrogação: uma aula de 1966

promiscuidade entre os "sistemas") e reconhecer a pretensão de verdade das várias filosofias. De outra maneira, toda polêmica seria condenada como desconhecendo a própria natureza da filosofia e o leitor – supondo que tivesse acesso ao coração do discurso – deixaria de ser "envolvido" por ele.

Uma vez operada essa mudança de atitude, a obra deixa de ser fechada em si mesma, objetivada, na condição de série estruturada de argumentos sobre um Ser que ela própria secreta. Ela passa a ser considerada como um interrompido diálogo sobre..., que pode ser reassumido e retomado em seu ponto final, que nos permite retomar a Palavra e interrogar essa voz que se tornou muda a respeito do mundo que nos cerca e do Ser que habitamos. Aristóteles definia a ciência como *exis* (*habitus*) da alma; com isto, queria significar a passagem da ciência – como sistema de juízos – à atualidade pela operação da alma que reitera tais juízos. Lendo e interrogando a obra, a filosofia passa a ser *exis* não apenas na medida em que é ressurreição do sistema de argumentos gravados na obra, mas também no sentido de que os prolongamos para o "fora" que os circunscreve, retomando o fio interrompido do Pensar. E do pensamento poder-se-á dizer o que já se disse do mar, que é *toujours renouvelée*. E em cada obra, em cada sistema "morto", como em cada concha que o mar lança à praia, sempre será possível escutar o murmúrio constante do pensamento vivo que se renova.*

---

* Nota marginal do autor: "A promiscuidade do sistema no interior do campo aberto pelo dizer grego. O passado filosófico não está *atrás* de nós mas *em nós*".

A filosofia das Luzes e as metamorfoses do espírito libertino*

> *O princípio autêntico de nossos costumes reside tão pouco nos juízos especulativos que formamos sobre a natureza das coisas, que não há nada mais comum do que cristãos ortodoxos que vivem imoralmente e libertinos de espírito que vivem com moralidade.*
>
> Pierre Bayle[1]

> *Editores e livreiros setecentistas usavam a expressão "livros filosóficos" para designar sua mercadoria ilegal, fosse ela irreligiosa, sediciosa ou obscena. Não se importavam com distinções mais refinadas, já que a maioria dos livros proibidos era ofensiva por várias vias. No jargão desse comércio,* libre *significava às vezes "lascivo", mas evocava também o libertinismo do século XVII — isto é, o livre-pensamento. Por volta de 1750, o libertinismo dizia respeito tanto ao corpo quanto ao espírito, à pornografia e à filosofia. Os leitores sabiam reconhecer um livro de sexo*

---

* Extraído de Adauto Novaes (Org.), *Libertinos e libertários*. São Paulo: Companhia das Letras, 1996.

1 Bayle, *Dictionnaire*, art. "Arcesilas", apud Hazard, *A crise da consciência europeia* (1680-1715), p.107.

A filosofia das Luzes e as metamorfoses do espírito libertino

> *quando viam um, mas esperavam que o sexo servisse como veículo para*
> *ataques à Igreja, à Coroa e a toda espécie de abuso social.*
>
> Robert Darnton[2]

I

Antes de começar a justificar o título desta exposição, é preciso refletir sobre o contexto em que ela se desenrola. Ou seja, no contexto de um simpósio sobre *libertinos* e *libertários*.

Comecemos, portanto, por refletir sobre a conjunção entre essas duas palavras, e sobre o interesse que há hoje em conjugá-las, mesmo que nos limitemos a focalizar a conectiva e que não envolvamos necessariamente nenhuma implicação recíproca ou *relação interna*.

É preciso, antes de mais nada, formular algumas questões semânticas, que jamais são ociosas. Tanto a palavra *libertino* como *libertário*, como todas as palavras ou as ideias em geral, têm história – e essas duas palavras, de origem comum, têm histórias que não podem ser superpostas com exatidão. Digamos desde já que não nos interessa opor uns a outros, que não queremos sugerir alguma incompatibilidade lógica ou fundar uma diferença histórico-social entre *libertinos* e *libertários*. Ou seja, é difícil negar que, do século XVII ao XVIII (e mesmo desde o XVI), os chamados *libertinos* eram de algum modo *libertários*.

Nossa questão preliminar visa, antes de mais nada, o imperativo da *diferenciação*, tanto conceitual como histórica, para evitar os escolhos, dificilmente contornáveis, do anacronismo e da confusão conceitual. Noutras palavras, o que anunciamos, com a expressão dessa precaução, é que os diferentes cruzamentos entre essas noções irmãs, ao longo dos últimos cinco séculos, podem ensejar confusão de ideias, de formas de vida e de pensamento muito diferentes.

---

2 Cf. Darnton, "Sex for thought", *The New York Review of Books* (22 dez. 1994) [ed. bras.: "Sexo dá o que pensar", in: Novaes (Org.), *Libertinos e libertários*, p.24-5].

De um lado, é impossível imaginar um contemporâneo nosso que não ligue a ideia de libertinagem (para provocar outro forte curto-circuito anacronizante) com o *"dérèglement des sens"* (século XIX) ou, mais cruamente, com a *débauche* ou a orgia sexual, numa palavra, com a *transgressão*. Um pouco como, já antes do nascimento da modernidade, o epicurista era visto como *débauché* ou libertino *avant la lettre,* como está expresso na fórmula clássica que anatemiza os "porcos da grei de Epicuro" – tudo isso na contracorrente da elevada reflexão ética dessa respeitável tradição filosófica.

Alguém dirá que sempre foi assim. Testemunho disso é a precoce autodefesa dos libertinos. Assim, podemos ler sob a pena dos chamados "libertinos eruditos" do século XVII parágrafos tão esclarecedores como o seguinte, de Guy Patin:

> O sr. Naudé, bibliotecário do sr. cardeal Mazarin, amigo íntimo do sr. Gassendi, bem como amigo meu, convidou-nos para, no próximo domingo, jantarmos e dormirmos, nós três, em sua casa em Gentilly, com a condição de que fôssemos apenas os três, e que lá nos consagrássemos à *débauche*, mas só Deus sabe que *débauche*. O sr. Naudé só bebe água, jamais degustou vinho. O sr. Gassendi é tão delicado que não ousaria degustá-lo, e pensa que seria queimado se bebesse vinho... Quanto a mim, só posso deitar pó sobre a escrita desses dois grandes homens, e bebo muito pouco – e, no entanto, será uma *débauche*, mas filosófica, e talvez algo mais; talvez nós três, curados do lobisomem e libertos da doença dos escrúpulos, que é a tirana das consciências, possamos nos aproximar do santuário. Fiz, no ano passado, essa viagem a Gentilly com o sr. Naudé, somente nós dois, *tête-à-tête*; não havia testemunhos e eles não eram necessários; lá pudemos falar de tudo, muito livremente, sem escandalizar ninguém.[3]

É bem verdade ainda que, no mesmo século, autores insuspeitos (à primeira vista ou através dos óculos da retrospecção), como se pode observar no texto de Bayle em epígrafe, insistiam na *pureza* do espírito libertino.

---

3 Apud Pintard, *Le Libertinage érudit dans la première moitié du XVIII siècle*, p.326.

A *filosofia das Luzes e as metamorfoses do espírito libertino*

De outro lado, é impossível não reconhecer algo como uma *lógica histórica* que conduz do século XVI até hoje – o movimento geral da *Aufklärung* ou das *Lumières* que, visando o peso deformador de toda tradição, ataca diretamente a forma de organização social dominante (Antigo Regime ou capitalismo) e exprime a aspiração a uma forma de humanidade mais pura no futuro, ao mesmo tempo mais humana e racional. De Rabelais aos surrealistas e aos anarquistas, é certo que uma mesma inspiração ou aspiração parece perpassar.

Mas serão, de fato, a mesma inspiração e os mesmos pulmões? Os bons impulsos do coração guardarão, ao longo desses poucos séculos, o mesmo sentido, a mesma direção? É o que podemos nos perguntar. Há já várias décadas, Lucien Febvre mostrava em *Le Problème de l'incroyance au XVIème siècle* quanto de anacronismo estava implicado na atribuição retrospectiva de *ateísmo* a Rabelais.[4] O mesmo Rabelais que, a seguir o doce declive ou inclinação da leitura retrospectiva, estaria na origem (ou na perspectiva) de tudo o que é bom no chamado pensamento moderno: ateísmo, materialismo, ceticismo, libertinismo, livre-pensamento etc.

II

Entre Caríbdis e Cila, é urgente portanto encontrar um caminho intermédio que permita conciliar evidências assim tão inimigas. De um lado, reconhecer a continuidade inequívoca da *Aufklärung*; de outro, assimilar a ideia de que à rememoração do passado (mesmo próximo) pode corresponder a ignorância ou esquecimento.

Voltemos a nosso ponto de partida: que significam palavras como *libertino* e *libertário*? Nos dias de hoje, são vocábulos que incitam nossa imaginação por motivos vários. Mas é preciso discriminar as formas contemporâneas desse *revival* que tem muito de esquecimento e assume formas tão opostas como as da adesão imediata e do distanciamento crítico.

---

4 Febvre, *Le Problème de l'incroyance au XVIe siècle: la religion de Rabelais.*

Para bem compreender as metamorfoses tanto da filosofia como do espírito libertino nos séculos XVII e XVIII, seria preciso também fazer a história da acolhida e da interdição da literatura libertina durante os séculos XIX e XX. Desde a sua paradoxal *preservação* no "Inferno" da Biblioteca Nacional (que, curiosamente, como observa Darnton, não se localiza no porão do edifício), preservação que mantinha esses livros fora do alcance do leitor, ou pelo menos do leitor comum. Os livros não foram queimados no século XIX (como desejaria, talvez, uma mentalidade mais jurídica ou policial), mas sua leitura era proibida. Daí, ou desse momento, até as sucessivas fases da reabilitação dessa literatura, de Baudelaire ao surrealismo, para usar o título de um livro muito sugestivo de Maurice Nadeau.

Etapas sucessivas que podem ser descritas como o aprofundamento ou o alargamento do espaço de acolhida dessa literatura passada. Pensemos nas poucas décadas, em nosso século, que separam as edições de Sade promovidas por J.-J. Pauvert (que teve, por isso, problemas com a Justiça) e a recente entronização do divino marquês entre os grandes clássicos, na Bibliothèque de la Pléiade. Sem falar nas mais recentes edições que finalmente oferecem ao público o que há de mais infernal na bibliografia que estava segregada no "Inferno" da Biblioteca Nacional em Paris. Penso aqui na antologia dos *Romances libertinos do século XVIII* (Éd. Robert Laffont, 1993) elaborada por Raymond Trousson,[5] que é também responsável por um longo e iluminador prefácio de que muito nos serviremos nesta conferência. Ou ainda nos sete volumes do "Inferno" da Biblioteca Nacional, que incluem os romances eróticos de Mirabeau e de Restif de la Bretonne, primeiro e segundo volumes respectivamente; e mais cinco volumes de obras anônimas. Tudo isso sem contar uma antologia que já havia sido publicada na própria Bibliothèque de la Pléiade da Gallimard.

Mas esse *retorno do reprimido* não implica necessariamente uma abertura dos canais da compreensão. Escolhas teórico-práticas contemporâneas podem opor-se a elas, mesmo quando levam a uma reapreciação positiva dessa tradição literária e filosófica. É o que podemos verificar, comparando

---

5 Trousson (Éd.), *Romans libertins du XVIIIe siècle*.

A filosofia das Luzes e as metamorfoses do espírito libertino

duas atitudes contemporâneas, simetricamente opostas, em face da tradição da libertinagem.

A primeira delas é representada pela crítica *feminista* da literatura libertina. Recorro aqui, mais uma vez, ao belo ensaio de Robert Darnton. Aí podemos ler:

> Depois de ler as obras de 150 anos de pornografia, achei difícil resistir à conclusão de que algumas feministas não entenderam bem as coisas. Ao invés de condenar sumariamente toda pornografia, poderiam ter usado algo dela em causa própria. Catharine MacKinnon pode estar correta ao associar os adeptos modernos da pornografia à ideia de que "sexo e pensamento são antitéticos". Mas essa afirmação não resiste aos argumentos desenvolvidos três séculos atrás nos "livros filosóficos", nos quais o sexo é "uma fonte inesgotável de pensamento".[6]

E não é difícil para Darnton mostrar o quanto a literatura libertina representa de liberador para a condição feminina. A começar pelo elogio da superioridade da mulher no campo da sexualidade. Assim como indicam os versos seguintes, extraídos do romance *Histoire de dom B...*, de 1740:

> Par des raisons, prouvons aux hommes
> Combien au-dessus d'eux nous sommes
> Et quel est leur triste destin.
> Nargue du genre masculin.
> Démontrons quel est leur caprice,
> Leur trahison, leur injustice.
> Chantons et répétons sans fin:
> Honneur au sexe féminin.[7]

---

6 Cf. Darnton, op. cit.

7 "Por meio de argumentos, provemos aos homens/ Como lhes somos superiores/ E qual é seu triste destino./ Vergonha ao gênero masculino./ Demonstremos como é grande seu capricho,/ Sua traição, sua injustiça./ Cantemos e repitamos sem parar: / Honra ao sexo feminino."

Não é apenas a superior capacidade, por assim dizer, *orgasmática* que é aqui sublinhada. É também, e sobretudo, o alcance *epistêmico* da experiência sexual da mulher. Mesmo se é vítima de violência sexual, a vítima é *déniaisée* (i. e., "desasnada") e atinge a maioridade da razão – segundo o imperativo da *Aufklärung.* Como se ao lema kantiano (e antes dele) *"sapere aude"* essa literatura recomendasse: *fornicare aude ut sapias* (lembrando aqui que, em latim, *sapere* tanto significa "saber" como "degustar"). Como é o caso, entre mil outros, de Fanchon, personagem de *L'École des filles*, de Molière, que, depois de desvirginada, diz: "Começo a ficar esperta e meter meu nariz em coisas que antes eram desconhecidas para mim".[8] *Sex is good for thought,* como diz em inglês o título do texto de Darnton – e poderíamos acrescentar: *for ethics.* Principalmente se ligarmos, como é sensato fazer, as ideias de ética e de autonomia.

Mas não é apenas a recusa da literatura libertina (como consagração da alienação feminina ou de sua redução a objeto de prazer) que deixa, anacronicamente, passar os traços essenciais dessa tradição literária. A apologia da literatura libertina também pode ser anacrônica – projetando categorias e sensibilidade contemporâneas nossas num mundo essencialmente *outro.* Penso, aqui, na apropriação contemporânea dos libertinos do século XVIII operada pelos pensadores da "transgressão", na esteira do surrealismo.

Falo, é claro, de Georges Bataille – aquele que na década de 1930 ficou fortemente interessado pela antropologia de Marcel Mauss e pela tese de que os *tabus foram feitos para ser transgredidos.* Mas falo também de Foucault, como pode ser esclarecido com uma breve anedota. Como mera anedota, deve ser relativizada, mas não deixa de lançar – *boutade* reveladora – alguma luz sobre o uso contemporâneo da ideia de transgressão. A historieta é a seguinte: em 1965, quando da primeira visita de Foucault ao Brasil, na circunstância de um jantar em São Paulo, perguntamos a ele (que escrevera a *História da loucura* na Suécia) sobre a famosa "liberdade sexual" aparentemente dominante naquele país de clima frio. Ao que sucedeu o seguinte diálogo que agora dramatizo para melhor exemplo:

---

8 *L'École des filles, ou La Philosophie des dames* (1655), p.13.

FOUCAULT: "Não há nenhuma liberdade sexual na Suécia".

NÓS: "Mas, como?".

FOUCAULT: "É verdade que as moças escolhem um novo parceiro sexual a cada ano. É verdade, também, que só começam a ser malvistas quando escolhem mais de um parceiro por ano. A partir desse índice, podem ser vistas como 'galinhas', como se diz no seu belo país".

NÓS: "E isso não representa alguma forma de liberdade sexual?".

FOUCAULT: "É preciso pensar que, na Suécia, o inverno é muito longo e rigoroso, o que torna dramática a escolha do parceiro no fim do outono. Tudo ou nada. Mas o que vocês não percebem é que, feita a escolha, o cotidiano da convivência é o mais convencional possível. Ou seja, essa aparente liberdade é a expressão de uma generalização catastrófica da cinzenta atmosfera do matrimônio. É por isso que digo, *cum grano salis,* que sou favorável à polícia e à repressão. Caso fosse proibida qualquer forma de intercurso sexual antes dos oitenta anos, as mulheres de 79 se tornariam irresistivelmente desejáveis".

Repito que se trata de mera *piada,* e que Foucault estava longe de ser um advogado da polícia e das instituições penais. Mas a piada não deixa de lembrar algumas páginas da *História da loucura,* em que se descreve a montagem dos dispositivos práticos e discursivos do império da moralidade burguesa e nas quais ecoa a fascinação pela ideia de *trangressão* retrabalhada por Bataille em chave não só antropológica, mas também ético-estético-metafísica.

III

No discurso libertino articulam-se maciçamente, contra as ideias de tradição, crença, convenção social injustificada, as ideias de razão, natureza e liberdade. Ser libertino é pensar livremente (contra a coerção dos preconceitos e da tradição) segundo os princípios da razão e da natureza. Não temos aí todo o programa próprio da filosofia das Luzes?

Mas que é a *Aufklärung?* Em primeiro lugar, o Iluminismo é o espelho onde se reconhece a filosofia setecentista. Rubens Rodrigues Torres Filho abre seu belo ensaio "Respondendo à pergunta: quem é a Ilustração?"[9] como se estivesse abrindo um verbete de um dicionário, com as seguintes palavras: "Luzes (Século das): com essa metáfora de claridade (*Lumières,* Iluminismo, *Enlightenment, Ilustración, Aufklärung*), o pensamento europeu do século XVIII formou sua auto-imagem, caracterizada pela confiança no poder da luz natural, da razão, contra todas as formas de obscurantismo". É impossível não notar a ironia presente nessa definição elementar – embora devamos deixar para a conclusão o sentido que talvez se possa atribuir a ela. Falo da ironia que se exprime na circularidade da definição (como sói ocorrer nos dicionários) do Iluminismo pelo predomínio da luz. Ironia que se multiplica na vírgula presente na seguinte frase, "caracterizada pela confiança no poder da luz natural, da razão [...]". Se podemos vislumbrar alguma tensão no que liga Iluminismo a razão, Rubens Rodrigues Torres Filho separa, por uma vírgula, o poder da luz natural do poder da razão.

De qualquer maneira, estamos em pleno século XVIII e diante de uma filosofia que – para arriscar outra definição elementar, sem nenhuma intenção irônica – poderia ser definida como essencialmente *francesa,* embora suas melhores origens sejam *inglesas* e seus efeitos teóricos mais fortes tenham sido *alemães.* Pensamento europeu, sim, *mas nessa ordem.* Esse século, na Europa, é francamente francês. Mas, à diferença do século XVII, no século XVIII os filósofos franceses vão buscar na Inglaterra os modelos que utilizarão tanto contra o Grande Racionalismo (para utilizar o vocabulário de Merleau-Ponty) quanto contra o que lhes parece anacrônico na sociedade que os cerca. Não se trata mais, para os filósofos, de encontrar a *rocha* e a *argila* buscadas por Descartes, onde assentar, com segurança absoluta, o Sistema do Saber. No século XVIII, a França *começa a se ver de fora.* Penso aqui, é claro, nas *Lettres persanes* (o ilustre antepassado das *Cartas chilenas* de nossa pobre *Aufklärung*) de Montesquieu.[10] Mas penso, sobretudo, nas *Lettres anglaises* de Voltaire.[11]

---

9 Cf. Torres Filho, "Respondendo à pergunta: quem é a Ilustração?". *Discurso,* n.14, 1983, p.101-12. Publicado em Torres Filho, *Ensaios de filosofia ilustrada,* p.84-101 [2.ed., p.77-90].

10 Cf. ed. bras.: Montesquieu, *Cartas persas.*

11 Cf. ed. bras.: Voltaire, *Cartas inglesas.*

Esse belíssimo livro de Voltaire mostra quão profundamente a França – num século essencialmente francês – está enamorada pela Inglaterra. Filosofia natural, filosofia moral, política (isto é, Newton, Locke e a monarquia constitucional), tudo é modelo a ser contraposto aos "romances" físicos e metafísicos de *messieur* Des Cartes e aos efeitos perversos do absolutismo na vida social. Nem falta à Inglaterra a vantagem da Reforma, através da qual, ao contrário da França, *"cette fille aînée de l'Église"*, conseguiu libertar-se *"de l'infâme"*. *"Écrasez l'infâme!"*, dizia Voltaire, convocando a inteligência a combater a Igreja ou Roma.

Mas se a França do século XVIII começa a ver-se a si mesma com olhos exóticos, não é apenas por efeito de uma efêmera "anglomania" (anglomania muito forte, expressa, também, além do texto aludido de Voltaire, na *Nouvelle Héloïse* de J.-J. Rousseau – sem mencionar que o projeto da própria *Encyclopédie* só veio à mente de Diderot depois do projeto anterior de *tradução*, para o francês, de um dicionário enciclopédico inglês). Se desde o século XVI, com Montaigne, o pensamento francês havia se aberto para a ampliação do mundo conhecido, é no século XVIII que os filósofos começam a se nutrir da *literatura de viagens*. Desde o livro clássico de Paul Hazard (*La Crise de la conscience européenne*)[12] até o belo livro de Alain Grosrichard (*La Structure du sérail*),[13] os historiadores mostraram a cumplicidade existente entre o advento do pensamento ilustrado e a descoberta progressiva do *Outro*, não só na vertente "civilizada" inglesa ou "bárbara" oriental, como na "selvagem" ou "natural" das Américas e do Pacífico. Ao lado das *Lettres persanes* e das *Lettres anglaises*, seria preciso mencionar, no caso, o *Supplément au voyage de Bougainville*, de Denis Diderot.[14]

Mas que buscam, assim, tão longe da França os franceses? Duas palavras são essenciais para a definição desse projeto ou do alvo dessa busca. *Razão* e *natureza*. Os historiadores consagraram milhares de páginas às ideias de natureza e de razão no século XVIII, mas o leitor guarda alguma inquie-

---

12 Hazard, op. cit.
13 Grosrichard, *A estrutura do harém: despotismo asiático no ocidente clássico.*
14 Diderot, *Suplemento à viagem de Bougainville.*

tação depois de percorrê-las. Essas palavras ou esses conceitos – tão centrais – parecem esquivar-se a uma definição positiva. O uso *crítico* de que são suscetíveis é claro: razão *versus* imaginação (ou especulação vazia, *esprit de système*), e natureza *versus* artifício "ou convenção infundada e iníqua". Mais uma vez, já Montaigne se interrogava: *"Où commence la peau, où finit la chemise?".*[15] Ou, na sequência de Montaigne, Pascal já apontara para a falta de substância dos *hábitos* ou dos *costumes* (em todos os sentidos dessas palavras): "Nossos magistrados conheceram bem esse mistério. As suas togas vermelhas, os arminhos com que se acalentam, os palácios onde julgam, as flores-de-lis, todo esse aparato augusto era bem necessário [...]".[16] Tanto mais necessário quanto só o imaginário ou a mistificação pode dar consistência ao aparelho social. Mas agora se trata de *despir o rei*.

Se é tão difícil definir o conceito de natureza, na filosofia das Luzes, é talvez porque ele seja menos um conceito do que um *horizonte* de toda a conceitualização possível. Há finalistas e mecanicistas que se entendem perfeitamente bem quanto ao *uso* do "conceito" de natureza. Lendo os historiadores do conceito de natureza no século XVIII, somos tentados a fazer pastiche de Wittgenstein e recomendar: *"Don't ask for the meaning, ask for the use* [...]".

Não ocorreria o mesmo com o conceito de razão? É claro que o modelo lockiano do entendimento impera – mas, mais uma vez, é o uso que dele é feito que importa. Como observa Cassirer, na sua *Filosofia do Iluminismo,*[17] tudo se passa como se a tarefa da filosofia das Luzes fosse construir, no domínio da filosofia moral, o equivalente da filosofia natural newtoniana. E é o próprio Cassirer que sublinha como esse ideal da "razão analítica" é indissociável da ideia de progresso. Curiosamente, os três termos da equação (natureza, razão, progresso) parecem articular-se de forma circular – como se o progresso, permitido pela atividade da razão, tornasse possível o *retorno* à boa ordem da natureza. Não é por acaso que Cassirer insiste em

---

15 Montaigne, *Essais*, III, 10, in: *Oeuvres complètes*, p.989 [ed. bras.: *Os ensaios*, p.341].
16 Pascal, *Pensées et opuscules philosophiques*, p.366 [ed. bras.: *Pensamentos*, p.14].
17 Cassirer, *A filosofia do Iluminismo* (1932).

A filosofia das Luzes e as metamorfoses do espírito libertino

desmontar a imagem caricatural do pensamento iluminista (a ideia de um progresso puramente linear e cumulativo) elaborada pelo pensamento conservador a partir da Restauração. Não se trata, para a razão entendida como "luz natural", de acumular pacientemente verdades parciais, na direção do mapa-múndi total: quando utilizei, há pouco, a expressão "razão analítica", pensava no uso crítico ou dissolvente da razão quando aplicado ao *preconceito* que cimenta – lembrar o texto de Pascal – esta sociedade, aqui e agora. Numa palavra, também a razão só pode ser definida – na *Aufklärung* – como uma função, não como uma *substância,* como um horizonte de definição, não como um conceito definível.

IV

Mas esse quadro elementar da *episteme* da filosofia das Luzes não é suficiente para esclarecer a dialética que a une ao espírito libertino. Para avançar, é necessário fixar nossa atenção nos efeitos ético-políticos desse estilo de pensamento. Procedendo negativamente, consideremos um esquema interpretativo clássico, de inspiração marxista, exemplificado num pequeno ensaio de Peter Nagy.[18] Bem menos rico que o monumental livro de René Pintard, ele se presta melhor, por isso mesmo, a uma tarefa, por assim dizer, propedêutica, que nos permitirá, a seguir, passar ao que importa – isto é, à figura que o espírito libertino assume no interior da *Aufklärung,* principalmente na segunda metade do século XVIII. Leiamos duas páginas do livro de Peter Nagy:

> Os libertinos, enquanto grupo religioso[19] coerente que nega radicalmente todas as regras de jogo da sociedade existente, desaparecem da sociedade e da consciência durante o século XVI; mas com o século XVII aparece a tendên-

---

18 Cf. Nagy, *Libertinage et révolution.*

19 Nagy refere-se aqui a movimentos heréticos do século XVI, como o dos anabatistas de Flandres, combatidos como *libertinos* por católicos e protestantes, tanto pela "livre crítica espiritual" quanto pelo *dévergondage sexuel.* Uma bela descrição romanesca desse movimento pode ser encontrada em *A obra em negro,* de Marguerite

cia e depois o círculo dos libertinos eruditos que – por seu ceticismo, por sua busca de uma moral leiga e por seu tateante materialismo – se tornariam os precursores dos filósofos do século XVIII. Embora essa filiação, aceita por R. Pintard e A. Adam, tenha sido seriamente posta em questão por um pesquisador italiano, estamos convencidos de sua justeza. Há evidentemente muitas diferenças entre essas duas ideologias: a concepção aristocrática, o ceticismo frequentemente estéril e a visão cínica da história afastam Gassendi, Naudé e seus amigos, certamente, do revolucionário otimismo histórico dos filósofos, de sua convicção da possibilidade de difundir as Luzes nas massas e de sua crítica racional da ordem material e espiritual existente, com o fim de substituí-la por um novo sistema. É evidente que a libertinagem do início do século XVI foi um dos fermentos daquilo que estava na ordem do dia da história: o absolutismo. E o absolutismo triunfante logo busca livrar-se dele. É igualmente evidente que o movimento ideológico que forjou as armas intelectuais da abolição do absolutismo não poderia ser idêntico – longe disso – a um dos movimentos criadores desse mesmo absolutismo. Todavia, o laço de parentesco não pode ser negado: não somente porque a transformação do ceticismo em racionalismo crítico é indubitável (e por si mesma basta, aliás, para justificar a filiação), mas porque é corroborada pelo fato de que um mesmo princípio os anima: a negação da ordem estabelecida e dos valores aceitos, para instaurar novos valores. Retrospectivamente, podemos acrescentar que, por um trabalho de demolição e de descoberta, cada um serviu à sua maneira e em sua época para o progresso da história, que era a expressão intelectual de uma classe de um movimento ascendente.[20]

Para mostrar quão insuficiente é esse esquema interpretativo, seria preciso que nos detivéssemos em cada um dos conceitos aqui mobilizados (ceticismo "estéril", racionalismo, materialismo etc.), bem como na alegada base social das filosofias do século – que apontássemos, enfim, os

---

Yourcenar (*L'oeuvre au noir*). Movimento semelhante, na Idade Média, entre os franciscanos, é descrito no romance *O nome da rosa*, de Umberto Eco, que tematiza a libertinagem dos *fraticcelli*.

20 Cf. Nagy, op. cit., p.20-1.

A filosofia das Luzes e as metamorfoses do espírito libertino

problemas envolvidos por essa interpretação "ideológica" da história da filosofia. Fixemos, todavia, apenas um ponto – aquele que faz da Revolução Francesa (se não de uma outra revolução, mais radical, ainda inscrita no horizonte da história) o *telos*, alvo e culminação de dois séculos de cultura, onde o espírito libertino é momento essencial.

Para fixar esse ponto, recorrerei a um texto póstumo de B. Groethuysen, originalmente destinado à redação dos últimos volumes programados das *Origines de l'esprit bourgeois en France,* que deveriam ser consagrados aos grandes pensadores do século XVIII e que foi publicado sob o título *J.-J. Rousseau.*[21] O capítulo VIII desse livro tem como tema justamente as relações entre a filosofia das Luzes e a Revolução Francesa, e a posição original de Rousseau dentro desse contexto. Nele, Groethuysen procura sublinhar o caráter *revolucionário* da obra de Rousseau, por oposição ao pensamento das Luzes como um todo. A tese é clara: ao *contrário* dos *philosophes*, Rousseau, ele sim, antecipa, em seus textos, a Revolução Francesa. A filosofia das Luzes não era revolucionária de modo algum; o pensamento de Rousseau, de alguma maneira, *já o era.* De um lado, uma filosofia cega, por princípio, ao *sentido* e à *possibilidade* de uma revolução; de outro, uma filosofia que – *desde que levada às suas últimas consequências, para além das escolhas e do estilo do autor* – antecipa, ao mesmo tempo, a Revolução Francesa e uma nova forma de pensamento político, que só emergeria dos escombros do Antigo Regime e no cenário social armado pela economia do século XIX.

Groethuysen sublinha fortemente a originalidade ou a solidão de Rousseau no Século das Luzes. Mas, afinal, qual é essa originalidade? Em que o pensamento político de Rousseau se demarca, por exemplo, do de um Montesquieu? Groethuysen responde, apontando para os *limites* do pensamento político de Montesquieu (e fornecendo, dele, uma imagem diversa da proposta por Althusser). A perspectiva de Montesquieu é, de alguma maneira, *externa* ou contemplativa; ele vê "as coisas políticas de longe, como historiador e jurista; não tem a visão imediata dos movimentos políticos; não toma partido".[22] Tudo se passa, enfim, como se Montesquieu, como

---

21 Cf. Groethuysen, *J.-J. Rousseau.*
22 Ibid., p.224.

os *philosophes* em geral, tivesse uma concepção, por assim dizer, *técnica* da política. E, sobretudo, uma concepção dos mecanismos políticos, cujas peças fundamentais (rei, parlamento, antigas reminiscências dos Estados Gerais, imagens da república antiga) não dão lugar à "atividade" política, aos programas, a nenhuma forma de um projeto prático. É a própria ideia de *ação política* que não tem aqui o menor cabimento. Ao que Groethuysen acrescenta: "Isso só se iniciou com a revolução. Só após esse período é que foi possível falar das ações políticas".[23] Encontraríamos, acaso, em Rousseau, do outro lado da linha, o esboço da futura concepção, digamos, "intervencionista" da política, com a promoção da ideia de *ação política,* de um programa de transformações sociais ancorado em um movimento social, quase diríamos: com a ideia de *partido*? É claro que não. Mas Groethuysen matiza os termos de sua comparação, sublinhando o que lhe parece corresponder à emergência de um novo sentido do político ou da política em alguns textos de Rousseau, como o seguinte: "Eu havia visto que tudo se relacionava radicalmente à política, e que, seja como for que o considerássemos, nenhum povo seria diferente daquilo que a natureza de seu governo o fizesse ser".[24] Mas não será, certamente, a determinação da "alma de um povo" pela "forma de governo" que há de discrepar do estilo analítico do *Espírito das leis.* Na verdade, o que dá corpo à proposição "Tudo se relaciona à política" é a situação excepcional de Rousseau – o genebrino na França. Tudo se passa como se, paradoxalmente, uma visão menos "externa" da política derivasse do olhar suíço com que Rousseau considera a França, como se a distância fosse condição da proximidade. Aqui é necessário ler *in extenso* um parágrafo de Groethuysen:

> Trata-se de algo significativo. Imagine-se um Francês do século XVIII se dizendo republicano. Isto significaria que, estando descontente com o regime de sua época, quisesse substituí-lo por um outro que adotasse máximas totalmente contrárias àquelas em vigor. Ora, na França, à época de Rousseau, ninguém expressou-se claramente a esse respeito, e veremos como durante a Revolução

---

23 Ibid., p.225.
24 *O.C.* I, *Les Confessions,* IX, p.404.

A filosofia das Luzes e as metamorfoses do espírito libertino

Francesa o pensamento republicano enraizou-se lentamente nos espíritos. Um Francês que no tempo de Rousseau fosse sinceramente republicano, isto é, partidário de uma república na França, e não apenas, como havia muitos, admirador da república romana, teria sido um prodígio. Ele estaria à frente de seu tempo, teria completado em si mesmo, apenas em si, a transformação que só mais tarde se fez por meio de um esforço coletivo; ter-se-ia desfeito de todos os preconceitos, teria, por assim dizer, vivido fora de seu tempo. Não quero afirmar que um amor platônico pela forma republicana era impossível na França do século XVIII. Um contemporâneo de Voltaire poderia perfeitamente apaixonar-se pela forma republicana, mas escutar proclamar na França uma república, na antiga monarquia dos Capetos, teria soado estranho aos seus ouvidos. E mesmo Rousseau não teria encorajado ninguém a seguir esse caminho. A França é uma grande nação, o que exclui toda ideia de república, a menos que se fizesse um estado federalista – outra teoria que teria parecido estranha na França.[25]

Mas não é apenas o olhar externo e *etnográfico* de Rousseau que lhe permitiria – sem contudo sonhar com o impensável, ou seja, com uma França republicana – uma virulência na sua descrição dessa sociedade, que faria dela um bom instrumento na mente e nas mãos dos futuros revolucionários. A esse olhar excêntrico se junta outra peça essencial, propriamente teórica, que marca a discrepância da teoria rousseauniana da sociedade e da história em relação ao fundo homogeneamente otimista da filosofia das Luzes. Otimismo cego para aquilo que mais tarde se chamaria "a inércia dos aparelhos", a "positividade do negativo", ou a contradição como motor do devir histórico. Com efeito, a filosofia das Luzes entende-se a si mesma como pedagogia, ou sua tarefa como a da educação da humanidade. O fio condutor da história humana incide no limite móvel que separa o saber do não saber, e a essência da política coincide com a propagação das Luzes. A especificidade do poder e da dominação é diluída no elemento mais etéreo do saber. Nada há de opaco, no social ou no desenho das instituições, que

---

25 Cf. Groethuysen, op. cit., p.221-2.

não possa ser dissolvido pelo puro exercício da razão: só o preconceito ou a ignorância dão consistência ao negativo na sociedade.

> Se todas as pessoas se tornaram razoáveis e se as leis são benfeitas, será que é verdadeiramente importante saber quais, dentre elas, governarão as outras, e de que modo o farão? As grandes reformas aplaudidas pelos *philosophes* não foram justamente efetuadas por reis esclarecidos? [26]

Com Rousseau, o centro de gravidade da reflexão política se desloca da esfera do saber para a do poder, ou da esfera da razão para a da paixão, ou ainda da do Discurso para a da Força. As vontades, as paixões, mesmo os direitos reivindicados remetem a uma Econômica ou uma Dinâmica onde se opõem proprietários e despossuídos, fortes e fracos, dominantes e dominados. Não se trata mais de difundir o saber, mas de *organizar forças dadas,* ou de neutralizar um conflito existente desde sempre, contando apenas com as forças (demasiado humanas) disponíveis. É a *diferença social* que vem finalmente à tona, tornando necessária a determinação dos meios de suprimi-la. O que há de irracional ou intolerável na organização social não lhe advém, como que de fora, de uma administração desamparada pela razão e obscurecida pela ignorância. Advém-lhe, sim, de seu próprio coração ou de sua natureza íntima, já que as instituições, ou as sociedades políticas, nasceram justamente da necessidade de legitimar e de garantir a permanência da desigualdade que terminou por emergir nas sociedades pré-políticas.

Sobre o pano de fundo dessa arqueologia da desigualdade (segundo *Discurso*), o *Contrato social* aparece como *design* de um dispositivo organizacional que permite reverter o movimento espontâneo que levou à criação das instituições políticas. O grande problema será resolvido quando a lei sempre for posta *acima dos homens*: ser servo da lei é não ser servo de ninguém. Se nas sociedades políticas as instituições nada mais fazem do que recobrir e legitimar o império da violência, trata-se de dar força à lei, retirando-a de grupos e indivíduos, transformando assim a própria estrutura e a natureza

---

26 Ibid., p.226.

A filosofia das Luzes e as metamorfoses do espírito libertino

da sociedade. Tal transformação não seria propriamente uma *revolução*? Com a descrição impiedosa do funcionamento da sociedade, o pensamento de Rousseau abre um abismo entre o ser e o dever-ser, onde o dever-ser aparece como exigência de realização: "Nenhuma forma de conciliar aquilo que é com aquilo que deve ser, nenhuma forma de fazer simples reformas que, salvaguardando aquilo que é adquirido, permitiriam fazê-lo evoluir para um melhor estado das coisas".[27]

Ao fim e ao cabo, as oposições entre Rousseau e os *philosophes* culminam, no quadro desenhado por Groethuysen, numa fórmula lapidar na sua simetria: "Os *philosophes* seriam antes evolucionistas em matéria de política e revolucionários em matéria de religião. Em Rousseau, levando suas teorias a suas últimas consequências, seria o contrário".[28]

V

É claro que o esquema que acabamos de apresentar é sumário, se não caricatural. E poderia ser indefinidamente afinado e sofisticado. Por exemplo poderíamos pelo menos lançar mão de estudos recentes de Marcel Gauchet. Este ano mesmo (1995), ele desenvolveu na École des Hautes Études en Sciences Sociales, em Paris, um interessante curso, que poderia receber o título "Arqueologia do sujeito moderno", no qual examinou as transformações simultâneas do sujeito passional ou afetivo (a progressiva transformação da *paixão* da filosofia antiga no *sentimento* da filosofia moderna), do sujeito do conhecimento e do sujeito político. O interessante é que esse estudo chega a mostrar mesmo a *continuidade* inesperada entre o elevado discurso jansenista e a linguagem desabusada dos filósofos das Luzes ou dos libertinos do século XVIII, entre *anti-humanismo* e *humanismo*. Mas não era já essa continuidade que havíamos sugerido, acima, viajando de Pascal a Diderot?

Mas deixemos de lado os matizes mais delicados. Nosso esquema elementar nos permite, pelo menos, esclarecer nossa intenção. Ou explicar

---

27 Ibid., p.209.
28 Ibid., p.233.

nossa *impressão* de que muito, na historiografia e na crítica produzidas em nosso século, é mais resultado de projeção retrospectiva do que de compreensão filológica. Risco a que estamos sempre sujeitos, mas que se avoluma quando aproximamos expressões como *libertinos* e *libertários.* É o caso, por exemplo, de Roger Vailland, em muitos de seus escritos, dentre os quais aquele que consagrou a Laclos.[29] Aí vemos surgir um Laclos não só *libertino,* como também *libertário,* no sentido de *revolucionário* — mais ainda, no sentido que a palavra *revolução* assumiu, no século XIX, com o movimento operário, particularmente entre os anarquistas.[30]

Deixemos bem claro: é certo que essa forma de *razão analítica ou dissolvente* representada pela filosofia das Luzes não é *pacífica* e transforma a análise conceitual em dinamite. De resto, a prudência, na linguagem e no comportamento, dos libertinos eruditos do século XVII e o anonimato em que se protegiam os libertinos agressivos ou militantes do século seguinte mostram que ninguém ignorava que o espírito libertino punha algo mais que o próprio espírito em questão.

O que queremos insinuar, no fundo e um pouco na contracorrente de uma certa literatura, é que é preciso reconhecer a unidade do pensamento clássico (séculos XVII e XVIII) e sua heterogeneidade em relação ao *nosso mundo,* engendrado na virada do século XVIII ao XIX (assim como o mundo renascentista de Rabelais era reconhecido por Lucien Febvre como essencialmente heterogêneo ao da Idade Clássica, que lhe atribuía retrospectivamente a etiqueta de *ateísmo*). Dito brutalmente (e ao contrário do que sugere Peter Nagy): não há revolucionário antes da Revolução Francesa.[31] Ou, ainda, a palavra *libertário* assumiu, no século XIX, um sentido que jamais tivera antes, e é este o que se oferece imediatamente, hoje, à nossa

---

29 Vailland (Ed.), *Laclos par lui-même.*

30 Para uma interpretação diferente do sentido ético e político da obra de Laclos, cf. Raquel de Almeida Prado, "Ética e libertinagem nas *Ligações perigosas*", in: Novaes (Org.), *Libertinos e libertários,* p.253-65.

31 Isso vale também para Rousseau. Lembremos que Groethuysen só faz dele exceção quando *levado às últimas consequências,* para muito além das intenções e da consciência do próprio filósofo. Afirmação que, obviamente, cria um problema: que significa, *para um filósofo,* ser revolucionário sem sabê-lo?

A filosofia das Luzes e as metamorfoses do espírito libertino

sensibilidade e à nossa compreensão. É bem o que diz Robert Darnton (embora sem pensar, no texto acima referido, pelo menos, na dimensão propriamente política da libertinagem), quando sublinha a distância que nos separa da forma de vida e de sensibilidade do Antigo Regime, que torna, para nós, quase impossível sequer *imaginá-la.*

Mas, se afastamos, assim, o mundo clássico de nós – reconhecendo sua alteridade e sua estranheza –, talvez compreendamos melhor a continuidade que o atravessa. Sem achatar todas as formas do espírito libertino numa única matriz invariável, podemos vislumbrar o fio que conduz da filosofia austera dos libertinos eruditos aos mais escabrosos romances eróticos do século XVIII. Discrição no século XVII, ostentação provocatória nos fins do XVIII – mas, num caso como no outro, é a razão analítica que lança seu ácido na argamassa imaginária ou teológico-política que cimentava o Antigo Regime. Movimento que só se torna revolucionário com a própria Revolução Francesa, como podemos ver no panfleto *"Français, encore un effort, si vous voulez être républicain"*, presente no romance *La philosophie dans le boudoir,* de Sade,[32] que marca talvez a ponta mais extrema e o *fim,* a *morte* do espírito libertino.

No entanto, percebendo a continuidade, percebemos também algo como uma mudança, que não consiste apenas num aprofundamento ou numa radicalização da razão crítica. Arrisquemos, para finalizar, uma fórmula provocativa. Reconhecendo, contudo, que filosofia das Luzes e espírito libertino são mais ou menos cúmplices desde a origem, de um século a outro uma inversão parece ocorrer entre essas duas figuras da cultura.

A narrativa de Guy Patin, citada acima, mostra-nos que, no tempo de Gassendi, a libertinagem era pouco mais do que livre-pensamento ou livre exercício da razão. Os romances do século XVIII, de Crébillon Fils a Sade, passando por mil outros autores, mostram que a libertinagem, entendida cruamente como orgia e excesso erótico, passou a ser entendida como condição de possibilidade da razão e da filosofia.

---

32 Sade, *La Philosophie dans le boudoir* (Cinquième Dialogue) [ed. bras.: *A filosofia da alcova*].

Rousseau: filosofia política e revolução*

I

O tempo breve de dois versos é o bastante para Fernando Pessoa acolher e definir o paradoxo da memória:

Fui feliz na infância?
Começo agora a tê-lo sido outrora.

Paradoxo, já que a memória não é assim, como parece, o acesso, no presente, à distância, a um passado sempre idêntico a si mesmo, *que já estava lá,* antes do movimento reflexivo ou retrospectivo da própria memória.

Passando da memória individual à coletiva, o mesmo paradoxo parece renascer na incontornável interrogação retrospectiva sobre o momento em que o pensamento das Luzes *começou a ter sido* revolucionário. Denúncia de anacronismo? Em parte, pois não seria insensato retomar, a propósito do estilo revolucionário ou pré-revolucionário do pensamento ilustrado, as observações de Bergson sobre o caráter problemático de noções retrospectivas como a de pré-romantismo. A pergunta de Bergson é mais ou menos

* Texto publicado como prefácio à edição do *Discurso sobre a economia política* e *Do contrato social,* de Jean-Jacques Rousseau (tradução de Maria Constança Peres Pissarra). Petrópolis: Vozes, 1996.

Rousseau: filosofia política e revolução

a seguinte: quem poderia descrever, na literatura do século XVIII, os traços do pré-romantismo, se não contasse com a literatura do século XIX? Numa palavra, o que Bergson nega é que a obra literária de Rousseau já *fosse pré-romântica* antes do romantismo.

Esse jogo da ilusão retrospectiva revela-se, de modo exemplar, para quem acompanhar a fortuna literária de Rousseau no fim do século XVIII e nas primeiras décadas do XIX. Ao lado do Rousseau jacobino, o leitor encontrará um Rousseau girondino, e mesmo um aristocrata conservador. Para esses leitores contemporâneos da Revolução, Rousseau *já era*, desde sempre, *"sans-culotte"* ou aristocrata. E o próprio Bonaparte teria, em Fructidor do ano IX, enunciado as seguintes palavras, antecipadoras da longa noite que envolveria Rousseau, homem e obra, ao longo do século XIX, denegado juntamente com a Revolução a cujo destino seu nome havia sido ligado: "É ele que preparou a Revolução Francesa. O futuro dirá se não teria sido melhor, para o repouso da Terra, se nem Rousseau, nem eu tivéssemos existido".[1] Se Bonaparte enunciou de fato tais palavras, iniciou um período que poderia receber o nome de período da *"faute à qui?"*.

> J'ai tombé par terre,
> c'est la faute à Voltaire.
> J'ai tombé dans le ruisseau,
> c'est la faute à Rousseau.

Ilusão retrospectiva? Sim, mas repitamos, *em parte*. De certa maneira, algo deve haver na obra que permita esse sistema de identificações retrospectivas. A obra de Rousseau não é certamente apenas um espelho capaz de satisfazer generosamente *qualquer tipo de narcisismo* ou projeção. De modo que somos devolvidos à nossa pergunta, agora formulada nos seguintes termos: pode-se dizer, para além das apropriações ideológicas da obra de Rousseau (e da sua rejeição, igualmente ideológica, figurada, por exemplo,

---

1 Cf. Trousson, *Rousseau et sa fortune littéraire*, p.74, que acompanha as metamorfoses da imagem de Rousseau, desde a interpretação de seus contemporâneos até nossos dias.

pela tradição liberal, de B. Constant a J. L. Talmon), que seus escritos eram, de certa maneira, revolucionários? Em que sentido preciso pode-se atribuir o predicado de *revolucionária* à obra de Rousseau?

II

Meu ponto de partida será um texto póstumo de B. Groethuysen, originariamente destinado à redação dos últimos volumes programados das *Origines de l'esprit bourgeois en France*, que deveriam ser consagrados aos grandes pensadores do século XVIII e que foi publicado em 1949, sob o título *J.-J. Rousseau*. O capítulo VIII desse livro tem como tema justamente *Rousseau e a revolução* e, nele, Groethuysen procura desvelar o caráter revolucionário da obra de Rousseau, por oposição ao pensamento das Luzes como um todo. A tese é clara: — *ao contrário dos "philosophes"*, Rousseau antecipa, em seus textos, a Revolução Francesa. O pensamento das Luzes não era revolucionário de modo algum; o pensamento de Rousseau, de certa maneira, *já o era*. De um lado, uma filosofia cega, por princípio, ao *sentido* e à *possibilidade* de uma revolução; de outro, uma filosofia que — desde que levada às últimas consequências, para além das escolhas e do estilo do autor — antecipa, ao mesmo tempo, a Revolução Francesa e um outro pensamento político, que só emergiria dos escombros da Idade Clássica ou do Antigo Regime.

Groethuysen sublinha fortemente a originalidade ou a solidão de Rousseau no Século das Luzes. Mas, afinal, qual é essa originalidade? Em que o pensamento político de Rousseau se demarca, por exemplo, de um Montesquieu? Groethuysen responde, apontando para os *limites* do pensamento político de Montesquieu (e fornecendo, dele, uma imagem diversa da proposta por Althusser). A perspectiva de Montesquieu é, de certa maneira, *externa* ou contemplativa; ele vê "as coisas políticas de longe, como historiador e jurista; não tem a visão imediata dos movimentos políticos; não toma partido".[2] Tudo se passa, enfim, como se Montesquieu, como os *philosophes* em geral, tivesse uma concepção, por assim dizer, *técnica* da política. E, sobretudo, uma concepção dos mecanismos políticos, cujas

---

2 Cf. Groethuysen, *J.-J. Rousseau*, p.224.

Rousseau: filosofia política e revolução

peças fundamentais (rei, parlamento, antigas reminiscências dos Estados Gerais, imagens da república antiga) não dão lugar à "atividade" política, aos programas, a qualquer forma de um projeto prático. É a própria ideia de *ação política* que não tem aqui o menor cabimento. Ao que Groethuysen acrescenta: "Isso só se iniciou com a revolução. Só após esse período é que foi possível falar das ações políticas".[3] Encontraríamos, acaso, em Rousseau, do outro lado da linha, o esboço da futura concepção, digamos, "intervencionista" da política, com a promoção da ideia de *ação política,* de programa de transformações sociais ancorado em um movimento social, quase diríamos: — com a ideia de *partido*? É claro que não. Mas Groethuysen matiza os termos de sua comparação, sublinhando o que lhe parece corresponder à emergência de um novo sentido do político ou da política, em alguns textos de Rousseau, como o seguinte: "Eu havia visto que tudo se relacionava radicalmente à política, e que, seja como for que o considerássemos, nenhum povo seria diferente daquilo que a natureza de seu governo o fizesse ser".[4] Mas não será, certamente, a determinação da "alma de um povo" pela "forma de governo" que há de discrepar do estilo analítico do *Espírito das leis.* Na verdade, o que dá corpo à proposição "tudo se relaciona à política" é a situação excepcional de Rousseau — o genebrino na França. Tudo se passa como se, paradoxalmente, uma visão menos "externa" da política derivasse do olhar suíço com que Rousseau considera a França, como se a distância fosse condição da proximidade. Aqui é necessário ler *in extenso* um parágrafo de Groethuysen:

Trata-se de algo significativo. Imagine-se um Francês do século XVIII se dizendo republicano. Isto significaria que, estando descontente com o regime de sua época, quisesse substituí-lo por um outro que adotasse máximas totalmente contrárias àquelas em vigor. Ora, na França, à época de Rousseau, ninguém expressou-se claramente a esse respeito, e veremos como durante a Revolução Francesa o pensamento republicano enraizou-se lentamente nos espíritos. Um Francês que no tempo de Rousseau fosse sinceramente republicano, isto

---

3 Ibid., p.225.
4 *O.C.* I, *Les Confessions*, IX, p.404.

é, partidário de uma república na França, e não apenas, como havia muitos, admirador da república romana, teria sido um prodígio. Ele estaria à frente de seu tempo, teria completado em si mesmo, apenas em si, a transformação que só mais tarde se fez por meio de um esforço coletivo; ter-se-ia desfeito de todos os preconceitos, teria, por assim dizer, vivido fora de seu tempo. Não quero afirmar que um amor platônico pela forma republicana era impossível na França do século XVIII. Um contemporâneo de Voltaire poderia perfeitamente apaixonar-se pela forma republicana, mas escutar proclamar na França uma república, na antiga monarquia dos Capetos, teria soado estranho aos seus ouvidos. E mesmo Rousseau não teria encorajado ninguém a seguir esse caminho. A França é uma grande nação, o que exclui toda ideia de república, a menos que se fizesse um estado federalista – outra teoria que teria parecido estranha na França.[5]

Mas não é apenas o olhar externo e *etnográfico* de Rousseau que lhe permitiria – sem sonhar embora com o impensável, ou seja, com uma França republicana – uma virulência na sua descrição dessa sociedade, que faria dele um bom instrumento na mente e nas mãos dos futuros revolucionários. A esse olhar excêntrico junta-se outra peça essencial, propriamente teórica, que marca a discrepância da teoria rousseauniana da sociedade e da história, sobre o fundo homogeneamente otimista da Filosofia das Luzes. Otimismo cego para aquilo que mais tarde se chamaria "a inércia dos aparelhos", a "positividade do negativo", ou a contradição como motor do devir histórico. Com efeito, a filosofia das Luzes entende-se a si mesma como pedagogia, ou sua tarefa como a da educação da humanidade. O fio condutor da história humana incide no limite móvel que separa o saber do não saber e a essência da política coincide com a propagação das Luzes. A especificidade do poder e da dominação é diluída no elemento mais etéreo do saber. Nada há de opaco, no social ou no desenho das instituições, que não possa ser dissolvido pelo puro exercício da Razão: só o preconceito ou a ignorância dão consistência ao negativo na sociedade.

_____

5 Cf. Groethuysen, op. cit., p.221-2.

Rousseau: filosofia política e revolução

Se todas as pessoas se tornaram razoáveis e se as leis são benfeitas, será que é verdadeiramente importante saber quais, dentre elas, governarão as outras, e de que modo o farão? As grandes reformas aplaudidas pelos *philosophes* não foram justamente efetuadas por reis esclarecidos?[6]

Com Rousseau o centro de gravidade da reflexão política se desloca da esfera do saber para a do poder, ou da Razão para a da paixão, ou ainda do Discurso para a da Força. As vontades, as paixões, mesmo os direitos reivindicados remetem a uma Econômica ou uma Dinâmica onde se opõem proprietários e despossuídos, fortes e fracos, dominantes e dominados. Não se trata mais de difundir o saber, mas de *organizar forças dadas,* ou de neutralizar um conflito existente desde sempre, contando apenas com as forças (demasiado humanas) disponíveis. É a *diferença social* que vem finalmente à tona, tornando necessária a determinação dos meios de suprimi-la. O que há de irracional ou intolerável na organização social não lhe advém, como que de fora, de uma administração desamparada pela razão e obscurecida pela ignorância. Advém-lhe, sim, de seu próprio coração ou de sua natureza íntima, já que as instituições, ou as sociedades políticas, nasceram justamente da necessidade de legitimar e de garantir a permanência da desigualdade que terminou por emergir nas sociedades pré-políticas.

Sobre o pano de fundo dessa arqueologia da desigualdade (segundo *Discurso*), o *Contrato social* aparece como *design* de um dispositivo organizacional que permite reverter o movimento espontâneo que levou à criação das instituições políticas. O grande problema será resolvido quando a lei sempre for posta *acima dos homens*: ser servo da lei é não ser servo de ninguém. Se nas sociedades políticas as instituições nada mais fazem do que recobrir e legitimar o império da violência, trata-se de dar força à lei, retirando-a de grupos e indivíduos, transformando assim a própria estrutura e a natureza da sociedade. Tal transformação não seria propriamente uma *revolução*? Com a descrição impiedosa do funcionamento da sociedade, o pensamento de Rousseau abre um abismo entre o ser e o dever-ser, onde o dever-ser aparece como exigência de realização: "Nenhuma forma de conciliar aquilo que é

---

6 Ibid., p.226.

com aquilo que deve ser, nenhuma forma de fazer simples reformas que, salvaguardando aquilo que é adquirido, permitiriam fazê-lo evoluir para um melhor estado das coisas".[7]

Ao fim e ao cabo, as oposições entre Rousseau e os *philosophes* culmina, no quadro desenhado por Groethuysen, numa fórmula lapidar na sua simetria: "Os *philosophes* seriam antes evolucionistas em matéria de política e revolucionários em matéria de religião. Em Rousseau, levando suas teorias às suas últimas consequências, seria o contrário".[8]

III

Terminada a apresentação do esquema de Groethuysen, é preciso sublinhar a cláusula restritiva que acompanha sua conclusão: Rousseau seria revolucionário em política se — mas somente se — levássemos suas teorias a consequências que dela não derivou o próprio Jean-Jacques. Consequências que os revolucionários, estes sim, teriam tirado — mas com pleno direito — da teoria de Rousseau. Restrição, aliás, explícita já na primeira linha da nota de Groethuysen, onde lemos, com todas as letras: "O pensamento de Rousseau era revolucionário, mas ele mesmo não o era". Proposição particularmente interessante e provocativa, que merece uma reflexão mais detida.

Que Rousseau não fosse revolucionário, Groethuysen o ilustra com inúmeros textos, dentre os quais cabe sublinhar dois:

> Quando pegaram em armas em 1737, eu vi, estando em Genebra, pai e filho saírem armados da mesma casa, um para se dirigir ao palácio municipal, o outro para apresentar-se ao quartel, seguros de se encontrar frente a frente, duas horas mais tarde, arriscando-se a se massacrarem. Esse pavoroso espetáculo causou-me uma impressão tão viva que jurei jamais meter-me em nenhuma guerra civil e jamais sustentar internamente pelas armas a liberdade,

---

7 Ibid., p.209.
8 Ibid., p.233.

nem da minha pessoa nem de minhas convicções, se algum dia recuperasse meus direitos de cidadão.[9]

Ou outro de *Rousseau juge de Jean-Jacques*, onde declara considerar-se "o homem do mundo que tem o mais verdadeiro respeito pelas leis, pelas constituições nacionais, e que tem a maior aversão pelas revoluções e pelos militantes de toda espécie".[10]

Mas Groethuysen não se limita a opor, assim, a consciência do autor às consequências de sua obra. Mesmo se Rousseau não é revolucionário, não deixa de *antecipar* a Revolução, embora ela não corresponda a um voto íntimo de seu coração. É neste sentido que comenta a célebre frase do *Emílio*:

> Confiais na ordem presente da sociedade, sem imaginar que essa ordem está sujeita a inevitáveis revoluções, e que vos é impossível prever e evitar aquela que pode apresentar-se a vossos filhos. O grande torna-se pequeno, o rico torna-se pobre, o monarca torna-se súdito; são tão raros os golpes do destino para que pudésseis acreditar estar livre deles? Aproximamo-nos do estado de crise e do século das revoluções. Quem pode responder pelo que vos acontecerá então? Tudo que os homens fizeram os homens podem destruir; não há caracteres indeléveis senão aqueles que a natureza imprime, e a natureza não faz nem príncipes, nem ricos, nem grandes senhores.[11]

Groethuysen cita apenas a frase que aponta para a proximidade da "idade da crise" ou do "século das Revoluções", e é claro que o contexto na frase não favorece sua leitura, como veremos adiante. Mais favorável a essa leitura é certamente a nota que Rousseau acrescenta à frase indigitada, mas que Groethuysen não utiliza. Nela Rousseau diz:

> Considero impossível que as grandes monarquias da Europa durem ainda por muito tempo; todas brilharam, e todo Estado que brilha está em seu

---

9 *O.C.* I, *Les Confessions*, V, p.216.
10 *O.C.* I, *Rousseau juge de Jean-Jacques*, Troisième Dialogue, p.935.
11 *O.C.* IV, *Émile ou De l'Éducation*, III, p.468-9 [ed. bras.: p.248].

declínio. Tenho para essa minha opinião razões mais particulares que essa máxima; mas não é apropriado dizê-las, e todos já as veem suficientemente.[12]

Em primeiro lugar, notemos que o texto parece *não* caminhar na direção do comentário de Groethuysen, e de todos aqueles que nele veem um texto profético. A preocupação é essencialmente *pedagógica*. A máxima pedagógica que se trata de impor, neste momento, é a seguinte: "Feliz aquele que sabe deixar [...] o estado mutável e permanecer homem, apesar da sorte!". Formar Emílio é também garantir a sua defesa contra a sociedade corrupta à qual ele será necessariamente devolvido. Ou seja, trata-se de adequar a educação ao homem e não "àquilo que não é ele", ou seja, a um "état", uma condição social que por definição é mutável. Mais uma vez, trata-se de caminhar do "homem do homem" ao "homem da natureza", na sua autarquia, por assim dizer, estoica.

Ensinar Emílio a *conservar sua vida* é sim torná-lo indiferente à sua sorte social, por exemplo, à riqueza como à pobreza. As *inevitáveis revoluções* são as alterações da ordem social, onde o grande se torna pequeno; o rico, pobre; o monarca, súdito. A revolução não é, portanto, a supressão da diferença social, mas a mudança da ordem social ou da posição que nela ocupam os indivíduos. Noutras palavras, a revolução é pensada como ocasião de *déclassement* e não, como se diria mais tarde, como supressão das classes: mudam os personagens, mas não a diferença entre o pobre e o rico, entre o dominador e o dominado.

Alguém já observou como a palavra *revolução* guarda sempre em Rousseau muito de sua carga semântica *astronômica* ou *geométrica,* como "retorno periódico de um astro a um ponto de sua órbita" (*Petit Robert*) ou como "Rotação completa de um corpo móvel em torno de seu eixo" (*idem*). Que assim seja, podemos observá-lo, percorrendo todos os usos que Rousseau faz dessa palavra (54 vezes, registradas no levantamento feito por Michel Launay, em *Le Vocabulaire politique de Rousseau.* Em seu levantamento, M. Launay percorreu também os oito volumes da *Correspondance complète* editada por R. A. Leigh, 1965-1969, e os vinte volumes da *Correspondance générale,*

---

12 Ibid., p.468, nota [ed. bras.: p.248].

Rousseau: filosofia política e revolução

editada por Dufour-Plan, de 1924-1934, republicada com cartas inéditas e uma introdução por B. Gagnebin em 1953). *Grosso modo,* a palavra tem três usos básicos: um estritamente astronômico, outro moral (sinônimo de súbita transformação da disposição afetiva da alma), e finalmente o sentido de *catástrofe* social. Notemos que, nesse quadro, deixando de lado a astronomia, a palavra vem algumas vezes banhada de significação *positiva* no seu sentido moral (*"porque com a paixão com que sou atormentada, é certo que se ele fosse mais jovem, eu o teria desposado com mais pena do que agora, e este excesso de repugnância teria talvez impedido a feliz revolução que acontece em mim"*[13]), enquanto, no seu uso político, ela vem sempre carregada negativamente: "Um dos grandes vícios da história é que ela é muito mais pintada por seus maus acontecimentos do que pelos bons; como ela só é interessante pelas revoluções e pelas catástrofes, ela não se pronuncia, quando um povo cresce e prospera na calma de um agradável governo".[14]

Não podemos deixar de assinalar que o primeiro campo semântico da palavra *catástrofe* também é o do movimento espacial da *queda,* agora do *alto ao baixo.* Em grego, *catástrofe* é o reverso de *stasis,* revolução no sentido de *levante:* não há *stasis* sem *catástrofe,* como está implícito no texto de Rousseau, neste sentido perfeitamente clássico. De algum modo, a simetria entre *catástrofe* e *stasis* nos devolve à *regularidade* do movimento circular da *revolução,* no arco que liga o levante ao ocaso. E é sobre esse pano de fundo que devemos entender o projeto pedagógico: Emílio deve aprender a não se fixar numa efêmera situação social para, em caso de catástrofe, poder, sem dificuldade, *levantar, sacudir a poeira, dar a volta por cima.* Não no sentido de voltar para o "alto", mas de *sobrevoar* todas as situações, como exige uma moral estoica.

Mas alguém poderia dizer que a nota de Rousseau ao texto do *Emílio* é mais forte do que a simples retomada da ideia de que as instituições políticas (convenção, obra humana ou de arte, *nomos,* enfim) não deixam de reproduzir o ritmo cíclico da *physis,* o eterno retorno comandado pela sístole e pela diástole do funcionamento ou da alternância das forças centrípetas e centrífugas que atravessam e constituem as sociedades. Com efeito, não é

---

13 O.C. II, *Julie ou La Nouvelle Héloïse,* IV, 7, p.374 [ed. bras.: p.328].
14 O.C. IV, *Émile,* IV, p.526-7 [ed. bras.: p.312].

a propósito das sociedades em geral que Rousseau relembra a bela máxima, segundo a qual "tudo que brilha está em seu declínio". É da Monarquia francesa que se fala aqui, 25 anos antes da Revolução Francesa.

Mas, de qualquer maneira, se o texto for lido *como profético*, não o será num sentido favorável aos futuros revolucionários: a dissolução prevista da Monarquia não corresponde de modo algum à antecipação de alguma *nova ordem*. Pelo contrário, ela é pensada como espécie de *entropia absoluta*, ou como a instalação da guerra de todos contra todos, que Hobbes situava equivocadamente na origem da sociedade. O estado de natureza hobbesiano nada tem a ver com o verdadeiro estado de natureza; ele é o efeito perverso, e perfeitamente artificial, da organização social, quando predominam as forças centrífugas que a dilaceram. O século das revoluções que se aproxima não é o século do advento da Razão, da fraternidade, da igualdade e da liberdade; pelo contrário, é o tempo da morte da política, que cede passo à violência pura.

É o que diz literalmente Rousseau na segunda parte do segundo *Discurso,* descrevendo o limiar aberto à humanidade pelo Despotismo:

> É este o último termo da desigualdade, e o ponto extremo que fecha o círculo e toca o ponto de onde partimos: é aqui que todos os particulares se tornam novamente iguais porque não são nada, e porque, não tendo mais os súditos outra lei que não a vontade do senhor, nem o senhor outra regra que não as suas paixões, as noções de bem e os princípios da justiça, mais uma vez se desvanecem. É aqui que tudo se reporta unicamente à lei do mais forte, e, por conseguinte, a um novo estado de natureza, que se distingue daquele pelo qual começamos porque um é o estado de natureza em sua pureza, e o outro é o fruto de um excesso de corrupção. De resto, há tão pouca diferença entre esses dois estados, e o contrato de governo está de tal forma dissolvido pelo despotismo, que o déspota só é senhor durante o tempo em que for o mais forte, e assim que se puder expulsá-lo, ele não tem nada a reclamar contra a violência. O levante que termina por sufocar ou destronar um sultão é um ato tão jurídico como aqueles pelos quais ele dispunha, na véspera, das vidas e dos bens dos seus súditos. A força, somente, o mantinha, a força, somente, o derruba; todas as coisas se passam, assim, segundo a ordem natural; e qualquer

Rousseau: filosofia política e revolução

que possa ser o resultado dessas curtas e frequentes revoluções, ninguém pode queixar-se da injustiça de outrem, mas apenas de sua própria imprudência, ou de seu infortúnio.[15]

Há, de fato, nessas linhas algo como a antecipação do Terror, mas como *o fim da história,* numa direção que leva mais para Beckett do que para Hegel, num niilismo que só pode ser temperado pela ideia de que num futuro remoto as sociedades poderão retomar o seu movimento a partir dessa espécie de grau zero de humanidade em que se caiu.

Esta observação permite que retornemos com outros olhos à nota sobre o declínio da Monarquia na França, onde Rousseau vê que começa a fechar--se o círculo de aço, onde o Despotismo realiza sua essência suprimindo-se a si mesmo. Para guardar a metáfora astronômica ou o privilégio do movimento no espaço, é impossível deixar de injetá-los na frase "tudo que brilha está em seu declínio". Já no passado, o brilho do *Roi Soleil* nos fazia antecipar o seu ocaso. Lembremos que o verbo declinar, mesmo em sua acepção estritamente gramatical, remete a uma variação, em relação à posição *reta* (o fio de prumo) do nominativo. Na linha vertical do caso nominativo, na posição soberana do Rei Sol, em pleno meio-dia da Monarquia, pode-se antecipar a declinação que há de conduzir inevitavelmente ao Ocaso.

IV

Esta breve nota, no limiar desta coletânea dos textos políticos de Rousseau, não visava a outra coisa além de alertar o leitor brasileiro contra o anacronismo sempre à espreita, que se insinua entre as linhas dos melhores comentadores. Que o leitor, agora, descubra por si próprio o prazer e o vivo interesse teórico da leitura de Jean-Jacques Rousseau.

---

15 *O.C.* III, *Discours sur l'origine de l'inégalité*, Seconde Partie, p.191 [ed. bras.: p.286].

Bibliografia

Textos de Jean-Jacques Rousseau

As referências nas citações de Rousseau remetem o leitor à edição das *Oeuvres complètes de Jean-Jacques Rousseau*, publicada sob a direção de Bernard Gagnebin e Marcel Raymond (Paris: Gallimard, Col. Bibliothèque de la Pléiade, 5 volumes):

I (1959): *Confissões* e escritos autobiográficos;
II (1964): *A nova Heloísa*, teatro, poesia e ensaios literários;
III (1964): *Contrato social* e escritos políticos;
IV (1969): *Emílio*, educação, moral e botânica;
V (1995): Escritos sobre música, língua e teatro.

Há também referências à *Correspondance générale de J.-J. Rousseau*, editada por Théophile Dufour e Pierre-Paul Plan (Paris: A. Colin, 1924-1934, 20 volumes).

Nas citações de Rousseau, os números de página indicados nas notas com "ed. bras." referem-se às seguintes edições brasileiras:

Discurso sobre as ciências e as artes [1750], *Prefácio a Narciso* [1752], *Discurso sobre a origem e o fundamento da desigualdade entre os homens* [1755] e *Do contrato social* [1762], trad. Lourdes Santos Machado, in *Rousseau*. São Paulo: Abril, 1973, Col. Os Pensadores.

Carta a d'Alembert [1758], trad. Roberto Leal Ferreira. São Paulo: Ed. Unicamp, 1993.

Bibliografia

Cartas morais [1758] e *Carta a Christophe de Beaumont* [1762], trad. José Oscar de Almeida Marques, in *Carta a Christophe de Beaumont e outros escritos sobre a religião e a moral*. São Paulo: Estação Liberdade, 2005.

Júlia ou A nova Heloísa [1761], trad. Fulvia M. L. Moretto. São Paulo: Hucitec; Campinas: Ed. Unicamp, 1994.

Emílio ou Da educação [1762], trad. Roberto Leal Ferreira. São Paulo: Martins Fontes, 1995.

Ensaio sobre a origem das línguas [1781], trad. Fulvia M. L. Moretto. 2.ed. Campinas: Ed. Unicamp, 2003.

Os devaneios do caminhante solitário [1782], trad. Fulvia M. L. Moretto. Brasília: Ed. UnB, 1986.

Confissões [1782, 1789], trad. Rachel de Queiroz e José Benedicto Pinto. São Paulo: Edipro, 2008.

Para a *Carta a d'Alembert sobre os espetáculos*, Bento Prado Jr. utilizou a edição de Michel Launay (Paris: Garnier-Flammarion, 1967). Quanto ao *Essai sur l'origine des langues*, o filósofo brasileiro consultou as seguintes edições:

— reprodução *offset* da edição de A. Belin (Paris, 1817), in *Cahiers pour l'analyse*, Paris, n.4, 1966;

— edição de Charles Porset (Bordeaux: Ducros, 1969; Paris: Nizet, 1986);

— edição de Angèle Kremer-Marietti (Paris: Aubier Montaigne, 1974);

— edição italiana de Paola Bora (*Saggio sull'origine delle lingue*. Torino: Einaudi, 1989);

— edição brasileira de Paul Arbousse-Bastide, Lourival Gomes Machado e Lourdes Santos Machado (*Ensaio sobre a origem das línguas*, in *Rousseau*. São Paulo: Abril, 1973, Col. Os Pensadores).

Textos de Bento Prado Jr. sobre Rousseau

Filosofia, música e botânica: de Rousseau a Lévi-Strauss. *Tempo Brasileiro*, Rio de Janeiro, n.15-6, 1968.

Philosophie, Musique et Botanique: de Rousseau à Lévi-Strauss. In: J. Pouillon & P. Maranda (Org.), *Échange et communications* (*hommage à Lévi-Strauss*). Paris: Mouton, 1970.

Lecture de Rousseau. *Discurso*, São Paulo, n.3, 1972.

Gênese e estrutura dos espetáculos. *Estudos*, Cebrap, São Paulo, n.14, 1975.

O discurso do século e a crítica de Rousseau. *Almanaque – Cadernos de literatura e ensaio*, São Paulo, n.1, 1976; artigo reproduzido em *Cadernos de ética e filosofia política*, São Paulo, n.9, 2007.

Os limites da *Aufklärung*. *Estudos* CEBRAP, São Paulo, n.15, 1976.

Metamorfoses do enunciado de ficção: Nota sobre a assinatura da *Nouvelle Héloïse*. *Almanaque – Cadernos de literatura e ensaio*, São Paulo, n.5, 1977.

Jean-Jacques Rousseau entre as flores e as palavras. *Almanaque – Cadernos de literatura e ensaio*, São Paulo, n.8, 1978.

La Fleur et la Rhétorique. In: G. Fauconnier e M. Launay (Org.), *Index-concordance des Rêveries du promeneur solitaire*. Génève: Slatkine, 1978.

Voltaire, Rousseau: vivos ainda hoje. *O Globo*, Rio de Janeiro, 30 maio 1978.

Rousseau entre as flores e as palavras. *Jornal da Tarde*, São Paulo, 1º jul. 1978.

Jean-Jacques Rousseau entre les fleurs et les mots. In: FAUCONNIER G.; LAUNAY M. (Org.). *Index des fragments autobiographiques et de la* Lettre à Voltaire. Génève: Slatkine, 1979.

O *Emílio* e o otimismo pedagógico. *Leia livros*, São Paulo, ano II, n.16, 15 ago. 14 set. 1979.

Não dizer a verdade equivale a mentir?. *Discurso*, São Paulo, n.15, 1983.

Romance, moral e política no Século das Luzes: o caso de Rousseau. *Discurso*, São Paulo, n.17, 1988.

A força da linguagem. In: DASCAL M. (Org.), *Conhecimento, linguagem, ideologia*. São Paulo: Perspectiva, 1989.

Imaginação e interpretação: Rousseau entre a imagem e o sentido. In: Vários autores, *A interpretação: 2º Colóquio UERJ*. Rio de Janeiro: Imago, 1990.

Starobinski penetra no silêncio de Rousseau. *Folha de S.Paulo*, São Paulo, 11 jan. 1992.

A filosofia das luzes e as metamorfoses do espírito libertino. In: NOVAES A. (Org.), *Libertinos e libertários*. São Paulo: Companhia das Letras, 1996.

Leitura e interrogação: uma aula de 1966. *Dissenso*, São Paulo, n.1, 1997.

Rousseau: filosofia política e revolução. In: ROUSSEAU J.-J. *Discurso sobre a economia política e Do contrato social*, trad. Maria Constança Peres Pissarra. Petrópolis: Vozes, 1996.

A força da voz e a violência das coisas. In: ROUSSEAU J.-J., *Ensaio sobre a origem das línguas*, trad. Fulvia M. L. Moretto. Campinas: Ed. Unicamp, 1998.

Referências bibliográficas

ALTHUSSER, Louis. Sur le Contrat Social, *Cahiers pour l'Analyse*, Paris, n.8, 1967.

ARISTÓTELES. *Éthique de Nicomaque*, trad. J. Voilquin. Paris: Garnier, 1961. [Ed. bras.: *Ética a Nicômaco*. Trad. Leonel Vallandro. São Paulo: Nova Cultural, 1987.]

_____. *La Métaphysique*, TRICOT, J. (Éd.). Paris: J. Vrin, 1962. [Ed. bras.: *Metafísica*. Trad. Leonel Vallandro. Porto Alegre: Globo, 1969.]

Bibliografia

ARNAULD, Antoine; LANCELOT, Claude. *Grammaire générale et raisonnée de Port-Royal* [1660]. Nouvelle édition, préface de Michel Foucault. Paris: Republications Paulet, 1969.

AUERBACH, Erich. *Mimesis. La Représentation de la réalité dans la littérature occidentale*. Paris: Gallimard, 1969. [Ed. bras.: *Mimesis: a representação da realidade na literatura ocidental*. Trad. George Bernard Sperber. São Paulo: Perspectiva, 1971.]

BACHELARD, Gaston. *L'Eau et les rêves*. Paris: J. Corti, 1942. [Ed. bras.: *A água e os sonhos*. Trad. Antonio de Pádua Danesi. São Paulo: Martins Fontes, 1989.]

BARRAS, Moses. *The Stage controversy in France from Corneille to Rousseau*. New York: Institute of French Studies, 1933.

BELAVAL, Yvon. *L'Esthétique sans paradoxe de Diderot*. Paris: Gallimard, 1950.

_____. *Leibniz critique de Descartes*. Paris: Gallimard, 1960.

BENJAMIN, Walter. *Oeuvres*, t.II: Poésie et Révolution. Trad. Maurice de Gandillac. Paris: Denöel, 1971.

BERKELEY, George. *Traité sur les principes de la connaissance humaine* [1710]. In: *Oeuvres Choisies*, t.I. Paris: Aubier, s/d.

BLANCHOT, Maurice. *L'Espace littéraire*. Paris: Gallimard, 1955. [Ed. bras.: *O espaço literário*. Trad. Álvaro Cabral. Rio de Janeiro: Rocco, 1987.]

_____. *Le Livre à venir*. Paris: Gallimard, 1959.

BOSSUET, Jacques-Bénigne. *Maximes et réflexions sur la comédie* (1694). In: *Oeuvres complètes*, t. 3. Besançon: Outhenin-Chalandre Fils, 1836.

BRAY, René. *La Formation de la doctrine classique en France*. Paris: Nizet, 1966.

BRÉHIER, Émile. *Transformation de la philosophie française*. Paris: Flammarion, 1950.

_____. Les lectures malebranchistes de Rousseau. In: *Études de philosophie moderne*. Paris: Presses Universitaires de France, 1965.

BURGELIN, Pierre. *La Philosophie de l'existence de Jean-Jacques Rousseau*. Paris: Presses Universitaires de France, 1952.

CANGUILHEM, Georges. *La Connaissance de la vie*. 2.éd. Paris: J. Vrin, 1989.

CASSIRER, Ernst. *A filosofia do Iluminismo* [1932]. Trad. Álvaro Cabral. Campinas: Ed. Unicamp, 1992.

CHOMSKY, Noam. *Linguistique cartésienne: un chapitre de l'histoire de la pensée rationaliste suivi de la nature formelle du language*. Paris: Seuil, 1969.

COULET, Henri. *Le Roman jusqu'à la Révolution*. Paris: A. Colin, 1967.

DARNTON, Robert. Sexo dá o que pensar. In: Novaes, A. (Org.). *Libertinos e libertários*. São Paulo: Companhia das Letras, 1996.

DELEUZE, Gilles. *Proust et les signes*. Paris: Presses Universitaires de France, 1964. [Ed. bras.: *Proust e os signos*. Trad. Antonio Carlos Piquet. Rio de Janeiro: Forense Universitária, 1987.]

A retórica de Rousseau

DELEUZE, Gilles. *Différence et répétition*. Paris: Presses Universitaires de France, 1968. [Ed. bras.: *Diferença e repetição*. Trad. Luiz Orlandi e Roberto Machado. Rio de Janeiro: Graal, 1988.]

_____. *Logique du sens*. Paris: Minuit, 1969. [Ed. bras.: *Lógica do sentido*. Trad. Luiz Roberto Salinas Fortes. São Paulo: Perspectiva, 1974.]

DERATHÉ, Robert. *Jean-Jacques Rousseau et la science politique de son temps*. Paris: Presses Universitaires de France, 1950.

DERRIDA, Jacques. Nature, Culture, Ecriture (de Lévi-Strauss à Rousseau). *Cahiers pour l'Analyse*, Paris, n.4, 1966.

_____. La linguistique de Rousseau. *Revue Internationale de Philosophie*, Bruxelles, n. 82, 1967.

_____. *De la Grammatologie*. Paris: Minuit, 1967. [Ed. bras.: *Gramatologia*. Trad. Miriam Schnaiderman e Renato Janine Ribeiro. São Paulo: Perspectiva, 1973.]

DESCARTES, René. *Meditationes de prima philosophia*. Paris: J. Vrin, 1966. [Ed. bras.: *Meditações*. São Paulo: Abril, 1973.]

_____. *Règles pour la direction de l'esprit*. Trad. J. Sirven. Paris: J. Vrin, 1966. [Ed. bras.: *Regras para a orientação do espírito*. São Paulo: Martins Fontes, 1999.]

DIDEROT, Denis. *Oeuvres complètes*, ASSÉZAT J. (Éd.). Paris: Garnier, 1875-1877. 20v.

_____. *Oeuvres esthétiques*. In: VERNIÈRE, Paul (Éd.). Paris: Garnier, 1959.

_____. *Suplemento à viagem de Bougainville*. Trad. J. Guinsburg. São Paulo: Abril, 1973 (Col. Os Pensadores).

_____. *Discurso sobre a poesia dramática*. Trad. Franklin de Mattos. São Paulo: Cosac Naify, 2005.

DUCHET, Michèle; LAUNAY Michel. Synchronie et diachronie: l'Essai sur l'origine des langues et le second Discours. *Revue Internationale de Philosophie*, Bruxelles, n.82, 1967.

DUVIGNAUD, Jean. *Spectacle et société*. Paris: Denoël; Gonthier, 1970.

EIGELDINGER, Marc. *Jean-Jacques Rousseau et la réalité de l'imaginaire*. Neuchâtel: La Baconnière, 1962.

FEBVRE, Lucien. *Le Problème de l'incroyance au XVIe siècle: la religion de Rabelais*. Paris: Albin Michel, 1942.

FINK, Eugen. L'Analyse intentionnelle et le problème de la pensée spéculative. In: H. L. Van Breda (Éd.), *Problèmes actuels de la phénoménologie*. Paris: Desclée De Brouwer, 1952.

FOUCAULT, Michel. Introduction. In: *Rousseau juge de Jean-Jacques: dialogues*. Paris: A. Colin, 1962 (Bibliothèque de Cluny).

415

Bibliografia

FOUCAULT, Michel. *Les Mots et les choses.* Paris: Gallimard, 1966. [Ed. bras.: *As palavras e as coisas.* Trad. Salma Tannus Muchail, 8.ed. São Paulo: Martins Fontes, 2002 [1981].]

———. *L'Archéologie du savoir.* Paris: Gallimard, 1969. [Ed. bras.: *A arqueologia do saber.* Trad. Luiz Felipe Baeta Neves. Petrópolis: Vozes, 1972.]

GOLDSCHMIDT, Victor. *La Religion de Platon.* Paris: Presses Universitaires de France, 1949. [Ed. bras.: *A religião de Platão.* Trad. Oswaldo Porchat Pereira. São Paulo: Difel, 1963.]

GOUHIER, Henri. *Les Méditations métaphysiques de Jean-Jacques Rousseau.* Paris: J. Vrin, 1970.

GROETHUYSEN, Bernard; *J.-J. Rousseau.* Paris: Gallimard, 1949.

GROSRICHARD, Alain. Gravité de Rousseau. *Cahiers pour l'Analyse*, Paris, n.8, 1967.

———. *Structure du sérail: la fiction du despotisme asiatique dans l'Occident classique.* Paris: Seuil, 1979. [Ed. bras.: *A estrutura do harém: despotismo asiático no ocidente clássico.* Trad. Lydia H. Caldas. São Paulo: Brasiliense, 1988.]

GUEROULT, Martial. *Descartes selon l'ordre des raisons.* Paris: Aubier, 1953. 2v.

———. *Malebranche.* Paris: Aubier, 1955-1959. 3v.

GUYON, Bernard. Introduction. In: *Oeuvres complètes de Jean-Jacques Rousseau*, t.II. Paris: Gallimard, 1961.

HAZARD, Paul. *A crise da consciência europeia (1680-1715).* Lisboa: Cosmos, 1948.

HEGEL, G. F. W. *Encyclopédie des sciences philosophiques en abrégé* [1830]. Trad. Maurice de Gandillac. Paris: Gallimard, 1970. [Ed. bras.: *Enciclopédia das ciências filosóficas em compêndio* [1830]. V.III. Trad. Paulo Meneses. São Paulo: Loyola, 1995.]

HEIDEGGER, Martin. Hegel et son concept d'expérience. In: *Chemins qui ne mènent nulle part.* Trad. Wolfgang Brokemeier. Paris: Gallimard, 1962.

———. *Le Principe de la raison.* Trad. Andre Préau. Paris: Gallimard, 1962.

HOCHART, Patrick. Droit naturel et simulacre. *Cahiers pour l'Analyse*, Paris, n.8, 1967.

HORKHEIMER, Max; ADORNO Theodor W. *La Dialectique de la raison.* Paris: Gallimard, 1974. [Ed. bras.: *Dialética do esclarecimento.* Trad. Guido Antonio de Almeida. Rio de Janeiro: Jorge Zahar, 1985.]

HUSSERL, Edmund. *Ideen zu einen Phänomenologie und phänomenogischen Philosophie.* Haag: Martinus Nijhoff, 1950.

———. La crise de l'humanité européenne et la philosophie. *Revue de Métaphysique et de Morale*, Paris, n.3, 1950.

ISÓCRATES. *L'Éloge d'Hélène.* In: *Discours*, t.I. Paris: Les Belles Lettres, 1928.

KEMPF, Roger. *Diderot et le roman, ou, Le démon de la présence.* Paris: Seuil, 1964.

KIBÉDI-VARGA, Aron. *Rhétorique et littérature: études des structures classiques.* Paris: Didier, 1970.

KIERKEGAARD, Soren. *Journal*. Paris: Gallimard, 1950.

KREMER-MARIETTI, Angèle (Éd.). *Essai sur l'origine des langues*. Paris: Aubier, 1974.

LAHUD, Michel. Alguns mistérios da linguística. *Almanaque – Cadernos de literatura e Ensaio*, São Paulo, n.5, 1977.

LAUNAY, Michel. Introduction. In: *Lettre à d'Alembert*. Paris: Garnier-Flammarion, 1967.

LEBRUN, Gerard. *Kant et la fin da métaphysique*. Paris: A. Colin, 1970. [Ed. bras.: *Kant e o fim da metafísica*. Trad. Carlos Alberto Ribeiro de Moura. São Paulo: Martins Fontes, 1993.]

LECERCLE, Jean-Louis. *Rousseau et l'art du roman*. Paris: A. Colin, 1969.

_____. *L'École des filles, ou La Philosophie des dames* [1655]. In: MILLOT, Michel; L'ANGE, Jean (Éd.). Paris: Allia, 1997.

LÉVI-STRAUSS, Claude. *Tristes tropiques* [1955]. Paris: Union Générale d'Éditions, 1962. [Ed. bras.: *Tristes trópicos*. Trad. Rosa Freire D'Aguiar. São Paulo: Companhia das Letras, 1996.]

_____. J.-J. Rousseau, fondateur des sciences de l'homme. In: *Jean-Jacques Rousseau*. Neuchâtel: La Baconnière, 1962. [Ed. bras.: J.-J. Rousseau, fundador das ciências do homem. In: *Antropologia estrutural dois*. Rio de Janeiro: Tempo Brasileiro, 1976.]

_____. *La Pensée sauvage*. Paris: Plon, 1962. [Ed. bras.: *O pensamento selvagem*. Trad. Tania Pellegrini. Campinas: Papirus, 1989.]

_____. *Le Cru et le cuit*. Paris: Plon, 1964. [Ed. bras.: *O Cru e o cozido*. Trad. Beatriz Perrone-Moisés. São Paulo: Cosac Naify, 2004.]

_____. *Le Totémisme aujourd'hui*. Paris: Presses Universitaires de France, 1965. [Ed. bras.: *Totemismo hoje*. Trad. Malcolm Bruce Corrie. Petrópolis: Vozes, 1975.]

MAY, Georges. *Rousseau par lui-même*. Paris: Seuil, 1961.

_____. *Le dilemme du roman au XVIIIE siècle: étude sur les rapports du roman et de la critique (1715-1767)*. Paris: Presses Universitaires de France, 1963.

MERLEAU-PONTY, Maurice. Partout et nulle part. In: *Éloge de la philosophie et autres essais*. Paris: Gallimard, 1960. [Ed. bras.: Em toda e em nenhuma parte. In: *Textos selecionados*. Trad. Marilena Chauí. São Paulo: Abril, 1980.]

_____. Le langage indirect et les voix du silence. In: *Signes*. Paris: Gallimard, 1960. [Ed. bras.: A linguagem indireta e as vozes do silêncio. In: *O olho e o espírito*. São Paulo: Cosac Naify, 2004.]

_____. *Le Visible et l'invisible*. Paris: Gallimard, 1964. [Ed. bras.: *O visível e o invisível*. Trad. José Arthur Gianotti e Armando Mora d'Oliveira. São Paulo: Perspectiva, 1971.]

MONTAIGNE, Michel de. *Essais*, in *Oeuvres complètes*. Paris: Gallimard, 1962. [Ed. bras.: *Os ensaios*. Trad. Rosemary C. Abilio. São Paulo: Martins Fontes, 2001.]

Bibliografia

MONTESQUIEU. *Cartas persas*. Trad. Renato Janine Ribeiro. São Paulo: Nova Alexandria, 2005.

MOSCONI, Jen. Sur la théorie du devenir de l'entendement. *Cahiers pour l'Analyse*, Paris, n. 4, 1966.

NAGEL, Ernest; NEWMAN, James R. *La prueba de Gödel*. México: Univ. Nac. Aut. de México, 1959.

NAGY, Peter. *Libertinage et révolution*. Paris: Gallimard, 1975.

NIETZSCHE, Friedrich. *Fragments posthumes, automne 1885-automne 1887*, COLLI, G.; MONTINARI, M. (Ed.) Trad. J. Hervier. Paris: Gallimard, 1979 (Oeuvres Philosophiques Complètes, XII).

_____. *Par-delà le bien et le mal* [1898]. Trad. Genevieve Bianquis. Paris: Aubier, 1963. [Ed. bras.: *Além do bem e do mal*. Trad. Paulo César de Souza. São Paulo: Companhia das Letras, 1992.]

_____. *Crépuscule des idoles* [1899]. Trad. J.-C. Hémery. Paris: Gallimard, 1974. [Ed. bras.: *Crepúsculo dos ídolos*. Trad. Marco Antonio Casa Nova, 2.ed. Rio de Janeiro: Relume Dumará, 2000.]

_____. *La Généalogie de la morale* [1900]. Trad. Henri Albert. Paris: Gallimard, 1966. [Ed. bras.: *Genealogia da moral*. Trad. Paulo César de Souza. São Paulo: Companhia das Letras, 1998.]

_____. *La Volonté de puissance*. Trad. G. Bianquis. Paris: Gallimard, 1935.

PASCAL, Blaise. *Pensées et opuscules philosophiques*. Paris: Hachette, 1935. [Ed. bras.: *Pensamentos*. Trad. Mario Laranjeira. São Paulo: Martins Fontes, 2001.]

PERELMAN, Chaïm; OLBRECHTS-TYTECA Lucie. *Traité de l'argumentation. La nouvelle rhétorique*. Paris: Presses Universitaires de France, 1958. 2v. [Ed. bras.: *Tratado da argumentação: a nova retórica*. Trad. Maria Ermantina Galvão. São Paulo: Martins Fontes, 1996.]

PINTARD, René. *Le Libertinage érudit dans la première moitié du XVIII siècle*. Genève: Slatkine, 1983.

PORCHAT, Oswaldo. "Prefácio introdutório". In: Victor Goldschmidt, *A religião de Platão*. São Paulo: Difel, 1963.

PRADO, Raquel de Almeida. "Ética e libertinagem nas *Ligações perigosas*". In: NOVAES, Adauto (Org.). *Libertinos e libertários*. São Paulo: Companhia das Letras, 1996.

PROUST, Marcel. *À l'Ombre des jeunes filles en fleurs*. Paris: Le Livre de Poche, 1965. [Ed. bras.: *À sombra das raparigas em flor*. Trad. Mário Quintana, 14.ed. São Paulo: Globo, 1999.

RAYMOND, Marcel. *J.-J. Rousseau, la quête de soi et la rêverie*. Paris: J. Corti, 1962.

RICOEUR, Paul. *De l'Interprétation*. Paris: Seuil, 1965.

ROSIELLO, Luigi. *Linguistica illuminista*. Bologna: Il Mulino, 1967.

CASTRES, Abbé Sabatier de. *Les Trois siècles de la littérature françoise*, t.III. Paris: De Hansy, 1774.

SADE, Marquis de. *La Philosophie dans le boudoir*. Paris: Gallimard, 1976. [Ed. bras.: *A filosofia da alcova*. Trad. Augusto Contador Borges. São Paulo: Iluminuras, 1999.]

SALOMON-BAYET, Claire. *Jean-Jacques Rousseau ou L'unité impossible*. Paris: Seghers, 1967.

SARTRE, Jean-Paul. *L'Imaginaire: psychologie phénoménologique de l'imagination* [1940]. Paris: Gallimard, 1966. [Ed. bras.: *O imaginário: psicologia fenomenológica da imaginação*. Trad. Duda Machado. São Paulo: Ática, 1996.]

_____. *Situations* I. Paris: Gallimard, 1947. [Ed. bras.: *Situações* I: *crítica literária*. Trad. Cristina Prado. São Paulo: Cosac Naify, 2005.]

_____. *Situations* II. Paris: Gallimard, 1948. [Ed. bras.: *Que é a literatura?*. Trad. Carlos Felipe Moisés, 3.ed. São Paulo: Ática, 2004.]

SAUSSURE, Ferdinand de. *Cours de linguistique générale*, Payot, 1922. [Ed. bras.: *Curso de linguística geral*. Trad. Antônio Chelini, José Paulo Paes, Izidoro Blikstein. São Paulo: Cultrix, s/d.]

SERRES, Michel. *Le Système de Leibniz et ses modèles mathématiques*. Paris: Presses Universitaires de France, 1968.

_____. *Hermès ou De la Communication*. Paris: Minuit, 1969.

SGARD, Jean. Roman et philosophie au siècle des lumières. In: LAUNAY, Michel; BELLESSORT, Claude (Éd.), *Jean-Jacques Rousseau et son temps: politique et littérature au XVIIIe siècle*. Paris: Nizet, 1969.

STAROBINSKI, Jean. *L'Oeil vivant*. Paris: Gallimard, 1961.

_____. *L'Oeil vivant*, II: *La relation critique*. Paris: Gallimard, 1970.

_____. *Jean-Jacques Rousseau, la transparence et l'obstacle*. Paris: Gallimard, 1971. [Ed. bras.: *Jean-Jacques Rousseau: a transparência e o obstáculo*. Trad. Maria Lúcia Machado. São Paulo: Companhia das Letras, 1991.]

TAINE, Hyppolite. *Les Origines de la France contemporaine*, t.II: L'Ancien Régime. Paris: Hachette, 1902.

TOMPKINS, Joyce M. S. *The Popular novel in England, 1770-1800*. London: Methuen, 1932.

TORRES FILHO, Rubens Rodrigues. A *virtus dormitiva* de Kant. *Discurso*, São Paulo, n.5, 1974.

_____. Respondendo à pergunta: quem é a Ilustração?. *Discurso*, São Paulo, n.14, 1983. [Republicado em TORRES FILHO, R. R. *Ensaios de filosofia ilustrada*. São Paulo: Brasiliense, 1987; 2.ed. São Paulo: Iluminuras, 2004.]

Bibliografia

TORRES FILHO, Rubens Rodrigues. *Novolume: 5 livros de poesia, poemas novos, inéditos, avulsos e traduções.* São Paulo: Iluminuras, 1997.

TROUSSON, Raymond. *Rousseau et sa fortune littéraire.* Saint-Médard-en-Jalles: G. Ducros, 1971.

TROUSSON, Raymond (Éd.). *Romans libertins du XVIIIe siècle.* Paris: Robert Laffont, 1993.

URMSON, J. O. *La Philosophie analytique.* Paris: Minuit, 1962 (*Cahiers de Royaumont*, n.IV).

VAILLAND, Roger (Éd.). *Laclos par lui-même.* Paris: Seuil, 1953.

VOLTAIRE. *Cartas inglesas.* Trad. Marilena de Souza Chaui. São Paulo: Abril, 1973 (Col. Os Pensadores).

_____. Lettre de Voltaire à J.-J. Rousseau (30 ago. 1755). In: *Correspondance*, t.IV, BESTERMAN, Theodore (Éd.). Paris: Gallimard, 1978.

WAHL, Jean. *Tableau de la philosophie française.* Paris: Gallimard, 1962.

WATT, Ian. *The Rise of the novel: studies in Defoe, Richardson and Fielding.* London: Penguin, 1968. [Ed. bras.: *A ascensão do romance: Defoe, Richardson e Fielding.* Trad. Hildegard Feist. São Paulo: Companhia das Letras, 1990.]

WEIL, Eric. *La Logique de la philosophie.* Paris: J. Vrin, 1950.

WERTHEIMER, Max. On Truth [1934]. In: HENLE, M. (Ed.). *Documents of Gestalt psychology.* Berkeley: University of California Press, 1961.

WEYL, Hermann. *Philosophy of mathematics and natural sciences.* Princeton: Princeton Univ. Press, 1949.

YOURCENAR, Marguerite. *L'Oeuvre au noir.* Paris: Gallimard, 1968. [Ed. bras.: *A obra em negro.* Trad. Ivan Junqueira. São Paulo: Círculo do Livro, 1984.]

Sobre o autor

Bento Prado de Almeida Ferraz Jr. nasceu no dia 21 de agosto de 1937 em Jaú, interior de São Paulo. Seu pai dividia as tarefas de fazendeiro com as de professor de latim. A família de dez filhos mudou-se para a capital em 1943. Bento formou-se em filosofia na Universidade de São Paulo entre 1956 e 1959, tendo sido aluno de João Cruz Costa, Lívio Teixeira, Gilda de Mello e Souza, José Arthur Giannotti e Ruy Fausto. Um pouco antes, frequentou a Biblioteca Municipal Mário de Andrade, onde fez amizade com vários de seus futuros professores e colegas, além de artistas ligados ao meio teatral como Manoel Carlos, Flávio Rangel, Fernanda Montene-gro e Fernando Torres. Já como aluno da Faculdade na rua Maria Antonia, participou ativamente das primeiras reuniões do hoje famoso seminário de leitura de O capital, junto a Fernando Novais, José Arthur Giannotti, Ruth e Fernando Henrique Cardoso, Roberto Schwarz e Michel Löwy, entre outros. Em 1960, acompanhou a visita de Jean-Paul Sartre e Simo-ne de Beauvoir a São Paulo, mas o contato mais estreito com o chamado "método estrutural" da filosofia francesa – marca do departamento uspia-no – deu-se entre 1961 e 1963 numa estada em Rennes, onde frequentou cursos de Victor Goldschmidt e Gilles-Gaston Granger. Nessa época, assistiu também às aulas de Claude Lévi-Strauss e Julles Vuillemin no Collège de France, bem como às de Henri Gouhier e Maurice Gandillac na Sorbonne.

Sobre o autor

Em meados de 1963 voltou ao Brasil e retomou a rotina de cursos na USP. O golpe de 1964 obrigou o Departamento de Filosofia, temendo cassações futuras, a titular seus membros mais jovens, numa atitude de autodefesa. Bento preparou em dois meses e meio uma tese de livre-docência, que publicaria em 1988 sob o título *Presença e campo transcendental – consciência e negatividade na filosofia de Bergson* e seria traduzida na França em 2002, onde foi acolhida com entusiasmo. Data da década de 1960 o seu interesse pela obra de Rousseau, graças ao estímulo de Gérard Lebrun. Em 1969, sua cassação pelo AI-5 levou-o a um exílio na França. Após um período como bolsista do governo francês, tornou-se pesquisador do Centre National de la Recherche Scientifique sob a orientação de Michel Foucault, onde desenvolveu a pesquisa que resulta no livro ora publicado. Nessa época frequentou com Pierre Clastres os cursos de Claude Lévi-Strauss e de Michel Foucault no Collège de France. Assistiu também às aulas de Gilles Deleuze em Vincennes.

Voltou ao Brasil em 1974 e dois anos depois foi convidado a criar o programa de pós-graduação em filosofia da Pontifícia Universidade Católica de São Paulo. Coordenou, também neste período, a edição da revista *Almanaque* ao lado de Walnice Nogueira Galvão. Em 1978, passou a dar aulas na Universidade Federal de São Carlos (SP), onde propôs a realização de seminários de filosofia da psicologia e da psicanálise, a partir dos quais tirou matéria para alguns de seus futuros ensaios. Em 1998, a USP conferiu-lhe o título de professor emérito. Faleceu em 12 de janeiro de 2007.

Livros

A filosofia e a visão comum do mundo [com Oswaldo Porchat Pereira e Tércio Sampaio Ferraz Jr.]. São Paulo: Brasiliense, 1981.

Filosofia e comportamento [organização]. São Paulo: Brasiliense, 1982.

Alguns ensaios: filosofia, literatura, psicanálise. Coleção A ciência da abelha. São Paulo: Max Limonad; 1985; 2.ed. São Paulo: Paz e Terra, 2001.

Presença e campo transcendental: consciência e negatividade na filosofia de Bergson. São Paulo: Edusp, 1989.

Filosofia da psicanálise [organização]. São Paulo: Brasiliense, 1991.

A retórica de Rousseau

O relativismo enquanto visão do mundo [com vários autores]. 2.ed. Rio de Janeiro: Francisco Alves, 1994.

Présence et champ transcendental: conscience et négativité dans la philosophie de Bergson. Hildesheim, Zurich, New York: G. Olms Verlag, 2002.

Erro, ilusão, loucura. São Paulo: Editora 34, 2004.

Capítulos e prefácios em livros

"A hermenêutica de Gilda", in Sergio Micelli & Franklin de Mattos (Org.), *Gilda – A paixão pela forma.* Rio de Janeiro: Ouro sobre Azul, 2007, p.13-22.

"Auto-reflexão ou interpretação sem sujeito? Habermas intérprete de Freud", in L. Fulgêncio & R. T. Simanke (Org.), *Freud na filosofia brasileira.* São Paulo: Escuta, 2005, p.13-21.

"Georges Politzer: sessenta anos da *Crítica dos fundamentos da psicologia*", in L. Fulgêncio & R. T. Simanke (Org.), *Freud na filosofia brasileira.* São Paulo: Escuta, 2005, p.33-49.

"Entre o alvo e o objeto do desejo: Marcuse, crítico de Freud", in L. Fulgêncio & R. T. Simanke (Org.), *Freud na filosofia brasileira.* São Paulo: Escuta, 2005, p.51-69.

"Le dépistage de l'erreur de catégorie: le cas du rêve", in Fátima Évora et al. (Org.), *Lógica e ontologia: ensaios em homenagem a Balthazar Barbosa Filho.* São Paulo: Discurso, 2004, p.323-54.

"Ética e estética: uma versão neoliberal do juízo de gosto", in I. Domingues et al. (Org.), *Ética, política e cultura.* Belo Horizonte: Ed. da UFMG, 2003, p.31-47.

"The plane of immanence and life", in J. Khalfa (Org.), *Introduction to the philosophy of Gilles Deleuze.* Londres: Continuum, 2003, p.9-25.

"Lacan: biologia e narcisismo ou a costura entre o real e o imaginário", in V. Safatle (Org.), *Um limite tenso: Lacan entre a filosofia e a psicanálise.* São Paulo: Ed. Unesp, 2003, p.235-54.

"Aristóteles: dialética, ciência e metafísica", in M. Wringley & P. J. Smith (Org.), *O filósofo e sua história: uma homenagem a Oswaldo Porchat.* Campinas: Ed. Unicamp, 2003, p.199-206.

"Ao leitor", in Anna Lia de Almeida Prado (Org.), *Horácio, odes e epodos.* São Paulo: Martins Fontes, 2003, p.18-20.

"Literatura e o mistério da bola", in A. Nestrovski (Org.), *Figuras do Brasil, 80 autores em 80 anos de* Folha de S.Paulo. São Paulo: Publifolha, 2001, p.333-36.

"Prefácio: ciência política e revolução", in Célia N. Galvão Quirino (Org.), *Dos infortúnios da igualdade ao gozo da liberdade: uma análise do pensamento político de Alexis de Tocqueville.* São Paulo: Discurso, 2001, p.11-21.

Sobre o autor

"Prefácio: filosofia e belas letras no século XVIII", in Franklin de Matos, *O filósofo e o comediante*. Belo Horizonte: Editora da UFMG, 2001, p.9-15.

"A força da voz e a violência das coisas", in J.-J. Rousseau, *Ensaio sobre a origem das línguas*. Campinas: Ed. Unicamp, 1998, p.7-105.

"Le plan d'immanence", in E. Alliez (Org.), *Gilles Deleuze: une vie philosophique*. Paris: Synthélabo, 1998, p.305-23.

"A ideia de 'plano de imanência'", in F. R. R. Évora & O. Giacóia Jr. (Org.), *Ideias de subjetividade na filosofia moderna e contemporânea*. São Paulo: ANPOF, 1997, p.79-106.

"Wittgenstein: cultura e valor", in Márcia de Paiva & Maria Ester Moreira (Org.), *Cultura: substantivo plural*. São Paulo: Centro Cultural Banco do Brasil/Editora 34, 1996, p.36-48.

"A filosofia das Luzes e as metamorfoses do espírito libertino", in Adauto Novaes (Org.), *Libertinos e libertários*. São Paulo: Companhia das Letras, 1996, p.43-57.

"Erro, ilusão, loucura", in Adauto Novaes (Org.), *A crise da razão*. São Paulo: Companhia das Letras, 1996, p.111-33.

"A retórica da economia segundo McCloskey", in J. M. Rego (Org.), *Retórica na economia*. São Paulo: Editora 34, 1996, p.115-27.

"A generosidade do pensamento", in P. P. Pelbart & S. Rolnik (Org.), *Gilles Deleuze*. São Paulo: EDUC, 1996, p.77-78.

"Lacan: biologia e narcisismo ou a costura entre o real e o imaginário", in Bento Prado Jr. (Org.), *Filosofia da psicanálise*. São Paulo: Brasiliense, 1991, p.51-72.

"Georges Politzer: sessenta anos da *Crítica dos fundamentos da psicologia*", in Bento Prado Jr. (Org.), *Filosofia da psicanálise*. São Paulo: Brasiliense, 1991, p.9-28.

"Entre o alvo e o objeto do desejo", in Bento Prado Jr. (Org.), *Filosofia da psicanálise*. São Paulo: Brasiliense, 1991, p.29-50.

"Entre o alvo e o objeto do desejo: Marcuse, crítico de Freud", in Adauto Novaes (Org.), *O desejo*. São Paulo: Companhia das Letras, 1990, p.269-82.

"Imaginação e interpretação: Rousseau entre a imagem e o sentido", in Vários autores, *A interpretação: 2º Colóquio UERJ*. Rio de Janeiro: Imago, 1990, p.15-58.

"A força da linguagem", in Marcelo Dascal (Org.), *Conhecimento, linguagem, ideologia*. São Paulo: Perspectiva/EDUSP, 1989, p.63-83.

"A narrativa na psicanálise, entre a história e a ficção", in Dirce Cortes Riedel (Org.), *Narrativa, ficção e história*. Rio de Janeiro: Imago, 1988, p.36-48.

"Debate sobre o tema 'Narrativa histórica e narrativa ficcional'", in Dirce Cortes Riedel (Org.), *Narrativa, ficção e história*. Rio de Janeiro: Imago, 1988, p.49-62.

"As filosofias da Maria Antonia (1956-1959) na memória de um ex-aluno", in Maria Cecília Loschiavo dos Santos (Org.), *Maria Antônia: uma rua na contramão*. São Paulo: Nobel, 1988, p.66-81.

"Cruz Costa e a história das ideias no Brasil", in R. Moraes & V. B. Ferrante (Org.), *Inteligência brasileira*. São Paulo: Brasiliense, 1986, p.101-24.

"A imaginação: fenomenologia e filosofia analítica", in Bento Prado Jr. (Org.), *Filosofia e comportamento*. São Paulo: Brasiliense, 1982, p.151-67.

"Breve nota sobre o operante: circularidade e temporalidade", in Bento Prado Jr. (Org.), *Filosofia e comportamento*. São Paulo: Brasiliense, 1982, p.110-18.

"Nota preliminar", in Pierre Clastres, *Arqueologia da violência – ensaios de antropologia política*, São Paulo: Brasiliense, 1982, p.7-11. Posteriormente, como "Prefácio", in idem, ibidem, São Paulo: Cosac Naify, 2004, p.7-12.

"Jean-Jacques Rousseau entre les fleurs et les mots", in G. Fauconnier & M. Launay (Org.), *Index des fragments autobiographiques et de la* Lettre à Voltaire. Génève: Slatkine, 1979, p.616-34.

"Por que rir da filosofia?", in Celso Lafer (Org.), *Esboço de figura: homenagem a Antonio Candido*. São Paulo: Duas Cidades, 1979, p.169-203.

"La fleur et la rhétorique", in G. Fauconnier & M. Launay (Org.), *Index-concordance des* Rêveries du promeneur solitaire. Génève: Slatkine, 1978, p.620-28.

"Philosophie, musique et botanique: de Rousseau a Lévi-Strauss", in J. Pouillon & P. Maranda (Org.), *Échange et communications (Hommage a Lévi-Strauss)*. Paris: Mouton, 1970, p.502-11.

Artigos e resenhas em publicações científicas

"Entre Narciso e o colecionador ou o ponto cego do criador" [sobre o método crítico de Gilda de Mello e Souza]. *Revista do Instituto de Estudos Brasileiros*. São Paulo, n.43, setembro de 2006, p.9-36.

"Monique Davis-Ménard: Deleuze ou Freud/Lacan?" [apresentacão de conferência 'Repetir e inventar segundo Deleuze e segundo Freud', de Monique David-Ménard, na ocasião do I Encontro Nacional de Pesquisadores de Filosofia e Psicanálise]. *Discurso*, n.36, 2006, p.13-18.

"Algumas observações sobre as *Vermichte Bemerkungen*". *Dois Pontos*. UFPR/UFSCAR, v.3, n.1, 2006, p.11-59.

"Gérard Lebrun e o devir da filosofia" [tradução para o português de Bento Prado Neto]. *Discurso*. São Paulo, n.35, 2006, p.277-96.

"All'alba del secolo XXI: dove siamo? Di ritorno al secolo XIX". *Élites – L'Ordine della Diversità e del Molteplice*. Catanzaro, v.4, 2005, p.87-97.

"Transmissões e retransmissões da Filosofia Analítica: Europa/Ilhas Britânicas/Américas/Ilhas Britânicas/Europa" [tradução para o búlgaro]. *Philosophicum Forum*. Sofia/Bulgária, v.13, 2005, p.41-5.

Sobre o autor

"Transmissions et Retransmissions de la Philosophie Analytique: Europe/Îles Britanniques/Amériques/Europe". *Rue Descartes*. Les 20 ans du Collège International de Philosophie. Paris, v.45-46, 2004, p.106-23.

"Le dépistage de l'erreur de catégorie: le cas du rêve". *Catégories: Cahiers de Philosophie du Langage*. Paris, v.5, 2003, p.203-30.

"Intervention de Bento Prado Jr.". *Annales Bergsoniennes*. Paris, v.I, 2001, p.331-35.

"Compte-rendu de Bergson: *Intuição e discurso filosófico* de Franklin Leopoldo e Silva". *Annales Bergsoniennes*, Paris, v.I, 2001, p.363-65.

"Comentário sobre o livro *Certa herança marxista* de J. A. Giannotti". *Revista do* IEA, São Paulo, USP, 2001, p.26-32.

"Descartes e o último Wittgenstein: o argumento do sonho revisitado". *Analytica*. Rio de Janeiro, v.3, n.I, 1998, p.219-46.

"Gilda de Mello e Souza". *Discurso*, São Paulo, v.26, 1996, p.15-7.

"Leitura e interrogação: uma aula de 1966". *Dissenso*, São Paulo, v.I, 1996, p.155-71.

"Wittgenstein e a racionalidade no mundo contemporâneo" [participação em debate sobre *Apresentação do mundo*, de José Arthur Giannotti]. *Novos Estudos* CEBRAP, São Paulo, v.43, 1995, p.207-33.

"Razão e Iluminismo, ou os limites da *Aufklärung*". *Vozes Cultura*. São Paulo, v.88, 1994, p.3-8.

"Uma obra essencialmente filosófica" [sobre *Um departamento francês de ultramar*, de Paulo Eduardo Arantes]. *Novos Estudos* CEBRAP, São Paulo, v.39, 1994, p.255-57.

"Em memória de Lívio Teixeira". *Estudos Avançados*, São Paulo, v.8, n.22, 1994, p.245-48.

"A retórica da economia segundo McCloskey" [com M. J. Cass]. *Discurso*, São Paulo, v.22, 1993, p.205-21.

"Os cem anos do *Principles of psychology*", in *Anais da 20ª. Reunião Anual de Psicologia da* SPRP. Ribeirão Preto, v.I, 1990, p.151-54.

"Romance, moral e política no Século das Luzes: o caso de Rousseau". *Discurso*, São Paulo, v.17, 1988, p.57-74.

"Luiz Roberto Salinas Fortes (1937-1987)". *Discurso*, São Paulo, v.17, 1988, p.7-8.

"Não dizer a verdade equivale a mentir?". *Discurso*, São Paulo, v.15, 1983, p.39-47.

"Auto-reflexão ou interpretação sem sujeito? Habermas intérprete de Freud". *Discurso*, São Paulo, v.14, 1983, p.49-66.

"Breve nota sobre o operante: circularidade e temporalidade". *Cadernos de Análise do Comportamento*. São Paulo, v.3, 1982, p.1-9.

"Algumas considerações sobre o behaviorismo". *Cadernos de Análise do Comportamento*. São Paulo, v.I, 1981, p.29-34.

"O neo-psicologismo humanista". *Discurso*, São Paulo, v.13, 1980, p.87-94.

"Hume, Freud, Skinner". *Discurso,* São Paulo, v.12, 1980, p.7-27.

"Profissão: filósofo". *Cadernos PUC,* São Paulo, v.1, 1980, p.15-32.

"A educação depois de 1968 ou cem anos de ilusão". *Debate,* São Paulo, v.8, 1980, p.9-30.

"Sobre a filosofia do senso comum". *Discurso,* São Paulo, v.11, 1979, p.157-58.

"Por que rir da filosofia?". *Manuscrito,* Campinas, v.III, n.1, 1979, p.7-41.

"Jean-Jacques Rousseau entre as flores e as palavras". *Cadernos da Universidade de Caxias do Sul.* Caxias do Sul, 1979, p.37-50.

"O campo das imagens: presença e representação". *Discurso.* São Paulo, v.9, 1978, p.81-127.

"Metamorfoses do enunciado de ficção". *Almanaque – Cadernos de literatura e ensaio,* São Paulo, v.5, 1977, p.38-43.

"Os limites da *Aufklärung*". *Estudos* CEBRAP, São Paulo, v.15, 1976, p.168-73.

"O discurso do século e a crítica de Rousseau". *Almanaque – Cadernos de literatura e ensaio,* São Paulo, v.1, 1976 p.9-12 [reproduzido em *Cadernos de Ética e Filosofia Política,* n. 9, 2006, p.7-16.]

"Gênese e estrutura dos espetáculos". *Estudos* CEBRAP, São Paulo, v.14, 1975, p.5-34.

"Lecture de Rousseau". *Discurso,* São Paulo, n.3, 1972, p.9-66.

"Il problema della filosofia in Brasile". *Aut Aut – Rivista di Filosofia e di Cultura.* Milano, v.109, 1969, p.87-104.

"Filosofia, música e botânica: de Rousseau a Lévi-Strauss". *Tempo Brasileiro,* Rio de Janeiro, v.15-16, 1968, p.173-82.

"O destino decifrado: linguagem e existência em Guimarães Rosa". *Cavalo Azul,* São Paulo, v.3, 1968, p.5-30.

"A sereia desmistificada" [sobre *A sereia e o desconfiado* de Roberto Schwarz]. *Teoria e Prática,* São Paulo, v.2, 1968, p.58-73.

"Hegel e a religiosidade romântica", in *Anais do* III *Congresso Nacional de Filosofia,* São Paulo, 1959, p.467-72.

Artigos e resenhas publicados em jornais e revistas

"Saber contido na pequena história" [Sobre o livro *A filosofia e sua história,* de Gérard Lebrun]. *O Estado de S. Paulo,* 3 set. 2006, Suplemento Cultura, p.D-5.

"Aventuras da história" [Sobre obras de Merleau-Ponty]. *Folha de S.Paulo,* 25 jun. 2006, Caderno Mais!, p.8.

"Espelhos partidos da alma" [Sobre o livro *Seria trágico... se não fosse cômico,* de D. Kupermann e A. Slavutzky]. *Folha de S.Paulo,* 15 jan. 2006, Caderno Mais!, p.8.

Sobre o autor

"A França e a 'brasilianização' do mundo" [Sobre os distúrbios sociais na França]. *Folha de S.Paulo*, 12 nov. 2005, Secção Tendências/Debates, p.A-3.

"O jogo do valor e da verdade" [Sobre o livro *O jogo do belo e do feio*, de José Arthur Giannotti]. *Folha de S.Paulo*, 3 jul. 2005, Caderno Mais!, p.8.

"O pensamento futuro em gestação" [Sobre o livro *O vocabulário de Deleuze*, de François Zourabichvili]. *Folha de S.Paulo*, 6 fev. 2005, Caderno Mais!, p.8.

"O nonsense contra a moral da história" [Sobre Jerry Lewis e a estrutura elementar do cômico]. *Folha de S.Paulo*, 9 jan. 2005, Caderno Mais!, p.8.

"Filósofos viajantes". *História viva*, v.9, 2005, p.84-9.

"Retoques a uma sereia desmistificada" [Sobre Roberto Schwarz]. *Folha de S.Paulo*, 31 out. 2004, Caderno Mais!, p.14-5.

"Filosofia" [Minirresenhas dos livros: *Aphorismen*, de G. C. Lichtenberg, *Quid Aristotele de loco senserit*, de H. Bergson, *La Transcendance de l'ego*, de J.-P. Sartre, *Descartes' Dualism*, de G. Baker e K. J. Morris]. *Folha de S.Paulo*, 3 out. 2004, Caderno Mais!, p.10.

"O passado e o futuro do signo" [Sobre o livro *Ensaios de filosofia ilustrada*, de Rubens Rodrigues Torres Filho]. *Folha de S.Paulo*, 11 jul. 2004, Caderno Mais!, p.10.

"A sombra viva das letras" [Sobre Sérgio Buarque de Holanda]. *Folha de S.Paulo*, 14 mar. 2004, Caderno Mais!, p.11-2.

"Discursos do romance policial francês" [Sobre Frédéric Dard (San-Antonio) e Albert Simonin]. *Folha de S.Paulo*, 29 fev. 2004, Caderno Mais!, p.10-1.

"A arte do futebol de rua – São Paulo, anos 40" [Sobre os 450 anos de São Paulo à luz do interesse do Autor pelo futebol]. *Folha de S.Paulo*, 25 jan. 2004, Caderno Especial, p.10-1.

"A intangível perdiz" [Sobre o livro *Ugolino e a perdiz*, de Davi Arrigucci Jr.]. *Folha de S.Paulo*, 18 jan. 2004, Caderno Mais!, p.3.

"O porto seguro da filosofia" [Texto autobiográfico sobre o interesse do Autor por Wittgenstein]. *Folha de S.Paulo*, 8 jun. 2003, Caderno Mais!, p.6.

"A metafísica do romancista" [Sobre o livro *Situações* I, de Jean-Paul Sartre]. *Folha de S.Paulo*, 12 abr. 2003, Jornal de Resenhas, p.3.

& Cristiano Perius, "A vasta periferia" [Sobre a poesia de Carlos Drummond de Andrade]. *Folha de S.Paulo*, 27 out. 2002, Caderno Mais!, p.8-10.

"Alegria: o gol do Ronaldinho" [Sobre o gol do jogador contra a seleção inglesa na Copa do Mundo de 2002]. *Folha de S.Paulo*, 7 jul. 2002, Caderno Esporte, p.D-5.

"A curva regular de um destino" [Sobre a publicação do livro *Présence et champ transcendental* na França]. *Folha de S.Paulo*, 17 mar. 2002, Caderno Mais!, p.13.

"A terceira via de Melsohn" [Sobre o livro *Psicanálise em nova chave*, de Isaias Melsohn]. *Folha de S.Paulo*, 12 jan. 2002, Jornal de Resenhas, p.8.

A retórica de Rousseau

"Os deuses na cozinha" [Sobre o livro *Ciência e dialética em Aristóteles*, de Oswaldo Porchat]. *Folha de S.Paulo*, 30 dez. 2001, Caderno Mais!, p.16-7.

"Ciência política e revolução" [Sobre o livro *Dos infortúnios da igualdade ao gozo da liberdade: uma análise do pensamento político de Alexis de Tocqueville*, de Célia N. Galvão Quirino]. *Folha de S.Paulo*, 18 mar. 2001, Caderno Mais!, p.14-6.

"Exercícios de cartografia" [Sobre o livro *O filósofo e o comediante: ensaios sobre literatura e filosofia na Ilustração*, de Franklin de Mattos]. *Folha de S.Paulo*, 10 fev. 2001, Jornal de Resenhas, p.10.

"Uma certa ideia de razão" [Sobre o livro *Certa herança marxista*, de José Arthur Giannotti]. *Folha de S.Paulo*, 22 out. 2000, Caderno Mais!, p.10-1.

"A calva do rei de França e a verruga do bei de Argel" [homenagem a Ruy Coelho, na ocasião do lançamento do livro *Dias em Trujillo*]. *Jornal da* USP, 17 set. 2000, p.2.

"Une philosophie vivante" [Sobre a atualidade da filosofia de Henri Bergson]. *Magazine littéraire*, Paris, v.386, abril 2000, p.28-30.

"Pensamento e natureza: farrapos" [Sobre a relação entre pensamento e natureza segundo Whitehead, Merleau-Ponty e Wittgenstein]. *Folha de S.Paulo*, 27 fev. 2000, Caderno Mais!, p.19.

"Erro e alienação" [Sobre Gérard Lebrun]. *Folha de S.Paulo*, 30 jan. 2000, Caderno Mais!, p.12-3.

"Um convite à falsificação" [Sobre o ensino da filosofia e o filósofo profissional]. *Folha de S.Paulo*, 19 dez.1999, Caderno Mais!, p.11.

"Hegel em Paris" [Sobre o livro *Gênese e estrutura da* Fenomenologia do espírito *de Hegel*, de Jean Hyppolite]. *Folha de S.Paulo*, 11 dez. 1999, Jornal de Resenhas, p.4-5.

"Dois estilos de Hegel" [Sobre a linguagem na filosofia de Hegel]. *Folha de S.Paulo*, 10 out. 1999, Caderno Mais!, p.3.

"O itinerário de Merleau-Ponty" [Sobre a obra de Merleau-Ponty à luz do livro póstumo *O visível e o invisível*]. *Jornal do Brasil*, 20 set. 1999, Caderno Ideias, p.7.

"A filosofia seminal de Bergson" [Sobre a importância de Bergson para o debate filosófico da atualidade]. *Folha de S.Paulo*, 29 ago. 1999, Caderno Mais!, p.3.

"A morte, uma vida" [Sobre a relação entre vida e morte à luz do tema da intersubjetividade]. *Folha de S.Paulo*, 4 jul. 1999, Caderno Mais!, p.3.

"Descartes, esse cavaleiro" [Sobre as leituras da obra de Descartes]. *Folha de S.Paulo*, 6 jun. 1999, Caderno Mais!, p.3.

"Literatura e mistério da bola" [Sobre a relação entre literatura e futebol]. *Folha de S.Paulo*, 11 abr. 1999, Caderno Mais!, p.3.

"O novo estilo do pensamento" [Sobre a geração da revista *Clima*, à luz de um comentário de Gilda de Mello e Souza sobre *Humberto Mauro, Cataguazes, Cinearte*, de Paulo Emilio Sales Gomes]. *Folha de S.Paulo*, 7 mar. 1999, Caderno Mais!, p.3.

Sobre o autor

"A chuva universal de Flusser" [Sobre o livro *Ficções filosóficas*, de Vilém Flusser]. *Folha de S.Paulo*, 13 fev. 1999, Jornal de Resenhas, p.3.

"A poesia ao sol do meio-dia" [Sobre a poesia de João Cabral de Melo Neto]. *Folha de S.Paulo*, 31 jan. 1999, Caderno Mais!, p.8.

"A mente redescoberta" [Prefácio do livro *O mistério da consciência*, de John Searle]. *Folha de S.Paulo*, 5 jul. 1998, Caderno Mais!, p.9.

"Quinze minutos de notoriedade" [Sobre o livro *Impostures intellectuelles*, de A. Sokal e J. Bricmont]. *Folha de S.Paulo*, 9 maio 1998, Jornal de Resenhas, p.10.

"Entre o humor e a ironia" [Sobre o livro *Novolume*, de Rubens Rodrigues Torres Filho]. *Folha de S.Paulo*, 10 jan. 1998, Jornal de Resenhas, p.3.

"As ideias do Norte" [Sobre a filosofia norte-americana e sua influência no Brasil]. *Folha de S.Paulo*, 12 out. 1997, Caderno Mais!, p.5.

"Da ciência à literatura" [Sobre o cientista e romancista Isaías Pessotti]. *O Tempo*, Belo Horizonte, 13 jul. 1997, p.1.

"O pragmatismo de Richard Rorty" [Sobre o filósofo norte-americano, por ocasião de sua visita ao Brasil]. *O Tempo*, Belo Horizonte, 10 jul. 1997, p.1.

"A ideia de plano de imanência" [Sobre relação entre as filosofias de Deleuze e Wittgenstein]. *Folha de S.Paulo*, 8 jun. 1997, Caderno Mais!, p.5-6.

"Clarificação da experiência estética" [Sobre o livro *Forma e percepção estética: textos escolhidos*, v.2, de Mário Pedrosa]. *Folha de S.Paulo*, 10 maio 1997, Jornal de Resenhas, p.3.

"O pressentimento de Kojève" [Prefácio do livro *Ressentimento da dialética*, de Paulo Eduardo Arantes]. *O Estado de S. Paulo*, 13 jul. 1996, Suplemento Cultura, p.10-1.

"Só comparáveis a nós mesmos" [Sobre o time de futebol do Palmeiras]. *Revista da Folha*, 12 maio 1996, p.7.

"A gramática da reflexão" [Sobre o livro *Apresentação do mundo: considerações sobre o pensamento de Ludwig Wittgenstein*, de José Arthur Giannotti]. *Folha de S.Paulo*, 3 jul. 1995, Jornal de Resenhas, p.10-1.

& É. Alliez, "Palavras a preço de mercado" [Em defesa de Gilles Deleuze contra a crítica de Cláudio Figueiredo]. *Folha de S.Paulo*, 21 maio 1995, Caderno Mais!, p.5.

"Quando a filosofia diagnostica o presente" [Sobre os livros *Jamais fomos modernos*, de Bruno Latour, e *O espaço crítico*, de Paul Virilio]. *O Estado de S. Paulo*, 14 jan. 1995, Suplemento Cultura, p.Q-2.

"Ficção volta leitor para sua própria vida" [Sobre a edição brasileira de *A nova Heloísa*, de J.-J. Rousseau]. *O Estado de S. Paulo*, 31 dez. 1994, Suplemento Cultura, p.Q-1.

"Uma onda alviverde gera a grande satisfação brasileira" [Sobre o time de futebol do Palmeiras]. *Folha de S.Paulo*, 17 dez. 1994, Caderno Esporte, p.6.

"A falaciosa polarização social" [Sobre a polarização entre Fernando Henrique Cardoso e Lula no processo político brasileiro]. *Folha de S.Paulo*, 1º out. 1994, Seção Tendências/Debates, p.3.

"O tempo em suspenso" [Sobre o livro *História e narração em Walter Benjamin*, de Jeanne-Marie Gagnebin]. *Folha de S.Paulo*, 11 set. 1994, Caderno Mais!.

"*Fenomenologia da percepção* é o livro seminal" [Sobre o livro de Merleau-Ponty]. *O Estado de S. Paulo*, 30 jul. 1994, Suplemento Cultura, p.Q-2.

"O relativismo como contraponto" [Sobre o combate ao relativismo na história da filosofia]. *Folha de S.Paulo*, 26 jun. 1994, Caderno Mais!, p.8-10.

"A falta de fundamento como perfeição" [Sobre o livro *Grau zero do conhecimento*, de Ivan Domingues]. *O Estado de S. Paulo*, 30 abr. 1994, Suplemento Cultura, p.Q-2.

"Romance mistura tragédia, filosofia e gastronomia" [Sobre o livro *Aqueles cães malditos de Arquelau*, de Isaías Pessotti]. *O Estado de S. Paulo*, 16 out. 1993, Suplemento Cultura, p.1.

"*O ser e o nada* faz 50 anos sem tradução" [Sobre o livro de Jean-Paul Sartre]. *O Estado de S. Paulo*, 11 ago. 1993, p.9.

"A escavação do não dito" [Sobre a tradução do *Tractatus logico-philosophicus*, de Wittgenstein, por Luiz Henrique Lopes dos Santos]. *O Estado de S. Paulo*, 27 mar. 1993, Suplemento Cultura, p.4.

"A formação da tradição crítica" [Sobre o livro *Sentimento da dialética na experiência intelectual brasileira*, de Paulo Eduardo Arantes]. *Folha de S.Paulo*, 27 mar. 1993, Caderno Mais!, p.4.

"A essência do Palestra Itália e a sua sombra" [Sobre o time de futebol do Palmeiras]. *Folha de S.Paulo*, 5 dez. 1992, Caderno Esporte, p.5.

"Mestre abre dupla via entre a arte e a vida" [Introdução ao livro *Dentro do texto, dentro da vida: homenagem a Antonio Candido*, organizado por Eloísa F. Sacarabotolo e Maria Ângela D'Incao]. *Folha de S.Paulo*, 31 maio 1992, Caderno Mais!, p.11.

"Starobinski penetra no silêncio de Rousseau" [Sobre o livro *A transparência e o obstáculo*, de Jean Starobinski]. *Folha de S.Paulo*, 11 jan. 1992, Seção Letras, p.3.

"Filósofo desembaraça as intrigas do tempo" [Sobre o livro *Tempos capitais*, de Eric Alliez]. *Folha de S.Paulo*, 7 dez. 1991, Seção Letras, p.3.

"Entre o cão e o lobo: a atualidade da sofística" [Sobre o livro *Ensaios sofísticos*, de Barbara Cassin]. *Folha de S.Paulo*, 30 mar. 1991, Seção Letras, p.3.

"O tempo e as metamorfoses do capital" [Sobre o livro *Contra-tempo: ensaios sobre algumas metamorfoses do Capital*, de Eric Alliez e outros]. *Jornal da Tarde*, 31 dez. 1988, Caderno de Sábado, p.2.

"Renato Mezan: A filosofia e a psicanálise". *Jornal do Brasil*, 21 maio 1988, p.20.

"A biblioteca e os bares da década de 50" [Sobre a vida boêmia dos artistas e da intelectualidade em São Paulo]. *Folha de S.Paulo*, 22 jan. 1988, Folhetim, n.572, p.6-7. Posteriormente, in *Revista da Biblioteca Mário de Andrade*, São Paulo, 1992, p.16-18.

Sobre o autor

"Ruy Fausto reflete sobre o alcance e limites da dialética" [Sobre o livro *Marx: lógica e política – vol.* II, de Ruy Fausto]. *Folha de S.Paulo*, 28 nov. 1987, Ilustrada, p.36.

"O neopsicologismo humanista" [Capítulo do livro *Alguns ensaios – filosofia, literatura, psicanálise*, do próprio autor]. *Folha de S.Paulo*, 11 jan. 1986, Seção Primeira Leitura, p.50.

"De olho no mundo sublunar" [Sobre o livro *Filosofia miúda*, de José Arthur Giannotti]. *Leia Livros*, jul. 1985, ano VIII, n. 81, p.31.

"Desgaudriolles: a excentricidade da razão" [Sobre o filósofo fictício Bernard Desgaudriolles]. *Folha de S.Paulo*, 6 fev. 1983, Folhetim, n. 316, p.10-1.

"O boi e o marciano" [Sobre os 80 anos de Carlos Drummond de Andrade]. *Folha de S.Paulo*, 31 out. 1982, Folhetim, n. 302, p.10.

"Trabalho da obra" [Sobre o livro *Da realidade sem mistérios ao mistério do mundo*, de Marilena Chaui]. *Veja*, 23 set. 1981, p.114.

"O *Emílio* e o otimismo pedagógico" [Na ocasião do lançamento da terceira edição do *Emílio*, de J.-J. Rousseau, traduzido por Sérgio Milliet]. *Leia Livros*, 15 ago.-14 set. 1979, ano II, n.16, p.14-5.

"Força, linguagem e moralidade" [Trechos do ensaio "A força da linguagem", do próprio autor]. *O Estado de S. Paulo*, 6 ago. 1978, Suplemento Cultura, p.12-3.

"Rousseau entre as flores e as palavras". *Jornal da Tarde*, 1º jul. 1978, p.18.

"Duas revistas" [Sobre as revistas *Discurso* e *Manuscrito*]. *Leia Livros*, 15 maio 1978.

"Homens e bichos" [Sobre o livro *Mitológica rosiana*, de Walnice Nogueira Galvão Galvão]. *Veja*, 10 maio 1978, p.114.

"A irresistível ascensão de Jean-Jacques" [Sobre a recepção da obra de Rousseau e as publicações que indicam o interesse no estudo desse autor]. *Leia Livros*, n.2, 1978, p.18.

"Introdução à *Revolução brasileira* de N. W. Sodré". *Última Hora*, 2 jun. 1958.

Poesia

"O futebol absoluto". *O Estado de S. Paulo*, 2 dez. 2005, Caderno Esportes, p.E-6.

"O único verso (objet trouvé)". *Folha de S.Paulo*, 27 fev. 2005, Caderno Mais!, p.8.

"Na matéria do coração; à luz do presente". *Folha de S.Paulo*, 18 maio 2003, Caderno Mais!, p.20.

"Diário". *Folha de S.Paulo*, 22 dez. 2002, Caderno Mais!, p.20.

"Deriva à esquerda". *Folha de S.Paulo*, 19 mar. 2000, Caderno Mais!, p.32.

"A chama e seu resíduo". *Almanaque – Cadernos de literatura e ensaio*. São Paulo: Brasiliense, 1978, p.54.

"O recado da terra". *Almanaque – Cadernos de literatura e ensaio*. São Paulo: Brasiliense, 1978, p.54.

Entrevistas

"Cientista, político" [Sobre Florestan Fernandes]. *Folha de S.Paulo*, 29 jul. 2007, Caderno Mais!, p.7.

"O cientista e o filósofo" [Sobre a mercantilização da filosofia]. *Folha de S.Paulo*, 21 jan. 2007, Caderno Mais!, p.7.

"Entrevista" [Sobre sua trajetória intelectual e temas filosóficos]. *Primeira Página*, 2, 9, 16 e 23 out. 2005. São Carlos (SP), respectivamente p.E-8, E-8, E-4 e E-8.

" 'Filósofo maior do Brasil' guarda Jaú no coração" [Sobre temas variados]. *Comércio de Jahú*, 1º maio 2005, Jaú (SP), p.3.

"A epidemia Sartre" [Sobre Jean-Paul Sartre]. *Folha de S.Paulo*, 12 jun. 2005, Caderno Mais!, p.6.

"Lembranças e reflexões sobre Pierre Clastres" [concedida a Piero de Camargo Leiner e Luiz Henrique de Toledo]. *Revista de Antropologia*, São Paulo, v.46, n. 2, 2004, p.423-44. Idem, in Pierre Clastres, Arqueologia da violência. São Paulo: Cosac Naify, 2004, p.13-26.

"Entrevista" [Sobre sua trajetória intelectual]. José Márcio Rêgo e Marcos Nobre (Orgs.). *Conversas com filósofos brasileiros*. São Paulo: Editora 34, 2000, p.199-226.

"Regras de um método filosófico" [Sobre sua trajetória intelectual, entrevista concedida a Ricardo Musse]. *Folha de S.Paulo*, 25 jun. 2000, Caderno Mais!, p.4-13. Posteriormente, in A. Schwartz (Org.), *Memórias do presente: 100 entrevistas do Mais!*, 1992-2002, São Paulo: Publifolha, 2003, vol. 2. Em tradução para o búlgaro, in *Revista Philosophicum Forum*, Sofia (Bulgária), v.12, 2005, p.5-17.

"Bento Prado Jr. analisa Deleuze" [Concedida a Cássio Starling Carlos]. *Folha de S.Paulo*, 2 jun. 1996, Caderno Mais!, p.5.

"A porta de entrada do caos. Bento Prado Jr. fala sobre os 'outros' da Razão" [Sobre a crise da razão, entrevista concedida a José Luís Silva]. *Folha de S.Paulo*, 10 set. 1995, Caderno Mais!, p.6.

"Depoimento" [Sobre José Arthur Giannotti]. *Folha de S.Paulo*, 2 abr. 1995, Caderno Mais!, p.5.

"Visita ao Brasil foi ato político" [Sobre a visita de Sartre ao Brasil em 1960]. *Folha de S.Paulo*, 1º ago.1993, Seção Livros, p.7.

"Voltaire, Rousseau: vivos ainda hoje?" [concedida a Joana Angélica]. *O Globo*, 30 maio 1978, p.37.

Sobre o autor

Traduções

Descartes: obra escolhida [organização e tradução com J. Guinsburg]. Coleção Os Pensadores. São Paulo: Abril, 1983, 3.ed.

Questão de método, in *Sartre*. Coleção Os Pensadores. São Paulo: Abril, 1973.

Índice onomástico

A

Adorno, Theodor W., 331

D'Alembert, Jean Le Rond, 16, 25-6, 29, 84, 191, 251-2, 254-6, 258-63, 268, 272-6, 279-80, 282-4, 287-9, 291-2, 295, 297-9, 358

Althusser, Louis, 14, 68-70, 74, 122n.32, 346, 392, 401

Andrade, Carlos Drummond de, 9

Aquino, Tomás de, 349, 356

Arantes, Paulo Eduardo, 10, 30, 260n.22

Aristóteles, 13, 61-2, 81, 97, 121, 135, 167, 173, 261, 329, 332, 340, 351-2, 354-5, 378

Arnauld, Antoine, 183n.6

Artaud, Antonin, 282-3

Auerbach, Erich, 193-6, 272

B

Bachelard, Gaston, 48, 235, 245, 369

Barras, Moses, 255, 258

Bataille, Georges, 282-3, 385-6

Bayle, Pierre, 379, 381

Beckett, Samuel, 410

Belaval, Yvon, 252, 259, 296

Benjamin, Walter, 207, 221

Bergerac, Cyrano de, 236

Bergson, Henri, 9-10, 34, 73, 135, 367n.10, 399-400, 422

Berkeley, George, 117, 166-7

Blanchot, Maurice, 14, 42, 94-5, 193n.25, 346

Boileau (Nicolas Boileau-Despréaux), 66, 237

Bonaparte, Napoleão, 400

Bossuet, Jacques-Bénigne, 25, 252, 254, 256-7, 275

Bréhier, Émile, 11, 36-8, 40, 129-30

Burgelin, Pierre, 12, 45-6, 58, 81

C

Caffaro, Padre, 254, 256

Canguilhem, Georges, 339n.8

Carroll, Lewis, 193n.25

Cassirer, Ernst, 11, 43, 389-90

Castres, Abbé Sabatier de, 191-2

Chomsky, Noam, 181, 182n.2, 183n.6, 358

Índice onomástico

Condillac, Étienne Bonnot de, 12, 19,
  58-9, 117, 141, 144, 165-6, 168-9,
  305, 323, 335
Coulet, Henri, 193

D

Darnton, Robert, 380, 383-5, 398
Deleuze, Gilles, 81, 105, 121, 161, 330,
  422
Derathé, Robert, 339n.8
Derrida, Jacques, 13, 18, 21, 25-6, 35, 56,
  61-2, 64, 104n.3, 107n.8, 113, 151,
  188, 229, 275-80, 282-5, 341, 344
Descartes, René, 34, 44, 46, 48, 75-7,
  104, 141-2, 230-2, 237, 240, 243,
  308, 364, 368, 387
Diderot, Denis, 10, 25, 27-8, 111, 141,
  194, 218-9, 236, 242, 246, 252-4,
  261-8, 270n.42, 271, 273-5, 294,
  296-7, 308, 388, 396
Dilthey, Wilhelm, 183n.7
Dostoiévski, Fiodor, 198
Duchet, Michèle, 137

E

Eigeldinger, Marc, 234-7, 239-40, 362n.4
Engels, Friedrich, 11, 41, 43, 343n.16
Espinosa, Benedito de, 77, 229-33

F

Febvre, Lucien, 382, 397
Fink, Eugen, 328-9
Fortes, Luiz Roberto Salinas, 10
Foucault, Michel, 14, 18, 117-8, 148n.7,
  167, 181, 183, 307n.10, 345, 358,
  373, 385-6, 422

G

Gagnebin, Bernard, 29, 408, 411
Gasquet, Joaquim, 369

Giannotti, José Arthur, 325n.*, 421
Gödel, Kurt, 372
Goldschmidt, Victor, 21n.18, 359, 421
Gouhier, Henri, 14, 105, 141-2, 359,
  421
Grimm (Friedrich Melchior, Barão von),
  67, 259
Groethuysen, Bernard, 196, 392-3, 396,
  397n.31, 401-2, 405-7
Grosrichard, Alain, 14, 68, 105, 388
Gueroult, Martial, 34-5, 45, 76, 368
Guyon, Bernard, 187, 199, 210, 247-8

H

Hazard, Paul, 388
Hegel, Georg Wilhelm Friedrich, 11, 13,
  36-8, 41, 43, 54, 61-2, 70, 326, 329,
  370-2, 410
Heidegger, Martin, 13, 61-2, 351, 356,
  361, 367
Hobbes, Thomas, 353, 409
Hochart, Patrick, 79
Hoffmann, E.T.A., 193n.25
Hölderlin, Friedrich, 18, 103, 120, 333,
  347
Horkheimer, Max, 331
Husserl, Edmund, 233, 325-7, 329n.6,
  330-1

I

Isócrates, 15, 81-3

J

Joyce, James, 196

K

Kafka, Franz, 193n.25
Kant, Immanuel, 11, 41-2, 44, 343n.16,
  347, 373
Kempf, Roger, 198

436

A retórica de Rousseau

Kierkegaard, Soren, 371n. 17

Kremer-Marietti, Angèle, 340n.10

L

La Rochefoucauld, François de, 353

Lahud, Michel, 341n.13, 344

Lancelot, Claude, 183n.6

Launay, Michel, 254, 288, 295, 355n.10, 407

Lebrun, Gérard, 325n.*, 329n.6, 346, 371, 422

Lebrun, Padre, 254

Lecercle, Jean-Louis, 189

Leibniz, Gottfried Wilhelm Von, 13, 64-6, 70, 77, 104-5, 177, 329, 367n.10

Leigh, Ralph A., 407

Lessing, Gotthold Ephraïm, 20, 261

Lévi-Strauss, Claude, 12-5, 17, 28, 35, 42, 55-6, 58-61, 96, 121, 303, 305-6, 310, 312-3, 355n. 10, 421-2

Locke, John, 388

M

Malebranche, Nicolas, 12, 45, 58-9, 117, 129, 159, 305, 368

Mandeville, Bernard, 353

Mauss, Marcel, 385

May, Georges, 362n.4

Merleau-Ponty, Maurice, 40, 325, 365, 366n.8, 367n.11, 368n.12, 374, 377, 387

Molière (Jean-Baptiste Poquelin), 258, 260, 295, 297, 385

Montaigne, Michel de, 388-9

Montesquieu (Charles-Louis de Secondat, Barão de), 10, 335, 387, 392, 401

N

Nagy, Peter, 390, 397

Newton, Isaac, 388

Nietzsche, Friedrich, 22, 108-9, 162-3, 173, 175, 214, 304n.2, 344, 355, 357, 359

O

Osmont, Robert, 134

P

Pascal, Blaise, 212, 236, 356, 365n.7, 389-90, 396

Patin, Guy, 381, 398

Pauvert, J.-J., 383

Pessoa, Fernando, 399

Pintard, René, 390-1

Platão, 15, 21, 25, 62, 78, 81, 112, 132, 136, 185, 275, 329, 332, 340, 343, 351, 359

Poe, Edgar Allan, 193n.25

Porchat, Oswaldo, 9

Prado, Raquel de Almeida, 30

Proust, Marcel, 53, 196

R

Rabelais, François, 382, 397

Raggio, A., 373

Raymond, Marcel, 29, 66-7, 241, 362n.4, 411

Riccoboni, Marie-Jeanne, 255

Richardson, Samuel, 27, 218-20, 246

Ricoeur, Paul, 376

Rosa, João Guimarães, 9

Russell, Bertrand, 374

S

Sade (Donatien Alphonse François de Sade, Marquês de), 191, 383, 398

Saint-Pierre (Abade de), 255

Santo Agostinho, 36-7, 41, 54, 356

Santos, José Henrique, 325n.*

Sartre, Jean-Paul, 10, 193n.25, 212, 222-5, 227, 231-4, 421

Índice onomástico

Saussure, Ferdinand de, 104n.3, 334-6, 340-1, 343-4, 374-5

Schwarz, Roberto, 9, 30, 260n.22, 421

Serres, Michel, 13, 54, 64, 66, 77

Starobinski, Jean, 12, 14, 18, 25-6, 43, 50-1, 53-4, 71-3, 92-3, 99, 113, 115, 134, 146n.5, 169, 238, 279, 288, 333, 341, 343

Stendhal (Henri-Marie Beyle), 195-6, 198

Sterne, Laurence, 199

T

Taine, Hyppolite, 190-2, 272

Tasso, Torquato, 349

Tompkins, Joyce M. S., 246

Torres, João Carlos Brum, 325n.*

Torres Filho, Rubens Rodrigues, 325n.*, 347, 386-7

Trousson, Raymond, 383, 400n.1

V

Vailland, Roger, 397

Vauvenargues (Luc de Clapiers, Marquês de), 237, 240

Vernière, Paul, 261, 270n.42

Voltaire (François-Marie Arouet), 68, 85, 201, 255, 318, 353, 355n.10, 387-8, 394, 400, 403

W

Wahl, Jean, 44

Watt, Ian, 192n.22

Weil, Eric, 176

Wertheimer, Max, 350

Wittgenstein, Ludwig, 169n.6, 389

Woolf, Virginia, 196

Y

Yourcenar, Marguerite, 390n.19

SOBRE O LIVRO

Formato: 16 x 23 cm
Mancha: 27,8 x 48 paicas
Tipologia: Venetian 301 12,5/16
Papel: Off-white 80 g/m² (miolo)
Cartão Supremo 250 g/m² (capa)

1ª edição Editora Unesp: 2018

EQUIPE DE REALIZAÇÃO

Edição de texto
Beatriz de Freitas Moreira (Revisão)

Capa
Marcelo Girard

Editoração eletrônica
Eduardo Seiji Seki

Assistência editorial
Alberto Bononi
Richard Sanches